欧亚经济联盟
一体化机制
文件汇编

—— （上卷）——

COMPILATION
AND
TRANSLATION OF

DOCUMENTS REGARDING
EAEUNION'
INTEGRATION MECHANISM

孙　钰　贾亚男 / 编译

社会科学文献出版社
SOCIAL SCIENCES ACADEMIC PRESS (CHINA)

本书获得新疆财经大学"中国（新疆）－中亚经贸合作国家特殊需求博士人才培养项目"的资助。

序　言

2011 年，普京在第三次参选俄罗斯总统前发表系列文章，阐述其未来执政理念。在《欧亚大陆一体化：未来诞生于今日》一文中，他明确提出在俄白哈关税同盟基础上建设欧亚联盟的设想。是年 11 月 18 日，俄、白、哈三国总统签署《欧亚经济一体化宣言》，提出向统一经济空间过渡。次年元旦，俄、白、哈三国"统一经济空间"正式启动，负责经济一体化进程的超国家机构——欧亚经济委员会也开张运营，一个涵盖 1.7 亿人口，拥有统一法律、商品、资本、服务、劳动力的市场开始形成。

2014 年 5 月 29 日，欧亚经济委员会最高理事会会议在阿斯塔纳举行，俄白哈三国领导人签署《欧亚经济联盟条约》。2015 年 1 月 1 日，欧亚经济联盟正式启动，此后迅速吸纳亚美尼亚和吉尔吉斯斯坦。根据《欧亚经济联盟条约》，到 2025 年，在欧亚经济联盟内部将实现商品、服务、资金和劳动力的自由流动，在能源、工业、农业、交通等重点领域实施协调一致的政策，并最终建立类似于欧盟的经济联盟。

欧亚经济联盟是俄罗斯主导欧亚经济一体化的重要经济举措，同时也有重整"后苏联空间"以为俄罗斯大国复兴服务的地缘政治考量。对于它的成立背景、发展前景以及战略影响，国内外政商学界的评论不一而足：有的强调欧亚经济联盟适应了世界经济全球化、地区一体化的趋势，是俄罗斯进一步融入世界的重要举措，不仅将推动联盟内部商品、资本、服务和人员的自由流动，还将成为连接欧盟和亚太经济合作组织的重要桥梁，发展前景广阔；有的则认为欧亚经济联盟的地缘政治属性远高于其经济合作内涵，俄罗斯的根本目标在于以欧亚经济联盟树起一面高墙，以阻挡其他经济体向"后苏联空间"的渗透。由于俄罗斯在联盟内的相对收益远高于其他成员国，联盟内部矛盾重重，贸易战频发，发展前景暗淡，最终有可能重蹈"经互会"的覆辙。

欧亚经济联盟及其成员国与中国的经贸关系非常紧密。2016年1~6月的统计数据显示，中国占欧亚经济联盟出口总量的10.9%、进口总量的21%。近年来，中国对欧亚经济联盟国家的投资增长迅速，进一步拉动了双方的经贸合作。

2015年5月8日，中俄两国在莫斯科签署《中华人民共和国与俄罗斯联邦关于丝绸之路经济带建设和欧亚经济联盟建设对接合作的联合声明》。根据此联合声明，俄方支持"丝绸之路经济带"建设，愿与中方密切合作，推动落实该倡议；中方支持俄方积极推进欧亚经济联盟框架内一体化进程，并将启动与欧亚经济联盟经贸合作方面的协议谈判。随后，中国商务部与欧亚经济委员会开始商谈《中国与欧亚经济联盟经贸合作协议》，并计划开展《欧亚经济伙伴关系协定》可行性研究工作。

尽管双方采取了积极措施推进对接，但并不意味着这一进程会一帆风顺。值得注意的是，"丝绸之路经济带"与欧亚经济联盟是两种不同性质的经济合作模式，存在明显差异。"丝绸之路经济带"试图通过设施联通、贸易畅通和资金融通打造广泛的区域经济合作，其中既有制度安排，包括贸易投资的便利化和自由化，也有具体领域和项目的合作。"丝绸之路经济带"没有固定标准与合作机制，采用多样化的松散合作形式，不设门槛和时间表。而欧亚经济联盟是典型的区域经济一体化项目，以联盟形式将各成员国的对外经济政策统一起来，建立全面经济合作机制，是高水平的区域经济一体化组织。与欧亚经济联盟的对接不能解决"丝绸之路经济带"与欧亚国家深化合作面临的所有问题。虽然中国与欧亚经济联盟提出了未来建设"自贸区"的设想，但考虑到双方经济发展水平等因素，这一目标似乎在近中期难以达成。而在实践中，近年来欧亚经济联盟对中国商品展开的反倾销调查却有增无减。

可以看到，无论是欧亚经济联盟自身的发展，还是中国与欧亚经济联盟的经济合作，都不可能是一马平川的线性轨迹。如何在实践中趋利避害、规避风险，是必须加以重视、未雨绸缪的问题。因此，在关注欧亚地区经济发展的同时，加强对欧亚经济联盟这一新的区域经济合作机制的研究已成为当务之急。目前，国内对欧亚经济联盟的研究刚刚起步，较之"急就章"式的对策研究，基础性研究显得尤为重要而且可贵。只有真正搞清楚欧亚经济联盟的法律规范、运作机制，才能准确判断其未来发展前景，也才能切实规划"丝绸之路经济带"与欧亚经济联盟对接的可行性路径。

今天呈现在读者面前的《欧亚经济联盟一体化机制文件汇编》，就是这样一部基础性著作，它囊括了《欧亚经济联盟条约》及其 33 个附件，将成为研究欧亚经济联盟及其相关问题最重要的工具书。

本书的译者是新疆财经大学中亚经贸研究院的孙钰研究员和贾亚男教授。在学术界日益浮躁的当下，他们能够不畏艰辛、甘于寂寞，一字一句地翻译、校订枯燥的法律条文，为政府相关部门的决策和学界同行的研究提供基础性资料，令人不能不肃然起敬。

当下，"智库热"席卷全国，但文山会海、口若悬河产生不了智慧，真正的智慧来源于筚路蓝缕的踏实工作，来自"板凳要坐十年冷、文章不能一字空"的治学精神。期待这部基础性成果能推动有关欧亚经济联盟问题的研究持续深入，也希望中国的欧亚学界多出一些材料扎实、思想新颖，不是昙花一现而是能传之后世的精品。

是为序，更是自勉。

冯玉军

复旦大学俄罗斯中亚研究中心主任、教授

前　言

亲爱的读者朋友：

您手里的这本《欧亚经济联盟一体化机制文件汇编》（上卷），由新疆财经大学中亚经贸研究院孙钰研究员和贾亚男教授历时一年半时间编译和校订而成。是新疆财经大学中亚经贸研究院欧亚财经问题研究的首批成果之一，是我们二人拟发表或已发表的其他研究成果的辅助材料。

2015 年 1 月 1 日，在俄白哈关税同盟和欧亚经济共同体基础上成立的欧亚经济联盟根据 2014 年 5 月 29 日签署的《欧亚经济联盟条约》开始正式运作。该条约确定了欧亚经济联盟一体化机制的基本框架和未来发展方向。除该条约外，欧亚经济联盟在继承俄白哈关税同盟和欧亚经济共同体法律基础的情况下，还陆续制定了大量的一体化机制文件。

欧亚经济联盟成立后，中国政府和学术界对于中国与该组织的合作给予了极大的期望，其中最主要的是希望中国能与欧亚经济联盟最终建立自贸区。2015 年 5 月 8 日，中国国家主席习近平与俄罗斯总统普京在莫斯科签署并发表了《中华人民共和国与俄罗斯联邦关于丝绸之路经济带建设和欧亚经济联盟建设对接合作的联合声明》。根据该声明，双方对接合作的优先领域包括：扩大投资贸易合作，优化贸易结构，为经济增长和扩大就业培育新的经济增长点；促进相互投资便利化和产能合作，实施大型投资合作项目，共同打造产业园区和跨境经济合作区；在物流交通基础设施、多式联运等领域加强互联互通，实施基础设施共同开发项目，以扩大并优化区域生产网络；在条件成熟的领域建立贸易便利化机制，在有共同利益的领域制定共同措施，协调并兼容相关管理规定和标准、经贸等领域政策；研究推动实现建立中国与欧亚经济联盟自贸区这一长期目标；为能够在区域经济发展方面发挥重要作用的中小企业创建良好发展环境；促进扩大贸易、直接投资和贷款领域的本币结算，实现货币互换，深化在出口信贷、保险、项目和贸易融资、银行卡领域的合作；通过丝路基金、亚洲基础设施投资银行、上海合作组织银联体等金融机构加强金融合作；推动区域与全球多边合作，以实现和谐发展，扩大国际贸易，在全球贸易和投资管理方面，形成并推广符合时代要求的有效规则与实践。欧亚经济联盟将从2016年6月25日起与中国开始举行的谈判定位为"非特惠经贸协定谈判"。从那时起至今，中国与欧亚经济联盟就《中国与欧亚经济联盟经济合作协议》先后举行了五次谈判，范围涵盖海关程序与贸易便利化、知识产权、政府采购和产业合作等十个部分。谈判旨在减少中国与欧亚经济联盟贸易的非关税壁垒，并促进"一带一路"与欧亚经济联盟的对接。2017年10月1日，中国商务部部长钟山与欧亚经济委员会贸易委员维罗妮卡·尼基申娜在杭州签署了《关于实质性结束中国与欧亚经济联盟经贸合作协议谈判的联合声明》。

2016年6月19日，普京在于"圣彼得堡国际经济论坛"上提出"大欧亚伙伴关系"时初步阐述了该设想的宗旨。同年11月的《俄罗斯外交政策构想》提到，"为了确保亚太和欧亚地区一体化进程相互补充，俄罗斯致力于构建开放和建设性的经济伙伴关系——东南亚国家联盟、上海合作组织和欧亚经济联盟成员国联合发展的空间"。2018年5月17日，中俄双方在阿斯塔纳签署了《中华人民共和国与欧亚经济联盟经贸合作协定》，这被俄罗斯视为"带盟对接"的基础和实现普京倡议的"大欧亚伙伴关系"的第一步。

欧亚经济联盟一成立就引起了国内学术界的广泛兴趣，有关该组织的研究成果不断涌现，其中涉及最多的问题是"丝绸之路经济带"建设与欧亚经济联盟的建设相对接的路径和保障问题。无论是在有关部门筹划与欧亚经济联盟开展相关领域合作的过程中，还是在学者们的研究课题和研究生们的学位论文中，都存在没有公开发布的中文版的该组织一体化机制文件的问题。我们在撰写学术论文的过程中获取了俄文版的《欧亚经济联盟条约》及其他文件。该条约是欧亚经济联盟一体化的基础文件，其他文件均依该条约制定或以该条约为准。鉴于此，我们首先将《欧亚经济联盟条约》及其33个附件和《欧亚经济联盟统一关税》全文翻译供参考。并将在今后的研究中陆续编译和出版其他文件。

　　在《欧亚经济联盟条约》的翻译过程中，我们力求做到术语准确、表达清楚、语句通顺，努力达到专业标准。由于俄文与中文的语法和表达习惯存有差异，书中译文不可避免地存在一些冗长的语句，这可能影响读者对内容的理解。希望读者在阅读过程中多加批评与指正并提出改进意见。

2017 年 6 月 1 日

于新疆财经大学中亚经贸研究院

目 录

一 《欧亚经济联盟条约》主体部分 …………………………… 001

第一部分 欧亚经济联盟的建立 ……………………………… 001

第一编 总则 ………………………………………………… 001

第二编 联盟的基本原则、基本宗旨、主管和权利 ……… 003

第三编 联盟机关 …………………………………………… 004

第四编 预算 ………………………………………………… 009

第二部分 关税同盟 …………………………………………… 010

第五编 信息协作和统计 …………………………………… 010

第六编 关税同盟的运作 …………………………………… 011

第七编 药品流通和医疗器械流通的监管 ………………… 013

第八编 海关监管 …………………………………………… 014

第九编 外贸政策 …………………………………………… 014

第十编 技术调整 …………………………………………… 020

第十一编 卫生、兽医和植物检疫 ………………………… 023

第十二编 消费者权利保护 ………………………………… 025

第三部分 统一经济空间 ……………………………………… 026

第十三编 宏观经济政策 …………………………………… 026

第十四编 货币政策 ………………………………………… 027

第十五编 服务贸易、设立机构、活动和投资 …………… 027

第十六编 金融市场监管 …………………………………… 032

第十七编 税和税收 ………………………………………… 033

第十八编　竞争的一般原则 ……………………………………… 034

第十九编　自然垄断 ……………………………………………… 038

第二十编　能源 …………………………………………………… 039

第二十一编　运输 ………………………………………………… 041

第二十二编　国家（市镇）采购 ………………………………… 042

第二十三编　知识产权 …………………………………………… 043

第二十四编　工业 ………………………………………………… 045

第二十五编　农业 ………………………………………………… 048

第二十六编　劳务移民 …………………………………………… 050

第四部分　过渡和最后条款 ………………………………………… 053

第二十七编　过渡条款 …………………………………………… 053

第二十八编　附则 ………………………………………………… 059

二　《欧亚经济联盟条约》主体部分附件 ……………………………… 063

一　欧亚经济委员会条例 …………………………………………… 063

二　欧亚经济联盟法院条例 ………………………………………… 076

三　欧亚经济联盟框架下的信息技术和信息协作议定书 ………… 087

四　欧亚经济联盟官方统计信息编制和传播办法议定书 ………… 094

五　进口关税（其他行政费、其他税和手续费）计算和
分配及其上缴成员国预算办法 ………………………………… 096

六　统一关税调整议定书 …………………………………………… 106

七　对第三国的非关税调整措施议定书 …………………………… 109

八　对第三国适用特别保障、反倾销和补偿措施的议定书 ……… 123

九　欧亚经济联盟框架下的技术调整议定书 ……………………… 177

十　实施保障统一计量领域的协调政策议定书 …………………… 182

十一　合格评估机关认证工作结果承认议定书 …………………… 185

十二　卫生、兽医和植物检疫措施适用议定书 …………………… 187

十三　实施消费者权利保护领域协商性政策的议定书 …………… 194

十四　实施协商性的宏观经济政策议定书 ………………………… 197

十五　旨在实施协商性货币政策措施的议定书 …………………… 200

十六　服务贸易、设立机构、活动和投资议定书……………… 205

十七　金融服务议定书……………………………………… 229

十八　在商品进出口、完成劳务和提供服务中的间接
　　　税征收及其缴纳监管办法……………………………… 251

十九　竞争的一般原则和规则议定书………………………… 265

二十　自然垄断主体活动监管的统一原则和规则…………… 285

二十一　电力领域包括定价和费率政策原则在内的
　　　　自然垄断主体服务保障议定书……………………… 292

二十二　通过天然气运输系统运输天然气领域包括定价和费率
　　　　政策原则在内的自然垄断主体服务保障议定书…… 311

二十三　共同石油和石油制品市场组织、管理、运作和
　　　　发展办法议定书……………………………………… 314

二十四　协调性的运输政策议定书…………………………… 317

二十五　采购监管办法议定书………………………………… 342

二十六　知识产权保护议定书………………………………… 361

二十七　工业合作议定书……………………………………… 367

二十八　实施工业补贴统一规则议定书……………………… 369

二十九　国家支持农业措施议定书…………………………… 392

三十　给予成员国劳务人员及其家属医疗救助的议定书…… 403

三十一　在多边贸易体制下欧亚经济联盟运作议定书……… 405

三十二　欧亚经济联盟社会保障、特权和豁免条例………… 406

三十三　因《欧亚经济联盟条约》的生效在建立关税同盟和
　　　　欧亚统一经济空间框架下签订的国际条约效力
　　　　中止议定书……………………………………………… 414

后　记………………………………………………………… 418

一
《欧亚经济联盟条约》主体部分

白俄罗斯共和国、哈萨克斯坦共和国和俄罗斯联邦（简称"缔约国"），根据 2011 年 11 月 18 日的《欧亚经济一体化宣言》，以主权国家平等原则、无条件遵守宪法原则以及人类和公民的权利和自由至上原则为指导，期望在尊重彼此历史、文化和传统的条件下加强彼此人民间的团结及深化合作，深信进一步发展欧亚经济一体化符合缔约国的利益，力求增强欧亚经济联盟成员国的经济实力、确保其协调发展和接近以及保障商业的稳定增长、平衡的贸易和正当竞争，通过旨在完成欧亚经济联盟成员国面临的经济可持续发展、国民经济全面现代化和在全球经济框架下提高竞争力的共同任务的联合行动确保经济发展，力求进一步加强成员国彼此间以及与国际经济一体化组织和国际组织之间的经济互利和平等合作，考虑世界贸易组织的规范、规则和原则，奉行《联合国宪章》的宗旨和原则以及其他公认的国际法原则和准则，特签订本条约。

第一部分　欧亚经济联盟的建立

第一编　总则

第 1 条　欧亚经济联盟的建立——法律主体

1. 缔约国根据本条约建立欧亚经济联盟（简称"联盟"），在其框架下保证商品、服务、资本和劳动力自由流动，以及在根据本条约和联盟框架下的国际条约确定的经济部门实施协调性、协商性或者统一的政策。

2. 欧亚经济联盟是拥有国际法主体地位的区域经济一体化国际组织。

第 2 条　概念

本条约使用以下概念：

法律协调——成员国法律的接近，旨在确定个别领域的相似规范性法律调整；

成员国——联盟的成员国和本条约的缔约国；

官员——联盟成员国中被任命为欧亚经济委员会各司司长和副司长、联盟法院秘书处秘书长和副秘书长以及联盟法院顾问的公民；

统一经济空间——由成员国领域构成的空间，在市场原则、适用协调或者统一法律规范的基础上运行着相似或者同一经济管理机制并存在统一的基础设施；

统一政策——成员国在本条约规定的领域内实施成员国适用统一法律调整的政策，包括联盟机关在其职权范围内做出的决定；

联盟框架下的国际条约——成员国之间签订的、涉及联盟的运作和发展问题的国际条约；

联盟与第三方的国际条约——与第三国及其一体化组织和国际组织签订的国际条约；

命令——联盟机关通过的指令性组织文件；

决定——联盟机关通过的含有规范性法律条款的文件；

协调性政策——成员国在联盟机关框架内实施的对实现本条约规定的联盟宗旨必需的共同举措基础上开展合作的政策；

协商性政策——对实现本条约规定的联盟宗旨必需的成员国在各领域实施的、使法律调整相协调的政策，包括根据联盟机关决定实施的；

工作人员——根据与联盟签订的劳动合同在欧亚经济联盟机关工作的和非官员的成员国公民；

共同（统一）市场——联盟框架下确保商品、服务、资本和劳动力自由流动的经济关系的总称；

关税同盟——成员国规定在其统一的关境内相互贸易不适用关税（其他手续费、税费和类似行为）、非关税调整措施及特别保障、反倾销和反补偿措施的经贸一体化形式，欧亚经济联盟与第三国实行统一的关税和统一的外贸管理措施；

第三方——非联盟成员国的国家、国际组织或者国际经济一体化组织；

法律的统一——成员国法律的接近，旨在确定本条约规定的个别领域相同的法律调整机制。

本条约中使用的其他概念是指与本条约各编及其附件相关的意义。

第二编　联盟的基本原则、基本宗旨、主管和权利

第 3 条　联盟的基本原则

联盟在成员国规定的主管范围内根据以下原则开展活动：

尊重成员国政治制度的特殊性；

尊重市场经济和正当竞争原则；

关税同盟在过渡期结束后不退出和不受限制地运作。

成员国创造联盟履行职能的条件并避免对实现联盟宗旨造成威胁的行为。

第 4 条　联盟的基本宗旨

联盟的基本宗旨为：

创造有利于成员国提高人民生活水平的经济稳定发展条件；

致力于建立联盟框架下的统一商品、服务、资本和劳动力市场；

促使成员国完成经济可持续发展、国民经济全面现代化和在全球经济框架下提高竞争力的共同任务。

第 5 条　联盟的主管

1. 联盟在本条约和联盟框架下的国际条约规定的范围内实行主管。

2. 成员国在本条约和联盟框架下的国际条约规定的范围内实施协调性或者协商性的政策。

3. 在其他经济领域，成员国力求根据联盟的宗旨和原则实施协调性或者协商性的政策。

为此，最高欧亚经济理事会可以以决定形式建立相关方面的辅助机关（缔约国领导人理事会、工作组、特别委员会）或者指示欧亚经济委员会协调缔约国在相关领域的相互协作。

第 6 条　联盟法

1. 联盟的法律由下列文件构成：

本条约；

联盟框架下的国际条约；

联盟与第三方的国际条约；

最高欧亚经济理事会、欧亚政府间理事会和欧亚经济委员会在本条约和联盟框架下的国际条约规定的职权内通过的决定和命令。

最高欧亚经济理事会、欧亚政府间理事会和欧亚经济委员会的决定应当由成员国依照国内法规定的程序执行。

2. 联盟与第三方的国际条约不得与联盟的宗旨、原则和运行规则相抵触。

3. 在联盟框架下的国际条约与本条约之间发生冲突的情况下，本条约优先。

联盟机关的决定和命令不得与本条约和联盟框架下的国际条约相抵触。

4. 在最高欧亚经济理事会、欧亚政府间理事会和欧亚经济委员会的决定之间发生冲突的情况下：

最高欧亚经济理事会的决定优于欧亚政府间理事会和欧亚经济委员会的决定；

欧亚政府间理事会的决定优于欧亚经济委员会的决定。

第7条　联盟的国际活动

1. 联盟有权在其主管范围内开展旨在执行联盟任务的国际活动。在该活动框架下联盟有权自行或者会同成员国与国家、国际组织和国际一体化组织开展国际合作，或者与其签订属于其主管问题的国际条约。

联盟开展国际合作的程序由最高欧亚经济理事会的决定确定。联盟与第三方签订国际条约的问题由联盟框架下的国际条约规定。

2. 联盟与第三方的国际条约草案的谈判根据最高欧亚经济理事会在完成了成员国国内程序后的决定进行。

同意联盟承担自身与第三方签订的国际条约规定的义务以及终止、中止或者退出国际条约的决定在履行完成员国国内程序后由最高欧亚经济理事会做出。

第三编　联盟机关

第8条　联盟机关

1. 联盟机关为：

最高欧亚经济理事会（简称"最高理事会"）；

欧亚政府间理事会（简称"政府间理事会"）；

欧亚经济委员会（简称"委员会"）；

欧亚经济联盟法院（简称"联盟法院"）。

2. 联盟机关在本条约和联盟框架下的国际条约授予的职权内运作。

3. 联盟机关基于本条约第3条规定的原则运作。

4. 最高理事会、政府间理事会和委员会理事会主席国按照俄文字母顺序由各成员国轮流担任，任期一年，无权延长。

5. 联盟机关在成员国境内驻留的条件由联盟与驻在国之间的个别国际条约确定。

第9条 联盟常设机关职务的担任

1. 联盟成员国拥有相关学历和工作经验的公民有权担任联盟常设机关的职务。

2. 委员会司的官员不得为同一国家的公民。担任委员会司官员职务的候选人的选拔由委员会根据缔约国平等原则进行。担任上述职务的候选人由委员会委员从相关缔约国中推荐。

3. 担任委员会司其他职务的候选人由委员会根据缔约国在委员会拨款中的份额通过竞聘方式选拔。

4. 除了委员会主席以外的委员会所有成员都为本条第2款所述的职务候选人竞聘委员会组成人员。

委员会竞聘委员会以多数票建议的形式做出决定并提请委员会主席批准。如果委员会主席涉及某个具体候选人的决定与委员会竞聘委员会的建议相冲突，那么委员会主席须将问题提交委务委员会审议以做出最终决定。

委员会竞聘委员会条例（包括竞聘规则）及其人员组成以及对担任委员会司司长和副司长职务候选人的要求由委员会理事会批准。

5. 联盟法院办公厅职务候选人的选拔和任命办法根据调整联盟法院活动的文件确定。

第10条 最高理事会

1. 最高理事会是联盟的最高机关。

2. 最高理事会由成员国元首组成。

第 11 条　最高理事会的工作程序

1. 最高理事会会议每年至少举行一次。

根据任何成员国或者最高理事会主席的提议可以就联盟活动紧急问题的决定召开非例行会议。

2. 最高理事会会议由主席主持。

最高理事会主席负责：

主持最高理事会会议；

组织最高理事会工作；

对提交最高理事会审议的问题的准备实施总领导。

在最高理事会主席提前终止其职权的情况下，担任最高理事会主席的最高理事会新成员在剩余期限内行使最高理事会主席的职权。

3. 应最高理事会主席的邀请，委员会理事会成员、委员会主席和其他被邀请的人员可以出席最高理事会会议。

最高理事会会议的参加人名单和方式由最高理事会主席与最高理事会成员协商确定。

最高理事会会议的议程由委员会根据成员国的建议制定。

媒体出席最高理事会会议的问题由最高理事会主席解决。

4. 最高理事会会议的组织程序由最高理事会批准。

5. 最高理事会会议筹备和举行的组织、信息和技术保障由委员会在承办国协助下进行。最高理事会会议举行的财务保障使用联盟预算进行。

第 12 条　最高理事会的职权

1. 最高理事会审议联盟的原则性问题，确定一体化发展的战略、方向和前景以及通过旨在实现联盟宗旨的决定。

2. 最高理事会行使以下职权：

1）确定欧亚经济联盟一体化发展的战略、方向和前景以及通过旨在实现联盟宗旨的决定；

2）批准欧亚经济委员会委务委员会的人员组成，分配委员会委务委员会委员的职责和终止其职权；

3）任命欧亚经济委员会委务委员会主席和决定提前终止其职权；

4）根据成员国的提名任命欧亚经济联盟法院的法官；

5）批准欧亚经济委员会的工作守则；

6）批准欧亚经济联盟预算以及《欧亚经济联盟预算条例》和《欧亚经济联盟预算执行报告》；

7）批准欧亚经济联盟开展国际合作的程序；

8）根据成员国的建议，审议涉及废除或者修改政府间理事会或者欧亚经济委员会通过的决定，并考虑第16条第7款的规定；

9）根据政府间理事会或者欧亚经济委员会的建议审查不需要一致同意做出决定的问题；

10）向欧亚经济联盟法院提起诉讼；

11）批准审核欧亚经济联盟法院的法官以及联盟办公厅官员和工作人员及其家属收入、财产和财产性债务资料的可靠性和完整性的办法；

12）确定联盟接纳新成员及终止联盟成员资格的程序；

13）确定授予或者取消观察员国地位或者入盟候选国地位；

14）批准欧亚经济委员会开展国际合作的程序；

15）以联盟的名义决定与第三方的谈判，包括与其签订涉及联盟的国际条约、授予谈判权以及同意联盟与第三方的国际条约义务，终止、暂停或者退出国际条约；

16）批准联盟机关的总编制以及在竞聘的基础上根据联盟成员国的推荐，批准派驻联盟机关担任官员的成员国公民代表指标；

17）批准欧亚经济委员会集体成员、欧亚经济联盟法院以及联盟机关官员和工作人员的报酬领取程序；

18）批准《欧亚经济联盟机关的外部审计条例》；

19）审查欧亚经济联盟机关的外部审计结果；

20）批准欧亚经济联盟的象征；

21）向政府间理事会和欧亚经济委员会下达指示；

22）决定建立相关方面的附属机关；

23）行使本条约和联盟框架下的国际条约规定的职权。

第 13 条　最高理事会的决定和命令

1. 最高理事会通过决定和命令。

2. 最高理事会通过的决定和命令由全体一致通过。

最高理事会与终止联盟成员国资格有关的决定根据"除去通知拟终止其成员国资格的成员国一票的全体一致同意原则"通过。

第 14 条　政府间理事会

欧亚政府间理事会由成员国政府首脑组成。

第 15 条　政府间理事会工作程序

1. 欧亚政府间理事会会议酌情举行，但每年至少举行两次。

根据任何成员国或者政府间理事会主席的提议，可以就联盟活动紧急问题的决定召开非例行会议。

2. 最高理事会会议在政府间理事会主席领导下举行。

第 16 条　政府间理事会职权

欧亚政府间理事会行使以下基本职权：

1）确保实施本条约和联盟框架下的国际条约以及最高理事会的决定，并对其实施进行监督；

2）根据欧亚经济委员会的建议审议欧亚经济委员会不需要一致同意做出决定的问题；

3）向欧亚经济委员会下达指示；

4）向最高理事会推荐政府间理事会成员和欧亚经济委员会委务委员会委员候选人；

5）批准联盟预算、《欧亚经济联盟预算条例》和《欧亚经济联盟预算执行报告》草案；

6）批准欧亚经济联盟机关财政管理活动的稽查条例及其稽查标准和方法，决定对欧亚经济联盟机关财政管理活动进行稽查并确定稽查期限；

7）根据成员国的建议审议涉及欧亚经济委员会通过的决定的撤销或者修改问题，在不存在分歧的情况下将问题提交最高理事会审议；

8）通过中止政府间理事会或者欧亚经济委员会委务委员会决定效力的决定；

9）批准欧亚经济委员会委务委员会委员以及委员会官员和工作人员的报酬领取程序；

10）行使本条约和联盟框架下的国际条约规定的职权。

第 17 条　政府间理事会的决定和命令

1. 政府间理事会通过决定和命令。

2. 政府间理事会通过的决定和命令由全体一致通过。

第 18 条　委员会

1. 欧亚经济委员会是欧亚经济联盟的常设管理机关。委员会由理事会和委务委员会组成。

2. 委员会通过决定、命令和建议。

委员会理事会的决定、命令和建议由法定多数或者全体一致通过。

最高理事会确定委员会委务委员会全体一致通过的决定问题清单。

法定多数由委员会委务委员会全体成员的三分之二构成。

3. 委员会的地位、组成、主管以及运作和建立程序根据本条约附件一确定。

4. 委员会所在地为白俄罗斯共和国明斯克市。

第 19 条　联盟法院

1. 联盟法院是联盟的常设审判机关。

2. 联盟法院的地位、组成、主管以及运作和建立程序根据本条约附件二确定。

3. 联盟法院所在地为白俄罗斯共和国明斯克市。

第四编　预算

第 20 条　联盟预算

1. 联盟的活动使用依照《欧亚经济联盟预算条例》确定的程序构成的预算资金。

联盟例行财政年的预算由各成员国按份缴纳的资金以卢布编制。各成员国按份缴纳的资金数额由最高理事会确定。

联盟的预算应当达到收支平衡。财政年从 1 月 1 日开始，在 12 月 31 日结束。

2. 联盟预算和《欧亚经济联盟预算条例》由最高理事会批准。

联盟预算和《欧亚经济联盟预算条例》由最高理事会修订。

第 21 条　财政金融活动的稽查

为了对联盟预算的执行实施监督，联盟机关财政金融活动的稽查每两年不少于一次。

对联盟机关财政金融活动个别问题的稽查可以根据任何成员国的倡议进行。

联盟机关财政金融活动的稽查由成员国国家财政监督机关的代表组成的小组进行。

联盟机关财政金融活动的稽查结果依照规定的程序提请政府间理事会审议。

第 22 条　外部审计

为了确定联盟预算资金的编制、管理和使用效果以及联盟的财产和其他资产使用的效果，进行外部审计。外部审计由成员国最高国家财政监督机关的代表组成的小组进行。外部审计的标准和方法由成员国最高国家财政监督机关联合确定。

联盟的外部审计结果依照规定的程序提请最高理事会审议。

第二部分　关税同盟

第五编　信息协作和统计

第 23 条　联盟框架下的信息协作

1. 为了从信息上保障涉及联盟运作所有领域的一体化进程，制定和实施旨在利用信息技术和联盟框架下跨界信任空间的信息协作措施。

2. 实施联盟框架下共同过程的信息协作使用联盟一体化信息系统进行。联盟一体化信息系统由授权机关的一体化区域国家信息资源和信息系统以及委员会的信息资源和信息系统保障。

3. 为了有效相互协作以及协调成员国的国家信息资源和信息系统，成员国在信息化和信息技术领域内实施协商性的政策。

4. 成员国在使用软件和信息技术时要保护相互协作过程中使用或者获取的知识产权。

5. 联盟框架下信息协作和协调的基本原则以及一体化信息系统的开发办法根据本条约附件三确定。

第 24 条　联盟的官方统计信息

1. 联盟的官方统计信息为了联盟的有效运作和发展而编制。

2. 联盟的官方统计信息根据下列原则编制：

1）职业独立性；

2）科学合理性和可比性；

3）完整性和可靠性；

4）实用性和及时性；

5）公开性和社会性；

6）支出的有效性；

7）统计的机密性。

3. 联盟的官方统计信息编制和传播办法根据本条约附件四确定。

第六编　关税同盟的运作

第 25 条　关税同盟运作的原则

1. 在联盟框架内成员国：

1）运作内部商品市场；

2）与第三方的贸易适用欧亚经济联盟统一关税和其他外贸监管统一措施；

3）与第三方的贸易适用统一的贸易制度；

4）实行统一的海关监管；

5）除了本条约规定的情况外，商品在成员国之间自由流通，无须海关申报和国家检查（运输、卫生、兽医、植物检疫）。

2. 本条使用以下概念：

进口关税——由成员国海关机关因商品进口至联盟关境内而征收的强制费；

欧亚经济联盟涉外经济活动统一商品编码——在世界海关组织协调性商品描述和编码体系以及独联体外贸活动统一商品编码基础上的涉外经济活动商品编码；

欧亚经济联盟统一关税——对第三国进口至联盟关境内的商品适用的、根据欧亚经济联盟涉外经济活动统一商品编码系统化的关税税率；

关税特惠——对与联盟建立自由贸易区的国家的商品免关税或者降低进口关税，或者对来自发展中国家或者最不发达国家即统一关税特惠制度的享受者的商品降低进口关税。

第 26 条　进口关税（其他有同等效力的行政费、税和费）的计算和分配

缴纳的进口关税应当在成员国之间分配。

进口关税的计算和分配以及向成员国预算缴纳依照本条约附件五规定的办法进行。

第 27 条　自由（特别、特殊）经济区和自由仓库的建立和运作

为了促进成员国的社会经济发展、吸引投资、建立和发展高新技术生产、发展交通基础设施、发展旅游和卫生疗养以及其他目的，在联盟境内建立和运作自由（特别、特殊）经济区和自由仓库。

自由（特别、特殊）经济区和自由仓库的建立及运作条件由联盟框架下的国际条约确定。

进口关税依照本条约附件五规定的办法进行计算、分配和向成员国预算缴纳。

第 28 条　内部市场

1. 联盟根据本条约规定采取保障内部市场运作的措施。

2. 内部市场涵盖经济空间，根据本条约的规定确保商品、人员、服务和资本在其中自由流通。

3. 在成员国相互贸易的内部市场框架内不适用进口关税（其他类似税费）、非关税调整措施，特别保障、反倾销和补偿措施，本条约规定的情况除外。

第 29 条　内部市场商品运作办法的例外

1. 成员国有权在商品相互贸易中在下列必要情况下采取限制措施（在这些措施不是无理歧视或者隐性贸易限制的条件下）：

1）保护人类生命和健康；

2）维护公共道德和法制；

3）保护环境；

4）保护动植物和文物；

5）履行国际义务；

6）保障国防和成员国安全。

2. 根据本条第 1 款的理由，内部市场也可以依照本条约第十一编规定的程序实施卫生、兽医和植物检疫措施。

3. 根据本条第 1 款的理由个别种类商品的流通受限。

商品在联盟关境内转移或者流通的办法根据本条约和联盟框架下的国际条约确定。

第七编 药品流通和医疗器械流通的监管

第 30 条 共同药品市场的建立

成员国在联盟框架下根据下列原则建立符合应有的疗效标准的共同药品市场：

1）成员国药品流通领域的法律要求的相协调和统一；

2）确保联盟境内流通的药品质量、疗效和安全强制要求的统一性；

3）适用成员国药品流通领域的统一规则；

4）制定和适用药品的质量、疗效和安全评估中的统一或者比较的研究和监管方法；

5）成员国药品流通领域的监管法律的相协调；

6）履行许可和监督职能。

第 31 条 共同医疗产品（医用产品和医疗器械）市场的建立

成员国在联盟框架下根据下列原则建立共同医疗产品（医用产品和医疗器械）市场：

1）使成员国医疗产品（医用产品和医疗器械）流通领域的法律要求相协调；

2）确保联盟境内流通的医疗产品（医用产品和医疗器械）疗效和安全强制要求的统一性；

3）在医疗产品（医用产品和医疗器械）流通领域适用统一的规则；

4）确定建立医疗产品（医用产品和医疗器械）质量保证体系的统一措施；

5）成员国医疗产品（医用产品和医疗器械）流通监管法律的相协调。

共同医疗产品（医用产品和医疗器械）市场根据联盟框架下的国际条约和本条约第 100 条的规定运作。

第八编　海关监管

第 32 条　联盟内的海关监管

联盟内根据《欧亚经济联盟海关法典》、国际条约和构成联盟法律的、调整海关法律关系的文件以及本条约规定实施统一的海关监管。

第九编　外贸政策

一　外贸政策的一般规定
第 33 条　联盟外贸政策的原则和目标

欧亚经济联盟的外贸政策旨在促进联盟成员国的经济可持续发展、创新发展，提高贸易和投资规模并改善其结构，加快一体化进程以及实现联盟作为全球经济中的有效和有竞争力组织的进一步发展。联盟外贸政策的基本原则如下：

1）对联盟成员国外贸活动参加人采取不严于保证联盟宗旨有效实现所必需的实施联盟外贸政策的措施和机制；

2）制定、采取和适用联盟外贸政策措施和机制的透明性；

3）采取实施联盟外贸政策措施和机制的合理性和客观性；

4）保护联盟成员国外贸活动参与方的权利和合法利益以及商品和服务生产者和消费者的权利和合法利益；

5）尊重外贸活动参与方的权利。

联盟的外贸政策通过联盟单独或者会同成员国在联盟机关做出对联盟成员国有约束力的决定的领域与第三国签订国际条约、参加国际组织或者自动采取外贸政策措施和机制实施。

联盟对履行其签订的国际条约义务负责并根据这些条约行使其权利。

第 34 条　最惠国待遇

在对外贸易关系中，在联盟与第三国的国际条约以及联盟成员国的国际条约规定了最惠国待遇制度的情况和条件下适用 1994 年的《关税与贸易总协定》中的最惠国待遇制度。

第 35 条 自由贸易制度

1994 年《关税与贸易总协定》所指的自由贸易制度根据联盟与第三方的国际条约并考虑本条约第 102 条的规定在与该第三方的贸易中确定。

联盟与第三方规定了自由贸易制度的国际条约可以包含与外贸活动有关的其他条款。

第 36 条 对产于发展中国家和最不发达国家商品的关税特惠

1. 为了促进发展中国家和最不发达国家的经济发展，联盟根据本条约可以向产自发展中国家或者最不发达国家——统一关税特惠制度的享受者的商品提供关税特惠。

2. 对进口至联盟关境内产自发展中国家、享受特惠的商品——统一关税特惠制度的享受者的商品适用相当于欧亚经济联盟统一关税 75% 的进口关税税率。

3. 对从最不发达国家——统一关税特惠制度的享受者进口至联盟关境内、享受特惠的商品适用欧亚经济联盟统一关税零税率。

第 37 条 原产地的确定规则

1. 联盟关境内适用统一的确定进口至联盟关境内的商品原产地的规则。

2. 为了适用关税调整措施（不包括特惠关税目的）、采取非关税调整措施、保护国内市场、规定原产地标识要求、进行政府采购和外贸统计，适用欧亚经济委员会规定的进入联盟关境内的商品原产地确定规则。

3. 为了向来自发展中国家或者最不发达国家——统一关税特惠制度的享受者的商品提供关税特惠，适用欧亚经济委员会规定的进入联盟关境内的发展中国家或者最不发达国家商品的原产地规则。

4. 为了给予进入联盟关境内的联盟与其经贸关系中适用自由贸易制度的国家的商品关税特惠，适用联盟与第三国涉及自由贸易制度的国际条约规定的商品原产地规则。

5. 如果联盟与第三方规定自由贸易制度的国际条约未规定确定进口商品的原产地规则，或者在该国际条约生效时未对进口至联盟关境内产自该国的商品确定原产地，那么在适用确定商品原产地规则前适用本条第 2 款规定的商品原产地确定规则。

6. 在第三方多次违反商品原产地规则的情况下，欧亚经济委员会可以决定由成员国的海关机关对来自某一国商品原产地确定的正确性进行监督。在发现第三方连续违反商品原产地规则的情况下，欧亚经济委员会可以决定由成员国的海关机关中止认可证明商品原产地的文件。本款不限制成员国涉及对进口商品原产地实施检查和根据其结果采取措施的权力。

第 38 条　服务外贸

成员国在与第三方的服务贸易领域进行协调。协调不意味着联盟在该领域的超国家职权。

第 39 条　消除与第三国贸易中的限制措施

欧亚经济委员会在进入第三方市场中提供协助、对第三方涉及成员国的限制性措施进行监督、在第三方对联盟适用某种措施的情况下或者联盟与第三方之间产生贸易纠纷的情况下会同成员国与相关第三方进行协调。

第 40 条　对第三国的反报措施

1. 如果联盟与第三国的国际条约或者成员国与第三国的国际条约规定了反报措施，那么在联盟关境内实施反报措施的决定由欧亚经济委员会做出，包括提高进口关税税率、实行数量限制、临时中止特惠待遇，或者在欧亚经济委员会职权内采取影响与相关国家外贸结果的其他措施。

2. 在成员国与第三国在 2015 年 1 月 1 日前签订的国际条约规定的情况下，成员国有权单方面采取比欧亚经济联盟统一关税税率更高的进口关税税率的反报措施以及在反报措施的行政机制不违反本条约的规定的条件下暂停关税特惠制度。

第 41 条　发展出口的措施

联盟可以根据国际条约以及世界贸易组织准则和规则采取促进成员国商品向第三国市场出口的联合措施。

联合措施包括出口保险和信贷、国际金融租赁、推介"欧亚经济联盟商品"概念、进行联盟商品的统一营销、境外展销活动以及广告和公关。

二　关税调整

第 42 条　欧亚经济联盟统一关税

1. 在联盟关境内适用由欧亚经济委员会批准的、为联盟贸易政策工具的欧亚经济联盟涉外经济活动统一商品编码和欧亚经济联盟统一关税。

2. 适用欧亚经济联盟统一关税的基本宗旨如下：

1）确保联盟与世界经济有效一体化的条件；

2）合理化进口至联盟关境内的商品结构；

3）维持联盟关境的商品进口和出口的合理比例关系；

4）为联盟的商品和消费结构的优化创造条件；

5）支持联盟的经济部门。

3. 在欧亚经济联盟的统一关税中适用下列种类的进口关税：

1）由应税商品海关价值确定的从价税；

2）由应税的商品量（数量、质量、规模或者其他特性）确定的从量税；

3）上述两种关税的混合计征。

第 43 条　关税优惠

1. 对进口至联盟关境内个别种类的商品可以适用免缴关税或者降低进口关税形式的关税优惠。

2. 关税优惠不带个别性质，不根据商品的原产地适用。

3. 关税优惠根据本条约附件六提供。

第 44 条　关税配额

1. 如果类似商品在联盟关境内生产（开采、种植），那么对产自第三国并进口至联盟关境内个别种类的农产品实施关税配额。

2. 对上述在规定的限额内进口至联盟关境内个别种类的农产品适用相应联盟统一关税税率。

3. 对产自第三国并进口至联盟关境内个别种类的农产品实施关税配额的确定和关税配额的分配依照本条约附件六规定的程序进行。

第 45 条　欧亚经济委员会在关税问题上的职权

1. 委员会的职权：

1）管理欧亚经济联盟涉外经济活动统一商品编码和欧亚经济联盟统一关税税率；

2）规定包括季节性关税在内的进口关税；

3）规定提供优惠关税的情况和条件；

4）确定适用优惠关税的程序；

5）确定适用联盟统一关税特惠制度的条件和程序；

6）确定享有联盟统一关税特惠制度的发展中国家名单；

7）确定享有联盟统一关税特惠制度的最不发达国家名单；

8）确定进口至联盟关境内的产自享受联盟统一关税特惠制度的发展中国家和最不发达国家的商品清单；

9）确定关税配额，在成员国之间分配关税配额规模，确定外贸活动参加人之间关税配额规模分配的方法和程序，在必要的情况下分配第三国之间的关税配额规模，或者通过成员国根据其确定在外贸活动参加人之间分配关税配额的方法和程序以及在必要情况下在第三国之间分配关税配额的文件。

2. 委员会理事会通过的变更进口商品关税税率决定涉及的敏感商品清单由最高理事会批准。

第 46 条　非关税调整措施

1. 在与第三国的贸易中联盟实施下列统一的非关税调整措施：

1）禁止商品的进口和（或者）出口；

2）商品的进口和（或者）出口的数量限制；

3）商品的进口和（或者）出口的专属权；

4）商品的进口和（或者）出口的自动许可；

5）商品的进口和（或者）出口的核准程序。

2. 非关税调整措施根据透明和非歧视原则依照本条约附件七规定的程序实施。

第 47 条　非关税调整措施的单方面实施

成员国在与第三国的贸易中可以根据本条约附件七规定的程序单方面引入和实施非关税调整措施。

三　国内市场保护措施

第 48 条　国内市场保护的一般规定

1. 为了保护联盟生产者的经济利益，可以针对第三国生产的、进口至联盟关境内的商品实施特别保障、反倾销和补偿措施以及其他形式的保护国内市场的措施。

2. 实施特别保障、反倾销和补偿措施的决定，变更或者撤销特别保障、反倾销和补偿措施的决定，或者不采取上述措施的决定由欧亚经济委员会做出。

3. 特别保障、反倾销和补偿措施根据本条约附件八规定的条件和程序实施。

4. 在进口商品中实施特别保障、反倾销或者补偿措施前，先由欧亚经济委员会确定的负责调查的机关（简称"调查机关"）根据本条约附件八进行调查。

5. 特别保障、反倾销和补偿关税的计算和分配根据本条约附件八进行。

第 49 条　特别保障、反倾销和补偿措施适用的原则

1. 如果根据调查机关的调查结果认定进口至联盟关境内的商品数量大增（与在成员国生产的类似或者直接竞争的商品相比的绝对或者相对指标）且其进口对成员国的经济部门造成严重损害或者造成引起这种损害的威胁，那么可以对该商品实施特别保障措施。

2. 如果根据调查机关的调查结果认定进口至联盟关境内的商品对成员国的经济部门造成严重损害，或者造成引起这种损害的威胁，或者使成员国经济部门的建立大大放缓，那么可以对倾销对象的商品采取反倾销措施。

3. 如果根据调查机关的调查结果认定进口至联盟关境内的商品对成员国的经济部门造成实质损害，或者造成引起这种损害的威胁，或者使成员国经济部门的建立大大放缓，那么可以对在生产、出口或者运输中享受了出口第三国特定补贴的进口商品采取补偿措施。

4. 为了达到保护国内市场的目的，"成员国经济部门"是指成员国的所有类似商品（用于反倾销和补偿调查目的）或者类似或直接竞争的商品（用于特别保障调查目的）的生产者或者其份额占成员国相应类似商品或者类似或直接竞争商品总产量 25% 以上的生产者。

第 50 条　保护国内市场的其他措施

为了消除从第三国进口对成员国生产者的消极影响，联盟与第三国建立自由贸易制度的国际条约可以规定成员国有权在双边的基础上采取除特别保障、反倾销和补偿措施以外的保护国内市场的措施，包括针对农产品实施的保护措施。

保护措施由欧亚经济委员会决定适用。

第十编　技术调整

第51条　技术调整的一般原则

1. 欧亚经济联盟框架下的技术调整根据下列原则进行：

1）对产品的要求，对产品和与产品的设计（包括勘察）、生产、建造、安装、调试、使用、储存、运输、销售和处理过程有关的强制要求；

2）在联盟技术规范中，或者在成员国的法律中确定对在联盟框架下列入被规定了强制要求的产品统一清单中的产品的统一强制要求；

3）联盟框架下的技术规范符合经合组织成员国的经济发展水平和科技发展水平；

4）成员国认证机关、成员国合格证明机关和成员国监督机关独立于生产者、顾客、执行者和包括消费者在内的购买者；

5）在成员国无例外地适用和使用联盟技术规程；

6）在实施强制合格评估时试验、测量规则和方法的统一性；

7）任何交易都统一适用联盟的技术规范要求；

8）在进行合格评估时不得限制竞争；

9）在成员国法律协调的基础上对遵守联盟的技术规范进行国家监督；

10）适用标准的自愿性；

11）制定和适用政府间标准；

12）政府间标准与国际和地区标准相协调；

13）确保成员国涉及违反进行强制合格评估的产品、规则和程序的强制要求的法律相协调；

14）进行强制合格评估的规则和程序统一；

15）实施联盟框架下保证计量统一的协调政策；

16）不得对企业活动设置额外障碍；

17）为分阶段过渡到新的要求和文件设定过渡条款。

2. 本编的条款不适用于确定和采取卫生、兽医和植物检疫措施。

3. 联盟框架下技术调整的办法、规则和程序根据本条约附件九确定。

4. 确保联盟框架下的计量统一性的协调政策根据本条约附件十实施。

第 52 条　联盟技术规范和标准

1. 联盟技术规范只为下列目的适用：保护人的生命；保护健康、财产、环境、动植物的生命和（或者）健康；预防误导消费者的行为；保证联盟框架下的能源使用效率和资源节约。联盟的技术规范不得为了其他目的适用。

联盟技术规范的制定和适用程序以及对其进行修订和废除的程序由欧亚经济委员会确定。

产品统一清单的制作和管理办法由欧亚经济委员会确定。

联盟的技术规范或者强制技术要求只对被列入欧亚经济委员会批准的产品统一清单中的产品有效。

成员国不得在其国内法中规定涉及未列入产品统一清单中的产品的强制要求。

2. 联盟的技术规范在联盟关境内有直接效力。

联盟适用的技术规范实施办法和过渡规定由联盟技术规范和（或者）欧亚经济委员会的文件确定。

3. 为了遵守联盟的技术规范要求和评估是否符合联盟的技术规范要求，在自愿的基础上可以适用国际、地区（国家间）标准，在没有国际、地区（国家间）标准的情况下（在制定国际、地区〔国家间〕标准前）适用成员国的国内标准。

第 53 条　产品的流通和联盟的技术规范

1. 在联盟关境内流通的产品应当是安全的。

联盟技术规范未对其规定要求的产品的安全保障与流通规则及其办法由联盟框架内的国际条约规定。

2. 联盟技术规范对其生效的产品在办理了联盟技术规范确定的合格评估程序条件下进入联盟境内流通。

成员国确保在本国境内流通的产品符合联盟的技术规范要求，不提出联盟技术规范以外的额外要求和不实施补充合格评估程序。

本款第 2 段的规定不适用于卫生、兽医和植物检疫措施。

3. 自联盟的技术规范在成员国境内生效之日起，由成员国国内法或者欧亚经济委员会文件确定的对产品或者对产品和与产品的设计（包括勘察）、生产、建设、安装、调试、使用、储存、运输、销售、处理过程有关的强制要求只对过渡条款规定的部分有效，自联盟技术规范或者欧亚经济委员会文件规定的过渡条款效力终止之日起不适用于对产品的流通、技术规范对象的合格评估和对联盟技术规范要求遵守的国家检查（监督）。

对产品或者对产品和与产品的设计（包括勘察）、生产、建设、安装、调试、使用、储存、运输、销售、处理过程有关的强制要求在联盟的技术规范生效前被列入联盟的技术规范中。

4. 对遵守联盟技术规范的国家监督依照成员国法律规定的程序实施。

成员国遵守联盟技术规范的国家监督领域的法律的协调原则和措施由联盟框架内的国际条约规定。

5. 不遵守联盟技术规范要求以及违反产品符合联盟技术规范要求的评估程序的责任根据成员国的法律确定。

第 54 条　认证

1. 联盟框架下的认证根据下列原则进行：

1）认证领域的规则和措施与国际标准相协调；

2）确保认证的自愿性以及认证程序、规则和结果信息的公开性和透明性；

3）确保成员国认证机关客观、公正和能够胜任工作；

4）确保认证申请人认证条件的平等以及认证中获得的信息的保密；

5）成员国一个机关的认证职权不得与国家监督机关的职权相重合，对成员国认证机关合格评估（包括检验、实验室〔中心〕）活动实施监督的职权除外；

6）成员国一个机关的认证职权不得与合格评估相兼。

2. 合格评估的机关认证由根据成员国法律授权从事此种活动的成员国认证机关进行。

3. 一个成员国的认证机关不得与另一个成员国的认证机关相竞争。

为了禁止成员国的认证机关之间的竞争，一个成员国的合格评估机关为了认证目的向其在境内被登记为法人的成员国认证机关请求认证。

在于其他成员国境内登记为法人的合格评估机关请求一个成员国的认证机关进行认证的情况下该认证机关告知合格评估机关在其境内被登记为

法人的成员国认证机关，如果该合格评估机关被登记为法人的成员国认证机关未对所要求的领域进行认证，那么成员国的认证机关可以进行认证。此外，该合格评估机关被登记为法人的成员国认证机关有权成为观察员。

4. 成员国认证机关为了实现所适用的程序的同等意义进行相互比较认证。

成员国合格评估机关的认证结果的承认根据本条约附件十一进行。

第 55 条　与第三国相互贸易中的技术障碍的消除

与第三国相互贸易中的技术障碍的消除办法和条件由联盟框架下的国际条约规定。

第十一编　卫生、兽医和植物检疫

第 56 条　卫生、兽医和植物检疫措施适用的一般原则

1. 卫生、兽医和植物检疫措施只根据对保护人、动物和植物的生命和健康必需程度的科学合理性原则适用。

联盟框架下的卫生、兽医和植物检疫措施基于国际和（或者）地区标准、指导和（或者）建议，根据相关科学合理性引入了比根据相关国际和（或者）地区标准、指导和（或者）建议引入的卫生、兽医和植物检疫措施水平更高的卫生、兽医和植物检疫措施的情况除外。

2. 为了联盟框架下的居民卫生防疫以及兽医和植物检疫安全目的，在卫生、兽医和植物检疫措施领域实施协调性政策。

3. 协调性政策以成员国联合制定、通过和实施适用卫生、兽医和植物检疫措施领域的国际条约和欧亚经济委员会文件的形式实施。

4. 每一个成员国都有权制定和实施临时性的卫生、兽医和植物检疫措施。

成员国实施临时性的卫生、兽医和植物检疫措施的相互协作办法由欧亚经济委员会批准。

5. 识别、登记和追查动物和植物的原产地领域的协调性政策根据欧亚经济委员会的文件实施。

6. 卫生、兽医和植物检疫措施的适用及成员国卫生、兽医和植物检疫措施领域的授权机关的相互协作根据本条约附件十二进行。

第 57 条　卫生措施的适用

1. 卫生措施针对人、交通工具以及根据欧亚经济委员会的文件被列入应当进行国家卫生防疫检查（监督）的统一产品（商品）清单中的产品实施。

2. 对应当进行国家卫生防疫检查（监督）的产品（商品）规定统一的卫生防疫要求和程序。

涉及制定联盟技术规范的产品（商品）统一卫生防疫要求根据欧亚经济委员会的文件列入联盟技术规范中。

3. 产品（商品）统一卫生防疫要求和程序的制定、批准、变更和适用由欧亚经济委员会批准。

4. 为了居民卫生防疫目的，居民卫生防疫领域的授权机关根据成员国法律和欧亚经济委员会文件进行国家卫生防疫检查（监督）。

居民卫生防疫领域的授权机关可以根据成员国法律在国家卫生防疫检查（监督）框架下对联盟技术规范要求的遵守实施国家监督。

第 58 条　兽医卫生措施的适用

1. 兽医卫生措施针对进入联盟关境和过境联盟的、被列入由欧亚经济委员会批准的应当进行兽医检查的统一商品清单中的商品（包括个人用商品）实施。

2. 对应当进行兽医检查的商品和物品适用欧亚经济委员会批准的统一兽医（兽医卫生）要求。

3. 为了防止人畜共患的动物传染病以及不符合统一兽医（兽医卫生）要求的商品进入和扩散，应当对根据欧亚经济委员会文件确定的包括个人用商品在内的、应当进行兽医检查（监督）的商品以及应当进行兽医检查（监督）的物品进行兽医检查（监督）。

成员国在预防、诊断、定位和消除特别危险、应受检疫商品和动物疫病之源时依照欧亚经济委员会批准的程序相互协作。

4. 如果应当进行兽医检查（监督）的商品进入联盟关境或者通过成员国国境，那么兽医领域的授权机关根据成员国法律在联盟成员国出入境口岸，或者成员国法律规定的装备有兽医检查设备的其他地点进行兽医检查（监督）。

5. 应当接受兽医检查（监督）的每批商品在有其进入的成员国兽医领域的授权机关发放的许可或者发货国的主管机关发放的证书的条件下根据欧亚经济委员会批准的统一兽医（兽医卫生）要求进入成员国境内。

6. 应当接受兽医检查（监督）的商品根据统一兽医（兽医卫生）要求从一个成员国领土被运入另一个成员国境内。上述商品应当附有兽医检查（监督）证书，欧亚经济委员会另有规定的除外。

成员国相互承认兽医领域的授权机关根据欧亚经济委员会批准的格式发放的兽医检查（监督）证书。

7. 若其在第三国生产、加工、运输和（或者）储存，那么对国外官方检查（监督）系统进行审计是确保应当进行兽医检查（监督）的商品安全的基本原则。

兽医检查（监督）机关根据欧亚经济委员会的文件对应当进行兽医检查（监督）的商品的国外官方检查（监督）体系进行审计。

8. 成员国有权在获得相关国际组织、成员国和第三国关于第三国或者成员国境内动物疫情恶化的信息的情况下制定和实施临时兽医（兽医卫生）要求和措施。

在有上述信息但是上述信息没有充分的科学合理性或者无法在必要的期限内证明其真实的情况下，成员国可以采取紧急兽医（兽医卫生）措施。

第 59 条　植物卫生检疫措施

1. 植物卫生检疫措施针对应当在联盟关境和联盟边境进行植物卫生检疫的被列入检疫产品清单中的产品、被列入联盟检疫对象统一清单中的检疫物品以及其他检疫物品实施。

2. 联盟关境和联盟边境的植物卫生检疫针对被列入检疫产品清单的产品、被列入联盟检疫对象统一清单中的检疫物品以及检疫物品实施。

3. 检疫产品清单、联盟检疫对象统一清单和植物卫生检疫统一要求由欧亚经济委员会批准。

第十二编　消费者权利保护

第 60 条　消费者权利保护

1. 消费者权利及其保护由成员国的消费者权利保护法以及联盟条约

保障。

2. 成员国公民及在其境内居住的公民在其他成员国境内享有与其他成员国公民在消费者权利保护领域同等的权利，有权依照与其他成员国的公民同等的条件向消费者权利保护国家机关和社会组织、其他组织和法院求助和（或者）采取其他程序性措施。

第 61 条　消费者权利保护领域的政策

1. 成员国在消费者权利保护领域实施旨在为成员国公民创造使其利益不受经营主体不当活动侵害的平等条件的协调性政策。

2. 消费者权利保护领域的协调性政策根据本条约和成员国消费者权利保护法依照本条约附件十三的原则实施。

第三部分　统一经济空间

第十三编　宏观经济政策

第 62 条　协商性宏观经济政策的主要方面

1. 在联盟框架下制定和实施成员国联合行动的协商性宏观经济政策旨在达到成员国经济发展平衡的目的。

2. 实施成员国协商性宏观经济政策的协调由委员会根据本条约附件十四进行。

3. 协商性宏观经济政策的主要方面包括：

1）利用联盟一体化潜力和各成员国竞争优势保证成员国经济稳定发展；

2）制定成员国经济运行的统一原则并确保成员国间有效地相互协作；

3）为提高成员国国内经济的稳定性创造条件，包括保证宏观经济稳定和对外部影响的韧性；

4）制定预测成员国社会经济发展的共同原则和方针。

4. 协商性宏观经济政策的主要方面根据本条约附件十四实施。

第 63 条　经济稳定发展确定的主要宏观经济指标

成员国在下列经济稳定发展确定的主要宏观经济指标范围内制定经济

政策：

国有部门预算年度赤字——不超过国内生产总值的百分之三；

国有部门的债务——不超过国内生产总值的百分之五十；

年通货膨胀水平（居民消费价格指数变动，百分比）——不得超过5%，在成员国为最低指标。

第十四编　货币政策

第64条　协调性货币政策的宗旨和原则

1. 为了深化经济一体化，发展货币金融领域的合作，确保商品、服务和资本在成员国境内自由流动，增强成员国本币在外贸和投资业务中的作用以及实现上述货币的相互兑换，成员国根据下列原则制定和实施协调性的货币政策：

1）分阶段实施的符合一体化合作要求的宏观经济需求货币政策的制定和实施措施相协调和接近；

2）在国内和国际层面上创造推动货币领域的一体化进程以及实施协调性和协商性货币政策所必需的组织法律条件；

3）在货币领域不采取可能对推动一体化进程造成消极影响的行动，在被迫采取的情况下减轻该行为的后果；

4）实施旨在提高各成员国国内货币市场和国际货币市场上对成员国本币的信任的经济政策。

2. 为了实施协调性货币政策，成员国根据本条约附件十五采取措施。

3. 汇率政策由成员国国家（中央）银行领导人组成的、其活动程序由联盟框架下的国际条约规定的个别机关实施。

4. 成员国调整货币法律关系的协调性措施和采取的自由化措施由联盟框架下的国际条约规定。

第十五编　服务贸易、设立机构、活动和投资

第65条　调整的目标和对象以及适用的领域

1. 根据本编和本条约附件十六的条款实现服务贸易、设立机构、活动和投资的自由是本编的宗旨。

成员国服务贸易、设立机构、活动和投资管理的法律基础由本条约附件十六确定。

2. 本编的条款适用于成员国涉及商品供应、接受服务、设立机构、活动和投资的措施。

本编条款不适用于：

由本条约第二十二编调整的国家（市镇）采购；

行使国家职能提供的服务和开展的活动。

3. 本条约第十六、第十九、第二十和第二十一编涵盖的服务由它们分别调整。本编与上述编不抵触的部分有效。

4. 因电子通信服务贸易而发生的法律关系根据《电子通信服务贸易办法》（本条约附件十六的附件1）确定。

5. 自然人的出入境、居留和劳务活动由本条约第二十六编与本编不相冲突的部分调整。

6. 本编不得做如下解释。

1）要求成员国披露可能被视为与其最重要的安全利益相冲突的信息。

2）成为任何成员国采取通过制定法律维护其最重要的安全利益所必需的任何行动的障碍，涉及：

——直接或者间接为军队提供的服务；

——裂变或者热核材料或者从其中提取的材料；

——在战时或者在国际关系中的其他紧急情势下制定的法律。

3）成为任何成员国根据联合国宪章维护国际安全与和平而履行其义务的任何行动的障碍。

7. 本编的条款不妨碍成员国制定或者采取下列措施。

1）维护公共道德或者维持公共秩序所必需的措施。维持公共秩序的例外只能在存在对某一根本社会利益的现实和足够严重威胁的情况下适用。

2）保护人类、动植物生命或者健康所必需的措施。

3）不违反本编规定的、遵守成员国法律所必需的措施，包括：

——防止造成误导或者不当行为或者不遵守民事法律合同的后果；

——避免在处理和散播个人性质的资料以及保护个人生活和账户机密资料时干涉某些人的私人生活；

——安全。

4）在不同于确保对其他成员国或者第三国人员的涉及服务、机构和活动的公平和（或者）有效的直接税及其征收制度不同的条件下采取的与本条约附件十六第 21 和第 24 款不相符的措施且这些措施不得与成员国的国际条约条款相冲突。

5）在成员国为缔约国的、包括避免双重征税在内的征税问题协定结果的机制不同的条件下与本条约附件十六第 27 和第 29 款不相符的措施。

8. 本条第 7 款规定的措施的适用不得导致成员国之间的任意或者不合理的歧视或者服务贸易、设立机构、活动和投资中的隐性限制。

9. 如果成员国对第三国保留了涉及服务贸易、设立机构、活动和投资的限制，那么本编不得被解释为成员国在该人属于上述第三国或者由上述第三国人员控制以及本编的实施可能导致形成或者违反上述禁止和限制的情况下对其他成员国的人员适用。

10. 如果证明成员国的其他人员未在其他成员国境内开展业务以及属于第一个成员国或第三国或者受第一个成员国人员或者第三国的人员控制，那么成员国不得将其根据本编承担的义务施加于涉及服务贸易、设立机构、活动和投资的其他国家的人员。

第 66 条　服务贸易、设立机构、活动和投资的自由化

1. 成员国不得对涉及其他成员国人员的服务贸易、设立机构和活动实施与本条约生效之时施行的制度相比新的歧视性措施。

2. 为了保证服务贸易、设立机构、活动和投资的自由，成员国分阶段自由化相互服务贸易、设立机构、活动和投资。

3. 成员国努力建立本条约附件十六第 38~43 款规定的最大服务部门——统一服务市场并确保其运作。

第 67 条　服务贸易、设立机构、活动和投资的自由化原则

1. 服务贸易、设立机构、活动和投资的自由化根据国际原则和标准通过成员国的法律相协调和成员国主管机关的相互行政合作实施。

2. 在服务贸易、设立机构、活动和投资的自由化过程中以下列原则为指导。

1）合理化国内监管——根据具体服务部门监管的最好国际实践，在没有的情况下通过选择和适用成员国最先进的模式，简化和（或者）消除包括对供货商、服务的接受者以及设立机构、开展活动的人员和投资者的许可要求和程序在内的多余的国内监管。

2）比例性——为服务市场设立机构、开展活动或者投资的有效运作而进行的成员国法律相协调和相互行政合作的必要性和充分性。

3）互利性——根据公平分配利益和义务并考虑各成员国服务部门和活动种类的敏感性进行服务贸易、机构、活动和投资的自由化。

4）连续性——根据下列原则采取包括成员国法律协调和行政合作在内的涉及服务贸易、设立机构、活动和投资的自由化原则的措施：

——与本条约签订之日实行的条件和本条约规定的条件相比，任何服务部门和活动都不得恶化相互准入条件；

——分阶段减少个别国内清单规定的限制以及消除额外条件和要求，消除本条约附件十六附件第2款第4段及第15～17、第23、第26、第28、第31、第33和第35款所述的由最高理事会批准的补充要求和条件。

5）经济合理性——在本条约附件十六第38～43款规定的建立统一服务市场框架下，优先实现最大限度地影响联盟内部市场生产和销售的商品成本、竞争力和（或者）规模的服务部门的服务贸易的自由化。

第68条　行政合作

1. 成员国在确保本编调整的问题的主管机关之间有效合作方面进行彼此合作。

为了确保包括信息交换在内的有效合作，成员国主管机关之间签订协定。

2. 行政合作包括：

1）成员国主管机关之间既涉及整个服务部门也涉及具体服务市场参与者业务的信息交换；

2）建立预防服务商侵犯消费者的权利和合法利益、良好市场主体的权利和合法利益以及公共（国家）利益的机制。

3. 成员国主管机关可以在签订的协定框架下向其他成员国主管机关索要其主管领域的、有效落实本编规定的要求所必需的信息，包括：

1）在一个成员国境内设立机构提供服务的其他成员国人员的信息，包括证明此人在其境内实际设立机构的资料以及根据机关的资料该人从事企业活动的信息；

2）机关颁发的经许可从事的活动许可；

3）主管机关采取的涉及该人和直接触及其资格或者商业信誉的行政措施、刑事制裁或者认定其破产的决定。

4. 成员国主管机关为了下列目的进行行政合作（包括对活动实施监督和检查）：

1）建立在另一成员国供货商提供服务的情况下有效保护一成员国服务享受者权利的有效体系；

2）服务商和服务享受者履行税务和其他义务；

3）制止不当商业活动；

4）确保成员国服务规模统计数据的可靠性。

5. 在成员国知悉任何服务供应商、设立机构或者开展活动的人员或者投资者能够做出导致该成员国境内或者其他成员国境内的人类、动植物健康或者安全或者环境受损的行为的情况下，该成员国应在最短期限内通知所有的成员国。

6. 欧亚经济委员会协助建立本编调整的问题的联盟信息系统，并参与该信息系统的运作。

7. 成员国机关可以通知欧亚经济委员会其他成员国不履行本条规定的义务的情况。

第 69 条　透明性

1. 各成员国确保涉及本编调整的问题的国内法的公开性和便利性。

为此目的，成员国所有涉及或者可能涉及本编调整问题的规范性法律文件都应当在官方渠道上公布并尽可能公布在信息通信网络（以下简称"网络"）上以便规范性法律文件触及其权利和义务的人员能够了解。

2. 本条第 1 款所述的规范性法律文件应当在确保法律的确定性、规范性法律文件可能涉及其权利和义务的人员的合理期待的期限内公布，但是在任何情况下都应在其生效（施行）前公布。

3. 成员国要预先公布本条第 1 款所述的规范性法律文件草案。

为了向所有的利害关系人提供提出自己的意见和建议的机会，成员国在其负责制定规范性法律文件的国家机关网站或者专门建立的规范性法律文件网站上发布规范性法律文件草案、公众对其提出意见和建议程序的信息，以及规范性法律文件公众讨论期限的资料。

上述规范性法律文件草案通常自通过之日起三十日内公布。在快速反应的情况下以及在这些规范性法律文件的公布可能妨碍其执行或者以其他方式违背公共利益的情况下不要求公布。

成员国的主管机关尽可能在规范性法律文件的修改中考虑在公众讨论框架下收到的意见和（或者）建议。

4. 本条第 1 款所述的规范性法律文件在公布时应当附有其通过和适用的目的解释。

5. 成员国建立答复任何人关于本条所述的现行的或者拟通过的规范性法律文件的书面或者电子请求的机制。

6. 成员国要依照国内法对其人员规定的程序受理其他成员国的人员涉及本编调整的问题的请愿。

第十六编　金融市场监管

第 70 条　金融市场监管宗旨和原则

1. 成员国在联盟框架下根据下列宗旨和原则进行协调性的金融市场监管：

1）为了建立联盟框架下的共同金融市场和保证成员国金融市场准入的非歧视，深化成员国的经济一体化；

2）成员国金融市场消费者权利和合法利益的保障和有效保护；

3）创造在另一成员国境内承认由一成员国发放的银行活动、保险活动和有价证券市场服务活动许可证的条件；

4）根据国际标准确定管控成员国金融市场风险的措施；

5）确定对银行活动、保险活动和有价证券市场服务活动提出的（审查）要求；

6）规定对金融市场活动参加人活动实施监管的办法；

7）确保金融市场活动参加人活动的透明性。

2. 为了创造金融市场上成员国资本自由流通的条件，开展下列形式的合作，包括：

1）成员国的银行活动、保险活动和有价证券市场服务活动授权机关之间进行包括机密信息在内的信息交换，根据联盟框架下的国际条约进行监督和检查；

2）实施讨论金融市场日常和可能发生的问题以及制定解决它们的建议的措施；

3）成员国的银行活动、保险活动和有价证券市场服务活动授权机关举行相互磋商。

3. 为了实现本条第 1 款所述的宗旨，成员国根据联盟框架下的国际条约以及本条约附件十七和本条约第 103 条使金融市场领域的国内法相协调。

第十七编 税和税收

第 71 条 成员国在税收领域相互协作的原则

1. 对从一个成员国境内出口至另一个成员国境内的商品征收间接税。

2. 成员国在相互贸易中对在其境内销售的其他成员国的商品征收的税以及其他手续费和服务费不得高于该成员国对在其境内生产的商品征收的税以及其他手续费和服务费。

3. 成员国确定影响相互贸易税的法律协调的方面以及形式和办法以便不破坏竞争条件和不妨碍商品、劳务和服务在国内或者联盟内自由流通，包括：

1）最敏感的消费税应税商品消费税税率的协调（接近）；

2）进一步完善相互贸易中的增值税征收制度（包括应用信息技术）。

第 72 条 成员国间接税的征收原则

1. 商品贸易间接税的征收根据在出口商品时适用增值税零税率和（或者）免消费税以及在出口商品时免间接税的目的国原则进行。

商品进出口中的间接税的征收和对其缴纳的监督根据本条约附件十八规定的程序进行。

2. 完成劳务和提供服务中的间接税的征收在其境内被视为商品销售和服务提供地点的成员国进行。

完成劳务和提供服务中的间接税的征收依照本条约附件十八规定的程序进行。

3. 成员国税务机关之间根据包括规定信息交换程序、商品出口和缴纳间接税的申请书格式及其填写规则，以及申请书交换程式要求在内的部门间个别国际条约进行信息交换。

4. 在从一个成员国境内向另一个成员国境内出口商品的情况下间接税由商品被出口至其境内的成员国税务机关征收，该成员国的国内法对应当贴上消费税标志的商品另有规定除外。

5. 在相互贸易中若商品被进口至成员国境内，那么间接税税率不得高于对在该成员国境内销售的类似商品征收的间接税税率。

6. 间接税在向成员国境内出口下列商品的情况下不征收：

1）根据该成员国国内法在向其出口时不课税（免征税）的商品；

2）从一成员国境内出口至另一成员国境内不用于企业活动目的的商品；

3）因其在一个法人范围内进行转移而从一个成员国境内出口至另一个成员国境内的商品（成员国的国内法可以规定向税务机关通知商品进口〔出口〕的义务）。

第 73 条　自然人所得课税

在一个成员国根据国内法和国际条约条款有权对其他成员国居民在前者境内受雇取得收入征收所得税的情况下，该收入在其他成员国居民自受雇工作之日起依照前者对居民纳税人规定的自然人所得税税率征收。

本条的规定适用于成员国公民受雇取得的收入。

第十八编　竞争的一般原则

第 74 条　一般规定

1. 确保在成员国境内发现和制止反竞争行为以及对两个和两个以上成员国境内的跨国市场造成消极影响的行为是本编的目的。

2. 本编的规定适用于在成员国境内实施的与竞争（反垄断）有关的政策关系以及在对或者可能对两个和两个以上成员国境内跨境市场竞争造成消极影响的成员国经营主体（市场主体）参与下的关系。为了确定主管，将市场归为跨境市场的标准由最高理事会以决定形式确定。

3. 成员国有权在其国内法中规定补充禁止以及对两个和两个以上成

员国境内的跨国市场竞争造成或者可能造成消极影响的成员国经营主体（市场主体）参与下的关系。本条约第75和第76条规定禁止的补充要求和限制。

4. 如果某行为可能对成员国商品市场的竞争状态造成消极影响，那么成员国对第三国经营主体（市场主体）的该行为实施协调性的竞争（反垄断）政策。

5. 本编不得被解释为妨碍任何成员国采取维护最重要的国防利益或者国家安全所必需的措施的障碍。

6. 本编的规定适用于自然垄断主体。

7. 本编规定的实施根据本条约附件十九进行。

第75条　竞争的一般原则

1. 无论组织形式和登记地如何，成员国都在平等的条件下一视同仁地对成员国的经营主体（市场主体）适用本国竞争（反垄断）法规范。

2. 成员国在国内法中规定下列禁止：

1）国家政权机关、地方自治机关及其他行使其职能的机关或者组织之间或者它们和经营主体之间造成或者可能造成禁止、限制或者消除竞争的协议，本条约和（或者）成员国其他国际条约规定的情况除外；

2）给予国家或者市镇优先，成员国的国内法以及本条约和（或者）成员国其他国际条约规定的情况除外。

3. 成员国采取警告、发现和制止本条第2款第1分款规定的行为（不作为）的有效措施。

4. 成员国根据其国内法对经济集中实施维护和发展各成员国境内的竞争所必需的监督。

5. 各成员国保证拥有其职能为实施竞争（反垄断）政策的国家机关，这意味着该机关（简称"成员国授权机关"）被授予对反竞争行为的禁止、不当竞争的禁止、经济集中的禁止监督的职权以及有权预防和发现竞争违法并采取追究违法责任的措施。

6. 成员国在其国内法中根据有效性、合理性、保障性、不可逆转性和确定性原则规定涉及经营主体（市场主体）和政权机关官员违反竞争行为的罚款并监督其适用。在此情况下成员国认定，在实施罚款的情况下最高罚款应当针对竞争的最大威胁（限制竞争的协议）、经营主体（市场主体）滥用优势地位，以及根据违法者销售商品所得金额或者违法者支出金额确定的倾向性罚款针对违法的市场上购买商品。

7. 成员国根据其国内法确保其实施的竞争（反垄断）政策的信息公开性，包括通过在媒体和网站上发布成员国授权机关活动的信息。

8. 成员国授权机关根据其国内法和本条约通过送达通知以及关于提供信息、进行协调的请求，告知涉及其他成员国利益的调查（案件审查），应其中一个成员国授权机关的请求进行调查（案件审查）并告知其结果相互协作。

第 76 条　竞争规则

1. 占优势地位的经营主体（市场主体）禁止实施会或者可能会禁止、限制、排除竞争和（或者）减损其他人员利益的行为，包括：

1）规定、维持商品的垄断高价或者垄断低价；

2）导致商品因涨价而退出流通；

3）强加给签约人对其或者合同标的不利的无经济和技术理由的合同条款；

4）无经济或者技术理由减少或者终止商品的生产，如果在其生产能够盈利的情况下有需求活动的订货以及本条约和（或者）成员国其他国际条约并未直接规定商品生产的减少或者终止；

5）根据本条约和（或者）成员国其他国际条约的规定在能够生产或者供应相关产品的情况下无经济或者技术理由拒绝或者逃避与个别类型的购买者（订货人）签订合同；

6）根据本条约和（或者）成员国其他国际条约的规定以经济、技术或者其他形式理由规定一种或者几种商品的不同价格以及制造歧视性条件；

7）制造其他经营主体（市场主体）准入或者退出商品市场的障碍。

2. 禁止不正当竞争，包括：

1）散布可能导致经营主体（市场主体）亏损或者商业信誉受损的虚假、不准确或者歪曲资料；

2）涉及商品的性质、生产方式和产地以及消费性能、质量和数量或者生产者的误导；

3）经营主体（市场主体）将其生产或者销售的商品与其他经营主体（市场主体）生产或者销售的商品做不正确比较。

3. 在同一个商品市场上为竞争对手的成员国经营主体（市场主体）之间不得签订导致或者可能导致下列后果之一的协议：

1）规定或者维持价格（费）、打折、加价和涨价；

2）提高、降低或者维持交易价格；

3）按照地域原则、商品销售或者购买规模、销售的商品搭配或者销售者或者购买者（订货人）构成原则分割市场；

4）减少或者停止生产商品；

5）拒绝与某些销售者或者购买者（订货人）签订合同。

4. 禁止经营主体之间的纵向协议，在下列情况下根据本条约附件十九规定的许可标准视为允许的纵向协议除外。

1）该协议导致或者可能导致确定商品的转售价格，销售者对购买者确定商品转售的最高价格除外。

2）该协议规定购买者不得购买为销售者竞争对手的经营主体（市场主体）的商品。该禁止不适用于购买者组织以贴牌方式或者以个别化销售者或者购买者的其他方式销售商品。

5. 在确定协议导致或可能导致限制竞争的情况下经营主体之间的其他协议被禁止，根据本条约附件十九规定的许可标准视为允许的纵向协议除外。

6. 如果协调导致或者可能导致本条第 3 和第 4 款所述的根据本条约附件十九的标准视为禁止的任何后果之一，那么自然人、商业组织和非商业组织不得对成员国的经营主体的活动进行协调。如果协调导致或者可能导致本条第 5 款所述的根据本条约附件十九的标准视为禁止的后果，那么成员国有权在其法律中规定禁止对经济活动进行协调。

7. 委员会在违反竞争原则影响或者可能影响两个或者两个以上成员国境内除了金融市场以外的跨国市场竞争的情况下依照本条约附件十九规定的办法制止成员国经营主体（市场主体）以及成员国自然人和不从事企业活动的非商业组织违反本编规定的一般竞争原则。

第 77 条　国家价格调控

国家直接价格调控以及对成员国价格调控的异议程序由本条约附件十九规定。

第十九编　自然垄断

第 78 条　自然垄断的领域和主体

1. 成员国在监管自然垄断活动中以本条约附件二十规定的准则和规定为指导。

2. 本编的规定适用于在影响本条约附件二十的附件 1 所述的成员国之间贸易的成员国自然垄断主体、消费者、执行权机关和地方自治机关参与下的自然垄断领域的关系。

3. 具体自然垄断领域的法律关系由本编确定并考虑本条约第二十和第二十一编的规定。

4. 本条约附件二十的附件 1 和附件 2 所述的自然垄断领域在成员国也属于自然垄断领域。

本条约附件二十的附件 1 和附件 2 所述的自然垄断领域适用成员国的法律要求。

5. 属于自然垄断领域的自然垄断服务主体的清单由成员国国内法确定。

6. 成员国通过删减清单并在本条约第二十和第二十一编所述的可能期限内努力使本条约附件二十的附件 1 和附件 2 所述的自然垄断领域相协调。

7. 成员国的自然垄断领域在下列情况下扩大：

在成员国拟根据本条约附件二十的附件 1 和附件 2 将其他成员国为自然垄断领域的领域划入自然垄断领域的情况下根据成员国法律；

在成员国请求委员会后拟将本条约附件二十附件 1 或者附件 2 未规定的其他自然垄断领域列入自然垄断领域的情况下根据委员会的决定。

8. 本编不适用于由成员国之间现行的双边国际条约调整的关系。成员国之间新签订的双边国际条约不得与本编相抵触。

9. 本条约第十八编的规定适用于自然垄断主体并考虑本编规定的特点。

第二十编　能源

第 79 条　成员国在能源领域的相互协作

1. 为了有效利用成员国的燃料能源以及保证成员国国民经济的基本能源（电力、天然气、石油和石油制品）供应，成员国根据下列原则开展能源领域的长期合作，实施协调性的能源政策，根据本条约第 81、第 83 和第 84 条规定的国际条约并考虑保障能源安全的特点分阶段建立共同能源市场：

1）确保能源的市场价格；

2）发展共同市场的竞争；

3）能源及其相关设备、技术和相关服务贸易的无技术、行政和其他障碍；

4）发展共同能源市场的交通基础设施；

5）创造成员国经营主体在共同能源市场上的非歧视性条件；

6）创造成员国能源部门吸引投资的良好环境；

7）共同能源市场运作的技术和商业基础设施的国内规范和规则相协调。

2. 本编不调整的涉及成员国经营主体在电力、天然气、石油和石油制品领域活动的关系适用成员国法律。

3. 本条约第十八编涉及成员国经营主体在电力、天然气、石油和石油制品领域的规定考虑本编和本条约第十九编的规定适用。

第 80 条　天然气、石油和石油制品指数（预测的）平衡

1. 为了有效发挥能源潜力和合理化国家间能源供应，成员国的授权机关制定和协定：

天然气指数（预测的）平衡；

石油指数（预测的）平衡；

石油制品指数（预测的）平衡。

2. 本条第 1 款所述的平衡在委员会的参与下根据在本条约第 104 条第 1 款规定的期限内制定的天然气、石油和石油制品指数（预测的）平衡方法由协定的成员国授权机关制定。

第 81 条　联盟共同电力市场的建立

1. 成员国在平行运行的电力系统基础上考虑本条约第 104 条第 2 和第 3 款的规定分阶段建立联盟共同电力市场。

2. 成员国制定由最高理事会批准的建立联盟共同电力市场的构想和纲领。

3. 成员国在联盟框架内基于批准的建立联盟共同电力市场的构想和纲领签订关于建立联盟共同电力市场的国际条约。

第 82 条　电力领域自然垄断主体服务的准入

1. 成员国在现有的技术能力范围内根据本条约附件二十一规定的统一原则和规则确保无障碍享有电力领域自然垄断主体的服务以保证电力领域的国内需求。

2. 电力领域包括本条约附件二十一所述的定价和费率政策原则在内的自然垄断主体服务准入原则和规则对白俄罗斯共和国、哈萨克斯坦共和国和俄罗斯联邦有效。

在新成员加入联盟的情况下上述附件做相应修订。

第 83 条　联盟共同天然气市场的建立以及天然气运输领域自然垄断主体服务的准入

1. 成员国根据本条约附件二十二并考虑本条约第 104 条第 4 和第 5 款的规定分阶段建立联盟共同天然气市场。

2. 成员国制定由最高理事会批准的建立联盟共同天然气市场的构想和纲领。

3. 成员国在联盟框架内基于批准的建立联盟共同天然气市场的构想和纲领签订关于建立联盟共同天然气市场的国际条约。

4. 成员国在现有的技术能力和闲置的天然气运输体系产能范围内基于本条约附件二十二规定的统一原则、条件和规则根据经营主体的民事法律合同并考虑协定的联盟天然气指数（预测的）平衡确保其他成员国的经营主体无障碍地进入位于境内的天然气运输体系。

第 84 条　联盟共同石油和石油制品市场的建立以及石油和石油制品运输领域自然垄断主体服务的准入

1. 成员国根据本条约附件二十三并考虑本条约第 104 条第 6 和第 7 款

的规定分阶段建立联盟共同石油和石油制品市场。

2. 成员国制定由最高理事会批准的建立联盟共同石油和石油制品市场的构想和纲领。

3. 成员国在联盟框架内基于批准的建立联盟共同石油和石油制品市场的构想和纲领签订关于建立联盟共同石油和石油制品市场的国际条约。

4. 成员国在现有的技术能力范围内基于本条约附件二十三规定的统一原则、条件和规则根据经营主体的民事法律合同并考虑协定的联盟石油指数（预测的）平衡、协定的联盟石油制品指数（预测的）平衡确保其他成员国的经营主体无障碍地进入位于境内的石油和石油制品运输体系。

第 85 条　委员会在能源领域的职权

委员会在能源领域对本编的执行实施监督。

第二十一编　运输

第 86 条　协调性运输政策

1. 为了确保经济一体化，持续和分阶段建立以竞争性、公开性、安全性、便利性和生态性为原则的统一运输空间，联盟实施协调性的运输政策。

2. 协调性的运输政策目的为：

1）建立共同运输市场；

2）采取确保运输领域的共同优势和实施最好实践的协定措施；

3）成员国运输体系与世界运输体系的一体化；

4）有效利用成员国的运输潜力；

5）提高运输服务的质量；

6）保障运输中的安全；

7）降低运输对环境和人类健康的有害影响；

8）创造良好的投资环境。

3. 协调性的运输政策的主要优先为：

1）建立共同运输市场；

2）建立和发展欧亚运输走廊；

3）在联盟框架下实现和开发运输潜力；

4）协调运输基础设施的发展；

5）建立合理化运输过程的物流中心和运输组织；

6）吸引成员国的人才和利用成员国的人才潜力；

7）发展运输领域的科研和创新。

4. 协调性的运输政策由成员国制定。

5. 成员国实施协调性的运输政策的主要方面和阶段由最高理事会确定。

6. 成员国实施协调性的运输政策的监督由委员会实施。

第87条　适用的领域

1. 本编的规定适用于公路、航空、水运和铁路运输并考虑本条约第十八和第十九编的规定以及本条约附件二十四的规定。

2. 成员国努力分阶段使彼此之间的运输服务自由化。

自由化的办法、条件和阶段根据本条约附件二十四的规定由联盟框架下的国际条约确定。

3. 对运输安全（运输安全和营运安全）的要求由成员国法律和国际条约确定。

第二十二编　国家（市镇）采购

第88条　国家（市镇）采购领域调整的目标和原则

1. 成员国规定国家（市镇）采购领域调整的下列目标和原则：

规定国家（市镇）采购领域的关系由成员国采购法和成员国之间的国际条约调整；

确保用于成员国国家（市镇）采购的资金合理和有效支出；

在采购领域授予成员国国民待遇；

在采购领域给予第三国的待遇不得比给予成员国的更有利；

确保通过相互承认根据一个成员国制作的数字签名使成员国的潜在供货商和供货商参与电子采购；

确保采购信息的公开和透明；

确保成员国拥有采购领域的管理和监督授权机关（允许某一个机关行使相应职能）；

规定违反成员国采购领域法律的责任；

鼓励采购领域的竞争以及打击腐败和其他滥用职权的行为。

2. 本条约的效力不适用于其资料根据成员国法律构成国家秘密的采购。

3. 在成员国的采购根据本条约附件二十五进行。

4. 根据本款第 2 ~ 4 段，本编的效力不适用于成员国国家（中央）银行进行的采购。

成员国国家（中央）银行根据内部采购规则（简称"采购条例"）进行满足行政管理需要、建设工作和维修的采购。采购条例不得违反本条规定的宗旨和原则，包括应当保证成员国潜在供货商的平等准入权。在特殊情况下国家（中央）银行可以规定上述原则的例外。

采购条例应当包括采购要求、采购程序的准备和实施办法（包括采购方式）及其适用条件和签订合同的程序。

此外，国家（中央）银行采购条例以及计划的和正在进行的采购信息依照采购条例规定的程序发布在成员国国家（中央）银行的网站上。

第二十三编　知识产权

第89条　一般规定

1. 成员国在保护知识产权领域开展合作，确保在本国境内依照国际法规范、构成联盟法的国际条约和文件以及成员国法律给予知识产权对象以保护。

成员国为了完成下列基本任务而合作：

成员国保护知识产权领域的法律相协调；

保护成员国知识产权持有人的合法利益。

2. 成员国实行下列基本方面的合作：

1）支持科研和创新发展；

2）完善知识产权的商业化和利用机制；

3）为成员国的著作权和邻接权持有人创造良好的条件；

4）管理欧亚经济联盟商标和服务标记以及欧亚经济联盟商品原产地名称登记系统；

5）保护包括网络在内的知识产权；

6）确保知识产权受到有效的海关保护，包括以管理成员国知识产权统一海关登记簿的方式；

7）采取旨在防止和制止走私产品流通的协调性措施。

3. 为了有效地保护知识产权，委员会组织成员国机关进行磋商。

根据磋商结果，提出解决在成员国合作中发现的问题的建议。

第 90 条　知识产权法律制度

1. 一个成员国的人员在其他成员国境内享有涉及知识产权法律制度的国民待遇。成员国法律可以规定将涉及包括指明进行普查和任命代表的地址在内的司法和行政程序的国民待遇排除。

2. 成员国可以在其国内法中规定比自己接受的国际法律文件以及国际条约和构成联盟法的文件规定的更高水平的知识产权保护规范。

3. 成员国依照下列主要国际条约开展保护知识产权的活动：

1886 年 9 月 9 日的《保护文学和艺术作品的伯尔尼公约》（1971 年编纂）；

1977 年 4 月 28 日的《国际承认用于专利程序的微生物保存布达佩斯条约》；

1996 年 12 月 20 日的《世界知识产权组织关于表演和录音制品条约》；

2000 年 6 月 1 日的《专利法条约》；

1970 年 6 月 19 日的《专利合作条约》；

1971 年 10 月 29 日的《保护录音制品制作者防止未经许可复制其录音制品公约》；

1891 年 4 月 21 日的《商标国际注册的马德里协定》以及 1989 年 6 月 28 日的《关于〈商标国际注册的马德里协定〉议定书》；

1961 年 10 月 26 日的《保护录音制品表演者和制作者及其广播组织权利的国际公约》；

1883 年 3 月 20 日的《保护工业产权巴黎公约》；

2006 年 3 月 27 日的《商标法新加坡条约》；

未加入上述国际条约的成员国承担加入其的义务。

4. 包括确定适用于个别种类的知识产权法律机制特点在内的知识产权保护领域的关系根据条约附件二十六调整。

第 91 条　法律的适用

1. 成员国采取保护知识产权客体权利的法律适用措施。

2. 成员国依照《欧亚经济联盟海关法典》以及调整海关法律关系的国际条约和构成联盟法的文件,采取保护知识产权客体权利的行动。

3. 成员国被授予知识产权客体权利保护权力的授权机关为了协调预防、发现和制止成员国境内侵犯知识产权的行为相互协作。

第二十四编　工业

第 92 条　工业政策和合作

1. 成员国自行研究、制定和实施国内工业政策,包括制定国内工业发展政策和采取工业政策方面的其他措施以及确定不违反本条约第 93 条工业补贴方法、形式和方面的规定。

成员国在联盟框架下制定由政府间理事会批准的工业合作主要方面的工业政策并在欧亚经济委员会支持和协调下实施这些政策。

2. 联盟框架下的工业政策由成员国依照以下原则实施:

1) 成员国利益的平衡和照顾;

2) 互利;

3) 正当竞争;

4) 非歧视性;

5) 透明性。

3. 加快提高工业发展的稳定性、提高成员国工业的竞争力,开展旨在提高创新积极性、消除工业领域包括成员国工业品流动路径在内的障碍的有效合作是实施联盟框架下工业政策的宗旨。

4. 成员国为了实现联盟框架下的工业政策宗旨可以:

1) 落实工业发展规划的相互通知;

2) 负责和实施国内工业政策的授权机关举行包括在欧亚经济委员会平台上在内的定期会晤;

3) 制定和落实发展工业合作优先经济活动种类的联合纲领;

4) 起草和协商敏感商品清单;

5) 实施联合工程,包括完善提高有效工业合作效果和深化成员国工业合作效果所必需的基础设施;

6) 为了工业合作目的开发技术和信息资源;

7）为了刺激高新技术生产进行联合科研和试验研究；

8）采取旨在消除障碍和发展互利合作的其他措施。

5. 在必要情况下根据政府间理事会的决定制定采取本条第 4 款所述的措施的程序。

6. 成员国确定联盟框架下由政府间理事会批准的和包括工业合作的优先经济活动种类和敏感商品的主要方面（简称"主要方面"）。

欧亚经济委员会每年对主要方面实施结果进行监督和分析并在必要情况下经与成员国协商提出细化主要方面的建议。

7. 在制定和实施贸易、关税、竞争、国家采购、基数调整、工业活动、交通和基础设施发展和其他领域的政策时要考虑成员国工业发展利益。

8. 在涉及敏感商品问题时成员国在实施工业政策前进行协商以考虑彼此的立场。

成员国要事先根据批准的敏感商品清单互相通知计划实施的国内工业政策。

9. 为了实施联盟框架下的工业合作，成员国可以在欧亚经济委员的协商支持和协调下开发和应用下列工具：

1）为了生产高新技术、创新和开发出有竞争力的产品刺激互利的工业合作；

2）成员国基于互惠的原则参与的联合项目和工程；

3）联合技术平台和工业集群；

4）促进开展工业合作的其他工具。

10. 为了落实本条成员国可以在欧亚经济委员会参与下制定补充文件和机制。

11. 欧亚经济委员会根据本条约附件二十七在本条约规定的职权范围内对成员国工业合作的主要方面活动实施协商支持和协调。

为了实现本条宗旨，可以使用本条约附件二十七中的概念。

第 93 条　工业补贴

1. 为了保证成员国经济稳定和有效发展以及促进成员国之间进行相互贸易和正当竞争，在成员国境内根据本条约附件二十八适用统一的工业品补贴规则，包括在提供或者接受与工业品的生产、供应和消费直接有关的服务的情况下享有的补贴。

2. 成员国根据本条和本条约附件二十八承担的义务不适用于成员国与第三国的法律关系。

补贴种类由本条约附件二十八规定。

3. 本条项下的补贴是指以下两方面。

1）成员国的补贴机关（或者成员国的授权机关）直接提供了获得优势权的金融支持；

直接的资金转移（例如，不偿还的借款和贷款形式的），或者取得或扩大股权，或者转移资金的义务（例如，贷款担保）；

完全或者部分放弃应当上缴成员国的收入的相互支付（例如税收优惠、债务免除），此外免除出口工业品的关税和税以及用于国内消费的商品的税或者减少关税和税或者退还不超过给予补贴金额的关税和税；

提供商品或者服务（用于支持和发展基础设施的工业品和服务除外）。

2）购买工业品；

任何旨在减少从另一成员国境内进口工业品或者向另一成员国境内出口工业品且因此获得优势权的其他形式的收益和价格支持。

4. 补贴机关可以委托或者责令任何其他组织履行其承担的补贴职能之一。该组织的行为视为补贴机关的行为。

成员国元首旨在提供补贴的文件视为补贴机关的行为。

5. 旨在分析成员国境内提供的补贴是否符合本条和本条约附件二十八的规定的调查根据本条约附件二十八规定的程序进行。

6. 欧亚经济委员会对本条和本条约附件二十八规定的落实进行监督并行使以下职能。

1）对成员国涉及补贴的国内法是否符合本条约的规定进行监督和比较法分析以及起草成员国遵守本条和本条约附件二十八规定的报告。

2）就补贴领域的法律协调和统一问题向成员国咨询组织提供协助。

3）根据自愿协商拟给予的补贴和专项补贴结果通过对成员国有执行约束力的、本条约附件二十八规定的决定，包括：

基于本条约附件二十八第 7 款规定的联盟框架下的国际条约确定的标准，根据本条约附件二十八第 6 款通过允许或者禁止专项补贴的决定；

在本条约附件二十八第 7 款规定的联盟框架下的国际条约规定的情况下
受理补贴案并做出对其有约束力的决定；

解决涉及落实本条和本条约附件二十八规定的分歧以及解释其适用。

4）依照联盟框架下的国际条约和本条约附件二十八第 7 款规定的程序
和条件索取补贴信息。

本款第 3 和第 4 分款根据本条约第 105 条第 1 款规定的过渡条款适用。

7. 涉及本条和本条约附件二十八的规定的争议首先通过协商和谈判解
决。如果争议不能在自发起成员国向被告成员国提出进行协商和谈判要求
之日起 60 日内通过协商和谈判得到解决，那么原告成员国有权向联盟法院
起诉。

8. 成员国可以对根据本条约附件二十八提供的补贴提出异议的期限为
自补贴提供之日起五年。

第二十五编　农业

第 94 条　协调性的农业政策宗旨和任务

1. 为了确保有利于各成员国居民和联盟整体的农业发展及联盟框架下
的经济一体化，在联盟框架下实施协调性的农业政策，包括适用本条约和
联盟框架下农业领域的其他国际条约规定的监管机制以及成员国互相提供
和向欧亚经济委员会提供发展其名单根据成员国建议并由欧亚经济批准的
各种敏感农产品生产项目。

2. 为了合理化有竞争力的农产品的生产规模、满足共同农业市场的需
求以及扩大农产品和粮食的出口而有效利用资源潜力是协调性农业政策的
主要宗旨。

3. 实施协调性的农业政策旨在履行以下任务：

1）平衡农产品生产和粮食市场的发展；

2）确保成员国主体之间包括共同农业市场准入的平等条件在内的公正
竞争；

3）统一与农产品和粮食流通有关的要求；

4）保护成员国在国内市场上的利益。

第 95 条　协调性农业政策的主要方面和国家对农业的支持

1. 协调性农业政策的任务通过下列主要方面的政府间协作履行：

1）农业预测；

2）国家对农业的支持；

3）共同农业市场的监管；

4）产品和生产领域的统一要求；

5）发展农产品和食品的出口；

6）农业的科技和创新发展；

7）农业的一体化信息保障。

2. 为了实施协调性的农业政策，成员国代表进行由欧亚经济委员会组织的定期磋商，每年不少于一次。委员会根据磋商结果提出在本条第 1 款确定的主要方面框架下实施协调性农业政策的建议。

3. 在实施协调性的农业政策中成员国要考虑农业领域不但由生产和经济条件而且由产业部门的社会意义以及地区之间和成员国之间结构和自然气候条件差异决定的活动的特殊性。

4. 包括农产品和粮食的卫生、兽医和植物检疫措施在内的其他领域的政策根据协调性的农业政策规定的宗旨、任务和主要方面实施。

5. 在联盟框架下国家对农业的支持根据本条约附件二十九提供。

6. 涉及本条和本条约附件二十九的争议首先通过在欧亚经济委员会参与下的谈判和协商解决。如果争议不能在自发起成员国向被告成员国提出进行磋商和谈判要求之日起 60 日内通过磋商和谈判得到解决，那么原告成员国有权向联盟法院起诉。在提出进行磋商和谈判的正式书面请求的情况下原告成员国在自提出请求之日起 10 日内通知欧亚经济委员会。

7. 为了实施协调性的农业政策，欧亚经济委员会：

1）在其职权内会同成员国制定、协调和实施协调性农业政策的主要方面；

2）协调成员国策划发展农业以及农产品和粮食供需联合预测中的活动；

3）协调成员国互惠的发展农业和个别产业部门的项目；

4）对成员国的农业发展以及成员国适用包括国家农业支持在内的国家农业管理措施进行监督；

5）对根据成员国协调的编码生产的产品进行价格调控和竞争力分析；

6）就成员国农业领域包括国家农业支持法律在内的法律协调问题以及解决与遵守国家农业支持有关的问题向成员国提供磋商和谈判协助；

7）对成员国国家农业支持领域的法律是否符合联盟规定进行监督并进行比较法分析；

8）起草成员国农业领域的国家政策，并向成员国提供国家农业支持，包括提高国家农业支持效果的建议；

9）就与核算国家农业支持幅度有关的问题协助成员国；

10）会同成员国策划实施旨在发挥农业领域出口潜力的行动；

11）协调成员国实施农业领域联合科技创新活动中的行动，包括在成员国实施政府间项目框架下；

12）协调成员国制定和落实涉及种畜进出和过境联盟关境以及种畜确定方法和种畜证明（证书、说明）的统一要求；

13）协调制定和落实农作物品种试验和育种以及成员国相互承认种子品种和质量证明文件领域的统一要求；

14）在协调性农业政策的主要方面框架下协助保障平等的竞争条件。

第二十六编　劳务移民

第96条　成员国在劳务移民领域的合作

1. 成员国在联盟框架下协商调整劳务移民领域的政策合作以及协助组织和招收成员国在其他成员国境内从事劳务活动的劳工。

2. 成员国在劳务移民领域的合作通过相关问题由劳务移民领域主管的国家机关的相互协作进行。

3. 成员国在联盟框架下的劳务移民领域的合作以下列形式进行：

1）协调劳务移民领域的共同措施和原则；

2）交换规范性法律文件；

3）交换信息；

4）采取旨在阻止不可靠的信息传播的措施；

5）交流经验，举行进修、研讨会和开办培训班；

6）在磋商机关框架下开展合作。

4. 经成员国协商可以确定劳务移民领域的其他形式的合作。

5. 本编使用的概念意义如下：

入境国——其他成员国的公民进入其领土的成员国；

常驻国——成员国劳工为其公民的成员国；

就业国——劳工在其境内从事劳动活动的成员国；

教育证书——国家样式的教育证书以及承认的国家教育证书水平的教育证书；

劳务（服务）承包商——根据依照就业国法律规定的办法和条件与成员国劳工签订的民事法律合同向其提供工作的法人或者自然人；

移民卡（卡片）——包含入境其他成员国的成员国公民资料，用于他在其他成员国境内临时居留登记和检查的文件；

雇主——根据依照就业国法律规定的办法和条件与成员国劳工签订的劳动合同向其提供工作的法人或者自然人；

社会保障（社会保险）——临时丧失劳动能力和生育强制险，生产事故、职业病强制险和强制医疗险；

劳务活动——依照劳动合同或者民事法律合同在就业国境内依照该国法律从事的活动或者完成的劳务（提供的服务）；

成员国劳工——为成员国公民、合法地在不是其公民和不在其境内常住的在就业国境内居留和合法地从事劳务活动的人员；

家属——与成员国劳务移民结婚的人员和由其抚养的子女以及依照就业国法律被承认为其家属的其他人员。

第 97 条　成员国劳工的劳务活动

1. 成员国的雇主或者劳务（服务）承包商有权不考虑国内劳动市场保护的限制招收成员国公民从事劳务活动。在此情况下成员国的劳工不要求取得在就业国从事劳动活动的许可。

2. 除了本条约和成员国的法律为了保障国家安全（包括有战略意义的经济部门）和公共秩序而规定的涉及成员国劳工从事的劳务活动、工种和居留区域的限制外，成员国不规定和不适用其法律规定的旨在保护国内劳动市场的限制。

3. 为了成员国的劳工在就业国从事劳务活动，成员国教育组织（教育机构、教育领域的组织）颁发的教育证书不进行就业国法律规定的教育证书认证程序也被承认。

拟在其他成员国境内从事教育、法务、医疗或者药剂师活动的成员国劳工在办理就业国法律规定的学历证书承认程序后，可以被允许依照就业国的法律从事教育、法务、医疗或者药剂师活动。

成员国授权机关颁发的学历和职称证书依照就业国的法律获得承认。

雇主（劳务〔服务〕承包人）有权索取经公证的就业国语言的教育证书翻译件，在为了证实成员国劳工学历证书的情况下以包括向信息数据库索取在内的方式向颁发教育证书的教育组织（教育机构、教育领域的组织）索取。

4. 成员国劳工的劳务活动根据本条约的规定由就业国的法律调整。

5. 成员国劳工及其家属在就业国临时居留的期限由劳工与雇主或者劳务（服务）承包商签订的劳务或者民事法律合同的效力期限确定。

6. 为了从事劳务活动或者就业而在另一个成员国境内居留的成员国公民及其家属在自入境之日起30日内免于登记义务（备案）。

7. 成员国公民若在入境国法律规定的情况下入境其他成员国，那么使用移民卡（卡片），成员国个别国际条约另有规定的除外。

8. 如果入境国法律有规定，成员国公民根据边防检查机关允许穿越国境的有效证件之一入境另一个成员国，那么在其居留期限自入境之日起不超过30日的条件下免于使用移民卡（卡片）。

9. 在劳动或者民事法律合同解除的情况下，成员国的劳工自进入就业国境内之日起届满90个昼夜后有权于15日内不离开就业国的情况下签订新劳动或者民事法律合同。

第98条　成员国劳工的权利和义务

1. 成员国劳工有权根据本条约和就业国法律承认的学历证书、授予的学历或者职称凭证上注明的专业和资格从事职业活动。

2. 成员国劳工及其家属依照就业国的法律规定的办法享有下列权利：

1）占有、使用和处分其财产；

2）保护财产；

3）无障碍汇款。

3. 成员国的劳工及其家属的社会保障（社会保险）（退休保障除外）依照就业国公民的条件和办法进行。

除了退休保障外，成员国劳工的工龄（保险年限）依照就业国的法律计入社会保障（社会保险）目的的总工龄（保险年限）中。

成员国的劳工及其家属的退休保障由常驻国法律以及成员国之间的个别国际条约调整。

4. 成员国的劳工及其家属获得医疗急救（抢救和急救形式的）和其他医疗救助的权利根据附件三十以及就业国法律和它为缔约国的国际条约行使。

5. 成员国的劳工有与就业国公民同等的加入工会的权利。

6. 成员国的劳工有权从就业国国家机关（相关问题由其主管）、雇主（劳务〔服务〕承包人）处获取涉及其居留、从事劳务活动的办法以及就业国法律规定的权利和义务的信息。

7. 雇主（劳务〔服务〕承包人）必须依照成员国劳工（包括曾经的）的要求在就业国法律规定的期限内无偿地向其出具注明职业（专业、资格和职务）、工作期间和工资数额的证明和（或者）经核证的证明复印件。

8. 成员国的劳工和与其在就业国境内同住的子女有权依照就业国的法律接受教育和进入学前教育机构。

9. 成员国的劳工及其家属必须遵守就业国的法律，尊重就业国的民族文化和传统，依照就业国的法律承担违法责任。

10. 成员国劳工在就业国境内从事劳务活动取得的收入应当依照国际条约和成员国法律并考虑本条约的规定纳税。

第四部分　过渡和最后条款

第二十七编　过渡条款

第 99 条　一般过渡规定

1. 成员国在建立关税同盟、统一经济空间法律基础框架下签订的、在本条约生效之日施行的国际条约是联盟框架下的国际条约，属于联盟法，与本条约不相抵触的部分适用。

2. 在本条约生效之日施行的国家元首级的欧亚最高经济理事会、政府首脑级的欧亚经济理事会和欧亚经济委员会的决定依旧具有法律效力，与本条约不相抵触的部分适用。

3. 从本条约生效之日起：

根据 2011 年 11 月 18 日的《欧亚经济委员会条约》运作的国家元首级的欧亚最高经济理事会和政府首脑级的欧亚经济理事会的职能和职权分别由根据本条约运作的最高理事会和政府间理事会行使；

根据 2011 年 11 月 18 日的《欧亚经济委员会条约》成立的欧亚经济委员会根据本条约开展活动。

在本条约生效前被任命的委务委员会委员继续行使其职能直至其职权期限届满；

在本条约生效前签订劳动合同的司长和副司长继续履行其承担的职责直至劳动合同规定的期限届满；

委员会机构的职务更换依照本条约规定的程序进行。

4. 本条约附件三十一所述的国际条约也在联盟框架下施行。

第 100 条　第七编的过渡条款

1. 联盟框架内的共同药品市场从 2016 年 1 月 1 日起根据联盟框架下确定药品流通统一原则和规则的、成员国应当不迟于 2015 年 1 月 1 日前签订的国际条约运作。

2. 联盟框架内的共同医疗产品（医用产品和医疗器械）市场从 2016 年 1 月 1 日起根据联盟框架下确定医疗产品（医用产品和医疗器械）流通统一原则和规则的、成员国应当不迟于 2015 年 1 月 1 日前签订的国际条约运作。

第 101 条　第八编的过渡条款

1. 在《欧亚经济联盟海关法典》生效前，联盟海关管理根据 2009 年 11 月 29 日的《关税同盟法典条约》和成员国在建立关税同盟、统一经济空间法律基础框架下签订的、根据本条约第 99 条属于联盟法的其他国际条约并考虑本条规定适用。

2. 为了适用本条第 1 款的国际条约，本条使用以下概念：

关税同盟成员国——本条约中规定意义上的成员国；

关税同盟统一关境——欧亚经济联盟统一关境；

关税同盟外贸活动统一商品编码——欧亚经济联盟涉外经济活动统一商品编码；

关税同盟成员国国际条约——联盟框架下的国际条约，包括根据本条约第 99 条列入联盟法的成员国国际条约在内；

关税同盟统一关税——欧亚经济联盟统一关税；

关税同盟委员会——欧亚经济委员会；

关税同盟关境（关境）——欧亚经济联盟关境；

关税同盟商品——欧亚经济联盟商品。

3. 为了适用本条第 1 款的国际条约，对通过关税同盟关境的商品采取非关税管理措施（包括单方面根据一般例外、国内金融地位的保护和支付平衡的保障实施的）、技术调整措施、对军用品采取的出口监控措施以及卫生、兽医和植物检疫措施及其放射性要求视为禁止和限制。

除了《关税同盟海关法典》第 3 条第 3 和第 4 款以外，本条第 1 款的国际条约涉及限制和禁止的概念和适用限制和禁止的条款不适用。

在包括个人用的商品在内的商品通过关税同盟关境和（或者）商品处于海关程序的情况下，禁止和限制的遵守依照委员会或者成员国的规范性法律文件以及本条约或者成员国法律规定的情况和程序通过提交证明遵守禁止和限制的文件和（或者）资料予以证明。

在商品通过关税同盟关境的情况下卫生检查、兽医检查和植物检疫及其他国家检查根据本条约或者委员会通过的文件或者成员国通过的规范性法律文件或者成员国的法律进行和办理。

4. 《关税同盟海关法典》第 51 条涉及联盟涉外经济活动统一商品编码管理的部分根据本条约第 45 条适用。

5. 《关税同盟海关法典》第七章根据本条约第 37 条的规定适用。

6. 《关税同盟海关法典》第 70 条第 2 款不适用。

特别保障、反倾销和补偿税根据本条约的规定适用，依照《关税同盟海关法典》规定的征收进口关税办法并考虑本条约第 48 和第 49 条的规定征缴。

特别保障、反倾销和补偿税在商品根据本条第 1 款所述的国际条约置于海关程序的情况下应当缴纳并遵守适用特别保障、反倾销和补偿措施的限制。

特别保障、反倾销和补偿税的计算与上述税缴纳义务的产生和终止及其缴纳期限和程序依照《关税同盟海关法典》对进口关税规定的程序并考虑本条约规定的特点确定。

在根据《对第三国适用特别保障、反倾销和补偿措施议定书》（本条约附件八）第 104 和第 169 款适用反倾销或者补偿税的情况下，反倾销和补偿税应当在自委员会关于适用反倾销或者补偿税的决定生效之日起 30 个工作日内缴纳且依照上述议定书附件规定的办法计算和分配。

延期或者分期的特别保障、反倾销和补偿税缴纳期限不予变更。

在特别保障、反倾销和补偿税在规定的期限内未缴纳或者未完全缴纳的情况下其征缴依照海关机关征缴关税、税及其滞纳金的成员国法律规定的进口关税办法进行。滞纳金的计算、缴纳、追缴和返还办法类似于规定的因未缴纳或者未完全缴纳进口关税缴纳和追缴滞纳金的办法。

本款的规定适用于预先征收的特别保障、反倾销和补偿税的计算、缴纳和征收。

7.《关税同盟海关法典》第 74 条根据本条约第 43 条的规定适用。

8.《关税同盟海关法典》第 77 条第 2 款第 2 部分不适用。

为了计算进口关税，适用其境内商品处于海关程序下或者其境内发现商品非法通过关税同盟关境事实的成员国法律规定的税率，联盟框架下的国际条约和（或者）成员国间的双边国际条约另有规定的除外。

第 102 条　第九编的过渡条款

1. 尽管本条约第 35 条有规定，但是成员国依然有权单方面在与第三方的贸易中根据 2015 年 1 月 1 日前该成员国与第三方签订的国际条约或者所有成员国为参加国的国际条约给予特惠。

成员国统一根据其提供特惠的条约。

2. 对进口至联盟关境内的商品采取的特别保障、反倾销和补偿措施，在委员会相关决定规定上述措施效力期限终结前通过重新审议根据成员国国内法采取的特别保障、反倾销和补偿措施实施，可以根据本条约第九编及附件八的规定进行重新审议。

3. 为了落实本条约第 36 条的规定，2008 年 12 月 12 日的《关税同盟统一关税特惠制度》议定书在委员会规定对产自发展中国家和最不发达国家的商品适用联盟统一特惠关税制度的条件和程序决定生效前通过。

4. 2008 年 1 月 25 日的《确定商品原产地国的统一规则协定》在本条约第 37 条第 3 款规定的欧亚经济委员会涉及确定商品原产地规则的决定生效前通过。

5. 2008 年 12 月 12 日的《确定发展中国家和最不发达国家商品原产地规则协定》在本条约第 37 条第 3 款规定的欧亚经济委员会涉及确定商品原产地规则的决定生效前通过。

第 103 条　第十六编的过渡条款

1. 为了实现本条约第 70 条第 1 款的宗旨，成员国在 2025 年前根据联盟框架下的国际条约和《金融服务议定书》（本条约附件十七）使金融市场领域的国内法相协调。

2. 成员国在完成金融市场领域的法律协调后通过金融市场监管机关承担的职权和职能决定并于 2025 年在阿拉木图市设立该机关。

第 104 条　第二十编的过渡条款

1. 为了制定促进有效发挥能源潜力和合理化国家间燃料能源供应的石油、天然气和石油制品指数（预测性）平衡，成员国授权机关在 2015 年 7 月 1 日前制定和批准建立石油、天然气和石油制品指数（预测性）平衡的方法。

2. 为了建立联盟共同电力市场，最高理事会在规定了 2018 年 1 月 1 日前采取纲领措施的期限后在 2015 年 1 月 1 日前批准建立联盟共同电力市场的构想，在 2016 年 7 月 1 日前批准建立联盟共同电力市场的纲领。

3. 成员国在采取建立联盟共同电力市场的纲领措施后签订联盟框架下的包含电力领域自然垄断主体服务准入统一规则在内的建立联盟共同电力市场的国际条约并确保其不晚于 2019 年 7 月 1 日生效。

4. 为了建立联盟共同天然气市场，最高理事会在规定了 2024 年前采取纲领措施的期限后在 2016 年 1 月 1 日前批准建立联盟共同天然气市场的构想，在 2018 年 1 月 1 日前批准建立联盟共同天然气市场的纲领。

5. 成员国在采取建立联盟共同天然气市场的纲领措施后签订联盟框架下的包含位于成员国境内的天然气运输系统准入统一规则在内的建立联盟共同天然气市场的国际条约并确保其不晚于 2025 年 1 月 1 日生效。

6. 为了建立联盟共同石油和石油制品市场，最高理事会在规定了 2024 年前采取纲领措施的期限后在 2016 年 1 月 1 日前批准建立联盟共同石油和石油制品市场的构想，在 2018 年 1 月 1 日前批准建立联盟共同石油和石油制品市场的纲领。

7. 成员国在采取建立联盟共同石油和石油制品市场纲领措施后签订联盟框架下的包含位于成员国境内的石油和石油制品运输系统准入统一规则在内的建立联盟共同石油和石油制品市场的国际条约并确保其不晚于 2025 年 1 月 1 日生效。

8. 《电力领域包括定价和费率政策原则在内的自然垄断主体服务保障议定书》（本条约附件二十一）在本条第 3 款规定的国际条约生效前有效。

9. 《通过天然气运输系统运输天然气领域包括定价和费率政策原则在内的自然垄断主体服务保障议定书》（本条约附件二十二）在本条第 5 款规定的国际条约生效前有效。

10. 《共同石油和石油制品市场组织、管理、运作和发展办法议定书》（本条约附件二十三）在本条第 7 款规定的国际条约生效前有效。

第 105 条　第二十四编的过渡条款

1. 成员国确保《实施工业补贴统一规则议定书》（本条约附件二十八）第 7 款规定的联盟框架下的国际条约从 2017 年 1 月 1 日起生效。

2. 从上述国际条约生效之日起本条约第 93 条第 6 款第 3 和第 4 分款、《实施工业补贴统一规则议定书》（本条约附件二十八）第 6、第 15、第 20、第 87 和第 97 款的规定生效。

3. 本条约第 93 条第 6 款第 3 和第 4 分款、《工业补贴统一规则议定书》（本条约附件二十八）不适用于成员国境内 2012 年 1 月 1 日前享受的补贴。

第 106 条　第二十五编的过渡条款

1. 《国家支持农业措施议定书》（本条约附件二十九）第 8 款第 2 段的条款对白俄罗斯共和国规定了至 2016 年的过渡期，在此期间白俄罗斯共和国应当按照下列步骤削减许可的国家扶持农业的规模：

在 2015 年——12%；

在 2016 年——10%。

2. 在 2016 年 1 月 1 日前制定和批准《国家支持农业措施议定书》（本条约附件二十九）第 8 款第 2 段规定的扭曲贸易措施许可水平的计算方法。

3. 《国家支持农业措施议定书》（本条约附件二十九）第 8 款第 3 段规定的义务对白俄罗斯共和国不晚于 2025 年 1 月 1 日生效。

第二十八编 附则

第 107 条 社会保障、特权和豁免

委员会和委员会委务委员会委员、联盟法院法官、委员会和联盟法院工作人员在各成员国境内享有行使职权和履行职责所必需的社会保障、特权和豁免。上述社会保障、特权和豁免的范围根据本条约附件三十二确定。

第 108 条 入盟

1. 联盟依照成员国协商的条件对任何赞成其宗旨和原则的国家开放。

2. 为了获得欧亚经济联盟候选国地位，相关国家向最高理事会主席提出申请。

3. 授予一国欧亚经济联盟候选国地位的决定由最高理事会通过。

4. 由成员国、候选国和联盟机关代表组成的工作小组（简称"工作小组"）根据最高理事会的决定成立。小组研究候选国履行联盟义务的准备程度、起草候选国加入欧亚经济联盟的行动纲领草案。起草确定候选国权利和义务范围的相关国家入盟国际条约以及参与联盟机关工作的方式。

5. 候选国加入欧亚经济联盟的行动纲领由最高理事会批准。

6. 工作小组定期提请最高理事会审查候选国加入联盟的行动计划实施进程报告。最高理事会根据工作小组提交的候选国完全履行了联盟义务的结论做出与候选国签订入盟的国际条约。上述国际条约应当批准。

第 109 条 观察员国

1. 任何国家有权向最高理事会主席提出授予其观察员国地位的请求。

2. 授予或者拒绝授予联盟观察员国地位的决定由最高理事会根据发展一体化利益和本条约的宗旨做出。

3. 观察员国在联盟的授权代表可以应邀出席联盟机关的会议并获得联盟机关的非机密文件。

4. 联盟观察员国无权参与通过联盟机关的决定。

5. 获得联盟观察员国地位的国家必须避免任何危害联盟和成员国利益以及影响本条约目标和宗旨实现的行为。

第 110 条 联盟机关的工作语言

1. 联盟机关的工作语言为俄语。

2. 联盟框架下的国际条约和委员会的决定对成员国具有强制性，以俄语通过。如果法律有规定，那么依照委员会规定的程序翻译成成员国的国语。

成员国国语的翻译使用联盟预算为此目的规定的资金进行。

3. 在本条第 2 款所述的国际条约和决定解释目的发生分歧的情况下使用俄语文本。

第 111 条 公开和公布

1. 联盟框架下的国际条约、与第三方的国际条约和联盟机关的决定应当依照政府间理事会规定的程序在联盟的官方网站上公布。

联盟机关决定在联盟官方网站上公布的日期视为该决定正式公布的日期。

2. 本条第 1 款所述的任何决定都不得在其正式公布前生效。

3. 联盟机关的决定在通过后不迟于 3 个日历日送达成员国。

4. 联盟机关确保在决定通过前在联盟官方网站上公布其草案至少 30 日。在要求快速反应的情况下通过的联盟机关决定草案可以在其他期限内公布。

利害关系人可以向该机关提出自己的评论和建议。

这些评论和建议的收集、分析和统计办法由联盟相应机关的工作守则确定。

5. 含有限制传播信息的联盟机关决定及其草案不得正式公布。

6. 本条的规定不适用于联盟法院的其生效和公布程序由《欧亚经济联盟法院条例》（本条约附件二）确定的判决。

7. 本条第 4 款的规定在决定草案事先公布可能妨碍其执行或者违反公共利益的情况下不适用。

第 112 条 争议的解决

与本条约条款的解释和（或者）适用的解释有关的争议通过协商和谈判解决。

在自争端一方向另一方提出举行协商和谈判的正式书面请求之日起 3 个

月内未达成一致且争端双方未达成使用其他争议解决机制的协议的情况下，争议的任何一方可以将争议移交给联盟法院审查，《欧亚经济联盟法院条例》（本条约附件二）规定了其他期限的除外。

第113条　本条约的生效

本条约在保存人收到最后一个成员国履行完毕其生效所必需的国内程序的书面通知之日生效。

因本条约生效在关税同盟和统一经济空间框架下签订的国际条约根据本条约附件三十三失效。

第114条　本条约与其他国际条约的关系

1. 本条约不妨碍成员国签订与本条约宗旨和原则不相冲突的国际条约。

2. 成员国之间规定了与本条约或者联盟框架下的国际条约条款相比更高一体化水平的或者规定了对自然人和（或者）法人的额外优势的国际条约适用于其签订国之间的关系，并可以在不触及成员国和其他成员国根据本条约和联盟框架下的国际条约行使权利和履行义务的情况下签订。

第115条　本条约的修改

可以以个别议定书的形式修订和补充本条约，并将这些议定书作为本条约的组成部分。

第116条　本条约在联合国秘书处的登记

根据《联合国宪章》本条约应当在联合国秘书处登记。

第117条　保留

本条约不允许保留。

第118条　本条约的退出

1. 任何成员国在通过外交渠道书面通知本条约保存国其退出本条约的意图后有权退出本条约。本条约对该国的效力自保存国收到通知之日起届满十二个月后终止。

2. 成员国在根据本条第1款通知其拟退出本条约后必须履行因其参加本条约产生的义务。该义务即使成员国退出了本条约依旧有效，直至其履行完毕。

3. 根据本条第1款所述的通知，最高理事会决定启动履行成员国参加本条约产生的义务的进程。

4. 退出本条约导致联盟成员国资格自动终止和退出联盟框架下的国际条约。

本条约于 2014 年 5 月 29 日在阿斯塔纳市签订，白俄罗斯语、哈萨克语和俄语的各一份，具有同等的效力。

在对本条约目的的解释发生分歧的情况下使用俄语文本。

本条约保存在欧亚经济委员会，欧亚经济委员会为本条约的保存人并由其将核证后的副本发送缔约国。

白俄罗斯共和国

哈萨克斯坦共和国

俄罗斯联邦

二

《欧亚经济联盟条约》主体部分附件

一　欧亚经济委员会条例

I　总则

1. 依照《欧亚经济联盟条约》（简称《条约》）第 18 条，欧亚经济委员会（简称"委员会"）是欧亚经济联盟的常设管理机关。

保障欧亚经济联盟运作和发展的条件以及提出一体化进一步发展的建议是委员会的任务。

2. 委员会根据以下原则开展活动：

1）确保互惠、平等和照顾成员国国家利益；

2）通过决定的经济合理性；

3）公开性、透明性和客观性。

3. 委员会在《条约》和联盟框架下的国际条约授予的职权内开展下列领域的活动：

——进口关税计算和分配；

——规定对第三国的贸易制度；

——外贸和相互贸易统计；

——宏观经济政策；

——竞争政策；

——工业和农业补贴；

——能源政策；

——自然垄断；

——国家和（或者）市镇采购；

——相互服务贸易和投资；

——交通和运输；

——货币政策；

——智力成果（知识产权）以及个性化的商品、服务和劳务手段的保护；

——金融市场（银行领域、保险领域、货币市场、有价证券市场）；

——关税和非关税监管；

——海关管理等。

4. 委员会在其职权内确保实施属于联盟法的国际条约。

5. 委员会行使联盟框架内的国际条约、最高理事会和政府间理事会决定保存人的职能。

6. 委员会可以被最高理事会授予签订涉及自身主管问题的国际条约的权力。

7. 为了保证联盟的有效运作，委员会有权建立协商委员会有权通过决定的个别问题的协商机关。

8. 委员会有权询问成员国对由自己审议的问题的态度。态度询问向成员国政府提出。委员会也有权向成员国执行权机关、法人和自然人索取行使权力所必需的信息。除了包含机密信息的索取外，委员会对法人和自然人的索取同时送达成员国执行权机关。以委员会名义征求态度或者信息由委务委员会主席或者委务委员会委员做出，《条约》另有规定的除外。

在信息不含根据成员国法律属于国家秘密的资料或者限制传播的资料的情况下，成员国执行权机关在委员会工作守则规定的期限内提供被索取的信息。

含有根据成员国法律属于国家秘密的资料或者限制传播资料的信息交换办法由联盟框架下的国际条约规定。

9. 委员会负责编制联盟预算和起草其执行报告，是联盟预算资金的支配者。

10. 委员会由委员会理事会和委务委员会组成。委员会理事会和委务委员会的活动办法由最高理事会批准的欧亚经济委员会工作守则（简称"守则"）调整。

11. 委员会有权设立内设机构（简称"司"）。

12. 委员会在其职权范围内通过有规范性法律性质的且对成员国有约束力的决定，命令性的指令，没有约束性的建议。

委员会的决定属于联盟法，在成员国境内直接适用。

13. 委员会的决定、指令和建议在《条约》和联盟框架下的国际条约规定的权限内和依照《条约》和守则规定的办法通过。

委员会理事会和委务委员会权力和职能的划分由守则确定。

14. 委员会可能影响企业活动的决定根据对该决定草案影响的评估结果通过。

上述草案影响评估程序实施办法由守则确定。

15. 如果《条约》和联盟框架下的国际条约没有其他规定，那么委员会的决定在自其正式公布之日起 30 日后生效。

对本条例第 18 款所述的委员会决定以及在要求快速反应的特殊情况下通过的委员会决定可以规定其他生效程序，但在其正式公布之日起不迟于 10 个日历日后生效。

本款第 2 段所述的委员会决定的通过和生效办法由守则规定。

含有限制传播信息的委员会决定在其规定的期限内生效。

委员会的决定在其规定的期限内生效。

16. 委员会的指令在其规定的期限内生效。

17. 委员会恶化自然人和法人处境的决定没有溯及力。

18. 委员会改善自然人和法人处境的决定有溯及力，该决定另有规定除外。

19. 委员会决定的公开和公布根据《条约》第 111 条规定的程序进行。

20. 委员会决定由委员会理事会或者委务委员会委员依照《条约》第 18 条和本条例投票通过。

21. 委员会的票数按照下列方式分配：

1）委员会理事会——成员一人一票；

2）委务委员会——成员一人一票。

Ⅱ　委员会理事会

22. 委员会理事会对联盟一体化进程实施总管理，对委员会的活动实施总领导。

23. 各成员国在委员会理事会有 1 名副总理级别的、依照成员国法律有所必需的权力的代表。

成员国依照守则规定的办法互相告知以及告知委务委员会在委员会理事会的代表情况。

24. 委员会理事会行使下列职能和权力：

1）组织完善委员会活动法律调整的工作；

2）提请最高理事会批准联盟框架下的一体化主要方面；

3）依照本条例第 30 款规定的办法审议废除或者修改委员会由委务委员会通过的决定的问题；

4）审议联盟框架下的国际条约执行的监督和检查结果；

5）提请政府间理事会审议监督实施调整影响评估程序的年度报告；

6）根据委务委员会主席的建议批准委员会司的名单及其结构和编制以及委务委员会委员之间的分工；

7）批准对委员会官员和工作人员的资格要求；

8）根据《欧亚经济联盟社会保障、特权和豁免条例》（《条约》附件三十二）规定的理由决定取消委务委员会工作人员享有的特权和豁免；

9）批准联盟预算草案；

10）批准委务委员会委员、委员会官员和工作人员的工资支付办法；

11）批准委员会司的编制限制；

12）批准建立和发展联盟一体化信息系统的计划；

13）为了尊重《条约》规定的成员国公民在委员会司就业的权利，设立下属机构伦理道德委员会并批准其条例；

14）向委务委员会下达指示；

15）依照联盟框架下的国际条约和守则行使其他职能和权力。

25. 委员会理事会有权确定委务委员会必须在委员会理事会或者委务委员会通过决定前在根据本条例第 44 款建立的协商机关框架内进行协商的

问题。

26. 委员会理事会会议根据守则举行。委员会理事会的任何成员可以提议举行委员会理事会会议以及提出委员会理事会会议的议程。

27. 委务委员会主席和委务委员会委员经邀请可以参加委员会理事会会议。委员会理事会委员可以邀请成员国代表和其他人员参加委员会理事会会议。

28. 委员会理事会主席的担任依照《条约》第8条第4款进行。

在委员会理事会主席的权力提前终止的情况下，委员会理事会主席国的委员在剩余期限内行使委员会理事会主席的权力。

第三国代表依照《条约》规定的办法和条件可以参加委员会理事会会议。

委员会理事会主席：

对提请委员会理事会例行会议审议的问题实行总领导；

召开、主持和结束委员会理事会会议。

29. 委员会理事会在其权限内通过决定、指令和建议。

委员会理事会全体一致通过决定、指令和建议。

在未达成全体一致的情况下，问题根据委员会理事会任何成员的建议交由政府间理事会和（或者）最高理事会审议。

30. 成员国或者委员会理事会有权在自委务委员会决定公布之日起15个日历日内向委务委员会提出废除或者修改该决定的建议。

委务委员会主席在收到上述建议之日内根据相关决定将其送达委员会理事会委员。

委员会理事会在收到该材料后10个日历日内做出相关决定。

成员国在不同意委员会理事会根据废除或者修改委务委员会理事会决定的审议结果做出的决定的情况下或者在本款第3段所述的期限届满但是自委务委员会的决定正式公布之日起不晚于30个日历日的情况下可以向委员会提交由政府首脑签署的将有关问题提请政府间理事会和（或者）最高理事会审议的函。

成员国政府首脑有权在其生效之日前的任何阶段建议委员会将涉及本条例第16款所述的问题的决定提请政府间理事会和（或者）最高理事会

审议。

委务委员会根据本款被建议废除或者修改的决定不生效，在政府间理事会和（或者）最高理事会审议涉及该决定的问题和根据审议结果通过相关决定所必需的期限内中止。

Ⅲ 委务委员会

31. 委务委员会是委员会的执行机关。

委务委员会由委务委员会委员组成，其中 1 名委员为委务委员会主席。

委务委员会以成员国代表平等为原则，由成员国代表组成。

委务委员会的人数和委员之间的职责分工由最高理事会确定。

委务委员会对委员会各司实施领导。

32. 委务委员会委员应当为其代表的成员国公民。

委务委员会委员应当满足下列条件：受过符合相应职责要求的职业培训（资格），在相关领域有不少于 7 年的工作年限，包括在成员国国家机关担任领导职务不少于 1 年。

33. 委务委员会委员由最高理事会任命，任期 4 年且可以延长。

委务委员会主席，由最高理事会任命，任期四年，轮流担任且任期不得延长。轮换依照成员国名称的俄文字母顺序进行。

34. 委务委员会委员常驻委员会工作。委务委员会委员在行使权力时独立于成员国的国家机关和官员，不得请求或者接受成员国国家机关或者官方人士的指示。

委务委员会委员与成员国在国际活动问题方面的相互协作根据最高理事会批准的欧亚经济联盟开展国际合作的办法确定。

35. 委务委员会委员无权在其权力有效期内兼职其他工作或者从事其他有报酬的活动，教学、科研或者其他创作活动除外。

36. 委务委员会委员无权：

1）有偿参与商业组织管理机关的活动；

2）从事经营活动；

3）利用职务之便接受法人和自然人的报酬（如礼物、酬金、借款、服务、娱乐支付、休闲、交通费和其他报酬，委务委员会委员因公务出差和其他官方活动收受的礼物视为委员会的财产，交由委员会登记造册，交出礼物的委务委员会委员可以依照委员会理事会批准的办法将其赎回）；

4）利用职务之便使用法人和自然人的资金旅行；

5）将委员会的设备、软件和其他财产用于与行使职权无关的目的以及将其转交给其他人；

6）泄露因行使权力而知悉的机密性资料或者公务信息，或者将其用于与行使权力无关的目的；

7）没有此权力而将委务委员会委员权力用于维护政党、社会团体、宗教组织和其他组织的利益以及作为委务委员会委员公开表明对上述团体和组织的态度；

8）在委员会建立政党、社会团体和宗教机构（工会、老兵团体和其他自治机关除外）或者促进上述机构的设立。

37. 委务委员会委员在持有会带来收益的有价证券和（或者）股票（组织注册资本中的股份）的情况下必须在合理的期限内将属于他（或者她）的有价证券和（或者）股票托管。

38. 本条例第35～37款所述的限制也适用于委员会官员和工作人员。

39. 任何违反本条例第35～37款所述限制的行为都是委务委员会委员的权力提前终止和与委员会官员和工作人员劳动合同解除的理由。

40. 除了不当履行其职责的情况或者本条例第35～37款所述的情况外，成员国无权召回委务委员会委员。

经成员国建议，委务委员会委员的权力根据最高理事会的决定提前终止。

41. 在委务委员会委员的权力提前终止的情况下委务委员会新委员根据委务委员会委员权力被终止的成员国建议任命，其任期为权力被终止的委务委员会委员任职的剩余期限。

42. 委务委员会委员之间的职责分配、委员会司的编制限额以及委务委员会委员、委员会官员和工作人员的工资（包括津贴）支付办法由最高理事会批准。

43. 委务委员会行使下列职能和权力：

1）提出联盟框架下一体化领域的建议并汇编成员国提出的该领域建议（包括制定和实施一体化的主要方面）；

2）通过决定、指令和建议；

3）执行最高理事会和政府间理事会通过的决定和指令以及委员会理事会通过的决定；

4）对属于联盟法的国际条约、委员会的决定的执行实施监督和检查以及告知成员国执行的必要性；

5）提请委员会理事会审议其所做的工作报告；

6）提出涉及联盟构建、运作和发展问题的建议

7）起草委员会收到的成员国建议鉴定结论（书面形式的）；

8）在成员国向联盟法院起诉前调解联盟框架下的争端；

9）在包括联盟法院在内的各级法院代表委员会的利益；

10）在权限内与成员国国家政权机关相互协作；

11）审议委员会收到的请求；

12）根据委务委员会主席的建议批准委务委员会委员、委员会官员和工作人员每年的国外出差计划；

13）历年科研工作计划在由协商委员会审议后根据委务委员会主席的建议批准并告知委员会理事会上述计划；

14）起草联盟预算草案和执行报告草案，以及执行委员会预算；

15）起草委员会由委员会理事会通过的国际条约和决定草案以及行使委员会职权所必需的其他文件；

16）依照规定的程序实施调整影响的评估程序并起草监督实施该程序的年度报告；

17）确保委员会理事会、政府间理事会和最高理事会以及根据《条约》第5条第3款设立的辅助机关的会议的举行；

18）提请委员会理事会审议取消委员会官员和工作人员的特权和豁免；

19）依照委员会理事会批准的办法下订单和签订委员会所需的商品、劳务和服务供应合同；

20）确保遵守委员会理事会批准的限制传播（机密的和公务用的）文件的工作办法。

44. 委务委员会有权设立活动和工作办法由委务委员会批准的相关条例确定的委务委员会所属的协商机关。

45. 委务委员会所属的协商机关由成员国国家政权机关授权代表组成。

根据成员国的提议，委务委员会所属的协商机关中包括商界、科研、社会团体代表和其他独立专家。

46. 委务委员会所属的协商机关在其权限内准备向委员会提交的由其主管的问题的建议，协商机关成员在协商机关会议上提出的建议不得视为成员国的最终态度。

47. 委务委员会所属的协商机关的活动的组织技术保障由委员会实施。

与成员国国家政权机关授权代表参与委务委员会所属的协商机关工作有关的支出由派出成员国承担。与商界、科研、社会团体代表和其他独立专家参与委务委员会所属的协商机关工作有关的支出由上述人员自行承担。

48. 委务委员会在其权限内通过决定、指令和建议。

委务委员会通过的决定、指令和建议由委务委员会主席签署。

49. 委务委员会会议通常每周至少举行 1 次。

委务委员会委员本人亲自出席会议，无权由他人代为参加。在客观上无法参加委务委员会会议的情况下，委务委员会委员有权依照守则规定的办法以书面形式或者委托他人阐述自己的立场，经委务委员会主席同意授权被审议的问题由主管委员会司长代表其缺席委务委员会委员。在此情况下委员会司长在表决中无权投票。

应委务委员会任一名委员的请求，非例行会议可以根据委务委员会主席的决定举行。成员国的 1 名代表可以出席委务委员会会议。

委务委员会会议举行办法和表决程序由守则规定。

50. 委务委员会会议议程草案每个问题有关的文件和材料必须根据守则在委务委员会会议之日前 30 日内分发给成员国。

51. 委务委员会主席：

1）组织委务委员会的活动和承担履行授予其的职能的责任；

2）依照规定的程序制定委务委员会和委员会理事会会议计划、委务委员会和委员会理事会会议日程草案以及最高理事会和政府间理事会会议日程草案，应当在委员会理事会会上批准上述文件并在举行相关会议之日前 20 个日历日内将其送达成员国并附上所必需的材料；

3）向委员会理事会、政府间理事会和最高理事会报告要求其解决的问题和其他文件并根据在委务委员会会议上审议的结果提交相关附件；

4）规定委员会各司的工作办法以及确定各司主管领域的问题；

5）组织委务委员会、委员会理事会、政府间理事会和最高理事会会议的准备工作；

6）主持委务委员会会议；

7）参加委务委员会会议；

8）在委员会理事会代表委务委员会；

9）经与委务委员会委员协商提请委员会理事会审议设立委员会司的建议；

10）确定与媒体代表相互协作的办法以及委员会官员和工作人员公开讲话和提供公务信息的规则；

11）代表委员会为联盟的预算管理人，是委员会预算资金的支配者，管理委员会的设备，签订民事法律合同和出庭；

12）根据竞聘结果任命委员会的司长和副司长并与其签订合同；

13）根据竞聘结果与委员会的工作人员签订劳动合同；

14）批准委员会司条例；

15）在委务委员会委员中任命委务委员会代理主席；

16）行使涉及委员会官员和工作人员雇主代表的权力，批准职位守则（指南），批准休假流程，准假和决定出差；

17）依照委员会理事会批准的办法审查成员国根据本条例第35～37款所述的理由召回委务委员会委员的请求中所述的事实；

18）依照守则行使对保障委务委员会和委员会司活动开展必需的其他职能。

52. 委务委员会委员依照职责分工：

1）提出涉及其主管问题的建议；

2）在委务委员会和委员会理事会议上做涉及其主管的问题的报告；

3）协调和检查委员会各司的活动；

4）起草委务委员会涉及其主管问题的决定、指令和建议草案；

5）对成员国执行属于联盟法的、涉及其主管的问题的国际条约实施监督；

6）对成员国执行涉及其主管的问题的决定实施监督；

7）起草成员国向委员会提出的涉及其主管的问题的建议鉴定结论草案；

8）在委务委员会的权限内与成员国国家政权机关在涉及其主管的问题上相互协作（包括向成员国国家政权机关、法人和自然人索取行使其职权所必需的信息）；

9）起草由委员会理事会通过的国际条约、决定、指令和建议以及对其行使权力必需的涉及其主管问题的文件草案；

10）确保委员会各司依照规定的程序参与实施调整影响评估程序；

11）提请委务委员会审议关于设立委务委员会所属的涉及其主管问题的协商机关的建议。

53. 与委务委员会委员享有的特权和豁免、社会保障有关的问题以及与劳动关系、强制性国家社会和退休保障有关的问题根据《欧亚经济联盟社会保障、特权和豁免条例》（《条约》附件三十二）调整。

Ⅳ 委员会司

54. 委员会理事会和委务委员会的活动由委员会的司保障。

委员会的司由官员和工作人员组成。

委员会司官员和工作人员的招聘根据《条约》第9条进行。

委员会司的司长和副司长由委务委员会主席根据委员会竞聘委员会的推荐任命，任期4年。

委员会司的司长和副司长应当符合下列要求：

有某一成员国的国籍；

有符合职责要求的职业素养（资格）和不少于5年的相关工龄。

委员会的司在竞聘的基础上由成员国符合委员会理事会批准的职务要求的公民组成。

委员会司的工作人员根据与委务委员会主席签订的劳动合同入职。

劳动合同的签订及其延长办法和解除理由由委员会理事会批准。

对候选人的补充要求可以在竞聘办法中注明。

依照委员会理事会规定的程序对委员会司的工作人员进行考核。

55. 委员会的司行使以下职能：

1）准备由委务委员会审议的涉及联盟职能问题的材料及决定、指令和建议草案，包括签订和修订国际条约的建议；

2）为了将结果提请委务委员会审议，对成员国执行属于联盟法的国际条约及委务委员会、委员会理事会、政府间理事会和最高理事会的决定和指令的执行实施监督；

3）根据对成员国联盟法调整的领域内的法律的监督和分析结果准备由成员国审议的建议；

4）起草联盟的国际条约和联盟运作所必需的其他文件；

5）与成员国国家政权机关相互协作；

6）编制成员国预算草案并负责成员国预算的执行，起草委员会的预算草案并负责执行委员会预算；

7）确保委员会履行联盟框架下的国际条约保管人职能；

8）依照规定的办法参与实施调整影响评估程序并对该程序的实施实行监督；

9）行使联盟框架下的国际条约及最高理事会、政府间理事会和委员会的决定规定的其他职能（包括提供联盟机关工作和委员会活动的信息技术保障）。

56. 委员会司的官员和工作人员是国际公务员。

委员会司的官员和工作人员在行使其职责时独立于成员国的国家机关和官员，不得请求或者接受成员国国家机关和官员的指示。

57. 各成员国必须尊重委员会司官员和工作人员的地位，不在其履行职责中施加影响。

委务委员会的官员以及委员会司的官员和工作人员每年依照委员会理事会规定的程序和期限向委员会提交其收入、财产和财产性债务及其家属（配偶和未成年人）收入、财产和财产性债务的资料。

58. 委务委员会的官员以及委员会司的官员和工作人员依照本条例提交的收入、财产和财产性债务资料为机密性的资料。

59. 因过错泄露本条例第 57～58 款资料的人员依照成员国法律承担责任。

60. 本条例第 57～58 款资料的可靠性和完整性的审核依照政府间理事会批准的办法进行。

61. 委务委员会的官员以及委员会司的官员和工作人员必须解决或者防止可能出于委务委员会的官员以及委员会司的官员和工作人员的个人利害关系发生的利益冲突。

62. 与委员会司的官员和工作人员享有的特权和豁免、社会保障有关的问题以及与劳动关系、强制性国家社会和退休保障有关的问题根据《欧亚经济联盟社会保障、特权和豁免条例》（《条约》附件三十二）调整。

二 欧亚经济联盟法院条例

第一章 总则 法院的地位

1. 欧亚经济联盟法院（简称"法院"）是欧亚经济联盟（简称"联盟"）的司法机关，根据《欧亚经济联盟条约》（简称《条约》）和本条例成立和运作。

2. 根据本条例确保成员国和欧亚经济联盟机关统一适用《条约》和联盟框架下的国际条约以及与第三方的国际条约和联盟机关的决定是法院的活动宗旨。

本条例下的联盟机关是指除了法院以外的联盟机关。

3. 法院享有法人的权利。

4. 法院制作文件，拥有印有名称的印章和信笺纸，建立官方网站和官方报纸。

5. 法院根据《欧亚经济联盟预算条例》提出法院活动拨款建议，支配拨付的保障活动的资金。

6. 法院的法官、官员和工作人员的工资由最高理事会批准。

第二章 法院的组成

7. 法院由来自各成员国的法官组成，每国两名。

8. 法官任期两年。

9. 法官应当具有较高的道德水准，是国际法和（或者）国内法领域的有经验的专家，通常符合对成员国最高审判机关法官的要求。

10. 法官由最高理事会根据成员国的提名任命。法官在就职时宣誓。

11. 法官由最高理事会免职。

12. 法官的权力可以基于下列理由终止：

1）法院的活动终止；

2）法官任职期届满；

3）法官因转任其他职务或者其他原因书面申请辞职；

4）法官因健康状况或者其他合理原因无法行使职权；

5）法官从事与职务不相容的活动；

6）法官所代表的成员国资格终止；

7）法官丧失成员国国籍；

8）法官采取与法官崇高地位不相容的措施；

9）法院涉及法官有罪判决或者法院对法官采取医学强制措施的裁定生效；

10）法院认定法官限制行为能力或者无行为能力的裁定生效；

11）法官死亡或者法院宣告其死亡或者认定失踪的裁定生效。

13. 根据本条例第 12 款终止法官权力的提议可以由派出法官的成员国、法院或者法官本人提出。

14. 法官的活动由法院院长领导。法院有副院长。

在法院院长临时无法参加法院活动的情况下，其职责由法院副院长承担。

15. 根据守则从法院法官中任命法院院长及副院长并由最高理事会批准。

16. 法院院长和副院长任职三年。

17. 法院院长：

1）批准法院和法院活动的组织办法；

2）组织法院的活动；

3）在其权限内确保法院与成员国授权机关、外国和国际审判组织的相互协作；

4）依照本条例规定的办法任免法院工作人员和官员；

5）组织向媒体提供法院的活动资料；

6）在本条例范围内行使其他权力。

18. 法官不得代表国家或者国家间机关和组织、商业机构、政党和运动以及区域、民族、族群、社会和宗教团体、个别人的利益。

法官无权从事与获取收益有关的任何活动，科研、创作和教学活动除外。

19. 法官不得参与审理其先前作为一方当事人代表、代理人或者律师，国内或者国际组织法院、侦查委员会委员或者以任何其他身份参与的任何案件。

20. 法官在审案中平等，拥有同等的地位。法院院长及副院长无权采取旨在获取任何相对于其他法官非法优势的行为。

21. 法院无论是在行使权力中还是在公务之外的关系中都应当避免可能降低审判机关的权威、侵犯法官的尊严或者引起对其客观性、公正和公平的怀疑。

第三章　法院办公厅、官员和工作人员的地位

22. 法院的活动由办公厅保障。

23. 法院办公厅由法官秘书处和法院秘书处组成。

24. 法院秘书处由法官顾问和法官助理组成。

25. 法院活动的法律、组织、技术装备和其他保障由法院秘书处实施。

26. 法院秘书处的结构和编制由最高理事会批准。

27. 法院秘书处处长和副处长职务候选人由法院竞聘委员会根据成员国代表平等的原则竞聘。

28. 劳动法律关系适用联盟框架下的国际条约和法院驻在国的法律。

29. 法官顾问是由法院院长根据相关法院的建议任免的法院官员。

30. 法官顾问对法官的活动提供信息分析保障。

31. 法官顾问应当具有较高的道德水准，是国际法和（或者）涉外经济活动领域的有经验的专家。

32. 法官助理是由法院院长根据相关法院的建议任免的法院工作人员。

33. 法官助理对法官的活动实施组织保障。

34. 参与竞聘上述职务的候选人由成员国推荐。

35. 法院秘书处根据成员国的预算比例，由成员国公民竞聘组成。

法院秘书处工作人员根据与其签订的劳动合同入职。

36. 法院秘书处候选人竞聘委员会由除了院长以外的所有法官组成。

竞聘委员会委员选举竞聘委员会主席。

竞聘委员会的决定以多数票形式通过并提请法院院长批准。

37. 法院秘书处候选人竞聘办法由法院确定并由法院院长根据最高理事会规定的竞聘规则批准。

38. 法院秘书处的技术人员由法院秘书处负责人根据与其签订劳动合同

招聘。

第四章　法院的主管

39. 法院审理实施《条约》、联盟框架下的国际条约和（或者）最高理事会决定时发生的下列争端。

1）根据成员国的申请审理：

——联盟框架下的国际条约或者其个别条款是否符合《条约》；

——其他成员国是否遵守和（或者）《条约》、联盟框架下的国际条约和（或者）最高理事会的决定或者上述条约和决定的个别条款；

——欧亚经济委员会的决定和（或者）其个别条款是否符合《条约》、联盟框架下的国际条约和（或者）最高理事会的决定；

——对欧亚经济委员会作为（不作为）的异议。

2）根据经济主体的申请审理：

——欧亚经济委员会直接涉及经营主体在企业或者其他经济活动领域的权利和合法利益的决定或者其个别条款是否符合《条约》和联盟框架下的国际条约，如果这些决定或者其个别条款导致《条约》和联盟框架下的国际条约规定的权利和合法利益被侵犯；

——对欧亚经济委员会直接涉及经营主体在企业或者其他经济活动领域的权利和合法利益的行为（不作为）的争议，如果这些行为（不作为）导致《条约》和联盟框架下的国际条约规定的权利和合法利益被侵犯；

——欧亚经济委员会直接涉及经营主体在企业或者其他经济活动领域的权利和合法利益的行为（不作为），如果这些行为（不作为）侵犯了《条约》和（或者）联盟框架下的国际条约给予经营主体在企业或者其他经济活动领域的权利和合法利益。

40. 成员国可以将《条约》、联盟框架下的国际条约和联盟与第三方的国际条约或者成员国之间的其他国际条约直接规定由法院解决的其他争端划归为法院的主管。

41. 法院是否主管的问题由法院解决。法院在确定其是否有主管权时以《条约》、联盟框架下的国际条约和联盟与第三方的国际条约为指导。

42. 除了《条约》、联盟框架下的国际条约有直接规定外，联盟机关的补充主管不归法院主管。

43. 除了《条约》直接规定的情况外，未经申请人向成员国或者委员会提出依照审判前程序通过协商、谈判或者《条约》、联盟框架下的国际条约规定的其他方式解决问题的请求，法院不受理争端。

44. 如果成员国或者委员会在自收到申请人的请求之日起 3 个月内未采取依照审判前程序解决问题的措施，那么争端解决申请可以向法院提出。

45. 经争端当事方一致同意，争端解决可以在本条例第 44 款所述的期限届满前转交给法院审理。

46. 法院根据成员国或者联盟机关的申请解释《条约》、联盟框架下的国际条约和联盟机关决定的条款，根据联盟机关官员和工作人员的申请解释《条约》、联盟框架下的国际条约和联盟机关决定中与劳动法律关系有关的条款。

47. 法院的解释意味着给出咨询性结论，不剥夺成员国共同解释国际条约的权利。

48. 如果联盟与第三方的国际条约有规定，法院解释联盟与第三方的国际条约条款。

49. 以成员国的名义向法院提出的审理争端的申请或者解释申请由其名单由各成员国确定的成员国授权机关和组织通过外交渠道向法院提出。

50. 法院在审理时适用：

1）公认的国际法原则和准则；

2）《条约》、联盟框架下的国际条约和争端成员国为缔约方的其他国际条约；

3）联盟机关的决定和指令；

4）普遍实践的、被承认为法律规范的国际惯例。

51. 《条约》、联盟框架下的国际条约和联盟与第三方的国际条约涉及争端解决说明和解释的规定适用于本条例与之不相冲突的部分。

第五章　诉讼程序

第一编　解决争端案件的诉讼程序

52. 解决争端案件的审理办法由守则确定。

53. 法院基于下列原则审理案件：

法官独立；

庭审透明；

争端当事人平等；

辩论；

集体性。

诉讼原则实现办法由守则规定。

54. 除了《条约》直接规定的情况外，法院收到涉及联盟框架下的国际条约和（或者）委员会决定的申请不是该联盟框架下的国际条约和（或者）委员会决定与（或者）其个别条款效力中止的理由。

55. 法院可以向向法院递交申请的经营主体、成员国授权机关和组织以及联盟机关索取审理案件所必需的材料。

56. 限制传播的信息可以由法院获取或者依照《条约》、联盟框架下的国际条约和成员国法律提供给参与案件的人员。法院采取保护该信息的适当措施。

57. 法院诉讼在争端当事人、申请人及其代表、包括专门小组鉴定人在内的鉴定人、专家、证人和翻译的参与下进行。

58. 参与案件的人员享有程序性权利，依照守则承担程序性义务。

59. 专门小组的鉴定人在参与法院审理案件的过程中享有所有出庭或者做证的行政、民事和刑事管辖豁免。这些人在违反守则确定的限制传播信息使用和保护办法的情况下丧失豁免权。

60. 如果成员国或者委员会认为有关争端的判决可能涉及其利益，那么该成员国或者委员会可以请求允许作为争端的相关当事人参与案件。

61. 法院驳回赔偿亏损要求或者其他财产性的请求。

62. 经营主体向法院起诉要收费。

63. 诉讼费由经营主体在向法院起诉前支付。

64. 在法院支持申请中所述的经营主体要求的情况下诉讼费予以退还。

65. 诉讼费的数额、支付币种、计算、使用和返还办法由最高理事会确定。

66. 在案件的审理过程中各争议当事人自行承担其诉讼费。

67. 争端可以因当事人在案件审理的任何阶段以签订和解协议、申请人放弃要求或者撤回申请的方式得到解决。

第二编　解释案件的诉讼

68. 解释案件的审理办法由守则确定。

69. 法院根据法官独立和集体性原则审理解释案件。

第三编　法院的组成

70. 法院由审判委员会、审判庭和上诉庭审理案件。

71. 法院在本条例第 39 款第 1 分款的规定下由审判委员会审理案件。

72. 审判委员会审理守则规定的程序性问题。

73. 法院由审判委员会审理解释案件。

74. 审判委员会由法院所有的共 8 名法官组成。

75. 审判委员会在所有的法官出庭的条件下视为合法。

76. 法院在本条例第 39 款第 2 分款的规定下由审判庭审理案件。

77. 审判庭中成员国各有 1 名法官。

78. 审判庭在各成员国都有 1 名法官出庭的条件下视为合法。

79. 法院在审判庭的判决被上诉的情况下由上诉庭审理案件。

80. 上诉庭由成员国不参与审判庭判决被上诉的案件审理的法官组成。

81. 上诉庭在各成员国都有 1 名法官出庭的条件下视为合法。

第六章　专门小组

82. 专门小组在审理其对象为提供工业补贴、采取国家农业支持措施和适用特别保障、反倾销和补偿措施争议的情况下建立。

83. 专门小组按照各成员国根据相关争议的种类提供的名单由 3 名专家组成。

84. 专门小组的人员组成由法院批准。

85. 专门小组在案件审理后视为重新建立。

86. 成员国在自《条约》生效之日起 60 个日历日内向法院提交准备和能够作为专门小组成员的、本条例第 82 款所述的各种争议的不少于 3 名专家的名单。

成员国每年至少定期更新 1 次专家名单。

87. 鉴定人为高素质专业的、有为本条例第 82 款所述的争议对象问题的专门知识和经验的自然人。

88. 鉴定人亲自行事，保持独立，与任何争议方无关，不得接受任何人的指示。

89. 鉴定人在有利益冲突的情况下不得为专门小组成员。

90. 专门小组起草含有案情客观评估的结论并在守则规定的期限内向法院提交。

91. 除了本条例第 92 款第三段所述的情况外，专门小组的结论为建议性的，由法院在做出本条例第 104～110 款所述的判决之一的情况下评估。

92. 专门小组关于其对象为提供工业补贴、采取国家农业支持措施争议的鉴定应当包含是否违规的结论以及在有的情况下适用相关补偿措施的建议。

专门小组是否违规的结论为建议性的，由法院在做出本条例第 104～110 款所述的判决之一的情况下评估。

专门小组适用相关补偿措施的建议对法院在做出判决的时候有约束力。

93. 专门小组的建立和活动办法由守则规定。

94. 专门小组鉴定人的服务费支付办法由最高理事会确定。

第七章　法院文书

95. 法院在规定的期限内就法院活动的程序问题做出裁定，包括下列裁定：

1）受理或者驳回案件申请；

2）中止或者恢复案件的审理；

3）终止案件的审理。

96. 法院在自收到申请之日起 90 日内根据对争议的审理结果做出判决，根据解释申请给予咨询性结论。

97. 做出判决的期限在守则规定的情况下可以延长。

98. 对解释申请的咨询结论为建议性的。

99. 法院根据对本条例第 39 款第 1 分款所述的争议审议结果做出对争议当事人具有执行约束力的判决。

100. 法院根据对本条例第 39 款第 2 分款所述的争议审议结果做出对委员会具有执行约束力的判决。

101. 法院的判决不得超出问题申请中所述的范围。

102. 法院判决不得变更和（或者）废止现行的联盟法律、成员国法律规范，不创设新的规范。

104. 法院审判庭根据成员国关于联盟框架下的国际条约或者其个别条款符合《条约》的申请案件的审理结果做出下列判决之一：

1）认定联盟框架下的国际条约或者其个别条款不符合条约；

2）认定联盟框架下的国际条约或者其个别条款符合条约。

105. 法院审判庭根据成员国关于其他成员国遵守《条约》和（或者）联盟框架下的国际条约和联盟机关决定以及上述条约和（或者）决定个别条款，或者其个别条款符合联盟机关决定的申请案件的审理结果做出下列判决之一：

1）认定其他成员国遵守了《条约》和（或者）联盟框架下的国际条约和联盟机关决定以及上述条约和（或者）决定个别条款；

2）认定其他成员国未遵守《条约》和（或者）联盟框架下的国际条约和联盟机关决定以及上述条约和（或者）决定个别条款。

106. 法院审判庭根据成员国关于委员会的决定或者其个别条款符合《条约》和（或者）联盟框架下的国际条约和联盟机关决定的申请案件的审理结果做出下列判决之一：

1）认定委员会的决定或者其个别条款符合《条约》和（或者）联盟框架下的国际条约和联盟机关决定；

2）认定委员会的决定或者其个别条款不符合《条约》和（或者）联盟框架下的国际条约和联盟机关决定。

107. 法院审判庭根据成员国对委员会的行为（不作为）有异议的申请案件的审理结果做出下列判决之一：

1）认定委员会的行为（不作为）符合《条约》和（或者）联盟框架下的国际条约；

2）认定委员会的行为（不作为）不符合《条约》和（或者）联盟框架下的国际条约。

108. 如果委员会的决定或者其个别条款侵犯了《条约》和（或者）联盟框架下的国际条约给予经营主体的在企业活动和其他经济活动领域的权利和其他合法利益，那么法院审判庭根据对经营主体申请认定委员会直接涉及经营主体企业活动和其他经济活动领域的权利和其他合法利益的决定或者其个别条款不符合《条约》和（或者）联盟框架下的国际条约案件的审理结果做出下列判决之一：

1）认定委员会的决定或者其个别条款不符合《条约》和（或者）联盟框架下的国际条约；

2）认定委员会的决定或者其个别条款符合《条约》和（或者）联盟框架下的国际条约。

109. 法院审判庭根据争议主体对委员会的行为（不作为）有争议的申请案件的审理结果做出下列判决之一：

1）认定委员会的行为（不作为）不符合《条约》和（或者）联盟框架下的国际条约、侵犯经营主体在企业活动和其他经济活动领域的权利和其他合法利益；

2）认定委员会的行为（不作为）符合《条约》和（或者）联盟框架下的国际条约、未侵犯经营主体在企业活动和其他经济活动领域的权利和其他合法利益。

110. 法院上诉委员会根据对经营主体对法院审判庭判决上诉案件的审理结果做出如下判决之一：

1）维持法院审判庭的原判，驳回上诉；

2）完全或者部分撤销法院审判庭的原判，根据本条例第108～109款做出新的判决。

111. 委员会被法院认定不符合《条约》和（或者）联盟框架下的国际条约的行为（不作为）或者其个别条例的效力在法院的判决生效后至委员会执行该判决前延续。

委员会被法院认定不符合《条约》和（或者）联盟框架下的国际条约的行为（不作为）或者其个别条例由委员会在合理期限内但是自法院判决生效之日起不超过60个日历日内使与《条约》和（或者）联盟框架下的国际条约相符，法院的判决中规定了其他期限的除外。

法院的判决可以根据《条约》和（或者）联盟框架下的国际条约的规定确定委员会的决定与《条约》和（或者）联盟框架下的国际条约相符的其他期限。

112. 在争议当事人有合理请求的情况下，委员会行为或者其被法院认定不符合《条约》和（或者）联盟框架下的国际条约的个别条例的效力可以根据法院的判决自法院判决生效之日起中止。

113. 委员会必须在合理期限内但是自法院判决生效之日起不超过 60 个日历日内执行法院生效的涉及法院认定委员会有争议的行为（不作为）不符合《条约》和（或者）联盟框架下的国际条约以及委员会的行为（不作为）侵犯了《条约》和（或者）联盟框架下的国际条约案件规定的经营主体的权利和其他合法利益的判决，法院的判决中规定了其他执行期限的除外。

114. 在不执行法院判决的情况下，成员国有权请求最高理事会采取与执行有关的必要措施。

115. 在委员会不执行法院判决的情况下，经营主体有权请求法院采取执行措施。

法院根据执行申请在自收到其之日起 15 日内请求最高理事会就该问题做出决定。

116. 法院的文书应当在法院官方报纸和法院官方网站上公布。

117. 法院的判决只有经案件一方当事人合理请求才能由法院进行不改变其实质和内容的解释。

第八章　附则

118. 法官、法院的官员和工作人员以及参与案件的人员和鉴定人未经提供信息人员的书面同意不得向第三人泄露和转交其在案件的审理中获得的信息。

119. 限制传播的信息使用和保护办法由守则规定。

120. 法院每年向最高欧亚经济理事会提交其活动报告。

三 欧亚经济联盟框架下的信息技术和信息协作议定书

1. 本议定书根据《欧亚经济联盟条约》（简称《条约》）第 23 条制定，旨在确定联盟框架下信息协作和协调其实施的主要原则以及规定建立和发展一体化信息系统的办法。

2. 本议定书使用的概念含义如下：

电子文件的纸质版——依照成员国法律规定的程序核证的电子文件纸质复印件；

受委托的第三方——依照成员国法律被授权从事审核电子文件中在固定时间签署的数字签名活动的组织；

国内板块订购人——依照成员国法律确定的行使建立、开发和使用成员国国内板块工作订购人和组织职能的成员国国家机关；

信息保护——为了排除或者降低信息相互协作主体不可接受的风险而采取和实施的确定、实现和维持信息及其处理工具保密性、完整性和可得性的法律、技术和组织措施的总称；

联盟一体化信息系统——授权机关的行政区划的国有信息资源和信息系统、委员会的信息资源和信息系统、成员国联合的国内板块和委员会一体化板块的组织体系；

信息通信技术——采取的信息技术及信息过程方法和手段的总称；

信息技术——信息搜索、收集、积累、系统化、储存、确定、处理、提供、传播和删除（销毁）的过程和方法以及实施这些过程和方法的总称；

信息资源——含在信息系统中的文件化信息的总称（数据库，其他信息）；

分类表——系统化的、结构化的和和编码的分类对象名称清单；

成员国国内板块、委员会一体化板块——确保授权机关的信息系统与委员会的信息系统在联盟信息一体化框架下进行信息相互协作的信息系统；

规范性参考信息——在主管机关之间交换信息中利用的指南和分类表的总称；

电子形式的信息编制一般基础设施——为了赋予在联盟框架内使用的信息法律效力而实施的信息技术和组织法律措施以及规则和决定的总称；

一般信息资源——委员会通过集中管理或者根据成员国的信息相互协作编制的信息资源；

联盟框架下的一般过程——由构成联盟法的国际条约和文件规定的在一个成员国境内开始、在另一成员国境内结束（变更）的业务和程序；

指南——系统化、结构化和编码的内容和性质属于同一类的信息清单；

电子协作主体——在编制、发送、传输、接收和使用电子文件以及电子形式信息的过程中发生的关系框架内相互协作的国家机关、自然人或者法人；

统一信息分类和编码系统——指南和规范性参考信息及其开发、管理和应用办法和方法的总称；

跨境信任空间——为了确保授权机关之间进行政府间数据和电子文件交换中的信任而由成员国协商的法律、组织和技术条件的总称；

授权机关——成员国有权实施个别领域国家政策的国家机关或者其授权的组织；

备案系统——含有电子相互协作主体确权文件信息且其使用构成或者出具具有法律意义的信息系统；

相互协作的电子形式——以应用电子通信技术为基础的信息相互协作方式；

文件的电子形式——以利用人类使用电子计算机以及使用信息通信技术传输和处理并遵守规定的格式和结构要求形式提供的信息、资料和数据；

电子文件——由电子数字签名核证并符合电子形式信息文件要求的电子形式文件。

3. 联盟一体化信息系统（简称"一体化信息系统"）建立、运作和发展的工作在外贸和相互贸易一体化信息系统功能扩展的基础上开展，并向下列问题提供信息支持：

1）关税和非关税管理；

2）海关管理；

3）技术调整，适用卫生、动植物检疫措施；

4）计算和分配进口关税；

5）计算和分配反倾销和补偿税；

6）统计；

7）竞争政策；

8）能源政策；

9）货币政策；

10）知识产权；

11）金融市场（银行业、保险业、货币市场、有价证券市场）；

12）联盟机关活动的保障；

13）宏观经济政策；

14）工业和农业政策；

15）药品和医疗用品的流通；

16）联盟职权范围内的其他问题。

4. 建立一体化信息系统的主要任务如下：

1）基于统一信息分类和编码体系建立和管理统一的联盟法律参考信息系统；

2）建立联盟框架下统一的政府间数据和电子文档交换机构；

3）建立成员国共同的网站；

4）为了建立联盟共同的信息资源、给予实施国家监督的授权机关信息保障而根据《条约》进行信息相互协作以及实施联盟框架下的共同过程；

5）确保国际条约和构成联盟法律的文件、国际条约和构成联盟法律的文件草案以及联盟共同网站和成员国网站的公开；

6）建立和维持电子形式信息文档运作的共同基础设施；

5. 在一体化信息系统框架下建立包含下列内容的共同网站：

1）成员国法律和其他规范性法律文件以及国际条约和构成联盟法律的文件；

2）通过集中维护的数据库或者基于成员国信息协作建立的法律参考信息；

3）基于成员国和委员会信息协作建立的登记簿；

4）官方统计信息；

5）成员国的信息方法，科学、技术和参考分析资料；

6）为发展一体化信息系统而被列入共同网站中的其他信息。

6. 在建立成员国一体化信息系统中以下列原则为准：

1）利益的共同性和互惠；

2）采用建立基于共同数据模式的一体化信息系统的统一方法；

3）信息的公开性、可靠性和完整性；

4）提供信息的及时性；

5）符合现代化信息技术水平；

6）与成员国信息系统的一体化；

7）成员国平等接触包含在一体化信息系统中的信息资源；

8）提供的信息只能用于声明的目的且对提供信息的成员国不造成损害；

9）在遵守将信息用于声明的目的的条件下一体化信息系统对所有类型的用户公开；

10）授权机关之间以及授权机关与委员会之间使用一体化信息系统无偿交换信息。

7. 依照《条约》和联盟框架下的国际条约列入规范性参考信息中的参考及其分类构成和内容由委员会与授权机关协商确定。

8. 成员国在构建一体化信息系统中以国际标准和建议为指导。

9. 为了建立一体化信息系统和确保实施联盟框架下的共同过程、有效实施使用各类一体化系统设施的国家监督，授权机关之间、授权机关与委员会之间以及委员会与一体化团体和国际组织之间进行电子形式的相互协作。联盟框架下的共同过程清单、实施联盟框架下共同过程的工艺、相互协作中通知（请求）送达和接受的程序和规范对电子文件的要求由委员会依照《条约》规定的程序确定。

10. 在以电子形式使用电子文件的相互协作过程中提供的信息清单由合同或者联盟框架下的国际条约确定。

11. 为了给经营主体和自然人向协调发展授权机关、经营主体和自然人之间电子形式的相互协作授权机关提供资料的平等条件，委员会有权为上述形式的相互协作确定联盟框架下对电子文件、相互协作中通知（请求）

送达和接收程序的统一和单一要求或者建议其采用。

12. 在以电子形式使用电子文件的相互协作中以及在一体化信息系统中处理电子文件中遵守下列原则：

1）如果依照成员国法律文件要求以纸质版制作，那么据委员会理事会批准的文件制作规则和要求制作的电子文件视为符合这些规则和要求；

2）根据委员会理事会批准的文件制作规则和要求制作的电子文件与签字或者签字盖章证明的纸质版类似文件有同等的法律效力；

3）文件不得根据其以电子文件形式制作这一理由而被剥夺法律效力；

4）为了在一体化信息系统中处理包括转化格式和结果在内的从电子文件中提取的资料，确保其与电子文件中所述的类似资料相同；

5）在构成联盟法律的国际条约和文件或者成员国规定的情况下使用统计系统可以电子文件的纸质版作保障。

13. 委员会和成员国依照在政府间信息相互协作中使用有法律效力的电子文件和服务法律战略及其构想发展跨国信任空间。

14. 电子形式的信息编制一般基础设施由国内板块和一体化板块组成。

15. 电子形式的信息编制一般基础设施一体化板块运营商为委员会。

16. 电子形式的信息编制一般基础设施国内板块由授权机关或者其确定的组织依照成员国法律担任运营商。

17. 电子形式的信息编制一般基础设施一体化板块是指根据协商的标准和基础设施功能确保跨国电子文件流通的跨国信任空间元素的总称。

18. 跨国信任空间的建立、发展和运作要求由委员会与授权机关相互协作确定并由委员会批准。由成员国和委员会代表组建的委员会检查电子形式的信息编制一般基础设施构成是否符合上述要求。包括其建立和从事活动办法的委员会条例由委员会理事会确定。

19. 电子形式相互协作主体之间使用各类电子文件保护机制的电子文件信息交换使用包括被委托的第三方服务在内的电子形式的信息编制一般基础设施运营商提供的服务保障。

20. 被委托的第三方服务由成员国和委员会提供。被委托的第三方服务运营商为委员会。授权机关或者其确定（委托）的组织为成员国被委托的第三方服务运营商。成员国确保电子协作主体使用被委托的第三方服务的权利。

21. 被委托的第三方基本任务为：

1）认证电子文件（证实其真实性）和固定时刻信息相互协作主体的数字签名（电子签名）；

2）确保电子文件国际（跨国）交换方面的信任；

3）依照成员国法律确保在电子文件中使用数字签名（电子签名）的合法性。

22. 统计系统框架下的信息资源管理和使用办法由成员国法律确定。

23. 委员会以电子形式保障使用电子文件的相互协作的基本任务为：

1）确保成员国相互可接受的委员会一体化部门中信息保护水平；

2）做出有关包括信息相互协作主体接触手段在内的统计系统中信息和电子形式的信息编制一般基础设施的保护决定；

3）根据成员国国家间标准、国际标准和建议，确定电子形式的信息编制一般基础设施的构成；

4）协调制定和发布电子形式的信息编制一般基础设施框架下示范信息工艺方案和软件；

5）协调制定电子形式的信息编制规则、电子形式的信息编制一般基础设施个别部分和部门运作规范及其对电子协作主体应用的建议；

6）在使用电子文件中提出联盟框架下的信息相互协作过程中协调成员国法律和统一统计系统之间信息协作对接建议；

7）在建立跨国信任空间个别问题上协调成员国与第三方的相互协作。

24. 成员国依照本国法律要求保护授权机关信息资源、信息系统和信息通信网络中含有的信息。

25. 由成员国法律列入国家秘密或者限制传播（接触）资料的信息依照成员国法律保护其的要求交换。

26. 由成员国法律列入国家秘密或者限制传播（接触）资料的信息交换办法由联盟框架下的国际条约确定。

27. 一体化信息系统的建立由委员会协调。委员会根据委员会制定和委员会理事会批准的一体化信息系统发展战略，与成员国国内部门采购人相互协作保障其运作和发展。

28. 委员会行使诸如委员会一体化部门、委员会信息资源和信息系统一体化组成系统所有人的权利并履行其义务，组织其设计、制作、应用、接受和维护劳务成果。

29. 委员会采购商品（劳务、服务），评估在采购商品（劳务、服务）中递交的投标书和购买涉及本议定书第 28 款所述的一体化信息系统的财产权。

30. 为了建立、发展一体化信息系统和保障其运作中应用的软件和技术的统一性以及维持应有的信息保护水平，委员会协调和批准起草技术、工艺、方法和组织文件的草案。

31. 成员国确定建立和发展保障其权利和义务的成员国信息系统的承包人。

32. 成员国有使用一体化信息的平等权利。

33. 本议定书第 28 款的一体化信息系统的建立、发展和运作保证工作由联盟的预算资金拨款，在此情况下其建立和发展工作基于对实施本议定书第 27 款所述的战略必需的工作。

34. 成员国授权机关的国家信息资源和信息系统以及国内信息系统的建立、发展和运作保证工作由成员国保证授权机关活动的预算资金拨款。

四　欧亚经济联盟官方统计信息编制和传播办法议定书

1. 本议定书依照《欧亚经济联盟条约》第 24 条制定，旨在确定欧亚经济联盟官方统计信息编制和传播的办法。

2. 本议定书使用以下概念：

成员国官方统计信息——授权机关在国家统计工作纲领下和（或者）依照成员国法律编制的统计信息；

联盟官方统计信息——委员会根据成员国官方统计信息、国际组织官方统计信息和成员国法律不禁止的其他来源的信息编制的统计信息；

授权机关——成员国承担编制官方统计信息职能的、包括国家（中央）银行在内的国家机关。

3. 为了向成员国和委员会提供成员国之间相互贸易流动的商品官方统计信息，授权机关进行与其他成员国的相互贸易统计。

4. 相互贸易统计由授权机关依照委员会批准的方法进行。

5. 授权机关根据统计指标清单向委员会提供成员国官方统计信息。

6. 统计指标清单及授权机关提供成员国官方统计信息的期限和方式由委员会经与授权机关协商批准。

7. 委员会有权向授权机关索取未列在统计指标清单中的成员国其他官方统计信息。

8. 授权机关采取保证提交的成员国官方统计信息完整、可信和及时的措施并告知委员会不能在规定的期限内提供官方统计信息。

9. 本议定书的规定不适用于成员国属于国家机密的官方统计信息或者依照成员国法律被限制传播的资料。

10. 委员会采集、积累、系统化、分析和传播联盟官方统计信息，应授权机关请求提供上述信息，协调授权机关在本议定书框架下开展统计领域的方法协作。

11. 委员会制定和批准根据向委员会提供的成员国官方统计信息编制的联盟官方统计信息。

12. 委员会通过确定授权机关采用国际标准水平的单位采取旨在保证成员国官方统计信息可比性的措施，包括分类和方法。

13. 官方统计信息依照委员会批准的统计工作纲领，通过在委员会的官方出版物上公布和在联盟的网站上发布的方式传播。

14. 委员会会同成员国授权机关制定和批准统计领域一体化发展纲领。

五 进口关税（其他行政费、其他税和手续费）计算和分配及其上缴成员国预算办法

Ⅰ 总则

1. 本办法依照《欧亚经济联盟条约》第 26 条制定，确定了从 2010 年 9 月 1 日起进口到联盟关境的商品缴纳的进口关税计算及其在成员国间分配的办法。

2. 本办法使用的概念含义如下：

授权机关的统一账户——授权机关在国家（中央）银行或者在国家（中央）银行有代理账户的授权机关开立的用于该成员国之间收入转账和分配的账户；

外币账户——一个成员国授权机关在国家（中央）银行开立的用于其他成员国转账进口关税分配所得的其他成员国本币账户；

逾期利息（滞纳金）——成员国因违反本办法条款，即不履行、不完全履行和（或者）不及时履行成员国转账进口关税分配所得义务而应向其他成员国转账的金额；

报告日——向成员国授权机关统一账户转入进口关税的成员国工作日；

当日——办理报告日的进口关税分配业务的成员国报告日的次工作日；

授权机关——成员国从事预算执行出纳管理工作的国家机关。

本办法中使用的其他概念采用《欧亚经济联盟条约》和《欧亚经济联盟海关法典》中确定的意义。

Ⅱ 进口关税计算及其在成员国之间分配办法

3. 进口关税应当以本币转入某成员国授权机关的统一账户中，它应当依照构成联盟法的国际条约和文件调整的包括征收进口关税中的海关法律关系在内的海关法律关系缴纳。

进口关税由纳税人以个别结算（支付）凭证（指导）缴入成员国授权机关的统一账户中。

进口关税中可以减去应当依照成员国法律缴纳且进入授权机关统一账户中的税和手续费以及其他费（不包括特别保障、反倾销和补偿关税）。

进口关税根据本办法的条款，依照成员国法律返还（抵扣），调整海关法律关系的、构成联盟法的国际条约和文件另有规定的除外。

除了用于抵销支付人清偿缴纳普遍关税，特别、反倾销和补偿关税以及滞纳金（逾期利息）的债务（以下简称"清偿债务抵消"）外，进口关税不得用于抵偿其他费。

4. 除了支付人清偿缴纳普通关税、特别保障关税、反倾销关税和补偿关税以及滞纳金（逾期利息）的债务外，进入授权机关统一账户中的资金不得依照执行司法文书的程序或者以其他任何方式收缴。

5. 成员国授权机关加总下列所得：

进入授权机关统一账户中的进口关税（返还，用于抵销债务）金额；

分配的转入其他成员国外币账户中的进口关税金额；

从其他成员国进入成员国预算中的进口关税金额；

进入成员国预算中的本办法规定的逾期利息；

分配的转入其他成员国外币账户中的进口关税金额。

上述所得金额在各成员国执行预算的报告中反映。

6. 在日历年最后一个工作日进入成员国授权机关统一账户中的进口关税金额在该成员国预算执行报告中反映。

成员国在日历年最后一个工作日分配的进口关税金额不迟于成员国当年的第二个工作日转入其他成员国的外币账户中，在该成员国预算执行报告中反映。

在其他成员国日历年最后一个工作日从其他成员国授权机关进入成员国预算中的进口关税分配金额在当年的预算执行报告中反映。

7. 向支付人返还进口关税金额及将其抵偿债务在进入授权机关统一账户中的进口关税金额范围内，于当日的授权机关统一账户中办理，根据国家（中央）银行在报告日未受理的进口关税返还金额使用当日缴纳的进口关税金额抵偿。

报告日向支付人返还进口关税金额及将其抵偿债务在返还（抵销）之日进入授权机关统一账户中的进口关税金额范围内于哈萨克斯坦共和国授

权机关的统一账户中办理。

8. 当日应当返还和（或者）抵销的进口关税金额在成员国之间分配取得的进口关税金额前确定。

9. 如果依照本办法第 7 款用于返还和（或者）抵销的进口关税金额资金不足，那么上述返还（抵销）由成员国在最后一个工作日办理。

不及时向支付人返还进口关税金额的滞纳金（逾期利息）从该成员国预算中向支付人支付，不列入进口关税中。

10. 由哈萨克斯坦共和国授权机关在成员国之间进行的进口关税金额分配在进口关税金额进入授权机关统一账户的报告日办理。

由成员国授权机关在成员国之间进行的进口关税金额分配在进口关税金额进入授权机关统一账户的报告日后成员国最后一个工作日办理。

11. 应当在成员国之间分配的进口关税总额为报告日收到的进口关税金额（授权机关进行的计算）并计算报告日未被成员国的国家（中央）银行受理的转移返还进口关税的结算（支付）凭证（指导）、应当在当日向支付人返还和抵销债务的进口关税金额后确定。上述结算（支付）凭证（指导）中注明分配进口关税的日期以及应当以本币在成员国之间分配的金额。

如果应当在当日执行的向支付人返还进口关税的结算（支付）凭证（指导）未被成员国的国家（中央）银行接受，那么应当在成员国下一个工作日在成员国之间分配。未依照本款向其他成员国外币账户中转入进口关税金额视为逾期一日。

12. 各成员国的进口关税额度按照下列标准进行分配：

白俄罗斯共和国——4.70%；

哈萨克斯坦共和国——7.33%；

俄罗斯联邦——87.97%。

13. 转给成员国的进口关税金额由成员国的授权机关在它进入自己的统一账户之日后的成员国次工作日转入其他成员国的外币账户中。

转给成员国的进口关税结算（支付）凭证（指导）由成员国的授权机关于每日不迟于当地时间 14 时转给国家（中央）银行并由其转到自己国家的外币账户中。

如果上述结算（支付）凭证（指导）在当日晚于当地时间 14 时送达成

员国国家（中央）银行，那么相应支付视为逾期一日。

14. 从成员国授权机关进入外币账户的进口关税列入成员国外汇收入的办法由本办法第Ⅲ编调整。

15. 进口关税金额的分配和列入成员国预算的进口关税金额由授权机关核算。

16. 成员国授权机关不迟于每个日历年开始的 10 个日历日通知其他成员国依照该成员国法律确定的非工作日。

在非工作日变更的情况下做出变更的成员国授权机关不迟于变更决定生效之日的两个日历日前通知其他成员国授权机关。

17. 在应当向其转入进口关税金额的外币账户资料发生变更的情况下授权机关不迟于上述变更生效之日的 10 个日历日前告知其他成员国授权机关账户确切资料。

在实施本办法所必需的其他资料发生变更的情况下授权机关不迟于上述变更生效之日的 10 个日历日前告知其他成员国授权机关确切资料。

18. 如果没有应当在成员国之间分配的进口关税金额，那么成员国授权机关在本办法规定的向国家（中央）银行送达将资金转入其他成员国外币账户中的结算（支付）文件（指导）期限内使用联盟一体化信息系统，向其他成员国的授权机关送达电子形式的相应信息，在上述信息投入运作前——通过电子通信渠道，以含有该信息的有图表的电子文件复印件形式。

19. 成员国中央海关机关按照委员会批准的相关规则确定的方法，适用进口关税核算的统一原则。

20. 如果在本编规定的期限内资金未被或者未被全部转到某一成员国的外币账户中以及未收到该成员国授权机关有关无应当分配的进口关税金额信息，那么其外币账户未收到资金的成员国授权机关向该成员国授权机关和委员会通报资金未转账或者未全部转账。

21. 未向其他成员国转账应当分配的进口关税金额的成员国在包括分配的进口关税金额未向其他成员国转账之日在内的每个日历日向其他成员国支付产生的债务总金额 0.1% 的滞纳金。

22. 在实际有资金的条件下如果成员国告知没有应当分配的进口关税金额以及资金未从授权机关统一账户中转到其他成员国外币账户中，那么违规的成员国必须不迟于本国最后一个工作日根据未转入其他成员国外币账户中的金额，将应当依照本编列入其他成员国预算中的进口关税分配资金转给其他成员国。

由此违规的成员国在自违规之日起，但不包括成员国依照本办法转账资金之日的期间内每逾期一个日历日支付根据本规定书第 21 款确定的逾期利息。

23. 如果资金未从某个成员国收到（未全额收到）和该成员国授权机关未告知无应当在成员国之间分配的进口关税，那么其外币账户未收到资金的成员国授权机关在未收到（未全额收到）之日后的该成员国第三个工作日有权暂停从其统一账户向第一个成员国外币账户转入进口关税。

24. 在成员国做出暂停应当向其他成员国外币账户转账进口关税决定的情况下进口关税应当在做出暂停转账决定前列入第一个成员国的预算收入中并在该成员国的预算中计算。

暂停向其他成员国外币账户转账进口关税的成员国授权机关毫不迟延地向其他成员国授权机关和委员会通报做出的决定。

25. 为了尽快恢复进口关税全额分配机制的运作，委员会授权机关不迟于做出暂停进口关税转账决定之日的次工作日与成员国的执行权机关磋商。

26. 如果恢复进口关税全额分配机制的决定未被根据本办法第 25 款所述的磋商结果做出，那么该问题提交委员会审议。

在委员会无法做出恢复进口关税全额分配机制决定的情况下该问题提交政府间理事会审议。

27. 如果本办法第 24 款所述的进口关税转账恢复，那么进口关税应当不迟于成员国收到做出的决定之日下一个工作日转入依照本办法确定的成员国外币账户中，在此情况下上述金额逾期利息不支付。

28. 某个成员国未转入其他成员国外币账户中的分配的进口关税和成员国国家（中央）银行未履行的本办法第Ⅲ编所述的美元资金转账债务视为国债。

Ⅲ　成员国授权机关外币账户所得的进口关税转入成员国预算的办法

29. 一个（第一个）成员国国家（中央）银行必须向其他（第二个）

成员国国家（中央）银行出售相当于依照本办法转入第二个成员国授权机关外币账户中的第一个成员国本币金额的美元资金。出售的美元金额按照第一个成员国国家（中央）银行在第一个成员国本币资金转入第二个成员国外币账户中之日后的工作日规定的第一个成员国本币对美元的官方汇率确定。

出售美元资金的义务应当由第一个成员国国家（中央）银行不迟于第一个成员国等值的本币资金转入第二个成员国外币账户之日后的工作日履行。

不论是否行使涉及两个成员国之间的权利和职责，出售美元资金的义务都应当由各成员国国家（中央）银行履行。

两个成员国的国家（中央）银行可以在个别协议中规定，包括在本款第2段确定的期限内未履行的债务在内的债务和依照本办法第32款缴纳滞纳金的债务以美元债务超过第二个成员国国家（中央）银行美元反债务的国家（中央）银行将等值的上述反债务之间差额的美元资金转给其他国家（中央）银行的方式履行。

本款中所述的美元资金债务请求按照下列顺序满足：

第一顺序满足依照本办法第31款支付滞纳金的债务请求；

第二顺序满足其履行期限到来，但未逾期的债务请求；

第三顺序满足未在本款第2段规定的期限内履行的债务请求。

第一个成员国就本国国家（中央）银行向第二个成员国国家（中央）银行出售美元资金的义务与本国国家（中央）银行承担对第二个成员国国家（中央）银行的连带责任。

30. 为了在第一个成员国国家（中央）银行不履行或者不当履行本办法第29款规定的义务的情况下办理第一个成员国与第二个成员国之间的相互结算，对第一个成员国国家（中央）银行的请求按照第一个成员国国家（中央）银行在第一个成员国本币资金进入第二个成员国国家（中央）银行外币账户中之日的下一个工作日确定的官方汇率，以美元计算。

31. 第一个成员国国家（中央）银行不履行或者不当履行本办法第29款规定的向第二个成员国国家（中央）银行出售美元资金的义务，那么第一个成员国或者第一个成员国国家（中央）银行则支付按照下列方式计算的滞纳金：

金额（美元）——第一个成员国国家（中央）银行应当向第二个成员国国家（中央）银行转移的美元（资金）金额；

LIBOR$_{美元}$——英国银行家协会规定的不履行或者不当履行义务开始之日美元同业拆借日利率；

日——从不履行或者不当履行义务之日起至适当履行义务之日的日历日数（不包括适当履行义务的日期）。

32. 在第一个成员国国家（中央）银行不履行或者不当履行本办法第29款规定的债务的情况下不履行或者不当履行债务被涉及的第二个成员国国家（中央）银行有权不经第一个成员国和第一个成员国国家（中央）银行同意并事先通知它们，而无偿将包括依照本办法第31款支付滞纳金的请求在内的不履行或者不当履行债务的请求转移给第三个成员国。

33. 成员国国家（中央）银行不对成员国的政府或者成员国的授权机关承担包括其他成员国国家（中央）银行不履行或者不当履行债务在内的其他成员国不履行或者不当履行债务的责任。

34. 第一个成员国国家（中央）银行因办理本编规定的结算而产生的包括因汇率变换、其他成员国和其他成员国国家（中央）银行不履行或者不当履行债务而发生的花费和亏损在内的花费和亏损不得由其他成员国赔偿。赔偿第一个成员国国家（中央）银行上述花费和亏损的办法和条件由第一个成员国确定。

35. 基于本办法制定的目的，两个成员国（包括两个成员国国家〔中央〕银行）之间结算的工作日是指同时为两个成员国和美国工作日的工作日。

36. 第二个成员国的司法和其他政权机关不得对因依照本办法办理结算而在其他（第二个）成员国国家（中央）银行开设的（第一个）成员国的国家（中央）银行修正账户以及该修正账户中的资金实施扣押、查封以及导致不能使用该修正账户中资金的其他保证、禁止或者限制措施。

37. 因依照本办法办理结算而在其他（第二个）成员国国家（中央）银行开设的（第一个）成员国的国家（中央）银行修正账户中的资金未经第一个成员国国家（中央）银行同意不得支取，修正账户协议中另有规定的除外。

38. 如果本办法第 29 款所述的完全或者部分出售美元资金的义务未被第一个成员国的国家（中央）银行在 30 日内履行，那么第二个成员国的国家（中央）银行有权在第一个成员国的国家（中央）银行完全履行上述义务前限制使用因依照本办法办理结算而由第二个成员国国家（中央）银行在第一个成员国的国家（中央）银行开设的修正账户中的本币资金。

39. 为了执行本办法，一个成员国的国家（中央）银行无偿行使和履行依照与其他成员国国家（中央）银行签订的条约规定的权利和义务。

Ⅳ 成员国授权机关之间信息交换办法

40. 成员国的授权机关于每日不迟于当地时间 16 点（白俄罗斯——莫斯科时间，哈萨克斯坦——阿斯塔纳时间，俄罗斯联邦——莫斯科时间）向其他成员国的授权机关提交下列信息：

1）计入成员国授权机关账户的进口关税金额；

2）授权机关在报告日用于缴纳进口关税的金额；

3）在报告日用于清偿债务的进口关税金额和当日清偿债务的单独进口关税金额；

4）在报告日返还的进口关税金额和当日应当返还的单独进口关税金额；

5）在报告日国家（中央）银行未接受的进口关税金额；

6）应当在成员国间分配的进口关税金额；

7）以外币转入其他成员国账户中的、分配的进口关税金额；

8）成员国预算收入中从该成员国授权机关的统一账户转入的、分配的进口关税金额；

9）成员国预算收入中分配的、进入授权机关外币账户的进口关税金额；

10）暂停转入其他成员国账户、分配的进口关税金额；

11）其他成员国在违反遵守本办法规定的要求的情况下向成员国支付的滞纳金。

41. 成员国的授权机关按月在报告月的次月第五个工作日使用联盟一体

化信息系统，向其他成员国的授权机关和委员会送达本办法第 40 款规定的起始于年初的电子形式的总结信息，在上述信息投入运作前——通过电子通信渠道，以含有该信息的有图表的电子文件复印件形式。

42. 提供本办法第 41 和第 42 款规定的信息的形式由授权机关协商并由委员会批准。

43. 成员国的授权机关对根据本办法第 41 和第 42 款获取的数据进行核对。

在确定有误差的情况下制作笔录和成员国采取解决误差的措施。

44. 一个成员国的授权机关依照本办法第 41 和第 42 款向另一个成员国的授权机关以及委员会送达的信息由该授权机关的领导人或者其授权人员签字。

V 与缴纳进口关税有关的信息交换办法

45. 成员国的中央海关机关彼此以及向委员会提供电子版的不构成国家秘密的、与缴纳进口关税有关的信息。

46. 与缴纳进口关税有关的信息使用下列来源编制：

1）成员国海关机关办理的商品申报单电子版复印件数据库；

2）成员国海关机关办理的报关单电子版复印件数据库，如果报关单被成员国用于反映缴纳进口关税；

3）成员国海关机关根据委员会批准的计算方法，依照进口关税核算统一原则办理的个人账户、登记簿和含有有关实际缴纳和转入成员国预算收入中的进口关税金额的其他资料数据库。

47. 本办法第 46 款所述的信息不包括自然人携带个人使用的商品的进口和纳税情况。

48. 与缴纳进口关税（以美元计价的单位转换成本币，美元对本币汇率使用成员国国家〔中央〕报告期内的平均汇率）有关的信息无偿以俄文提供，包括报告期内的下列资料：

1）报告期初和期末转移的进口关税余额；

2）办理进口关税缴纳（征缴）的海关单据中书面记录的进口关税金额；

3）用于清偿债务的进口关税金额；

4）向纳税人返还的进口关税金额；

5）延期提供和延期缴纳的进口关税金额；

6）与缴纳进口关税有关的其他资料。

49. 与缴纳进口关税有关的技术规程由委员会制定和批准。

本办法第 48 款所述的信息的结构、形式及其提交办法、期限和方式在上述技术规程中确定。

50. 成员国中央海关机关之间在海关机关和委员会技术准备后以电子形式进行信息交换并向委员会提供和相互以书面通知。成员国中央海关机关之间在联盟一体化信息系统生效后使用上述系统进行信息交换并以电子形式向委员会提供。

51. 成员国的中央海关机关在与转账和缴纳进口关税有关的技术规程被批准前不迟于报告期的次月最后一日按照委员会批准的格式彼此以及向委员会提供本办法第 48 款所述的信息。

52. 成员国的中央海关机关采取制止非法传播依照本编取得的信息的措施。

成员国的中央海关机关要限制接触上述信息的人员范围并依照成员国的法律保护上述信息。

委员会将依照本编获得的信息用于实现本编第 54 款的目的。

Ⅵ 监督和控制

53. 白俄罗斯国家监督委员会、哈萨克斯坦共和国预算执行审计委员会和俄罗斯审计院每年在联合措施框架下检查成员国遵守本办法以条款的情况。

54. 委员会每年向政府间理事会提交进口关税的计算和分配报告。

55. 根据委员会的决定，可以设立由成员国主管、海关和其他国家机关工作人员以及聘请的专家组成的委员会，以检查（审计）遵守进口关税收入计算和分配办法的情况。

六　统一关税调整议定书

Ⅰ　总则

1. 本议定书根据《欧亚经济联盟条约》第九篇制定，规定了欧亚经济联盟关境内适用关税管理措施的原则和办法。

2. 本议定书使用的概念含义如下：

相似商品——功能、用途、质量和技术特性完全与在关税配额内进口至联盟关境的商品相同的商品，或者（在没有完全相似商品的情况下）与在关税配额内进口至联盟关境的商品有相近的特性，要求根据在关税配额内进口至联盟关境的商品功能、类似用途使用的可以商业替代的商品；

第三国的大供货商——在进口至联盟关境的商品中有 10% 以上份额的供货商；

上一期——分析联盟关境内某商品的消费规模与类似商品在联盟关境内的生产规模的期间；

实际进口规模——在没有限制条件下的进口规模；

农产品——欧亚经济联盟涉外经济活动统一商品编码第 1～ 第 24 类中的商品，以及 D - 山梨糖醇、酪蛋白、调节淀粉、甘露糖醇、油脂、白蛋白、动物胶、糊精、山梨糖醇、生皮、皮革、毛皮、原丝、动物毛、原棉、丝绸废料、废棉、棉纤维、原麻、大麻纤维；

关税配额——对产自第三国的、进口至联盟关境内的个别农产品在某一时期超过规定数额（规模或者价值）的部分适用《欧亚经济联盟统一关税》规定的差别化进口关税管理措施。

Ⅱ　关税优惠

3. 免缴关税形式的关税优惠适用于从第三国进口至联盟关境内的下列商品和产品：

1）在设立文件规定的建立资本（基金）的期限内作为外国设立人对注册资本（基金）出资的商品（对这些商品适用关税优惠的办法由委员会规定）；

2）在研究和利用太空的国际合作框架下依照委员会批准的清单进口的商品，包括发射航天器服务；

3）成员国船舶以及成员国法人和（或者）自然人租赁（包租）的船舶捕捞的海产品；

4）成员国货币、第三国货币（用作古董的除外）和依照成员国法律进口的有价证券；

5）作为人道主义援助和（或者）为了消除自然灾害、事故或者灾害而进口的商品；

6）为了慈善目的而从第三国、国际组织、其他国家政府进口的商品和（或者）依照成员国的法律认定为包括技术援助在内的无偿援助商品，消费税应税商品除外（不包括专用于医疗目的的轻型汽车）。

4. 从第三国进口至联盟关境内的商品的关税优惠也可以在《欧亚经济联盟条约》、联盟与第三国的国际条约、委员会决定规定的其他情况下提供。

Ⅲ 适用关税配额的条件和机制

5. 涉及产自第三国并进口至联盟关境内的个别农产品的关税配额由委员会确定，不得超过该商品在联盟关境内的消费规模与类似商品在联盟关境内的生产规模之差。

在此情况下如果一个成员国的类似商品生产规模相当于或者超过该商品的需求规模，那么该差额在核算联盟关境的关税配额中不予考虑。

6. 如果类似商品在联盟关境内的生产规模相当于或者超过该商品在联盟关境内的需求规模，那么关税配额不得设置。

7. 在决定设置关税配额时应当遵守下列条件：

1）规定一定期限的关税配额（不论审查在第三国之间分配关税配额问题的结果如何）；

2）通知所有的相关第三国关于向它拨付的关税配额（在做出在第三国之间分配关税配额决定的情况下）；

3）公布有关关税配额设置及其效力期限，包括拨付给第三国的配额（在做出在第三国之间分配关税配额决定的情况下）在内的规模以及对在关税配额范围内进口的商品适用的进口关税税率等信息。

8. 成员国涉外经济活动参加人之间关税配额的分配以获得关税配额权利平等以及不因所有制形式、登记地或者市场状况而受到歧视为基础。

9. 关税配额在成员国间在依照本议定书第 5 和第 6 款计算联盟关境的关税配额时考虑的各成员国消费和生产差额的范围内分配。

在此情况下，对于身为世界贸易组织成员的成员国关税配额可以根据该成员国对世界贸易组织的义务确定。

10. 在第三国之间分配关税配额由委员会进行或者根据委员会的决定，成员国根据与所有的第三国的大供应商磋商的结果进行，联盟框架下的国际条约、联盟与第三国的国际条约或者最高理事会的决定另有规定的除外。

若根据与所有的第三国的大供应商磋商的结果无法分配关税配额，那么在第三国之间分配关税配额的决定根据上一期这些国家的商品供应规模做出。

反映实际进口规模信息的任何前三年为上一期。

若无法选择上一期，那么关税配额根据最有可能的实际进口分配估算分配。

11. 在于关税配额有效期内供应商品的情况下不规定妨碍第三国完全使用分配给它的关税配额的条件和（或者）程序。

12. 应有意供应商品的第三国的请求，委员会就下列问题提供咨询：

1）重新分配拨付的关税配额的必要性；

2）选择的上一期变更；

3）废除单方面规定的涉及关税配额分配或者不限制使用关税配额的条件、程序或者任何其他条款的必要性。

13. 因规定关税配额，委员会：

1）应有意供应商品的第三国的请求，提供涉及涉外经济活动参加人之间关税配额分配方法和办法以及对涉外经济活动参加人发放许可证的关税配额的信息；

2）公布有关分配的关税配额范围内供应的商品总数或者价值、关税配额效力开始和终结的日期以及其任何变更的信息。

14. 除了在第三国之间分配关税配额的情况外，委员会无权要求将许可证用于从任何某个第三国商品的进口中。

七 对第三国的非关税调整措施议定书

Ⅰ 总则

1. 本议定书依照《欧亚经济联盟条约》第九编制定，确定了联盟对第三国采取非关税调整措施的办法和情况。

本议定书的效力不适用于涉及技术调整，卫生、兽医和植物检疫要求以及出口监控和军事技术合作领域的措施。

2. 本议定书使用的概念含义如下：

自动许可（观察）——为了监测个别种类的商品出口和（或者）进口动态而确定的临时措施；

一般许可证——向外贸活动参加人发放的有权按照一定的数量出口和（或者）进口被许可的商品的许可证；

禁止——禁止出口和（或者）进口个别种类的商品的措施；

进口——从第三国向联盟境内进口商品且没有逆出口义务；

专属许可证——只向外贸活动参加人发放的、有权专门出口和（或者）进口个别种类的商品的许可证；

数量限制——以确定配额方式实施的外贸商品数量限制措施；

许可——发放许可证和（或者）给予核准的行政措施总称；

许可证——向外贸活动参加人发放的有权从事商品进口和（或者）出口的专门文件；

一次性许可证——根据对象为被许可商品的外贸交易，向外贸活动参加人发放的有权出口和（或者）进口被许可的商品的许可证；

核准——根据对象为被确定的自动许可（观察）商品外贸交易，向外贸活动参加人发放的专门文件；

核准文件——在委员会文件确定的情况下向外贸活动参加人或者自然人发放的有权进口和（或者）出口商品的文件；

授权机关——成员国有权发放许可证和（或者）给予核准的执行权机关；

109

外贸活动参加人——在一个成员国境内登记的和依照该成员国法律设立的法人或者非法人的组织、在一个成员国境内有常住或者主要住所且为该成员国公民或者有常住权或者依照该成员国法律登记为个体企业家的自然人；

出口——从联盟关境向第三国境内出口没有逆出口义务的商品。

Ⅱ　非关税调整措施的实施和采取

3. 联盟关境内在与第三国的贸易中适用统一的非关税调整措施（简称"措施"）。

4. 实施、采取、延长或者取消措施的决定由委员会做出。

5. 被做出采取措施决定的商品列入在与第三国的贸易中采取非关税调整措施的商品统一清单中（简称"统一商品清单"）。

统一商品清单中也包括委员会对其做出确定关税配额或者进口配额作为特别保障措施和发放许可证决定的商品。

6. 采取或者消除措施的建议既可以由成员国也可以由委员会提出。

7. 委员会确定举行磋商的方式和形式并向提出建议和指正的利害关系人告知磋商举行过程及其结果的方式和形式。

未举行磋商不得为认定委员会涉及外贸活动的决定无效的理由。

8. 委员会可以在下列任何条件下做出不举行磋商的决定：

1）委员会涉及外贸活动的决定草案规定的措施未在其生效前被通报，因此举行磋商可能导致实现不了决定规定的目的；

2）举行磋商导致委员会做出涉及外贸活动的决定被耽搁，这可能导致对国家利益造成重大损害；

3）委员会涉及外贸活动的决定草案规定了给予专属权。

9. 提出采取或者废除措施的建议的程序由委员会确定。

10. 委员会采取措施的决定可以确定海关机关根据其实施监督措施遵守的海关程序以及不得对商品实施措施的海关措施。

Ⅲ　商品的进出口禁止和数量限制

11. 除了本议定书第 12 款规定的情况外，商品的进出口不实行禁止和数量限制。

12. 在特殊情况下可以确定以下内容。

1）为了防止或者减少国内市场上的粮食或者对联盟内部市场特别重要的其他商品严重短缺而采取的出口临时禁止或者临时数量限制；

2）因采用国际贸易中商品分类、归类和销售标准或者规则而必须实施的进口（或者出口）禁止或者数量限制；

3）在下列情况下限制水生物资源以任何形式进口：

——限制生产或者出口在成员国境内生产的类似商品；

——如果成员国没有类似商品的大规模生产，那么对可能直接被进口商品替代的、产于成员国的商品生产或者销售实施限制；

——以无偿或者用低于市场价的价格将过剩商品给予消费者的方式，使在成员国境内生产的商品临时过剩部分退出市场；

——如果成员国没有类似商品的大规模生产，那么以无偿或者用低于市场价的价格将过剩商品给予消费者的方式，使可能直接被进口商品的替代、在成员国境内生产的商品临时过剩部分退出市场。

13. 如果委员会在联盟关境内实施数量限制，那么实施出口和（或者）进口配额的措施。

数量限制在下列情况下设置：

在出口中——只对在成员国境内生产的商品；

在进口中——只对在第三国生产的商品。

如果数量限制不对所有从第三国的进口或者向第三国的出口设置，那么数量限制不对从任何第三国境内的商品进口或者向任何第三国的商品出口设置。本条款不妨碍遵守成员国国际条约确定的义务。

14. 出口禁止或者数量限制只对被列入委员会根据成员国建议批准的、对联盟内部市场特别重要和在特殊情况下可以被实施出口临时禁止或者数量限制的商品统一清单中的商品设置。

15. 若依照本议定书第 12 款第 1 分款对对联盟内部市场特别重要的农产品实行出口禁止或者设置数量限制，那么委员会：

考虑出口禁止和数量限制对进口联盟境内生产的商品的第三国粮食安全的影响；

及时通知世界贸易组织农业委员会出口禁止或者数量限制的性质和期限；

根据任何进口国的请求，组织磋商或者提供与被审查措施有关的问题信息。

本款的进口国是指在于成员国境内生产的且拟对其实施出口禁止或者数量限制的农产品出口中份额不少于 5% 的进口国家。

16. 委员会在成员国之间分配出口和（或者）进口配额，确定在外贸活动参加人中分配出口和（或者）进口配额的方法以及在必要情况下在第三国之间分配进口配额。

委员会根据拟以实施数量限制方式解决的任务、成员国的建议和商品在各成员国生产和（或者）消费的规模，在成员国之间分配出口和（或者）进口配额。

17. 委员会在做出实施出口和（或者）进口配额管理的决定中：

1）确定某一期限的出口和（或者）进口配额（不论其如何在第三国之间分配）；

2）向相关第三国通报分配的进口配额（在进口配额在第三国之间分配的情况下）；

3）公布实施出口和（或者）进口配额的规模、效力期限以及进口配额在第三国之间分配的信息。

18. 委员会通常根据与所有第三国的大供应商的磋商结果在第三国之间分配进口配额。

第三国的较大供应商是指在进口至联盟关境内的某一商品中有 5% 和以上份额的供应商。

19. 如果进口配额不能根据与所有的第三国的大供应商的磋商结果分配，那么委员会有关在第三国之间分配进口配额的决定根据上一期间内来自这些国家的商品供应规模做出。

20. 在相应商品在进口配额有效期间供应的条件下委员会不设置任何可能妨碍任何第三国使用进口配额的条件或者程序。

21. 委员会选择实施出口和（或者）进口配额的商品供应的上一期间。该期间通常为反映实际出口和（或者）进口规模信息的前三年。

如果无法选择上一期间，那么出口和（或者）进口配额根据最可能的实际出口和（或者）进口规模分配。

本款的商品出口和（或者）进口规模是指在没有限制条件下的出口和（或者）进口规模。

22. 委员会根据有意供应商品的任何第三国的请求，与该国举行有关下列问题的磋商：

1）重新分配进口配额的必要性；

2）变更已选择的上一期间；

3）取消有关进口配额分配，或者不限制其使用的条件、程序或者单方面确定的任何其他条款。

23. 出口和（或者）进口配额份额由成员国根据委员会确定的方法在外贸活动参加人中分配，以外贸活动参加人获得出口和（或者）进口配额份额的权利平等和不因所有制形式、登记地或者市场地位标志而受到歧视为基础。

24. 除了在第三国之间分配进口配额的情况外，有关许可证用于从任何国家进口和（或者）向任何国家出口商品的要求不得被提出。

25. 因实施出口和（或者）进口配额管理，委员会：

1）根据与个别种类的商品有关的第三国要求，提供出口和（或者）进口配额分配办法、在外贸活动参加人之间的分配机制对其发放许可证的配额规模信息；

2）公布将来某一时期内被允许出口和（或者）进口的商品总数量或者价值以及出口和（或者）进口配额效力期限及其变化的信息。

Ⅳ 专属权

26. 外贸活动可以以给予专属权的方式被限制。

27. 进口和（或者）出口被给予专属权的商品以及成员国确定被给予专属权的外贸活动参加人办法由委员会规定。

28. 根据委员会的决定被成员国给予专属权的外贸活动参加人名单应当公布在委员会的官方网站上。

29. 以给予专属权的方式实施限制的决定由委员会根据成员国的建议

做出。

给予专属权的必要性说明应当包含财务经济核算和证明采取该措施合理性的其他信息。

30. 外贸活动参加人被给予专属权的个别种类的商品进口和（或者）出口根据授权机关发放的专属许可证办理。

V 自动许可

31. 为了监测个别种类的商品进口和（或者）出口，委员会有权实施自动许可（观察）。

32. 自动许可（观察）既根据成员国也根据委员会的提议实施。

实施自动许可（观察）必要性的说明应当含有不可能追踪的个别种类的商品进口和（或者）出口数量指标及其变化的信息。

33. 实施自动许可（观察）的个别商品清单以及自动许可（观察）期限由委员会确定。

实施自动许可（观察）的商品列在统一商品清单中。

34. 实施自动许可（观察）的商品在有授权机关依照委员会确定的程序给予的核准的情况下进口和（或者）出口。

35. 被列入统一商品清单中的商品进口和（或者）出口核准依照本议定书附件中的规则办理。

VI 许可程序

36. 商品进口和（或者）出口核准程序通过实施许可或者采取外贸活动管理的其他行政措施实施。

37. 实施、适用和取消核准程序的决定由委员会做出。

VII 一般例外

38. 在下列情况下措施可以在个别种类的商品进口和（或者）出口中被采取，包括不同于根据本议定书第Ⅲ编和第Ⅳ编规定的理由实施的措施在内：

1）对遵守公共道德或者法律秩序是必需的；

2）对保护人的健康和生命、环境、动植物是必需的；

3）黄金或者白银的出口和（或者）进口；

4）为保护文物和文化遗产；

5）对保存不可再生自然资源是必需的，同时对限制与不可再生自然资源有关的国内生产或者消费是必需的；

6）在政府实施稳定计划而导致商品的国内价格大大低于世界价格期间为保证国内制造业商品数量充足，与限制在成员国境内出口的商品有关；

7）在全国或者地方短缺中对购买或者分配该商品是必需的；

8）对履行国际义务是必需的；

9）对保障国防和安全是必需的；

10）对保证适用海关法，保护环境、保护知识产权和遵守与其他法律文件不相抵触的国际法律文件义务是必需的。

39. 本议定书第 38 款所述的措施根据委员会的决定实施，不得成为对第三国的随意或者无理歧视以及对商品外贸造成隐性限制的工具。

40. 为了根据本议定书第 38 款规定的理由对个别种类的商品实施或者取消措施，成员国向委员会提交说明。说明文件中含有商品名称、欧亚经济联盟涉外经济活动统一编码、采取的措施性质、措施的效力期限和实施或者取消措施必要性说明的文件。

41. 如果委员会未接受成员国根据本议定书第 38 款规定的理由采取措施的建议，那么提议采取措施的成员国可以单方面依照本议定书第 X 编采取这些措施。

Ⅷ 维护外部金融地位和保障支付平衡

42. 如果有必要维护外部金融地位和保障支付平衡，那么措施可以在个别种类的商品进口中被采取，包括不同于根据本议定书第Ⅲ编和Ⅳ编规定的理由采取的措施在内。

如果根据支付平衡的关键状况，其他措施不能阻止外部结算状况的急剧恶化，那么这些措施可以被采取。

43. 如果进口商品供应只使用建立本议定书第 44 款所述的成员国货币储备的货币支付，那么措施可以被采取，包括不同于根据本议定书第Ⅲ编和第Ⅳ编规定的理由实施的措施在内。

44. 进口限制不得超过防止成员国货币储备严重减少或者恢复成员国货币储备增长的合理速度所必需的程度。

45. 委员会审议本议定书第 42 款所述的成员国采取措施的建议。

46. 如果委员会未接受成员国采取措施的建议，那么成员国可以单方面依照本议定书第 X 编做出采取本议定书第 42 款所述的措施的决定。

Ⅸ 商品贸易领域的许可

47. 如果商品被实施下列措施，那么许可在委员会规定的情况下适用于个别种类的商品进口和（或者）出口：

——数量限制；

——专属权；

——许可程序；

——关税配额；

——作为特别保障措施的进口配额。

许可通过授权机关向外贸活动的参加人发放。

一般许可证和专属许可证依照委员会确定的程序发放。

一个成员国授权机关发放的许可证被所有的其他成员国认可。

48. 列入统一商品清单中的商品进口和（或者）出口许可依照本议定书附件规定的规则实施。

49. 授权机关发放下列许可证：

一次性许可证；

一般许可证；

专属许可证。

Ⅹ 单方面采取措施

50. 在根据本议定书第Ⅶ和Ⅷ编规定的理由的特殊情况下成员国在与第三国的贸易中可以单方面采取临时措施，包括根据不同于本议定书第Ⅲ编和第Ⅳ编规定的理由采取的措施在内。

51. 采取临时措施的成员国及时，但在不迟于采取措施的三个日历日前向委员会通报并提出在联盟关境内采取该措施的建议。

52. 委员会审议成员国在联盟关境内采取该措施的建议并根据对成员国建议的审议结果，做出在联盟关境内采取该措施的决定。

53. 在此情况下措施的有效期限由委员会确定。

54. 如果在联盟关境内采取该措施的决定未被通过，那么委员会告知采取临时措施的成员国和成员国海关机关，临时措施自其采取之日起不超过六个月。

55. 委员会根据收到的成员国有关采取临时措施的通报，毫不迟延地向其他成员国海关机关通报该成员国采取的临时措施并注明：

1）依照其采取临时措施的成员国规范性法律文件名称；

2）商品名称及其欧亚经济联盟涉外经济活动统一商品编码；

3）采取临时措施的日期及其效力期限。

56. 成员国海关机关在收到上述第 55 款的信息后不得：

1）无该成员国发放的许可证出口在采取措施的成员国境内生产的、该信息中含有其资料的相应商品；

2）无该成员国发放的许可证向采取措施的成员国出口该信息中含有其资料的相应商品。

未采取临时措施的成员国禁止相关商品进入采取临时措施的成员国境内。

附件　商品出口和（或者）进口许可和（或者）核准规则

Ⅰ　总则

1. 本规则确定了被列入在与第三国的贸易中采取非关税调整措施统一商品清单中的商品进口和（或者）出口许可和核准程序。

2. 本规则使用《对第三国的非关税调整措施议定书》（《欧亚经济联盟条约》附件七）确定的概念和下列概念：

申请人——为了办理许可证或者核准而向授权机关提交文件的外贸活

动参加人；

使用许可证——海关机关根据发放（办理）的许可证放行的商品实际上向联盟海关境内进口或者从联盟海关关境出口。

3. 授权机关发放（办理）许可证和许可证复印件依照成员国法律规定的程序和数额征收国费（许可费）。

4. 许可证或者核准针对根据欧亚经济联盟涉外经济活动统一商品编码分类的且被实施许可或者自动许可（观察）的每一种商品发放或者给予。

5. 授权机关有权签署许可证和核准的官员签字样式以及授权机关印章样式送交委员会，由委员会通知成员国海关机关。

6. 证明办理许可证或者核准的文件以及证明执行许可证的文件应当自许可证或者核准效力终结或者自做出终止或者暂停许可证效力决定之日起保存三年。

文件在上述期限届满前依照给予许可证或者核准的成员国法律规定的程序销毁。

7. 授权机关维护给予的许可证和核准数据库，依照委员会确定的程序和期限向委员会提供上述数据库的信息。委员会向成员国海关机关提交发放的许可证资料。

Ⅱ 发放许可证的程序

8. 发放许可证申请提交和许可证办理依照委员会批准的《发放个别商品进出口许可证申请提交和许可证办理指导》进行。

许可证可以依照委员会批准的程序以电子文件形式发放，在它被批准前——依照成员国法律确定的程序。

电子文件形式的许可证结构和格式由委员会批准，在其被批准前——依照成员国法律确定。

9. 一次性许可证的效力期间自其开始生效之日起不超过一年。一次性许可证的效力可以限定为外贸合同的效力期限或者发放许可证根据文件的效力期限。

对其实施出口和（或者）进口数量限制或者作为特别保障措施的进口关税配额的商品许可证效力期限在规定配额的日历年结束。

一般许可证的效力期间自其开始生效之日起不超过一年，对其实施出口和（或者）进口数量限制或者作为特别保障措施的关税配额的商品许可证效力期限在规定配额的日历年结束，委员会另有规定的除外。

专属许可证的效力期限由委员会在每个具体情况下确定。

10. 为了办理许可证，申请人或者有书面文件证明其相应权力的代表向授权机关提交下列文件：

1）依照委员会批准的《发放个别商品进出口许可证申请提交和许可证办理指导》填写和办理的发放许可证申请书（简称"申请书"）；

2）委员会批准格式的申请书电子复印件，在其被批准前——依照成员国法律确定的程序；

3）外贸合同及其附件和补充复印件，在无外贸合同的情况下——证明当事人意图的其他文件；

4）有关向税务机关备案或者国家登记的文件复印件（资料，如果成员国法律有规定）；

5）从事被许可活动许可证的复印件或者有关从事被许可活动许可证的资料（如果成员国法律有规定），如果它们与在联盟关境内实施许可的商品流通有关；

6）其他文件，如果委员会根据它们对相应商品实施许可的决定有规定。

11. 提交的文件复印件各页应当由申请人签字或者盖章，或者文件复印件应当装订并由申请人在最后一页签字和盖章。

申请人提交的文件应当由授权机关登记。

申请书和文件（资料）可以依照成员国法律规定的程序以电子文件形式提交。如果成员国法律有规定，申请人数字签名的扫描文件形式的文件（资料）允许被提交。

许可证在申请人提交了证明依照成员国法律规定的程序和数额缴纳发放许可证的国费后发放。

12. 如果成员国法律有规定，那么在委员会决定规定的情况下申请书在向授权机关递交前可以由申请人或者授权机关提请成员国确定的成员国相应执行权机关同意。

13. 如果委员会的决定没有规定其他期限，那么授权机关在自文件递交之日起 15 个工作日内根据本规则第 15 款的规定发放许可证或者拒发许可证。

14. 拒发许可证的理由如下：

1）申请人为取得许可证而提交的文件中存在不完全或者不可信的资料；

2）未遵守本规则第 10～12 款的要求；

3）为发放许可证根据的一份或者几份文件效力终止或者中止；

4）履行根据其发放许可证的合同可能违反成员国的国际义务；

5）配额或者关税配额用尽或者无配额或者关税配额；

6）委员会文件规定的其他理由。

15. 如果委员会的决定有规定或者在无决定的情况下成员国的法律有规定，那么拒发许可证的决定应说明理由并以书面形式或者电子文件形式提供给申请人。

16. 授权机关办理向申请人发放的许可证原件。

如果授权机关以电子形式发放许可证，那么不要求申请人向其本国海关机关提交纸质版许可证原件。

授权机关与海关机关监督使用以电子形式发放的许可证相互协作办法由成员国法律确定。

17. 许可证不允许以包括技术性质在内的原因被修改。

18. 如果作为法人登记的申请人设立文件被修改（变更组织形式、名称或者所在地），或者作为自然人的申请人护照资料被修改，那么申请人必须请求终止已发放许可证的效力和发放新的许可证并附上证明上述变更的文件。

19. 授权机关有权在下列情况下中止或者终止许可证的效力：

1）申请人以书面形式或者在成员国法律规定的情况下以电子形式提出请求；

2）作为法人登记的申请人设立文件被修改（变更组织形式、名称或者所在地）或者作为自然人的申请人护照资料被修改；

3）在申请人为取得许可证而递交的文件中发现不可信的资料；

4）根据其发放许可证的一份或者几份文件效力终止或者中止；

5）在履行根据其发放许可证的合同中违反成员国的国际义务；

6）如果活动与实施许可的商品流通有关，那么从事被许可活动的许可证被撤回；

7）在发放许可证中发现发放许可证违法，如果遵守规定的程序许可证则不能被发放；

8）许可证持有人未遵守国际规范性法律文件或者成员国规范性法律文件规定的发放许可证条件；

9）存在法院判决；

10）许可证持有人未遵守本规则第22款的规定。

20. 许可证效力自授权机关做出决定之日起中止。

许可证的效力可以由授权机关在消除导致其效力中止的原因后恢复。许可证效力的中止不是延长其效力期限的理由。

许可证效力中止或者终止程序由委员会确定。

21. 在许可证丢失的情况下授权机关根据申请人的书面请求且在申请人依照成员国法律规定的数额和程序缴纳了国费（许可费）后发放类似于原件和含有"副本"记录的副本。

许可证副本由授权机关在自申请人提出请求之日起五个工作日内发放。解释许可证丢失原因和情况的请求以任意格式制作。

22. 若许可证被取消监督，那么成员国相关海关机关在五个工作日内根据出具使用许可证证明的书面请求向申请人出具证明。

一次性许可证持有人必须在许可证效力期限届满前15个日历日内向主管机关提交许可证被遵守的证明。

23. 证明格式及其出具程序由委员会确定。

24. 如果成员国法律规定海关机关提交信息，那么海关机关直接向授权机关提交电子版的有关使用许可证的信息。

如果海关机关直接向授权机关提交电子版的有关使用许可证的信息，那么使用许可证过程的报告和向许可证持有人出具的使用许可证的证明不向授权机关提交。

Ⅲ 核准程序

25. 核准依照委员会批准的《个别商品进出口核准指导》办理。

电子版的核准可以依照委员会规定的程序给予，在其被批准前依照成员国法律确定。

电子版的核准结构和格式由委员会批准，在其被批准前依照成员国法律确定的程序确定。

一个成员国给予的核准被其他所有的成员国认可。

26. 给予核准的期限自递交申请之日起不超过三个工作日。

核准根据向授权机关递交的下列文件，不受限制地被给予任何外贸活动参加人：

——书面申请；

——纸质版的核准草案；

——委员会批准格式的核准草案电子复印件，在其批准前——依照成员国法律确定的格式。

27. 核准的效力期限由给予的核准日历年限制。

28. 授权机关办理给予外贸活动参加人或者有书面文件证明其权限的代表的核准原件。

外贸活动参加人在报关前向相关海关机关提交核准原件，海关机关在检查中向外贸活动参加人出具核准复印件并加盖海关机关"已查验"印章。

如果授权机关给予（办理）电子版的核准，那么不要求外贸活动参加人向海关机关提交其本国纸质版的核准。

授权机关和海关机关监督电子版的核准方面的相互协作办法由成员国法律确定。

29. 核准不应当由外贸活动其他参加人重新办理。

核准不得被修改。

30. 在核准丢失的情况下授权机关可以在三个工作日内根据外贸活动参加人的书面请求出具类似于原件且含有"副本"字样的副本。请求中应当解释核准丢失的原因和情况。书面请求以任意格式制作。

八 对第三国适用特别保障、反倾销和 补偿措施的议定书

Ⅰ 总则

1. 本议定书依照《欧亚经济联盟条约》（简称《条约》）第 48 和第 49 条制定，确定为了保护联盟商品生产者利益而对第三国采取特别保障、反倾销和补偿措施。

2. 本议定书使用的概念含义如下。

类似商品——完全与为或者可能为被调查（再次调查）对象的商品相同的商品，或者在没有该商品的情况下有与为或者可能为被调查（再次调查）对象的商品特征相近特征的商品。

反倾销措施—— 根据委员会的决定，通过征收包括预先征收的反倾销税在内的反倾销税或者同意出口商接受的自愿价格义务实施的进口措施。

反倾销税—— 不论是否缴纳进口关税，成员国海关机关在采取反倾销措施中适用和征收的关税。

倾销幅度——商品的标准价值减去该商品的出口价格后与其出口价格的百分比或者商品的标准价值与其出口价格的百分比。

进口配额——进口至联盟关境内的商品数量和（或者）价值限制。

补偿措施—— 根据委员会的决定，以征收补偿关税（包括预先征收的补偿关税）或者出口第三国授权机关或者出口商接受的自愿价格义务方式采取的消除出口第三国特定补贴对成员国产业部门影响的措施。

补偿关税—— 不论是否缴纳进口关税，成员国海关机关在采取补偿措施中都适用和征收的关税。

成员国产业经济部门受到实质损害——有证据证明成员国产业部门状况恶化，这可能表现为成员国类似商品生产规模及其在成员国市场上的销量减少，生产该商品的盈利水平降低，成员国产业部门该商品储备、就业和工资水平以及成员国该经济部门投资水平受到消极影响。

直接竞争的商品——与为或者可能为被调查（再次调查）对象的商品

相比较的商品；根据其用途、应用、质量和技术特征以及其他基本特性，购买人（顾客）在消费为或者可能为被调查（再次调查）对象的商品过程中替换或者可能替换的商品。

一般贸易过程——在出口第三国市场上以不低于根据平均生产花费、平均贸易花费、行政和一般支出确定的价格买卖类似商品。

支付人——依照《欧亚经济联盟海关法典》确定的人员。

预先征收的反倾销关税——实施调查的机关在调查中预先得出存在倾销进口且成员国产业部门受到实质损害、受到实质损害威胁或者成员国产业部门建立严重放缓结论的情况下对商品向联盟关境进口中适用的关税；

预先征收的补偿关税——在实施调查的机关在调查中预先得出存在补贴进口且成员国产业部门受到实质损害、受到实质损害的威胁或者成员国产业部门建立严重放缓结论的情况下商品向联盟关境进口中适用的关税；

预先征收的特别关税——在实施调查的机关在调查中预先得出存在造成或者威胁造成成员国产业部门建立严重放缓结论的情况下商品向联盟关境进口中适用的关税；

前三年——在递交实施调查申请之日前的且有统计数据的三个日历年。

关联人——符合下列一个或者几个标准的人员：

这些人是其他人参与建立的组织的工作人员或者领导人；

人员是业务合作伙伴，即因合同关系关联，为了获取利润而行事并共同承担与从事联合活动有关的支出和亏损；

人员是一个组织的雇主和雇员；

任何人员直接或者间接持有、控制5%和以上表决股或者两人的份额，或者是5%和以上表决股或者两人份额的名义持有人；

一人直接或者间接控制其他人；

两人直接或者间接控制第三人；

两人同时直接或者间接控制第三人；

人员存在兄弟关系、亲戚或者亲属关系、收养和被收养关系以及监护和被监护关系。

直接控制是指法人或者自然人通过下列一个或者几个行为确定法人做出决定的可能性：

获得确定法人企业活动管理条件的权利；

支配注册资本（基金）构成法人股票5%以上的表决股。

间接控制是指法人或者自然人通过自然人或者法人或者与它之间有直接控制关系的法人确定法人做出决定的可能性。

成员国产业经济部门严重受损害——有证据证明在成员国类似商品或者直接竞争的商品与生产有关的形势全面恶化，表现在成员国产业部门生产、贸易和财务状况存在恶化，通常确定在上一期内。

特别保障措施——根据委员会的决定，通过实施进口配额、特别配额或者包括预先征收的特别保障关税在内的特别保障关税限制联盟关境内增加的进口。

特别配额——确定的流向联盟关境内的进口商品的一定规模，在框架下该商品不缴纳特别保障关税地向联盟境内供应，超过特别配额则缴纳特别关税。

特别保障关税——不论是否缴纳进口关税，成员国海关机关在采取特别保障措施中适用和征收的关税。

被补贴的进口——在生产、出口或者运输中享有了出口第三国特定补贴的商品向联盟关境进口。

第三国——非联盟成员国且被列入委员会批准的世界国家分类表中的区域。

补贴机关——出口第三国的国家机关或者地方自治机关或者依照法律文件或者根据实际情况受相应国家机关或者地方自治机关或者相应授权机关委托行事的机关。

成员国产业经济部门实质损害的威胁——证明成员国产业经济部门受损害的不可避免性。

成员国产业经济部门严重受损害的威胁——证明成员国产业经济部门严重受损害的不可避免性。

出口价格——在向联盟境内进口商品中支付或者应当支付的价格。

Ⅱ 调查

一 调查目的

3. 商品进口中的特别保障、反倾销和补偿措施因下列目的而实施：

存在针对联盟关境的增加的进口且这对成员国产业部门造成严重损害或者造成严重损害的威胁；

存在对联盟关境的倾销或者被补贴的进口且这对成员国产业部门造成严重损害或者造成严重损害的威胁或者成员国产业部门的建立严重放缓。

二 实施调查的机关

4. 实施调查的机关在国际条约和构成联盟法的国际条约授权范围内行事。

5. 实施调查的机关根据调查结果向委员会提交含有采纳或者延长特别保障、反倾销和补偿措施期限，或者重新审议或者废除特别保障、反倾销和补偿措施合理性的建议以及委员会相关决定草案建议的报告。

6. 特别保障、反倾销和补偿措施的重新审议导致根据再次调查结果变更、废除或者自由化特别保障、反倾销和补偿措施。

7. 在本议定书第 15～22 款、第 78～89 款、第 143～189 款规定的情况下实施调查的机关在调查结束前向委员会提交含有采纳或者延长特别保障、反倾销和补偿措施期限，或者重新审议或者废除特别保障、反倾销和补偿措施合理性的建议以及委员会相关决定草案建议的报告。

8. 向实施调查的机关提交证据和资料以及与实施调查的机关通信以俄文办理，使用外文制作的文件原件应当附有俄文翻译件（该翻译件的证明）。

Ⅲ 特别保障措施

一 实施特别保障措施的原则

9. 不论其原产地国家，特别保障措施都对由出口第三国向联盟关境内出口的商品实施，但下列情况除外：

1）原产地为联盟特惠关税体系使用者的发展中或者最不发达第三国的商品，在从发展中或者最不发达第三国进口该商品的份额加总不超过联盟关境内该商品进口总额的 9% 且每个国家的份额不超过联盟关境内该商品进口总额的 3% 的条件下从该国进口的该商品不超过联盟关境内该商品进口总额的 3%；

2）原产地为 2011 年 10 月 18 日的《自由贸易区条约》缔约国的独联体成员国的商品在满足该条约第 8 条所述的条件下。

10. 如果实施调查的机关根据本议定书第 31、第 33 和第 34 款实施的再次调查结果认定从发展中或者最不发达第三国进口的商品份额超过本议定书第 9 款规定的指标，那么委员会做出特别保障措施适用于原产地为发展中或者最不发达第三国且依照本议定书第 9 款从特别保障措施效力中排除的商品的决定。

11. 如果实施调查的机关根据本议定书第 31、第 33 和第 34 款实施的再次调查结果认定《自由贸易区条约》第 8 条所述的条件未被满足，那么委员会做出特别保障措施适用于原产地为 2011 年 10 月 18 日的《自由贸易区条约》缔约国的独联体成员国且依照本议定书第 9 款从特别保障措施效力中排除的商品的决定。

二 成员国产业因倾销的进口受到严重损害或者受到严重损害威胁的确定

12. 为了确定成员国产业因增加的进口受到严重损害或者受到严重损害的威胁，实施调查的机关在调查中评估可能以数量指标反映和对成员国的产业部门经济状况造成影响的客观因素，包括：

1）为被调查对象的进口商品进口增加速度和规模与类似商品或者与在成员国生产的商品直接竞争的商品生产或者消费总规模相比的绝对指标或者相对指标；

2）为被调查对象的进口商品在成员国市场上该商品或者类似商品或者与在成员国生产的商品直接竞争的商品销售总额中的份额；

3）与类似商品或者与在成员国生产的商品直接竞争的商品价格对比的为被调查对象的进口商品的价格水平；

4）类似商品或者与在成员国生产的商品直接竞争的商品在成员国市场上销售规模的变化；

5）类似或者直接竞争的商品生产规模、生产率、产能负荷、盈亏额和成员国产业部门就业水平的变化。

13. 成员国产业因倾销的进口受到严重损害或者受到严重损害的威胁根据对实施调查的机关掌握的与案件有关的所有证据和资料的分析结果确定。

14. 除了增加的进口外，实施调查的机关还分析同一期间内导致成员国产业受到严重损害或者受到严重损害威胁的其他因素。上述损害或其威胁不得归为成员国产业因联盟关境内增加的进口受到的严重损害或者受到的严重损害的威胁。

三　预先征收特别保障关税

15. 在成员国产业部门受到损害且很难消除后果的关键情况下，委员会在调查结束前可以根据实施调查的机关依照存在为被调查对象的商品增加的进口已对或者正对成员国产业造成严重损害的证据得出的预先结论，做出预先征收不超过 200 个日历日的特别保障关税决定。为了获得实施调查机关的最终结论，调查应当继续。

16. 实施调查的机关以书面形式向出口第三国的授权机关以及其知悉的其他利害关系人告知可能引入预先征收的特别保障关税。

17. 如果出口第三国的授权机关提出举行预先征收的特别保障关税问题的磋商，那么磋商应当在委员会做出引入预先征收的特别保障关税的决定后开始。

18. 如果根据实施调查的机关认定不存在引入特别保障措施的依据或者依照本议定书第 272 款做出不采取特别保障措施的决定，那么预先征收的特别保障关税款应当依照本议定书附件规定的办法返还给支付人。

实施调查的机关及时向成员国海关机关通报不存在引入特别保障措施的依据或者委员会关于不采取特别保障措施的决定。

19. 如果采取特别保障措施的决定（包括引入进口配额或者特别配额）根据调查结果做出，那么预先征收的特别保障关税期限计入特别保障措施总期限中，预先征收的特别保障关税自根据调查结果做出采取特别保障措施的决定生效之日起应当根据本议定书第 20 和第 21 款的规定，依照本议定书附件规定的办法计算和分配。

20. 如果根据调查结果认定引入低于预先征收的特别保障关税税率的特别保障关税税率是合理的，那么与按照规定的特别保障关税税率计算的特别保障关税金额相符的预先征收的特别保障关税款应当依照本议定书附件规定的办法计算和分配。

超过按照规定的特别保障关税税率计算的特别保障关税税额的预先征收的特别保障关税税款应当依照本议定书附件规定的办法返还给支付人。

21. 如果根据调查结果认定引入高于预先征收的特别保障关税税率的特别保障关税税率是合理的，那么特别保障关税与预先征收的特别保障关税金额之间的差额不予征收。

22. 引入预先征收的特别保障关税的决定通常自发起调查之日起不迟于6 个月做出。

四 采取特别保障措施

23. 特别保障措施根据委员会的决定，在防止或者消除成员国产业部门受到损害或者损害威胁以及便利成员国产业部门适应变化的经济条件所必需的额度和期限内采取。

24. 如果特别保障措施以确定进口配额的方式采取，那么该进口配额额度不得低于（数量或者价值上）上一期间内为被调查对象的商品平均年进口规模，确定较少消除成员国产业部门受到损害或者损害威胁的进口配额额度的情况除外。

25. 若在与向联盟关境内出口为被调查对象的商品有关的出口第三国之间分配进口配额，那么给予它们彼此之间举行进口配额分配问题磋商的机会。

26. 如果在本议定书第 25 款规定的磋商中无法或者不能达成分配协议，那么进口配额根据进口商品数量上、价值上的总规模，按照上一期间内从出口第三国进口该商品的比例在与向联盟关境内供应为被调查对象的商品有关的出口第三国之间分配。

任何能够或者可能影响该商品贸易过程的因素都应当被考虑。

27. 如果个别出口第三国出口的且为被调查对象的进口商品增加比例与递交实施调查申请之日前的三年内该商品进口增加总额相比不成比例地扩大，那么委员会可以根据该商品从该出口第三国向联盟关境内进口增长的绝对和相对指标在这些出口第三国之间分配进口配额。

本款的规定只适用于实施调查的机关确定存在成员国产业部门受到损害的情况。

28. 以进口配额形式采取特别保障措施的办法由委员会的决定确定。如果决定规定了进口许可，那么许可证依照《自由贸易区条约》第46条规定的程序发放。

29. 如果特别保障措施以设置特别配额且确定、分配和采用该配额的方式实施，那么特别保障措施依照本议定书第24～28款对进口配额规定的办法实施。

五　特别保障措施的效力期限和重新审查

30. 特别保障措施的效力期限不得超过四年，依照本议定书第31款延长效力期限的情况除外。

31. 如果实施调查的机关根据再次调查结果认定，为消除成员国产业部门受到损害或者损害威胁有必要延长特别保障措施效力期限且有证据表明对成员国相应产业部门采取的措施促使该部门适应变化的经济条件，那么本议定书第30款所述的特别保障措施效力期限可以根据委员会的决定被延长。

32. 如果特别保障措施效力期限超过三年，那么实施调查的机关不迟于该措施效力期限过去一半之际实施再次调查。根据再次调查结果特别保障措施可以保留、减轻或者撤销。

33. 如果特别保障措施的效力期限超过一年，那么委员会在其效力期间内的中期后逐步放松该特别保障措施。

如果特别保障措施的期限超过三年，那么实施该措施的机关不迟于该措施期限过去一半前实施再次调查。根据调查结果特别保障措施可能被保留、放松或者取消。

本款所谓放松该特别保障措施是指增加进口配额或者特别配额规模或者降低特别保障关税税率。

34. 除了本议定书第33款规定的再次调查外，再次调查可以为了下列目的，根据实施调查机关的提议或者利害关系人的申请发起：

1）如果有理由认定该商品在采取特别保障措施期间不可能在联盟关境内生产，那么因包括确定为特别保障措施对象的商品在内的情况变化而确定变更、自由化或者撤销特别保障措施的合理性；

2）确定发展中和最不发达第三国在商品对联盟关境内出口总额中的

份额；

3）确定为 2011 年 10 月 18 日的《自由贸易区条约》缔约国的独联体成员国满足该条约第 8 条规定的条件。

35. 如果采取别保障措施后未超过一年，那么为了本议定书第 34 款规定的目的而实施的再次调查申请可以由实施调查的机关做出。

36. 根据相应差别实施的再次调查中适用与实施调查有关的条款。

37. 包括预先征收特别保障关税期限和特别保障措施延长的期限在内的特别保障措施总期限不得超过八年。

38. 特别保障措施在相当于预先特别保障措施有效期的期限内不采取。不采取特别保障措施的期限不得少于两年。

39. 如果自实施上一个特别保障措施之日起已过去不少于一年且特别保障措施在引入新的特别保障措施之日前的五年内对同一商品采用不超过两次，那么期限不超过 180 日的特别保障措施根据本议定书第 38 款的规定可以重新对同一商品采取。

Ⅳ 反倾销措施

一 反倾销措施的原则

40. 如果商品出口价格低于其正常价格，那么商品为倾销进口对象。

41. 为确定存在倾销进口而分析资料的调查期间由实施调查的机关确定。该期间通常相当于递交实施调查申请之日前且有统计数据的 12 个月。在任何情况下该期间不得少于 6 个月。

二 倾销幅度的确定

42. 倾销幅度由实施调查的机关根据下列对比确定：

1）商品平均正常价格与商品平均出口价格对比；

2）商品个别交易的正常价格与个别交易的出口价格对比；

3）在存在商品价格差异的条件下根据购买人、地区或者供应期间商品个别交易的平均正常价格与个别交易的平均出口价格对比。

43. 商品出口价格针对同一时期同一贸易业务阶段销售的商品正常价格做对比。

44. 在商品出口价格与正常价格对比中根据影响价格的可比性差异做出

调整，包括供货、税收条件和特性、贸易业务阶段、数量指标、物理特性差异以及被提交影响价格可比性证据的其他任何差异。

实施调查的机关确信根据上述差异做的调整不彼此重合和歪曲商品出口价格与正常价格比较的结果。实施调查的机关有权向利害关系人索取将商品的出口价格与正常价格做恰当对比所必需的信息。

45. 如果在出口第三国市场上的一般贸易中缺乏类似商品交易或者因一般贸易中类似商品的规模小或者第三国市场上的特殊形势而无法将商品出口价格与类似商品在出口第三国市场上的销售价格做对比，那么商品出口价格与从出口第三国向其他第三国出口的类似商品价格（在类似商品出口价格具有代表性的条件下）或者商品在其原产地国加上所必需的行政、贸易和一般费用及其利润的生产费用做对比。

46. 如果商品从不是其原产地的第三国向联盟关境内出口，该商品的出口价格与类似商品在第三国市场上的价格做对比。

如果商品由从其向联盟关境内出口的第三国返销，或者不在第三国生产，或者没有类似商品的比较价格，那么商品的出口价格可以与原产地国家的类似商品的价格做对比。

47. 如果在将商品出口价格与正常价格做对比中要求重新计算一种货币对另一种货币的汇率，那么重新核算使用出售商品之日的官方汇率进行。

如果外国货币的出售直接与商品的出口有关且按期办理，那么货币汇率使用按期出售外汇中使用的汇率。

实施调查的机关在调查中不考虑汇率波动且给予出口商不少于 60 个日历日根据调查期间的汇率变化调整出口价格。

48. 实施调查的机关通常确定提交了确定个别倾销幅度所必需资料的已知悉的出口商和（或者）生产商的个别倾销幅度。

49. 如果实施调查的机关根据商品的出口商、生产商或者进口商总数量，商品的多样性或者其他某种原因得出已知悉的各出口商和（或者）生产商个别倾销幅度是不可接受的结论，那么它可以根据可接受的利害关系人数量使用确定倾销幅度的限制，或者根据已掌握的为统计数据的信息确定从各出口第三国选取的商品倾销幅度且不得违反调查过程。

为了限制确定个别倾销幅度，实施调查的机关在事先与商品为倾销对象的外国出口商、生产商和进口商协商的基础上且经其同意选取利害关系人。

如果实施调查的机关仅依照本款使用限制，那么它也可以确定当初未被选中，但在规定的期限内提交了确定个别倾销幅度所必需资料的外国进口商或者外国生产商的个别倾销幅度，外国进口商或者外国生产商数量使实施调查的机关审查违反实施相应调查期限的情况除外。

对自愿提交确定个别倾销幅度所必需资料的出口商和（或者）生产商的答复不得由实施调查的机关推翻。

50. 如果实施调查的机关依照本议定书第 49 款确定个别倾销幅度，那么计算的商品为倾销对象且未被选作确定个别倾销幅度，但同意参加调查和于调查过程中在规定的期限内提供了所必需资料的外国进口商或者外国生产商的倾销幅度不得超过被选作确定个别倾销幅度的商品为倾销对象的外国出口商或外国生产商的平均倾销幅度。

51. 如果商品为被调查对象的出口商或者生产商未按照要求的形式和规定的期限向实施调查的机关提供索取的信息，或者提供了不符合实际情况的信息，那么实施调查的机关可以根据自己掌握的其他信息确定倾销幅度。

52. 除了确定提供了确定个别倾销幅度所必需资料的已知悉的各出口商和（或者）生产商的个别倾销幅度外，实施调查的机关可以根据调查中确定的最高倾销幅度确定商品为被调查对象的所有其他出口商和（或者）生产商的统一倾销幅度。

三　正常价格的确定

53. 如果类似商品在出口第三国国内市场向不是出口第三国居民生产商和出口商关联人的购买人出售且只在出口第三国关境内使用，那么商品的正常价格由实施调查的机关根据调查期间出口第三国国内市场上类似商品的销售价格确定。

如果关联不影响外国出口商和（或者）进口商的价格政策，那么为了确定商品的正常价格，实施调查的机关可以考虑类似商品在出口第三国国内市场向为出口第三国居民生产商和出口商关联人的购买人出售的价格。

54. 如果规模不少于出口第三国向联盟关境内出口的商品总额的 5%，那么类似商品在一般贸易中在出口第三国国内市场上销售的规模视为足够确定商品的正常价格。

如果有证据表明较少规模足够确保商品出口价格与一般贸易中的类似商品价格相比较，那么类似商品在一般贸易中在出口第三国国内市场上销售的较少规模对于确定商品的正常价格是可接受的。

55. 在依照本议定书第 53 款确定商品的正常价格中在被调查期间向购买人出售的类似商品平均价格，或者在这期间单独向购买人出售的类似商品价格为出口第三国国内市场上在一般贸易中向购买人出售的商品价格。

56. 如果实施调查的机关认定在调查期间大规模且按照不保证补偿这期间所有费用的价格销售，那么按照低于类似商品单位生产成本且考虑、管理、贸易和一般费用的价格在出口第三国国内市场上销售类似商品，或者从出口第三国向其他第三国出口类似商品可以在确定商品正常价格中不予考虑。

57. 如果类似商品价格在其销售时刻低于考虑管理、贸易和一般费用的类似商品单位生产成本，但在调查期间高于考虑管理、贸易和一般费用的类似商品单位生产成本，那么该价格视为在调查期间足够补偿所有的费用。

58. 如果在确定商品正常价格中计算的交易的类似商品平均价格低于考虑管理、贸易和一般费用的类似商品单位生产成本，或者按照低于该成本的价格销售的类似商品规模不少于在确定商品正常价格中计算的交易的类似商品规模的 20%，那么按照低于考虑管理、贸易和一般费用的类似商品单位生产成本的价格销售视为大规模销售。

59. 考虑管理、贸易和一般费用的类似商品单位生产成本根据出口商或者进口商在数据符合出口第三国普遍接受的会计核算和报表原则及规则且完全反映与商品生产和销售有关的费用条件下提供的数据计算。

60. 实施调查的机关考虑所掌握的所有证明分担生产、管理、贸易和一般费用正确性的且包括由商品为被调查对象的出口商或者生产商提供的数据在内的证据。出口商或者生产商在某一时期分担的费用要考虑折旧与资本投入补偿发展生产的其他费用的比例。

61. 生产、管理、贸易和一般费用根据与发展生产有关的一次性支出或者在调查期间影响组织生产期间办理的业务的其他情况调整。调整应当反映组织生产末期的费用，在组织生产期间超过调查期间的情况下——调查期间组织生产的最晚阶段。

62. 如果加总的数量指标无法以上述方式确定，那么它可以以下列方式确定：

1）商品为被调查对象的出口商或者生产商在出口第三国国内市场上生产和销售类似商品而获得和花费的平均实际金额；

2）因该商品的其他出口商或者生产商在出口第三国国内市场上生产和销售类似商品而获得和花费的平均实际金额；

3）所确定的利润金额不超过类似商品的其他出口商或者生产商在出口第三国国内市场上销售类似商品通常所获得的利润情况下的其他方法。

63. 在出口第三国的倾销出口价格由国家直接监管或者国家外贸垄断的情况下商品的正常价格可以根据类似商品在生产第三国的价格或者计算的价格（为了调查目的而与上述出口第三国的倾销出口价格比较）或者类似商品在从该第三国出口中的价格确定。

如果商品的正常价格依照本款无法确定，那么商品的正常价格可以根据类似商品在联盟关境支付的或者应当支付的并考虑利润调整的价格确定。

四 商品的出口价格

64. 商品销售价格根据商品在调查期间的销售资料确定。

65. 如果没有倾销商品的出口价格信息，或者实施调查的机关因商品的出口商或者进口商为关联人（包括因它们与第三人的关联在内），或者存在串通限制涉及该商品的出口价格的限制性商业情况而怀疑该商品出口价格资料的可靠性，那么该商品的出口价格可以根据进口的商品首次向独立购买人转售的价格确定。如果进口商品未被转售给独立购买人，或者以向联盟关境内进口的形式被转售，那么实施调查的机关可以以其他方法确定商品的出口价格。为了将商品出口价格与正常价格做比较，在商品进口和转售之间支付的花费（包括关税和税在内）以及利润也可以被考虑。

五 成员国产业部门因倾销进口受到损害的确定

66. 成员国产业部门因倾销进口受到的损害是指成员国产业部门受到的实质损害、损害威胁或者成员国产业部门建立严重放缓。

67. 成员国产业部门因倾销进口受到的损害根据对倾销规模以及进口对成员国市场上类似商品的价格和成员国类似商品生产者影响的分析确定。

68. 为了确定成员国产业部门因倾销进口受到损害而分析资料的调查期间由实施调查的机关确定。

69. 实施调查的机关在分析倾销规模中确定为被调查对象的商品的倾销进口是否扩大（类似商品在成员国生产或者销售的绝对指标或者相对指标）。

70. 实施调查的机关在分析倾销进口对类似商品在成员国的价格影响中确定：

1）为倾销对象的商品价格是否低于类似商品在成员国市场上的价格；

2）倾销进口是否大大降低了类似商品在成员国市场上的价格；

3）倾销进口是否大大妨碍了类似商品在成员国市场上的价格上涨。

71. 如果从一个以上出口第三国向联盟关境内进口的商品同时为被调查对象，那么实施调查的机关只在下列情况下可以评估进口的总影响：

1）确定的从出口第三国进口的且为被调查对象的商品倾销幅度超过允许的倾销幅度且从各出口第三国进口的该商品规模根据本议定书第 223 款是不大的；

2）评估进口的总影响根据进口商品之间的竞争条件和进口商品与在成员国生产的类似商品之间的竞争条件是可能的。

72. 分析倾销进口对成员国产业部门的影响在于评估与成员国产业部门状况有关的所有因素，包括：

——在先前的倾销或者补贴进口对其造成影响后成员国产业部门经济状况恢复的程度；

——影响成员国市场商品价格的因素；

——倾销幅度；

——过去或者将来可能的商品生产增长速度、商品储备、就业水平、工资、吸引投资的可能性和财务状况的消极影响。

任何一个或者任何几个因素不得对确定成员国产业部门因倾销进口受到损害有决定意义。

73. 倾销进口与成员国产业部门受到损害之间因果联系存在的结论在对实施调查的机关掌握的、与案件有关的所有证据和资料进行分析的基础上确定。

74. 除了倾销进口外，实施调查的机关还分析同一期间使成员国的产业部门受到损害的其他已知因素。

可能与案件有关的因素包括未按照倾销价格销售的进口商品规模和价格、需求缩减或者消费结构中的变化、贸易限制、技术成就、成员国产业部门出口指标和生产率。

成员国产业部门因这些因素受到的损害不得归为成员国产业部门因对联盟关境内的倾销进口而受到的损害。

75. 如果现有资料要求根据诸如生产过程、生产者销售类似商品和利润等标准划分出类似商品的生产，那么倾销进口对成员国产业部门的影响视为对类似商品在成员国的生产的影响。

如果现有资料不要求划分出类似商品的生产，那么倾销进口对成员国产业部门的影响被视为对在成员国的类似商品生产的影响。

76. 实施调查的机关在确定存在成员国产业部门因倾销进口受到的实质损害中考虑已有的所有因素，包括：

1）证明进一步扩大进口的实际可能性的倾销进口增加速度；

2）其他出口市场接受该商品任何补充出口的能力，为倾销进口对象的商品出口商存在进口的充分可能性，或者出口扩大的不可逆转性表明该商品倾销进口增加的实际可能性；

3）如果价格水平可能导致降低类似商品在成员国市场上的价格或者遏制为被调查对象的商品需求进一步增加，那么为被调查对象的商品价格；

4）进口商有为被调查对象的商品储备。

77. 如果实施调查的机关在调查中根据对本议定书第 76 款所述因素的分析结果得出在不采取反倾销措施的情况下倾销进口继续和成员国产业部门的损害是不可逆转的结论，那么可以做出有关成员国产业部门受到实质损害的决定。

六　引入预先征收的反倾销税

78. 如果实施调查的机关在完成调查前收到的信息证明存在倾销的进口和成员国产业部门受到的损害，那么委员会为了防止成员国产业部门在调查期间受到倾销进口的损害，根据本议定书第 7 款所述的报告做出有关以引入预先征收的反倾销税的方式采取反倾销措施的决定。

79. 预先征收的反倾销税自开始调查之日起实施不超过 60 个日历日。

80. 预先征收的反倾销税税率应当足够消除成员国产业部门受到的损害，但不得超过预先计算的倾销幅度。

81. 如果预先征收的反倾销税税率相当于计算的倾销幅度，那么预先征收的反倾销税效力期限不得超过四个月，该效力期限根据其在为被调查对象商品的倾销进口规模中占大部分份额的出口商请求延长六个月以下的情况除外。

82. 如果预先征收的反倾销税税率低于计算的倾销幅度，那么预先征收的反倾销税效力期限不得超过六个月，该效力期限根据在为被调查对象商品的倾销进口规模中占大部分份额的出口商请求延长九个月以下的情况除外。

83. 如果根据调查结果，实施调查的机关认定不存在采取反倾销措施的依据，或者依照本议定书第 272 款做出不采取反倾销措施的决定，那么预先征收的反倾销税应当依照本议定书附件规定的办法返还给支付人。

实施调查的机关及时向成员国海关机关通报不存在采取反倾销措施的依据或者委员会做出的不采取反倾销措施的决定。

84. 如果根据调查结果，有关采取反倾销措施的决定在存在成员国产业部门受到的损害威胁或者，成员国产业部门建立严重放缓的基础上被做出，那么预先征收的反倾销税应当依照本议定书附件规定的办法返还给支付人。

85. 如果根据调查结果，采取反倾销措施的决定在成员国产业部门受到实质损害或者损害威胁（在未引入预先征收的反倾销税导致确定存在成员国产业部门受到损害的条件下）存在的基础上被做出，那么自采取反倾销措施的决定生效之日起预先征收的反倾销税应当依照本议定书附件规定的办法并考虑本议定书第 86 和第 87 款的规定计算和分配。

86. 如果根据调查结果认定引入比预先征收的反倾销税税率更低的反倾销税税率是合理的，那么与按照规定的反倾销税税率计算的、与反倾销税额相符的预先征收的反倾销税额应当依照本议定书附件规定的办法计算和分配。

超过按照规定的反倾销税税率计算的反倾销税额的预先征收的反倾销税额应当依照本议定书附件规定的办法返还给支付人。

87. 如果根据调查结果认定引入比预先征收的反倾销税税率更高的反倾

销税税率是合理的，那么反倾销税款与预先征收的反倾销税款之间的差额不予征收。

88. 预先征收的反倾销税在同时继续调查的条件下适用。

89. 采取预先征收的反倾销税的决定通常不迟于自开始调查之日起七个月做出。

七　商品为被调查对象的出口商承担价格义务

90. 在商品为被调查对象的出口商以书面形式接受有关重新计算该商品价格或者它自愿停止以低于正常价格的价格向联盟关境内出口该商品的价格义务的情况下（在有出口商的成员国关联人必需的支持该义务的声明的情况下），如果实施调查的机关得出承担上述价格义务足以消除倾销进口造成的损害结论且委员会做出了批准该结论的决定，那么调查可以以实施调查的机关不预先征收反倾销关税或者不征收反倾销关税而暂停或者终止。

根据该价格义务，商品价格不得高于消除倾销幅度所必需的水平。

如果涨价足够消除成员国产业部门受到的损害，那么商品价格提高程度可以低于倾销幅度。

91. 委员会在实施调查的机关得出存在倾销的进口且它对成员国产业部门造成损害的结论前不做出同意价格义务的决定。

92. 如果实施调查的机关得出因实际的或者潜在的商品为调查对象的出口商数量多或者其他原因而同意价格义务是不可接受的结论，那么委员会不做出同意价格义务的决定。

实施调查的机关尽可能向出口商告知同意价格义务被视为不可接受的原因并向出口商提供表达与此有关意见的机会。

93. 实施调查的机关向承担价格义务的出口商提出提供非保密版本的请求，以便能够向利害关系人提供。

94. 实施调查的机关可以建议出口商承担价格义务，但不要求其接受。

95. 在委员会做出同意价格义务决定的情况下反倾销调查可以根据商品出口商的请求或者实施调查的机关的决定继续。

如果实施调查的机关根据调查结果，未得出存在倾销的进口且它对成员国的产业部门造成损害的结论，那么承担价格义务的出口商自动免除该义务，上述结论在很大程度上是存在该义务的结果的情况除外。如果得出的结论在很大程度上是存在价格义务的结果，那么委员会可以做出该义务应当在必要时间期限内继续有效的决定。

96. 如果实施调查的机关根据调查结果，得出存在倾销的进口且它对成员国的产业部门造成损害的结论，那么出口商承担的价格义务依照其条件和本议定书条款继续有效。

97. 实施调查的机关有权向委员会同意其价格义务的出口商索取其涉及价格义务履行的资料并要求出口商同意它审核这些资料。

在实施调查的机关规定的期限内不提交索取的资料以及不同意它审核这些资料视为出口商违反价格义务。

98. 在出口商违反或者撤回价格义务的情况下委员会可以做出通过引入预先征收的反倾销税（如果调查未结束）或者反倾销税（如果调查的最终结果证明存在引入反倾销税的依据）采取反倾销措施的决定。

出口商在违反价格义务的情况下享有表达与违法有关意见的机会。

99. 在委员会同意价格义务的决定中应当确定可以依照本议定书第 98 款引入的预先征收的反倾销税或者反倾销税的税率。

八　反倾销措施的实施和采取

100. 反倾销税适用于所有出口商供应的和为造成成员国产业部门受到损害的倾销进口对象的商品（在由委员会依照本规定书第 90~99 款同意的出口商价格义务下供应的商品除外）。

101. 反倾销税额应当足够消除成员国产业部门受到的损害，但不超过计算的倾销幅度。

如果反倾销税额足够消除成员国产业部门受到的损害，那么委员会可以做出引入税率低于计算的倾销幅度的反倾销税的决定。

102. 委员会确定对商品为倾销进口对象且被计算个别倾销幅度的各出口商或者生产商供应的商品适用的反倾销税个别税率。

103. 除了本议定书第 102 款所述的个别反倾销税率外，委员会根据在调查中确定的最高倾销幅度确定由出口第三国其他出口商或者生产商供应且未被计算个别倾销幅度的商品的统一反倾销税率。

104. 如果实施调查的机关根据调查结果同时认定下列事实，那么反倾销税可以对在引入预先征收的反倾销税之日的 90 个日历日前缴纳反倾销税是办理海关程序条件的商品适用：

1）存在造成损害的倾销进口事实，或者进口商知悉或者应当知悉商品按照低于正常价格的价格供应且商品进口可能对成员国的产业部门造成损害；

2）根据时长和规模以及其他情况，短期内增加的倾销进口对成员国产业部门造成的损害在该商品进口商在调查结束前给予提出意见机会的条件下可能大大降低适用反倾销税的恢复性效果。

105. 实施调查的机关在发起调查后在《条约》规定的官方渠道上公布含有依照本议定书第104条对为被调查对象的商品适用反倾销税可能性警告的通知。

通知公告决定由委员会应成员国产业部门含有达到本议定书第104款条件的充分证据的请求在实施调查的机关掌握这些证据的情况下主动做出。

反倾销税不得在本款所述的通知被正式公布之日前对缴纳反倾销税是办理海关程序条件的商品适用。

106. 成员国法律可以规定向利害关系人告知依照本议定书第104款适用反倾销税的可能性的其他手段。

九 反倾销措施的效力期限和重新审议

107. 反倾销措施根据委员会的决定，依照消除倾销进口对成员国产业部门造成的损害所必需的幅度和期限采取。

108. 反倾销措施的效力期限自开始采取措施之日起，或者因情况变化而发起同时涉及分析倾销进口及其对成员国产业部门造成的损害，或者反倾销措施效力期限届满而实施的再次调查结束之日起不超过五年。

109. 因反倾销措施效力期限届满而发起的再次调查根据依照本议定书第186～198款递交的书面申请或者根据调查机关的提议实施。

因反倾销措施效力期限届满而发起的再次调查在申请中有倾销进口能够恢复或者继续且可能对成员国产业部门造成损害的资料情况下实施。

因反倾销措施效力期限届满而发起的再次调查的申请不迟于反倾销措施效力期限届满的六个月前递交。

再次调查应当在反倾销措施效力期限届满前发起和在自开始之日起12个月内结束。

反倾销措施在依照本款实施的调查结束前根据委员会的决定采取。在反倾销措施被延长的期限内依照预先征收反倾销税办法，反倾销税按照根据其效力因实施再次调查而被延长的反倾销措施确定的反倾销税税率征收。

如果实施调查的机关根据因反倾销措施效力期限届满而发起的再次调查结果认定不存在采取反倾销措施的依据或者委员会依照本议定书第 272 款做出不采取反倾销措施的决定，那么在反倾销措施被延长的期限内依照预先征收反倾销税办法征收的反倾销税款应当依照本议定书附件规定的办法返还给支付人。

实施调查的机关及时向成员国海关机关通报不存在采取反倾销措施的依据或者委员会做出不采取反倾销措施决定。

如果调查机关因反倾销措施效力期限届满而发起的再次调查结果认定倾销进口能够恢复或者继续且可能对成员国产业部门造成损害，那么反倾销措施效力期限由委员会延长。自委员会延长反倾销措施决定生效之日起，在反倾销措施被延长的期限内依照预先征收反倾销税程序征收的反倾销税款应当依照本议定书附件规定的办法计算和分配。

110. 在实施反倾销措施少于一年的情况下或者根据实施调查的机关提议，再次调查可以根据利害关系人的申请，为了因情况改变而确定继续实施反倾销措施和（或者）重新审议其合理性的目的实施。

根据递交的再次实施调查申请的目的，申请应当含有与情况发生变化有关的下列证据：

——继续采取反倾销措施不要求应对倾销进口或者消除倾销进口对成员国产业部门造成的损害；

——现有反倾销措施幅度超过足以应对倾销进口或者消除倾销进口对成员国产业部门造成的损害的幅度；

——现有反倾销措施不足以应对倾销进口或者消除倾销进口对成员国产业部门造成的损害。

依照本款实施的再次调查应当在自其开始之日起 12 个月内结束。

111. 再次调查旨在确定在调查期间没有供应为调查对象商品的出口商或者生产者的个别倾销幅度。再次调查由实施调查的机关在上述出口商或者生产商递交申请的情况下发起。上述申请中应当含有下列证据：上述出口商或者生产商与被采取反倾销措施的出口商和生产商没有关联，上述出口商或者生产商向联盟关境内供应为调查对象的商品或者有向联盟关境内供应大量该商品的合同且合同终止或者撤回将导致该出口商或者生产商遭受较大亏损或者支付违约金。

实施调查的机关及时向成员国海关机关通报发起再次调查的日期。

缴纳反倾销税的保证金是指依照本议定书第 103 条确定的统一反倾销税税率计算的反倾销税金额的资金。

如果采取反倾销措施的决定根据再次调查结果做出，那么反倾销税应当在实施再次调查期间缴纳。保证金自根据再次调查结果做出采取反倾销措施的决定生效之日起应当依照本议定书附件规定的办法并考虑本款的规定，使用根据规定的反倾销税率缴纳的反倾销税额抵消并计算和分配。

如果根据再次调查结果认定采用比根据其确定反倾销税保证金的税率更高的反倾销税税率是合理的，那么依照根据再次调查结果确定的税率计算的反倾销税金额与统一反倾销税之间的差额不征收。

按照规定的反倾销税率计算的、不超过反倾销税金额的保证金应当依照《欧亚经济联盟海关法典》规定的程序返还给支付人。

本款规定的再次调查在尽可能短的期限内实施，不得超过 12 个月。

112. 本议定书第 VI 编涉及举证和实施反倾销调查的条款适用于本议定书第 107～113 款的再次调查并考虑相应差别。

113. 本议定书第 107～112 款的规定适用于出口商依照本规定书第 90～99 款承担的义务并考虑差别。

十　反倾销措施规避的确定

114. 本编的反倾销措施规避是指改变商品供应手段，以逃避缴纳反倾销关税或者出口商逃避履行承担的价格义务。

115. 为了确定反倾销措施规避，实施调查的机关可以根据利害关系人的申请或者主动发起再次调查。

116. 本议定书第 115 款所述的申请应当含有下列证据：

1）反倾销措施规避；

2）倾销措施对类似商品的生产规模和（或者）在成员国市场上的销售价格产生影响而使反倾销措施无效（因反倾销措施规避）；

3）因反倾销措施规避而存在商品进口倾销（商品构成部分或者衍生部分的正常价格根据对比的目的相应调整，采用调查中委员会对该商品引入反倾销措施的调查结果确定的正常价格）。

117. 为了确定反倾销措施规避，再次调查应当在自其开始之日起九个月内结束。

118. 委员会在依照本议定书第115～120款发起的调查期间可以依照规定的预先征收的反倾销税征收办法对从出口第三国向联盟关境内进口的为倾销进口对象的商品构成部分和（或者）衍生部分，或者从其他出口第三国向联盟关境内进口的为倾销进口对象的商品构成部分和（或者）衍生部分征收反倾销税。

119. 如果实施调查的机关依照本议定书第115～120款实施的再次调查结果未确定反倾销措施规避，那么依照本议定书第118款和规定的预先征收的反倾销税征收程序缴纳的反倾销税应当依照本议定书附件规定的程序返还给支付人。

实施调查的机关及时向成员国的海关机关告知反倾销措施规避未被确定。

120. 反倾销措施在依照本议定书第115～120款实施的再次调查结果确定反倾销措施规避的情况下可以由委员会适用于从出口第三国向联盟关境内进口的为倾销进口对象的商品构成部分和（或者）衍生部分或者从其他出口第三国向联盟关境内进口的为倾销进口对象的商品构成部分和（或者）衍生部分。自委员会关于实施本款所述的反倾销措施决定生效之日起，依照规定的预先征收的反倾销税征收办法缴纳的反倾销税款应当依照本议定书附件规定的程序计算和分配。

V 补偿措施

121. 本议定书的补贴是指以下两种。

1）由补贴机关在出口第三国境内给予补贴获得者额外优厚的财政支持，包括下列形式的：

——直接的资金转移（包括补助、借款和股票购买）或者转移该资金的债务（包括借款担保形式在内）；

——勾销资金或者全部或者部分放弃应当上缴出口第三国收入的资金

（包括提供税收贷款），出口的商品免除对用于国内消费的类似商品征收的税或者关税的情况除外，或者该税或者关税以不超过实际支付的金额减少或者返还的情况除外；

——优惠地或者无偿地提供商品或者服务，用于支持和发展一般基础设施，即与具体的生产者和（或者）出口商无关的基础设施的商品或者服务除外；

——优惠购买商品。

2）为从出口第三国进口商品增加或者类似商品对该第三国出口减少的直接或者间接结果的、给予补贴获得者优厚的任何形式的收入或者价格支持。

一 确定出口第三国补贴为特定补贴的原则

122. 如果出口第三国补贴机关或者法律只允许个别组织使用补贴，那么补贴为特定的。

123. 本编的个别组织是指出口第三国的具体生产商和（或者）出口商，或者具体的产业部门，或者出口第三国的具体生产商和（或者）出口商或者具体的产业部门团体（联盟、联合体）。

124. 如果被允许使用补贴的个别数量的组织限于位于补贴机关管辖的某些地理区域的组织，那么补贴是特定的。

125. 如果出口第三国的法律或者补贴机关规定了确定无条件获得补贴的权利及其额度和须严格遵守的客观标准或者条件（包括产品生产中的就业人数、员工数量或者产品生产规模），那么补贴不是特定的。

126. 如果补贴附有下列条件，那么在任何情况下出口第三国的补贴都是特定的。

1）限于被允许使用补贴的个别数量的组织；

2）个别组织优先享有补贴；

3）个别组织被提供大量不成比例的补贴；

4）补贴机关以优惠（特惠）方式给予个别组织补贴。

127. 在下列情况下出口第三国任何补贴为特定的。

1）补贴依照出口第三国法律确定或者以出口商品作为享受补贴的唯一或者几个条件之一。如果补贴的提供不与出口第三国法律有关，而是与实际已出口或者将来可能出口的商品或者与出口所得有关，那么补贴视为与商品出口有关。出口第三国提供补贴不意味着给予本编所指的与出口商品有关的补贴。

2）补贴依照第三出口国法律确定，或者实际将使用出口第三国生产代替进口商品的商品作为享受补贴的唯一或者几个条件之一。

128. 实施调查的机关确定出口第三国补贴为特定补贴应当以证据为基础。

二 确定特定补贴幅度的原则

129. 特定补贴幅度根据补贴获得者取得的收益额确定。

130. 特定补贴获得者取得的收益额根据下列原则确定：

1）如果参与不能视为符合相应成员国境内的通常投资实践（包括提供风险资本），那么补贴机关参与组织资本不视为提供特定补贴；

2）如果补贴获得者组织支付的补贴机关贷款金额与支付的商业贷款金额之间没有差额，那么补贴机关提供贷款不视为提供特定补贴，在相反情况下这些金额间的差额视为收益；

3）如果补贴获得者组织支付的补贴机关担保贷款金额与支付的无国家担保的商业贷款金额之间没有差额，那么补贴机关提供担保不视为提供特定补贴，在相反情况下这些金额间的差额与修正的手续费间的差额视为收益；

4）如果商品或者服务以低于足够的报酬价格购买或者采购以不高于足够的报酬价格进行，那么补贴机关供应商品或者提供服务或者采购商品不视为提供特定补贴，报酬的充足根据相应成员国市场现存的商品和服务买卖市场条件确定。

三 成员国产业部门因补贴进口受到损害的确定

131. 本编的成员国产业部门因补贴进口受到的损害是指成员国产业部门受到的实质损害、损害威胁或者成员国产业部门建立大大放缓。

132. 成员国产业部门因补贴进口受到的损害根据对补贴进口规模以及进口对成员国市场上类似商品的价格和成员国类似商品生产者影响的分析确定。

133. 为了确定成员国产业部门因补贴进口受到损害而分析资料的调查

期间由实施调查的机关确定。

134. 实施调查的机关在分析补贴进口规模中确定为被调查对象商品的补贴进口是否扩大（类似商品在成员国生产或者销售的绝对指标或者相对指标）。

135. 如果从一个以上出口第三国向联盟关境内进口的商品同时为补贴进口被调查对象，那么实施调查的机关仅在下列情况下评估该商品进口的总体影响：

1）各出口第三国对该商品的补贴额超过其价值的1%，从各出口第三国进口的该商品补贴规模根据本议定书第 228 款是不大的；

2）评估进口的总影响根据进口商品之间的竞争条件和进口商品与在成员国生产的类似商品之间的竞争条件是可能的。

136. 实施调查的机关在分析补贴进口对类似商品在成员国市场上的价格影响中确定：

1）为补贴对象的商品价格是否低于类似商品在成员国市场上的价格；

2）补贴进口是否大大降低了类似商品在成员国市场上的价格；

3）补贴进口是否大大妨碍了类似商品在成员国市场上的价格上涨。

137. 分析补贴进口对成员国产业部门的影响在于评估与成员国产业部门状况有关的所有因素，包括：

1）过去或者将来可能的商品生产、销售，商品在成员国市场上的份额、利润、生产率，吸引的投资收益或者产能的使用已经或者可能缩减；

2）影响成员国市场商品价格的因素；

3）过去或者将来可能的商品生产增长速度、商品储备、就业水平、工资、吸引投资的可能性和财务状况的消极影响。

138. 如果现有资料要求根据诸如生产过程、生产者销售类似商品和利润等标准划分出类似商品的生产，那么补贴进口对成员国产业部门的影响视为对类似商品在成员国的生产的影响。

如果现有资料不要求划分出类似商品的生产，那么补贴进口对成员国产业部门的影响被视为对在成员国的类似商品生产的影响。

139. 实施调查的机关在确定存在成员国产业部门因补贴进口受到实质损害威胁中考虑已有的所有因素，包括：

1）补贴的性质、幅度或者其对贸易的可能影响；

2）证明进一步扩大进口实际可能性的补贴进口增加速度；

3）其他出口市场接受该商品任何补充出口的能力，为倾销进口对象的商品出口商存在进口的充分可能性，或者出口扩大的不可逆转性表明该商品倾销进口增加的实际可能性；

4）如果价格水平可能导致降低类似商品在成员国市场上的价格或者遏制为被调查对象的商品需求进一步增加，那么为被调查对象的商品价格；

5）进口商有为被调查对象的商品储备。

140. 如果实施调查的机关在调查中根据对本议定书第 139 款所述因素的分析得出在不采取补偿措施的情况下补贴进口继续和成员国产业部门受损害是不可逆转的结论，那么做出存在成员国产业部门受损害威胁的决定。

141. 补贴进口与成员国产业部门受到损害之间因果联系存在的结论在对实施调查的机关掌握的、与案件有关的所有证据和资料进行分析的基础上得出。

142. 除了补贴进口外，实施调查的机关还分析在同一时期成员国产业部门受到损害的其他已知因素。

成员国产业部门因这些因素受到的损害不得视为成员国产业部门因联盟关境内的补贴进口而受到的损害。

四 引入预先征收的补偿税

143. 如果实施调查的机关在完成调查前收到的信息证明存在补贴的进口且其对成员国产业部门造成损害，那么委员会为了防止成员国产业部门在调查期间受到补贴进口的损害，根据本议定书第 7 款所述的报告做出通过引入四个月以下的预先征收的补偿税采取补偿措施的决定。

144. 预先征收的补偿税自其开始调查之日起不超过 60 个日历日。

145. 预先征收的补偿税税率相当于预先结算的出口第三国单位补贴和出口商品的特定补贴幅度。

146. 如果根据调查结果，实施调查的机关认定不存在引入补偿措施的依据或者委员会依照本议定书第 272 款做出不采取补偿措施的决定，那么预先征收的补偿税应当依照本议定书附件规定的办法返还给支付人。

实施调查的机关及时向成员国海关机关通报不存在引入补偿措施的依

据或者委员会做出的不采取补偿措施的决定。

147. 如果根据调查结果，采取补偿措施的决定根据存在成员国产业部门受到的损害威胁或者成员国产业部门建立严重放缓被做出，那么预先征收的补偿税应当依照本议定书附件规定的办法返还给支付人。

148. 如果根据调查结果，根据存在成员国产业部门受到的损害或者损害威胁（在未引入预先征收的补偿税导致确定存在成员国产业部门受到损害的条件下）采取补偿措施的决定被做出，那么自采取补偿措施的决定生效之日起预先征收的补偿税应当依照本议定书附件规定的办法并考虑本议定书第 149 和第 150 款的规定计算和分配。

149. 如果根据调查结果认定引入比预先征收的补偿税税率更低的补偿税税率是合理的，那么与按照规定的补偿税税率计算的补偿税税额相符的预先征收的补偿税税额应当依照本议定书附件规定的办法计算和分配。

超过按照规定的补偿税税率计算的补偿税税额的预先征收的补偿税税额应当依照本议定书附件规定的办法返还给支付人。

150. 如果根据调查结果认定引入比预先征收的补偿税税率更高的补偿税税率是合理的，那么补偿税税款与预先征收的补偿税税款之间的差额不征收。

151. 预先征收的补偿税在同时继续调查的条件下适用。

152. 预先征收的补偿税依照本议定书第 164 ~ 168 款适用。

153. 引入预先征收的补偿税的决定通常不迟于自开始调查之日起七个月做出。

五　商品为被调查对象的出口第三国或者出口商接受的自愿义务

154. 如果委员会做出批准实施调查的机关同意下列自愿义务之一（书面形式）的决定，那么调查可以不引入补偿关税而暂停或者终止：

出口第三国同意取消或者削减补贴或者采取消除补贴后果的措施；

如果实施调查的机关根据对出口商接受的自愿义务分析结果得出接受该自愿义务足以消除成员国产业部门受到的损害，那么商品为被调查对象的出口商协商重新审议确定的该商品价格（在成员国存在出口商的关联人，该人担保出口商重新核算价格义务的情况下）；

根据该义务，为被调查对象的商品价格提高不得超过按照补贴和出口商品单位核算的出口第三国特定补贴额。

如果价格高到足够消除成员国产业部门受到的损害，那么为被调查对象商品的价格提高可以少于按照补贴和出口商品单位核算的出口第三国特定补贴额。

155. 委员会在实施调查的机关得出存在被补贴的进口且它对成员国的产业部门造成损害的结论后做出同意自愿义务的决定。

同意商品为被调查对象出口商的自愿义务的决定在收到出口第三国授权机关同意接受本议定书154款第3段所述的义务后做出。

156. 如果实施调查的机关得出因实际的或者潜在的商品为被调查对象的出口商数量多或者其他原因而同意自愿义务是不可接受的结论，那么委员会不做出同意自愿义务的决定。

实施调查的机关尽可能向出口商告知自愿承担义务是不可接受的原因并给予出口商发表与此有关意见的机会。

157. 实施调查的机关向承担自愿义务的出口商或者出口第三国授权机关提出非保密版本的请求，以便能够将其提供给利害关系人。

158. 在委员会做出同意自愿义务决定的情况下补偿调查可以根据出口第三国或者出口商的请求继续。

如果实施调查的机关根据调查结果未得出存在补贴的进口且它对成员国的产业部门造成损害的结论，那么承担自愿义务的出口第三国或者出口商自动免除该义务，上述结论在很大程度上是存在自愿义务的结果的情况除外。

如果得出的结论在很大程度上是存在自愿义务的结果，那么委员会应当做出该义务应当在必要的期限内继续有效的决定。

159. 如果实施调查的机关根据调查结果得出存在被补贴的进口且它对成员国的产业部门造成损害的结论，那么出口第三国或者出口商承担的自愿义务依照其条件和本议定书条款继续有效。

160. 实施调查的机关有权向委员会同意其自愿义务的出口第三国或者出口商索取涉及其自愿义务履行的资料并请求出口第三国或者出口商同意它审核这些资料。

在实施调查的机关规定的期限内不提交索取的资料和不同意它审核这

些资料视为出口第三国或者出口商违反自愿义务。

161. 出口第三国或者出口商在违反自愿义务的情况下享有发表与该违法有关意见的机会。

162. 在出口第三国或者出口商违反自愿义务或者撤回该义务的情况下委员会可以做出以引入预先征收的补偿税（如果调查未结束）或者补偿税（如果最终调查结果证明引入补偿税的依据存在）的方式采取补偿措施的决定。

163. 在委员会同意自愿义务的决定中应当确定依照本议定书第 162 条引入的预先征收的补偿税或者补偿税的税率。

六 补偿措施的实施和采取

164. 如果出口第三国撤回特定补贴，那么委员会不做出实施补偿措施的决定。

165. 实施补偿措施的决定在被建议举行磋商且提供特定补贴的出口第三国拒绝举行磋商或者在调查中未达成相互接受的协议后做出。

166. 补偿税适用于所有出口商供应的和为造成成员国产业部门受到损害的补贴进口对象的商品（由委员会批准自愿义务的出口商供应的商品除外）。

委员会可以对由个别出口商供应的商品确定补偿税的个别税率水平。

167. 补偿税税率不得超过计算的出口第三国单位出口和进口商品特定补贴幅度。

如果补贴依照各种补贴项目提供，那么考虑其总额。

如果补偿税税额足够消除成员国产业部门受到的损害，那么补偿税税率可以低于出口第三国特定补贴幅度。

168. 在确定补偿税税率中要考虑其经济利益可能受到征收补偿税影响的成员国消费者以书面形式向实施调查的机关递交的意见。

169. 如果实施调查的机关根据调查结果同时认定下列事实，那么补偿税可以对在引入预先征收的补偿税之日的 90 个日历日前缴纳补偿税是办理海关程序条件的商品适用：

1）在短期内被支付或者提供了特定补贴的商品进口造成的危害很难被消除；

2）为了防止再次损害，有必要对本款第 1 分款所述的进口商品适用补偿关税。

170. 实施调查的机关在发起调查后在《条约》规定的官方渠道上公布含有依照本议定书第169条对为被调查对象的商品适用补偿税可能性警告的通知。

通知公告决定由委员会应成员国产业部门含有达到本议定书第169款条件的充分证据的请求，在实施调查的机关掌握这些证据的情况下主动做出。

补偿税不得在本款所述的通知被正式公布之日前对缴纳补偿税是其办理海关程序条件的商品适用。

171. 成员国法律可以规定向利害关系人告知依照本议定书第169款适用补偿税可能性的其他手段。

七　补偿措施的效力期限和重新审议

172. 补偿措施根据委员会的决定，依照消除补贴进口对成员国产业部门造成的损害所必需的额度和期限采取。

173. 补偿措施效力期限自开始采取措施之日起，或者因情况变化而发起同时涉及分析补贴进口及其对成员国产业部门造成的损害，或者补偿措施效力期限届满而实施的再次调查结束之日起不超过五年。

174. 因补偿措施效力期限届满而发起的再次调查根据依照本议定书第186～198款递交的书面申请或者根据调查机关的提议实施。

因补偿措施效力期限届满而发起的再次调查在申请中有补贴进口能够恢复或者继续且可能对成员国产业部门造成损害资料的情况下实施。

因补偿措施效力期限届满而发起的再次调查的申请不迟于补偿措施效力期限届满的六个月前递交。

再次调查应当在补偿措施效力期限届满前发起和在自开始之日起十二个月内结束。

补偿措施在依照本款实施的调查结束前根据委员会的决定采取。在补偿措施被延长的期限内补偿税依照预先征收补偿税办法，按照根据其效力期限因实施再次调查而被延长的补偿措施确定的补偿税税率征收。

如果实施调查的机关根据因补偿措施效力期限届满而发起的再次调查结果认定不存在采取补偿措施的依据或委员会依照本议定书第272款做出不采取补偿措施的决定，那么在补偿措施被延长的期限内依照预先征收补偿税办法征收的补偿税款应当依照本议定书附件规定的办法返还给支付人。

实施调查的机关及时向成员国海关机关通报没有采取补偿措施的依据或者委员会做出不采取补偿措施的决定。

如果调查机关因补偿措施效力期限届满而发起的再次调查结果认定补贴进口可能恢复或者继续且可能对成员国产业部门造成损害，那么补偿措施效力期限由委员会延长。自委员会延长补偿措施效力期限决定生效之日起，在补偿措施被延长的期限内依照预先征收补偿关税程序征收的补偿税款应当依照本议定书附件规定的办法计算和分配。

175. 在实施补偿措施少于一年的情况下或者根据实施调查的机关提议，再次调查可以根据利害关系人的申请，为了因情况改变而确定继续实施补偿措施和（或者）重新审议其合理性的目的实施。

根据递交的再次实施调查申请的目的，申请应当含有与情况发生变化有关的下列证据：

——继续采取补偿措施不要求应对补贴进口或者消除补贴进口对成员国产业部门造成的损害；

——现有补偿措施水平超过足以应对补贴进口或者消除补贴进口对成员国产业部门造成的损害的幅度；

——现有补偿措施水平不足以应对补贴进口或者消除因补贴进口对成员国产业部门造成的损害。

依照本款实施的再次调查应当在自其开始之日起 12 个月内结束。

176. 本议定书第 VI 编涉及举证和实施补偿调查的条款根据相应差别，适用于依照本议定书第 172～173 款实施的再次调查。

177. 本议定书第 172～178 款的规定根据相应差别，适用于出口第三国和（或者）出口商依照本议定书第 154～163 款承担的义务。

178. 再次调查旨在确定被采取补偿措施但未以拒绝合作以外的原因对其实施调查的出口商的个别补偿税税率。再次调查可以由实施调查的机关根据上述出口商的申请发起。

八 补偿措施规避的确定

179. 本编的补偿措施规避是指改变商品供应手段，以逃避缴纳补偿税或者出口商逃避履行承担的自愿义务。

180. 为了确保补偿措施规避，实施调查的机关可以根据利害关系人的申请或者主动发起再次调查。

181. 本议定书第180款所述的申请应当含有下列证据：

1）补偿措施规避；

2）补偿措施对类似商品的生产和（或者）在成员国市场上的销售规模和（或者）价格无影响（因补偿措施规避）；

3）商品（商品的构成和〔或者〕衍生部分）的生产商和（或者）出口商保留了提供特定补贴的好处。

182. 委员会在依照本议定书第175～185款发起的调查期间可以依照规定的预先征收的补偿税征收程序引入对从出口第三国向联盟关境内进口的，为补贴进口对象的商品构成部分和（或者）衍生部分，或者从其他出口第三国向联盟关境内进口的，为补贴进口对象的商品构成部分和（或者）衍生部分的补偿税。

183. 如果实施调查的机关依照本议定书第179～182款实施的再次调查结果未确定补偿措施规避，那么依照本议定书第182款和规定的预先征收的补偿税征收程序缴纳的补偿税应当依照本议定书附件规定的程序返还给支付人。

实施调查的机关及时向成员国的海关机关告知补偿措施规避未被确定。

184. 补偿措施在依照本议定书第179～185款实施的再次调查结果确定补偿措施规避的情况下可以由委员会适用于从出口第三国向联盟关境内进口的为补贴进口对象的商品构成部分和（或者）衍生部分，或者从其他从出口第三国向联盟关境内进口的为补贴进口对象的商品构成部分和（或者）衍生部分。自委员会关于实施本款所述的补偿措施决定生效时刻起，依照规定的预先征收的补偿税征收程序缴纳的补偿税款应当依照本议定书附件规定的办法计算和分配。

185. 为了确定补偿措施规避而实施的再次调查应当在自其开始之日起九个月内结束。

Ⅵ 实施调查

一 实施调查的依据

186. 为了确定存在增加的进口且它对成员国产业部门造成严重损害或

者严重损害威胁以及为了确定存在倾销的或者补贴的进口且它对成员国产业部门造成实质损害或者损害威胁或者使成员国产业部门建立严重放缓，实施调查的机关根据书面申请或者主动发起调查。

187. 本议定书第 186 款所述的申请由下列人员递交：

1）成员国类似商品或者直接竞争的商品（在递交采取特别保障措施申请的情况下）、类似商品（在递交采取反倾销或者补偿措施申请的情况下）的生产者或者其授权代表；

2）占成员国类似商品或者直接竞争的商品（在递交采取特别保障措施申请的情况下）、类似商品（在递交采取反倾销或者补偿措施申请的情况下）生产者大部分（不少于 25%）的生产者团体或者其授权代表。

188. 本议定书第 187 款所述的生产者及其团体授权代表应当有文件证明的权限，文件原件连同申请一并向实施调查的机关提交。

189. 本议定书第 186 款所述的书面申请应当附有支持成员国类似或者直接竞争的商品（在递交采取特别保障措施申请的条件下）、类似商品（在递交采取反倾销或补偿措施申请的条件下）生产者申请的证据。下列文件视为支持申请的充分证据：

1）连同申请人生产大部分、不少于成员国类似商品或者直接竞争的商品（在递交采取特别保障措施申请的情况下）生产总规模 25% 的成员国类似商品或者直接竞争的商品的其他生产商加入申请的文件；

2）在表示支持申请的成员国生产者（包括申请人在内）类似商品生产规模占对申请表达意见（表示支持或者不同意）的成员国生产者类似商品生产规模 50% 以上的条件下证明成员国生产者（包括申请人在内）类似商品生产规模不少于成员国类似商品生产总规模 25% 的文件（在递交采取反倾销或者补偿措施申请的情况下）。

190. 本议定书第 186 款所述的申请应当含有：

1）申请人和在递交申请之日前的三年内成员国产业部门类似商品或者直接竞争的商品（在递交采取特别保障措施申请的情况下）、类似商品（在递交采取反倾销或者补偿措施申请的情况下）生产的数量或者价值规模资料，以及递交申请的成员国生产商类似商品或者直接竞争的商品（在递交采取特别保障措施申请的情况下）、类似商品（在递交采取反倾销或者补偿措施申请的情况下）生产的数量或者价值规模及其在成员国生产商类似商品或者直接竞争的商品（在递交采取特别保障措施申请的情况下）、类似商品（在递交采取反倾销或者补偿措施申请的情况下）生产总规模中的份额资料；

2）拟被实施特别保障、反倾销或者补偿措施的，向联盟关境出口的商品描述及其欧亚经济联盟涉外经济活动统一商品编码代码；

3）根据海关统计数据，本款第 2 分款所述商品的原产地国或者作为发货国的出口第三国名称；

4）出口第三国知悉的本款第 2 分款所述商品的生产商和（或者）出口商以及成员国已知悉的该商品进口商和主要消费者资料；

5）拟被实施特别保障、反倾销或者补偿措施的商品在递交申请之日有可得的代表性统计数据的前一期内和下一期内向联盟关境内进口的规模变化资料；

6）类似商品或者直接竞争的商品（在递交采取特别保障措施申请的情况下）、类似商品（在递交采取反倾销或者补偿措施申请的情况下）在递交申请之日有可得的代表性统计数据的前一期内和下一期内从联盟关境内出口规模变化的资料。

191. 除了本议定书第 190 款所述的资料外，申请人根据拟采取的措施，还在申请中注明：

1）商品增加的进口以及成员国产业部门因增加的进口受到实质损害或者受到实质损害威胁的证据资料以及采取特别保障措施的建议并注明其额度和效力期限、成员国的产业部门在申请人建议采取的特别保障措施有效期内适应外国竞争条件下的工作计划（在递交采取特别保障措施申请的情况下）；

2）商品出口价格和正常价格以及成员国产业部门因倾销进口受到实质损害或者受到实质损害威胁或者建立放缓的证据资料以及采取反倾销措施的建议并注明其额度和效力期限（在递交采取反倾销措施申请的情况下）；

3）出口成员国存在的特定补贴及其性质，如有可能其额度以及成员国产业部门因补贴进口受到实质损害或者受到实质损害威胁或者建立放缓的证据资料以及采取补偿措施的建议并注明其额度和效力期限（在递交采取补偿措施申请的情况下）。

192. 成员国产业部门受到严重损害或者损害威胁（在递交采取特别保障措施申请的情况下）和成员国产业部门因倾销进口或者补贴进口受到实质损害或者建立放缓（在递交采取反倾销或者补偿措施申请的情况下）应当以成员国产业部门经济状况为证，应当以递交申请之日有可得的代表性统计数据（包括商品生产规模和销售规模、商品在成员国市场上的份额、商品生产成本、产能负荷水平、就业、劳动生产率、利润额、生产盈利率、对成员国产业部门的投资规模）的上一期和下一期内的数量和（或者）价值指标反映。

193. 申请中提交的资料应当附有它们的来源。

194. 若申请中注明含有的指标，那么为了比较，应当使用统一货币和数量单位。

195. 申请中含有的资料应当由提交该信息的生产者领导人以及负责核算和会计报表的工作人员核证。

196. 附有非保密版本的申请（如果申请中含有保密信息）依照本议定书第 8 款向实施调查的机关提交，应当在该机关收到申请之日登记。

197. 实施调查的机关办理申请登记之日视为申请递交之日。

198. 根据下列理由驳回采取特别保障、反倾销或者补偿措施的申请：

在递交申请时未提交本议定书第 189～191 款所述的材料；

申请人提交的本议定书第 189～191 款所述的材料不可靠；

未提交申请的非保密版本。

不得根据其他理由驳回申请。

二　调查的发起及其实施

199. 实施调查的机关在做出发起调查决定前以书面形式告知出口第三国收到依照本议定书第 187～196 款制作的采取特别保障、反倾销或者补偿措施的申请。

200. 实施调查的机关在做出发起调查决定前在自申请登记之日起 30 个日历日内审核申请中含有的本议定书第 189～191 款规定的证据和资料的完整性和可靠性。该期限可由实施调查的机关在获取补充资料必要的情况下延长，但不得超过 60 个日历日。

201. 申请可由申请人在发起调查前或者调查中撤回。如果在发起调查前被撤回，申请视为未递交。

如果申请在调查中被撤回，那么调查以不采取特别保障、反倾销或者补偿措施而结束。

202. 含在申请中的资料在做出发起调查决定前不得透露。

203. 实施调查的机关在本议定书第 200 款所述的期限届满前做出发起调查或者拒绝发起调查的决定。

204. 实施调查的机关在做出发起调查决定的情况下在自做出上述决定之日起 10 个工作日内以书面形式通知出口第三国的授权机关和自身知悉的其他利害关系人做出的决定，在《条约》规定的官方渠道上公布发起调查的决定。

205. 发起调查的公告在联盟官方网站上公布的日期视为调查开始的日期。

206. 实施调查的机关只有在掌握了存在增加的进口且它对成员国产业部门造成严重损害，或者损害威胁以及存在倾销的或者补贴的进口且它对成员国产业部门造成实质损害或者损害威胁，或者建立实际放缓的证据的情况下才能做出发起调查的决定。

如果现有证据不足，那么调查不得发起。

207. 如果实施调查的机关根据依照本议定书第 190～191 款提交的申请的审查结果发现，增加的进口对成员国产业部门造成严重损害，或者损害威胁以及倾销的或者补贴的进口对成员国产业部门造成实质损害或者损害威胁或者，建立实际放缓的证据不存在，那么拒绝做出发起调查的决定。

208. 实施调查的机关在做出拒绝发起调查决定的情况下在自做出上述决定之日起 10 个日历日内以书面形式告知申请人拒绝发起调查的原因。

209. 利害关系人有权在本议定书规定的期限内以书面形式声明拟参加调查。该利害关系人自拟参加调查的申请由实施调查的机关办理登记之日起被视为调查的参与人。

表示支持申请的成员国生产者和申请人自调查开始之日起视为调查的参与人。

210. 利害关系人有权在不违反调查程序要求的期限内提交实施调查所

必需的资料（包括机密信息在内）并注明所获资料的来源。

211. 为了实施调查，实施调查的机关有权向利害关系人索取补充资料。索取请求也可以向成员国的其他组织提出。

上述请求由实施调查的机关领导人（副职领导人）提出。

自被交给利害关系人的授权代表时刻起或者自邮件送达之日起届满七个日历日，请求视为被利害关系人收到。

利害关系人的答复应当在自收到请求之日起不迟于 30 个日历日向实施调查的机关提交。

如果自本款第 5 段所述的期限届满之日起不迟于 7 个日历日到达实施调查的机关，那么答复视为被实施调查的机关收到。

利害关系人在上述期限届满之际提交的信息可以不被实施调查的机关考虑。

根据利害关系人说明理由的请求，提交答复的期限可以由实施调查的机关延长。

212. 如果利害关系人拒绝向实施调查的机关提供信息，不在规定的期限内提供信息或者提供不可靠的信息且使调查困难，那么利害关系人视为不合作，实施调查的机关可以根据已有的信息得出初步或者最终结论。

提交请求的电子版或者提交实施调查的机关请求中确定的电子版的信息在利害关系人证明完全满足实施调查的机关请求中确定的提交信息标准是不可能的，或者与较大的物质花费有关的条件下不得被实施调查的机关视为拒绝合作。

如果实施调查的机关根据不同于本款第 1 段所述的原因未考虑利害关系人提交的信息，那么该利害关系人应当被告知做出该决定的原因和理由，且应当被给予在实施调查的机关规定的期限内提出与此有关的意见的机会。

如果在实施调查的机关出具包括商品的正常价格在内的预先或者最终结论中适用本款第 1 段的规定和使用了出具结论中使用的信息，那么在出具这些结论中被使用的信息应当在核对不使调查困难和不导致违反调查实施期限的条件下，与从第三方渠道或者从利害关系人获得的信息使用进行核对。

213. 实施调查的机关在自做出发起反倾销或者补偿调查决定之日起的

尽可能短的时间内向出口第三国授权机关和自身知悉的出口商送达申请复印件或者其非保密版（在申请含有机密信息的情况下），应请求向其他利害关系人提供复印件。

如果知悉的出口商数量过大，那么申请复印件或者其非保密版只向出口第三国的授权机关送达。

实施调查的机关应特别保障调查参与人请求向其送达申请复印件或者其非保密版（在申请含有机密信息的情况下）。

实施调查的机关在调查过程中根据保护机密信息的必要性，应特别保障调查参与人请求向其提供任何利害关系人以书面形式提交的且作为与调查对象有关证据的资料。

实施调查的机关在调查过程中向特别保障调查参与与人提供了解与调查有关的且在调查中被使用的，但不是机密信息的其他资料的机会。

214. 实施调查的机关应利害关系人的请求举行涉及调查对象的磋商。

215. 所有的利害关系人在调查中应当被提供维护其利益的机会。为此目的，实施调查的机关根据利害关系人请求，确保所有的利害关系人能够会面，以便利害关系人能够表达反对观点和提出反驳。这种可能根据保护机密信息提供。所有的利害关系人不必都参加会面，不参加会面不导致其利益受损。

216. 在生产中使用为被调查对象商品的消费者、消费者团体代表、国家政权（管理）机关和地方自治机关以及其他人员有权向实施调查的机关提交与调查有关的资料。

217. 调查期限不超过下列期限：

1）调查自根据采取特别保障措施申请发起之日起不超过九个月，该期限可以由实施调查的机关延长，但延长期限不超过三个月。

2）调查自根据采取反倾销或者补偿措施申请发起之日起不超过十二个月，该期限可以由实施调查的机关延长，但延长期限不超过六个月。

218. 实施调查不得妨碍办理为被调查对象的商品的海关业务。

219. 委员会审议调查结果和本议定书第 5 款所述的委员会决定草案之日视为调查结束之日。

在实施调查的机关得出不存在采取、重新审议或者废除特别保障、反倾销或者补偿措施依据的最终结论的情况下实施调查的机关公布相应通知的日期为调查结束的日期。

在引入预先征收的特别保障关税、反倾销关税或者补偿关税的情况下调查应当在相应预先征收的关税效力期限结束前结束。

220. 如果实施调查的机关在调查中认定不存在本议定书第 3 款规定的证据，那么调查结束且不采取特别保障、反倾销或者补偿措施。

221. 在发起调查之日前的两个日历年内如果本议定书第 186 款所述的生产者（考虑它被列入《条约》第八编中的人员分组中）在联盟关境内的类似商品或者直接竞争的商品生产中的份额（在实施采取特别保障措施的调查中）或者类似商品生产中的份额（在实施采取反倾销或者补偿措施的调查下）依照委员会批准的评估竞争状况的方法视为在联盟相应商品市场上占有优势地位，那么委员会主管监督遵守联盟跨国市场一般竞争规则的部门应实施调查的机关请求评估采取特别保障、反倾销或者补偿措施对联盟相应商品市场竞争的影响。

三 反倾销调查的实施

222. 如果实施调查的机关认定倾销幅度低于最低允许的倾销幅度或者已发生的或者可能的倾销进口，或者成员国产业部门受到的实质损害或者损害威胁或者建立严重放缓程度是不大的，那么反倾销调查以不采取反倾销措施而结束。

最低允许的倾销幅度是指不超过 2% 的倾销幅度。

223. 在各出口第三国在为被调查对象的商品对联盟关境内的出口总额中的单独份额少于 3% 、在为被调查对象的商品对联盟关境内的出口总额中的总份额不少于 7% 的条件下如果其在被调查对象的商品对联盟关境内的出口总额中的份额少于 3% ，那么来自某个出口第三国的倾销进口规模视为不大。

224. 实施调查的机关在根据反倾销调查结果做出决定前根据保护机密信息的必要性告知利害关系人根据调查结果得出结论的依据并给予利害关系人提交意见的机会。

利害关系人提交意见的期限由实施调查的机关确定，但不得少于 15 个日历日。

四　补偿调查的实施

225. 实施调查的机关在受理申请后和做出发起调查决定前应当建议出口拟被采取补偿措施的出口第三国的授权机关举行旨在确定提供的特定补贴存在、额度和后果以及达成相互接受的决定的磋商。

磋商可以在调查中继续。

226. 举行本议定书第 225 款所述的磋商不妨碍做出发起调查和采取补偿措施的决定。

227. 如果实施调查的机关认定出口第三国的特定补贴是最小的，或者已发生的或者可能的补贴进口对成员国产业部门造成的实质损害或者损害威胁或者建立实际放缓程度不高，那么补偿调查以不实施补偿措施结束。

228. 如果幅度少于为被调查对象的商品价值的 1%，那么特定补贴视为最小。

在各出口第三国单独的份额不到类似商品对联盟境内出口总规模 1% 且总份额不超过类似商品对联盟境内出口总规模 3% 的条件下补贴规模通常视为不大。

229. 如果实施调查的机关认定，出口第三国对商品的特定补贴总额不超过商品单位核算价值的 4%，或者在从发展中和最不发达国家向联盟关境内进口的商品的单独份额少于 4% 和总份额不超过 9% 的情况下从该出口第三国向联盟关境内进口的商品的单独份额少于 4%，那么针对为补贴进口对象的和原产于享受联盟关税特惠制度的发展中和最不发达国家的商品而发起的补偿调查终止。

230. 实施调查的机关在根据补偿调查结果做出决定前根据保护机密信息的必要性，向所有的利害关系人告知在调查中得出结论的理由并给予利害关系人表达意见的机会。

利害关系人提交意见的期限由实施调查的机关确定，但不得少于 15 个日历日。

五　在倾销或者补贴进口情况下成员国产业部门的确定

231. 在实施反倾销或者补偿调查中成员国的产业部门是指《条约》第 49 条规定的经济部门，本议定书第 232 和 233 款所述的情况除外。

232. 如果成员国类似商品的生产者同时为倾销或者补贴进口对象商品

的进口商，或者与为倾销或者补贴进口对象商品的出口商或者进口商有关联，那么成员国的产业部门只指成员国类似商品的其余生产者。

在下列情况下成员国类似商品的生产者与为倾销或者补贴进口对象商品的出口商或者进口商有关联：

——成员国类似商品的个别生产者由为被调查对象的商品出口商或者进口商直接或者间接控制；

——为被调查对象商品的个别出口商或者进口商由成员国类似商品的生产者直接或者间接控制；

——成员国类似商品的个别生产者和为被调查对象的商品出口商或者进口商由第三人直接或者间接控制；

——在实施调查的机关有理由认定这些生产者的行为不同于独立人员的条件下成员国类似商品的个别生产者和为被调查对象商品的外国生产商、出口商或者进口商由第三人直接或者间接控制。

233. 如果生产者为消费或者加工目的而在市场销售不少于89%的它自己生产的类似商品且该成员国其他领域的类似商品生产者在很大程度上不能满足该市场上对类似商品的需求，那么在确定成员国产业部门的特殊情况下这些成员国的相关领域可以视为运作着两个以上区域竞争市场，成员国的生产者在上述一个市场内可以视为成员国单独的产业部门。

在存在倾销的或者补贴的进口且它对成员国产业部门造成实质损害或者损害威胁或者建立严重放缓的情况下即使成员国的产业部门主要部分没有受到损害，但在为倾销或者补贴进口对象的商品销售集中在上述一个竞争市场的条件下可以确定，倾销的或者补贴的进口在一个市场内对所有的类似商品或者所有的生产者造成损害。

234. 如果成员国的产业部门指的是本议定书第 233 款确定的，那么采取反倾销或者补偿措施的决定根据调查结果做出，该措施对向联盟关境内进口的所有商品适用。

在上述情况下反倾销或者补偿措施只在实施调查的机关给予商品出口商以倾销价格（在倾销进口情况下）或者补贴价格（在补贴进口情况下）终止向联盟境内出口商品的机会后，或者出口商在不使用这种可能性的条件下承担相应义务后实施。

六 听证

235. 根据任何调查参与人以书面形式提交的请求，实施调查的机关在本议定书规定期限内确保举行听证。

236. 实施调查的机关必须向调查参与人送达举行听证的时间和地点的通知以及在举行听证中被审议的问题清单。

举行听证的日期自送达相应通知之日起不迟于 15 个日历日确定。

237. 调查参与人或者其代表以及因提供其拥有的与调查有关的资料而被邀请的人员有权参加听证。

听证参加人在听证中可以表达意见并提供与调查有关的证据。实施调查的机关代表有权向调查参与人提出涉及其被告知的事实本质的问题。听证参加人也有权彼此提出问题并必须回答。听证参加人不得透露视为机密的信息。

238. 在听证中以口头形式提供的资料如果在举行听证后 15 个日历日内由调查参与人以书面形式向实施调查的机关提交，那么在调查中被考虑。

七 调查中信息的收集

239. 实施调查的机关在做出发起特别保障，反倾销或者补偿调查决定后向自身知悉的商品为被调查对象的生产商和（或者）出口商送达它们应当答复的问题清单。

问题清单也送达成员国类似商品或者直接竞争的商品（在递交采取特别保障措施申请的情况下）、类似商品（在递交采取反倾销或者补偿措施申请的情况下）生产商。

在必要情况下问题清单也可以送达商品为调查对象的进口商和消费者。

240. 本议定书第 239 款所述的可能被送达问题清单的人员必须在自收到问题清单之日起 30 个日历日内向实施调查的机关提交其答复。

根据本议定书第 239 款所述的人员的请求，答复期限可以由实施调查的机关延长，但延长期限不超过 14 个日历日。

241. 在自直接送达生产商和（或者）出口商代表之日起或者自邮件送达之日起 7 个日历日后，问题清单视为被生产商和（或者）出口商收到。

如果自本议定书第 240 款所述的期限届满之日起不迟于 7 个日历日或者自延长的期限届满之日起不迟于 30 个日历日保密的、非保密的答复向实施调查的机关提交，那么含在问题清单中的答复视为被实施调查的机关收到。

242. 实施调查的机关确定利害关系人在调查中提交的信息的准确性和可靠性。

为了核实调查中提交的信息或者与实施的调查有关的补充信息，实施调查的机关在必要情况下可以检查：

——在征得商品为被调查对象的出口第三国和（或者）生产商同意，在收到拟实施检查的正式通知的出口第三国没有异议的条件下在出口第三国境内；

——在征得商品为调查对象的进口商和（或者）类似商品或者直接竞争的商品生产者同意的条件下在其他成员国境内。

检查在收到依照本议定书第 239 款提出的问题的答复后实施，外国生产商或者出口商在给予答复前自愿同意实施检查且出口第三国没有异议的情况除外。

应当向被派遣去实施检查的工作人员提交的文件和材料清单在获得调查参与人同意后和开始检查前送达。实施调查的机关告知出口第三国拟被检查的外国生产商或者出口商的地址和名称以及实施检查的日期。

在检查中证明问题清单答复中提供的信息可靠性所必需的其他文件和材料也可以被索取。

如果实施调查的机关在调查中拟聘请不是该机关的工作人员参与检查，那么实施调查的机关应及时向拟被实施检查行动的调查参与人告知该决定。专家只有在存在因违反检查而获得的信息保密制度受到制裁的可能性条件下才被允许参加检查。

243. 为了核查调查中提交的信息或者与实施的调查有关的补充信息，实施调查的机关有权派遣自己的代表赴利害关系人所在地收集信息，与利害关系人举行磋商和谈判，了解商品样品，采取实施调查所必需的其他行动。

八 成员国授权机关以及外交和贸易代表提交信息

244. 为了本分编的目的，成员国授权机关是指成员国海关事务、统计、税务、法人登记和其他领域的主管国家政权（管理）机关和区域国家政权（管理）机关。

245. 成员国授权机关以及成员国驻第三国的外交和贸易代表应请求向实施调查的机关提交本议定书规定的发起和实施特别保障、反倾销和补偿调查（包括再次调查），根据实施调查的结果提出建议，监督实施特别保障、反倾销和补偿措施效果以及监督遵守委员会批准的义务所必需的信息。

246. 成员国授权机关以及成员国驻第三国的外交和贸易代表必须：

1）在自收到实施调查的机关请求之日起 30 个日历日内提交自己掌握的资料或者告知无法提供资料并说明原因，根据实施调查的机关请求，被索取的资料应当尽可能在短时间内提供；

2）确保提交的资料完整和可靠，如有必要立即做相应补充和修改。

247. 成员国授权机关以及成员国驻第三国的外交和贸易代表在其主管领域内，按照请求的时间向实施调查的机关提交信息，包括：

1）外贸统计数据；

2）按照海关程序申报的商品信息并注明商品的进口（出口）实物和价值指标、商品的商务名称、供货条件、原产地国（发货国、目的地国）、发货人和收货人名称和其他情况；

3）为被调查对象的商品国内市场和成员国相应产业信息（包括商品生产规模、产能负荷、商品销售、商品成本、成员国国内企业利润和亏损、成员国国内市场上的商品价格、生产营利性、员工数量、投资和商品生产者名单）；

4）根据对成员国为被调查对象的商品市场的调查结果评估实施或者不实施特别保障、反倾销和补偿措施的结果以及预测成员国国内企业活动的信息。

248. 本议定书第 247 款所述的信息不是最终的。在必要情况下实施调查的机关有权索取其他信息。

249. 涉及本分编问题的通信和应实施调查机关的请求提交信息以俄文进行。含有外国名称的个别简况（指标）允许使用拉丁字母提供。

250. 信息首先以电子载体提交。在信息无法以电子载体提交的情况下以纸质载体传输信息。索取的表格形式的信息（统计和海关信息）以实施调查的机关注明的方式提交。如果无法以这种形式提供，那么成员国授权机关以及驻第三国的外交和贸易代表向实施调查的机关通报并以其他形式提交索取的信息。

251. 向成员国授权机关以及驻第三国的外交和贸易代表提出的提供信息请求使用实施调查的机关的信笺，以书面形式办理并注明提供信息的目的、法律依据和提交期限。上述请求由实施调查的机关领导人（副职领导人）签字。

252. 应实施调查的机关的请求，信息由成员国授权机关以及驻第三国的外交和贸易代表无偿提供。

253. 信息通过使用交换机关之间协商的传输时刻可得的、保护信息和防止未经批准接触的手段传输。在通过传真送达信息的情况下文件原件也应当以邮寄方式送达。

九　机密信息的保护

254. 除属于国家秘密的信息或者限制传播的公务信息以外，成员国法律列为保密信息（包括商业、税务和其他机密信息）的信息向实施的调查机关提交并遵守成员国法律规定的涉及这些信息的要求。

实施调查的机关必须确保这些信息得到应有的保护。

255. 如果利害关系人说明披露提交的信息将给予第三人竞争优势或者导致对提供该信息的人员或者获得该信息的人员不利后果，那么利害关系人向调查机关提交的信息视为保密信息。

256. 提交保密信息的利害关系人必须一并提交该信息的非保密版本。

非保密版本应当足够使人详细地理解以保密形式提供的信息的性质。在不提交保密信息非保密版本的特殊情况下利害关系人应当详细说明不提交保密信息非保密版本的原因。

257. 如果实施调查的机关认定利害关系人的说明不要求将提交的信息列为保密信息，或者未提交保密信息的非保密版本的利害关系人未提交不提交机密信息非保密版本的说明，或者提交不是说明的资料，那么实施调查的机关不考虑这些信息。

258. 实施调查的机关未经提交信息的利害关系人或者本议定书第 244 款所述的成员国授权机关以及成员国驻第三国的外交和贸易代表书面同意，不得向第三人披露或者转交机密信息。

申请人、调查参与人、利害关系人或者本议定书第 244 款所述的成员国授权机关以及成员国驻第三国的外交和贸易代表、实施调查的机关官员和工作人员泄露、为个人利益和不按照目的使用向实施调查的机关提交的保密信息将被剥夺依照联盟框架下的国际条约《特权和豁免》享有的特权和豁免并会被依照委员会批准的程序追究责任。

本议定书不妨碍实施调查的机关在向联盟法院解释原因或者提交证据所必需的程度上披露委员会以此为基础做出决定或者提交的证据信息。

实施调查的机关使用和保护保密信息的办法由委员会批准。

十　利害关系人

259. 下列人员为实施调查的利害关系人：

1）成员国类似商品或者直接竞争的商品（在实施特别保障调查的情况下）或者类似商品（在实施反倾销或者补偿调查的情况下）生产商；

2）大部分参与人为成员国类似商品或者直接竞争的商品（在实施特别保障调查的情况下）或者类似商品（在实施反倾销或者补偿调查的情况下）生产商的生产商联合体；

3）参与人生产成员国25%以上类似商品或者直接竞争的商品（在实施特别保障调查的情况下），或者类似商品（在实施反倾销或者补偿调查的情况下）的生产商联合体；

4）为被调查对象商品的外国生产商或者进口商，大部分参与人为出口第三国或者原产地国家的商品生产商、出口商或者进口商的外国生产商、出口商或者进口商联合体；

5）出口第三国或者商品原产地国家的授权机关；

6）为被调查对象的商品消费者（如果商品在生产产品中被使用）和成员国的消费者联合体；

7）消费者联合体（如果商品主要由自然人消费）。

260. 利害关系人在调查中自行或者通过有适当权限的代表行事。

如果利害关系人在调查中通过授权代表行事，那么实施调查的机关只通过该代表向利害关系人告知有关调查对象的所有信息。

十一　因实施调查而做出决定的通知

261. 实施调查的机关在联盟官方网站上公布下列做出与调查有关的决定的通知：

——发起调查；

——征收预先特别保障、预先反倾销或者预先补偿关税；

——依照本议定书第 104 款可能征收反倾销税或者依照本议定书第 169 条可能征收补偿税；

——特别保障调查的结束；

——根据调查结果实施调查的机关给出存在征收反倾销税或者补偿税依据或者同意相应义务合理性结论的调查结束；

——因同意相应义务而结束或者中止调查；

——根据调查结果实施调查的机关给出不存在征收特别保障、反倾销税或者补偿关税依据结论的调查结束；

——做出的与调查有关的其他决定。

通知也可以送达出口第三国和实施调查的机关知悉的其他利害关系人。

262. 发起调查的通知在自实施调查的机关做出发起调查决定之日起 3 个工作日内公布并应当含有：

1）为调查对象的商品的完整描述；

2）出口第三国的名称；

3）证明存在对联盟关境内增加的进口且增加的进口对成员国产业部门造成严重损害或者损害威胁的概况（在做出发起特别保障调查决定的情况下）；

4）证明存在倾销或者补贴的进口且倾销或者补贴的进口对成员国产业部门造成实质损害或者对其造成损害的威胁或者导致成员国产业部门建立放缓的概况（在做出发起反倾销或者补偿调查决定的情况下）；

5）利害关系人表达其意见和提供与调查有关的资料的地址；

6）25 个日历日的、实施调查的机关在其间接受利害关系人参与调查申请的期限；

7）45 个日历日的、实施调查的机关在其间接受调查参与人举行公开听证请求的期限；

8）60 个日历日的、实施调查的机关在其间接受利害关系人与调查有关的书面评论和资料的期限。

263. 征收预缴的特别保障、预缴的反倾销或者预缴的补偿税的通知不迟于自委员会做出该决定之日起 3 个工作日公布并包含下列信息：

1）商品为被调查对象的出口商名称或者出口第三国名称（如果出口商名称无法确定）；

2）为被调查对象且被实施海关监管的商品的充分描述；

3）存在倾销进口肯定性结论的依据并注明倾销幅度以及选择核算和对比商品正常价格及其出口价格方法的依据（在预先征收反倾销税的情况下）；

4）存在补贴进口肯定性结论的依据并描述存在补贴的事实以及注明核算的单位商品补贴幅度（在预先征收补偿关税的情况下）；

5）确定存在成员国产业部门受到严重或者实质损害或者严重或者实质损害威胁或者成员国产业部门建立严重放缓的依据；

6）确定增加的进口、倾销的或者被补贴的进口与成员国产业部门受到严重或者实质损害或者严重或者实质损害威胁或者成员国产业部门建立严重放缓有联系的依据；

7）存在增加的进口肯定性结论的依据（在征收特别保障关税的情况下）。

264. 依照本议定书第 104 款可能征收反倾销税或者依照本议定书第 169 条可能征收补偿税的通知应当含有：

1）为被调查对象且被实施海关监管的商品的充分描述；

2）商品为被调查对象的出口商名称或者出口第三国名称（如果出口商名称无法确定）；

3）证明遵守了本议定书第 104 条或者 169 条所述条件的概况。

265. 特别保障调查结束通知由实施调查的机关在自调查结束之日起 3 个工作日内公布并含有实施调查的机关根据对自身掌握的信息进行分析给出的主要结论。

266. 根据调查结果实施调查的机关得出存在引入反倾销或者补偿税依据或者同意相关义务合理性结论的调查结束通知在自结束调查之日起 3 个工作日内公布并应当含有：

1）实施调查的机关最终结论的解释；

2）根据其给出结论的事实；

3）本议定书第 263 款所述的信息；

4）在调查中接受或者不接受商品为调查对象的出口商或者进口商论据或者要求的原因。

5）依照本议定书第 48～51 款做出决定的原因。

267. 因同意相应义务而结束或者中止调查的通知在自结束或者中止调查之日起 3 个工作日内公布并应当含有该义务的非保密版本。

268. 根据调查结果实施调查的机关做出没有采取特别保障、反倾销和补偿措施依据结论的调查终结通知在做出该结论之日起 3 个工作日内公布并含有：

1）实施调查的机关最终结论和调查结果的解释；

2）根据其给出本款第 1 分款所述结论的事实。

269. 根据调查结果依照本议定书第 272 款做出不采取措施决定的调查终结通知在自做出该决定之日起 3 个工作日内公布，应当含有委员会做出不采取特别保障、反倾销和补偿措施决定的原因并说明依照其做出该决定的事实和结论。

270. 实施调查的机关确保向世界贸易组织主管报送 1994 年 4 月 15 日《关于建立世界贸易组织的马拉喀什协定》规定的有关实施的调查和采取的措施的所有通知。

271. 本议定书第 261～270 款根据差异，适用于再次调查开始和终结的通知。

Ⅶ 不采取特别保障、反倾销和补偿措施

272. 即使采取措施符合本议定书规定的标准，委员会也可以根据调查结果做出不采取特别保障、反倾销和补偿措施的决定。

上述决定可以由委员会在实施调查的机关根据对利害关系人所提供所有信息的分析结果得出采取措施可能对成员国利益造成损害的结论的情况下做出。如果做出决定的依据发生变化，那么决定可以被重新审议。

273. 本议定书第 272 款第 2 段所述的结论应当以对成员国产业部门、为被调查对象的商品的成员国消费者（如果商品在生产产品中被使用）、成员国该商品消费者团体和消费者协会（如果商品主要由自然人消费）及其

进口商利益的综合评估为基础。结论只能在上述人员被提供了依照本议定书第 274 条提交的该问题的评论和信息之后出具。

在出具该结论中要注意消除对一般贸易过程中增加的、倾销的和补贴的进口，成员国相关商品市场上的竞争状况和成员国产业部门地位的歪曲影响的必要性。

274. 为了适用本议定书第 272 款，类似商品或者直接竞争的商品（在采取特别保障措施的情况下）、成员国类似商品（在采取反倾销和补偿措施的情况下）生产者及其联合会，商品为被调查对象的进口商和进口商联合会以及该成员国商品的消费者（如果商品在生产产品中被使用）和消费者社会团体（如果商品主要由自然人消费）有权在依照本议定书第 262 款公布的通知确定的期限内提交该问题的评论和信息。

评论和信息或者其相应情况下的非保密版本应当供本法所述的、有权提交自己答复性评论的其他利害关系人了解。

依照本款提供的信息在有证明其可靠性客观事实的条件下不论来源，都应当被采用。

VIII　附则

一　依照司法程序对采取特别保障、反倾销和补偿措施决定的申诉规定

275. 对委员会决定和与采取特别保障、反倾销和补偿措施决定有关的行为（不作为）案件的审理程序和规定由《欧亚经济联盟法院条例》（《条约》附件二）和联盟法院守则确定。

二　联盟法院判决的执行

276. 委员会采取涉及执行联盟法院有关采取特别保障、反倾销和补偿措施的判决的措施。

联盟法院认定不符合《条约》和联盟框架下的国际条约的委员会决定由委员会依照《条约》和联盟框架下的国际条约以实施调查的机关提议的方式，对必须执行联盟法院判决的部分实施再次调查。

在再次调查中根据相应差别，适用与调查有关的条款。

本款规定的再次调查的实施期限通常不超过 9 个月。

三　调查程序的管理

277. 为了落实本议定书，委员会做出有关程序开始、调查实施、终结和（或者）结束的决定。委员会做出该决定不得改变《条约》或者与《条约》相抵触。

附件　特别保障、反倾销和补偿关税的
计算和分配条例

Ⅰ　总则

1. 本条例依照《欧亚经济联盟条约》（简称《条约》）第九编确定了特别保障、反倾销和补偿关税的计算和分配办法。上述办法也依照《欧亚经济联盟海关法典》规定的情况和程序适用于计算的特别保障、反倾销和补偿关税滞纳金（利息）。

2. 本条例中使用的概念采用《进口关税（其他行政费、其他税和手续费）计算和分配及其上缴成员国预算办法》（《条约》附件五）、《对第三国适用特别保障、反倾销和补偿措施的议定书》（《条约》附件八）和《欧亚经济联盟海关法典》中确定的意义。

Ⅱ　特别保障、反倾销和补偿关税的计算和核算

3. 自委员会关于引入特别保障、反倾销和补偿关税的决定生效之日起，因与进口至联盟关境内的商品有关的缴税义务自开始采取相应措施之日起发生而征收的特别保障、反倾销和补偿关税应当依照《进口关税（其他行政费、其他税和手续费）计算和分配及其上缴成员国预算办法》（《条约》附件五）确定的程序和标准并根据本条例规定的条款，计算、分配和转入成员国预算中。

4. 《进口关税（其他行政费、其他税和手续费）计算和分配及其上缴成员国预算办法》（《条约》附件五）规定的计算和在成员国之间分配进口关税的第20～28款在于规定的期限内不向其他成员国转账或者全额转账分配的特别保障、反倾销和补偿关税以及未收到该成员国授权机关关于无特

别保障、反倾销和补偿关税金额信息的情况下适用。

5. 特别保障、反倾销和补偿关税应当记入依照《欧亚经济联盟海关法典》向其缴纳的成员国授权机关本币统一账户中，包括在关税被追缴的情况下。

6. 特别保障、反倾销和补偿关税由支付人缴入依照《欧亚经济联盟海关法典》和个别结算（支付）凭证（指导）向其缴纳的成员国授权机关统一账户中。

7. 除了用于抵偿支付人海关费债务和滞纳金（简称"抵偿债务"）外，特别保障、反倾销和补偿关税不得用于抵偿其他费。

8. 特别保障、反倾销和补偿关税可以用于抵偿列入依照《欧亚经济联盟海关法典》应向其缴纳的成员国授权机关统一账户中的税、手续费和费（进口关税以及向联盟关境之外出口的石油和石油制品出口关税除外）。

支付人缴纳特别保障、反倾销和补偿关税的债务可以由出口关税抵偿。

9. 授权机关加总计算：

1）进入授权机关统一账户中的特别保障、反倾销和补偿关税金额（返还的和抵偿债务的金额）；

2）分配的转入其他成员国外币账户中的特别保障、反倾销和补偿关税金额；

3）特别保障、反倾销和补偿关税金额分配所得中记入成员国预算中的金额；

4）从其他成员国进入成员国预算中的特别保障、反倾销和补偿关税金额；

5）违反本条例，即不履行、不完全履行和（或者）不及时履行成员国转账分配的特别保障、反倾销和补偿关税金额义务而列入成员国预算的金额；

6）暂停向其他成员国外币账户转账的特别保障、反倾销和补偿关税金额。

10. 本条例第9款所述的所得金额在各成员国预算执行报告中反映。

11. 在成员国日历年最后一个工作日进入授权机关统一账户中的特别保障、反倾销和补偿关税金额在各成员国预算执行报告中反映。

12. 在成员国上一个日历年最后一个工作日分配的特别保障、反倾销和补偿关税金额不迟于该成员国当年第二个工作日转入该成员国预算中和其他成员国的外币账户中，在该成员国预算执行报告中反映。

13. 在成员国上一个日历年最后一个工作日从其他成员国授权机关统一账户转入成员国预算中的特别保障、反倾销和补偿关税分配所得金额在当年预算执行报告中反映。

14. 成员国统一账户中的资金不得被依照司法文书执行程序或者以其他方式收缴，依照《欧亚经济联盟海关法典》追缴海关费，特别保障、反倾销和补偿关税以及滞纳金（利息）的情况除外。

15. 预先征收的特别保障、反倾销和补偿关税缴入其海关机关预先征收特别保障、反倾销和补偿关税的成员国法律确定的本币账户中。

16. 在《对第三国适用特别保障、反倾销和补偿措施的议定书》（《条约》附件八）规定的情况下预先缴纳（征收）的特别保障、反倾销和补偿关税应当用于抵偿特别保障、反倾销和补偿关税，并应当不迟于自委员会关于采取（延长、中止）特别保障、反倾销和补偿措施决定生效之日起30个工作日转入成员国授权机关统一账户中。

在《对第三国适用特别保障、反倾销和补偿措施的议定书》（《条约》附件八）规定的情况下缴纳的特别保障、反倾销和补偿关税的保证金应当用于抵偿特别保障、反倾销和补偿关税，并应当不迟于自委员会关于采取（延长、中止）特别保障、反倾销和补偿措施决定生效之日起30个工作日转入成员国授权机关统一账户中。

Ⅲ 特别保障、反倾销和补偿关税的返还

17. 预先征收的特别保障、反倾销和补偿关税以及依照特别保障、反倾销和补偿关税预先征收办法征收的特别保障、反倾销和补偿关税在《对第三国适用特别保障、反倾销和补偿措施的议定书》（《条约》附件八）规定的情况下，依照缴纳（征收）上述关税的成员国法律规定的办法向支付人返还（《欧亚经济联盟海关法典》另有规定的除外）。

18. 特别保障、反倾销和补偿关税依照征收上述关税的成员国法律并考虑本条例向支付人返还（《欧亚经济联盟海关法典》另有规定的除外）。

19. 向支付人返还特别保障、反倾销和补偿关税和（或者）抵偿债务金额根据返还的成员国国家（中央）银行未受理的特别保障、反倾销和补偿关税，在报告日成员国授权机关统一账户中收到的特别保障、反倾销和补偿关税范围内于授权机关统一账户中办理，本条例第20款规定的情况除外。

20. 向支付人返还特别保障、反倾销和补偿关税和（或者）抵偿债务金额在返还（抵偿）之日哈萨克斯坦共和国授权机关统一账户中收到的特别保障、反倾销和补偿关税范围内于哈萨克斯坦共和国授权机关统一账户中办理。

21. 当日应当返还的特别保障、反倾销和补偿关税和（或者）抵偿债务金额在成员国间分配特别保障、反倾销和补偿关税金额前确定。

22. 如果依照本条例第19和第20款办理返还特别保障、反倾销和补偿关税和（或者）抵偿债务的资金不足，那么上述返还（抵偿）由成员国在最后一个工作日办理。

不及时向支付人返还特别保障、反倾销和补偿关税的滞纳金从该成员国的预算中向支付人支付，不含在特别保障、反倾销和补偿关税中。

Ⅳ　成员国之间的信息交换

23. 成员国之间落实本条例条款所必需的信息交换依照委员会确定信息交换程序、形式和期限的决定办理。

九 欧亚经济联盟框架下的技术调整议定书

1. 本议定书依照《欧亚经济联盟条约》（简称《条约》）第十编制定，确定了联盟框架下技术调整的办法、规则和程序。

2. 本议定书中使用的概念含义如下：

认证——认证机关正式认可合格评定机关（检验机关、测试实验室〔中心〕）从事某个领域合格评定工作的资质；

安全——没有与可能造成损害和（或者）造成损失有关的不允许的风险；

产品流通——在有偿或者无偿的商业活动中为了传播而向联盟境内供应或者进口产品（包括从制造商仓库发货或者不经仓储卸货）；

遵守联盟技术规范要求的国家检查（监督）——成员国授权机关通过检查法人和登记为个体企业家的自然人并采取成员国法律规定的制止（和消除）发现的违法措施，旨在预防、发现和制止法人及其官员和其他代表、登记为个体企业家的自然人及其授权代表违反联盟技术规范要求以及监督上述要求的执行并分析和预测法人和登记为个体企业家的自然人在从事活动中遵守联盟技术规范要求的情况；

符合联盟技术规范声明——申请人证明流通的产品符合联盟技术规范要求的声明；

合格声明——强制证明流通的产品符合联盟技术规范要求的形式；

联盟市场产品流通统一标识——告知购买人和消费者流通的产品符合联盟技术规范要求的标识；

产品识别——将产品归入联盟技术调整领域和确定产品符合该产品技术文件的程序；

制造商——以自身名义生产或者销售产品并对产品符合联盟技术规范要求负责的、包括外国制造商在内的法人或者登记为个体企业家的自然人；

国际标准——由独联体标准化、气象和检验国际理事会制定的地区标准；

国内（国家）标准——成员国标准化机关制定的标准；

技术调整对象——产品或者与对产品要求有关的设计（包括勘察）、生产、建设、安装、调试、运营、储存、运输、销售和处理过程；

强制合格证明——以文件证明产品及其设计（包括勘察）、生产、建设、安装、调试、运营、储存、运输、销售和处理过程符合联盟技术调整规范；

强制检验——检验机关强制证明技术调整对象符合联盟技术调整要求的形式；

认证机关——依照成员国的法律被授权实行认证的机关或者法人；

合格评定——直接或者间接确定遵守提出的针对技术调整对象的要求；

产品——物质形式的且使用和用于其他目的的活动成果；

区域标准——区域标准化组织制定的标准；

登记（国家登记）——由成员国授权机关办理的评定技术调整对象符合联盟技术规范要求的形式；

风险——造成危害且危害对人的生命和健康、财产、环境、动植物生命或者健康的后果可能性的总称；

登记（国家登记）证明——证明技术调整对象符合联盟技术调整要求的文件；

符合联盟技术规范证书——检验机关证明用于流通的产品符合联盟技术规范的文件；

标准——为了多次使用且为了下列目的而制定的文件：规定产品的特性；确定产品的设计（包括勘察）、生产、建设、安装、调试、运营、储存、运输、销售和处理以及完成劳务和提供服务的规则；制定研究（测试）和计量的方法及其规则；确定样品选取规则；确定对商品的术语、象征、包装、营销或者标识和标注规则的要求；

联盟技术规范——委员会通过的且强制在联盟关境内适用和遵守的规定技术调整对象要求的文件；

技术调整——确定、适用和遵守对产品的强制要求，或者对与产品有关的设计（包括勘察）、生产、建设、安装、调试、运营、储存、运输、销售和处理领域关系的法律调整以及合格评定领域关系的法律调整；

制造商的授权人员——依照成员国的法律在成员国境内登记的法人和

作为个体企业家登记的自然人，根据与包括外国制造商在内的制造商的合同，在合格评定中和产品在联盟关境内流通中以制造商名义行事。

3. 为了保护构成国家秘密的资料或者依照成员国法律属于受保护且限制接触的其他信息，根据国防采购供应的国防产品（劳务、服务）、其资料构成国家秘密的产品、对其规定了保障原子能利用领域的安全要求的产品（劳务、服务）和物体以及上述产品和物体设计（包括勘察）、生产、建设、安装、调试、运营、储存、运输、销售和处理过程的技术调整、合格评定、标准和认证由成员国法律确定。

联盟的技术规范中也可以含有对术语、包装、标识、商标及其加注规则的要求以及卫生要求和程序，有共同特点的卫生、兽医和植物检疫要求。

联盟采用作为制定联盟技术规范基础的相应国际标准（规范、指令、决定、标准、规则和其他文件），包括气候和地理因素或者工艺和其他特点在内，没有相应文件或者相应文件不符合制定联盟技术规范宗旨的情况除外。在没有必需文件的情况下适用区域标准文件（规范、指令、决定、标准、规则和其他文件）和国内技术规范或者其草案。

联盟的技术规范中可以含有与成员国的气候和地理因素或者工艺特点有关的且只在成员国境内实行的特别要求。

根据造成危害的风险程度，联盟的技术规范中可以含有对产品的要求，对与产品有关的设计（包括勘察）、生产、建设、安装、调试、运营、储存、运输、销售和处理过程的要求以及保护类型公民（未成年人、孕妇、哺乳母亲和残疾人）的术语、包装、标识、商标及其加注规则要求。

联盟的技术规范中规定对技术调整对象的强制要求以及产品识别规则，合格评定形式、流程和程序。

联盟技术规范对其未生效的技术调整对象适用成员国的法律或者委员会的文件。

联盟技术规范根据委员会批准的联盟技术依照内容和示范结构建议制定。

联盟技术规范依照委员会批准的程序制定、通过、修改和废止。

4. 为了遵守联盟技术规范要求，委员会批准国际和区域（国家间）标准清单，在没有国际和区域（国家间）标准清单的情况下批准国内（国家）

标准清单。上述清单的自愿适用导致遵守联盟技术规范要求。

自愿采用被列入上述清单中的标准是遵守联盟技术规范要求的充分条件。

未采用被列入上述清单中的标准不视为未遵守联盟技术规范的条件。

在未采用被列入上述清单标准的情况下合格评定根据风险分析进行。

为了在评估技术调整对象符合联盟技术规范要求中进行测试，委员会批准国际和区域（国家间）标准清单，在没有国际和区域（国家间）标准清单的情况下批准含有测试和计量方法的国内（国家）标准清单，包括选取适用联盟技术规范要求所必需的样品以及评估技术调整对象合格规则。

上述标准清单依照委员会规定的程序制定和通过。

依照成员国法律测试及批准的测试和计量方法可以含在国际和区域（国家间）标准清单中，在没有国际和区域（国家间）标准清单的情况下可以含在测试和计量方法的国内（国家）标准清单中，包括选取适用联盟技术规范要求所必需的样品以及评估技术调整对象合格规则。在制定政府间相关标准前上述测试和计量方法由成员国授权机关向委员会提供。

国际和区域标准在其被接受为国家间或者国内（国家）标准后适用。

5. 联盟技术规范中确定的技术调整对象以登记（国家登记）、测试、合格证明、鉴定和（或者）其他形式进行合格评定。

强制合格证明以合格声明和检验形式办理。

合格评定的形式、流程和程序根据委员会批准的示范合格评定流程，在联盟技术规范中确定。

在其流通前评估流通的产品是否符合联盟技术规范要求。

强制合格证明只在联盟技术规范规定的情况下进行，只评估是否符合联盟技术规范要求。

在合格评定中在成员国境内依照成员国法律登记的、为制造商或者销售商或者制造商授权的人员的法人或者登记为个体企业家的自然人可以为申请人。

申请人的范围依照联盟技术规范确定。

合格评定文件的统一格式和制作规则由委员会批准。

出具和接受的合同评定文件统一登记簿在联盟官方网站上发布。上述统一登记簿依照委员会批准的办法建立和管理。

进行的评定符合联盟技术规范规定要求的合格评定机关（包括检验机关、测试实验室〔中心〕在内）应当列入合格评定机关统一登记簿中。

合格评定机关列入统一登记簿以及统一登记簿建立和管理依照委员会批准的程序进行。

技术调整对象由成员国授权机关依照成员国法律办理登记（国家登记）。

6. 符合适用它的联盟技术规范要求的且履行过联盟技术规范规定的合格评定程序的产品应当加注产品在联盟市场流通的统一标识。

产品在联盟境内流通的统一标识描述和使用办法由委员会批准。

在产品于联盟境内流通中产品标识应当为俄文的，在符合成员国法律要求的情况下使用产品在其境内流通的成员国国语标识。

7. 在联盟技术规范生效前适用成员国确定的统一强制要求、统一合格证明形式和流程且被列入应当强制证明是否符合按照统一的格式发放合格证书和合格声明的清单中的产品在进行强制合格证明中适用统一的或者比较的产品测试或者计量方法，如果它在成员国境内履行了合格证明程序且遵守了下列条件，那么该产品被允许在联盟境内流通：

合格评定机关进行被列入联盟合格评定机关统一登记簿中的检验；

在测试实验室（中心）进行被列入联盟合格评定机关统一登记簿中的测试；

按照统一格式制作合格证书和合格声明。

上述产品清单、上述合格证书和合格声明格式及其制作规则由委员会批准。

8. 应当强制进行合格评定的产品依照委员会批准的程序向联盟关境内进口。

9. 成员国为保护自身合法利益可以采取阻止危险产品流通的紧急措施。在此情况下成员国毫不迟延地告知其他成员国自己采取的紧急措施并着手该问题的磋商和谈判。

10. 委员会建立技术调整领域的统一信息系统，它是联盟一体化信息系统的一部分。

十 实施保障统一计量领域的协调政策议定书

1. 本议定书依照《欧亚经济联盟条约》（简称《条约》）第十编制定，确定了成员国实施保障统一计量领域的协调政策的原则，旨在保证计量结果的可对比性、产品合格评定（证明）结果符合联盟技术规范和产品数量指标计量要求。

2. 本议定书使用的概念含义如下：

计量方法测试——调查和证明计量方法符合计量方法要求；

度量单位——被有条件地标注数值、相同单位且用于同一类度量数量反映的固定值；

计量的统一性——计量被允许用作成员国的度量单位且计量精确性的指标不超出规定的范围；

计量工具校准——为了确定计量工具的实际计量特征，确定借助计量工具获得的度量值与使用度量单位工具复制的度量值之间比例业务总称；

国际单位体系——国际计量大会根据国际计量体系通过的单位体系，包括名称、标识和附件以及备注和使用规则；

计量方法——在确保依照规定的指标获得计量结果的计量中具体描述性的业务总称；

计量——以实验获得一个或者一个以上度量数量值且可以被得出的度量值论证的过程；

计量的可追踪性——根据其结果可以通过不间断地书面检查和校准与国内（原始）度量相符的计量特性；

计量鉴定——分析和评估使用与计量统一性有关的计量要求、规则和规范的正确性和完整性；

国内（原始）工具——作为其他度量单位工具给出度量值的基础被成员国认可且被用在国家或者经营活动中的度量单位工具；

计量工具检查——为了证明计量工具符合强制计量要求而办理的业务总称；

参考性计量方法——用于取得计量结果的且可以用于评估借助其他同类度量计量方法获得的度量值计量单位正确性以及计量工具校准或者确定标准样品特征的计量方法；

度量对比——在使用一个精确性水平的度量单位工具复制和传递度量单位中确定计量单位比例；

计量工具——用于计量且有计量特性的设备；

标准样品——有同一性和稳定性特性且用于计量或者质量特性评估的有确定的计量精确性指标和计量可追踪性的材料（物质）；

计量工具类型的批准—— 成员国保证计量统一性领域的国家政权（管理）根据测试肯定性结果允许在成员国境内使用批准类型计量工具的决定；

标准样式类型的批准——成员国保证计量统一性领域的国家政权（管理）根据测试肯定性结果允许在成员国境内使用批准类型标准样式的决定；

标度——为相应度量计量基础的度量单位值总称；

度量单位器具——用于复制、保存和传递度量单位或者刻度的技术工具（工具系列）。

3. 成员国通过使成员国保证计量统一性的法律相协调和采取协商性的行动，实施保证计量统一性领域的协商性政策：

1）通过批准相互认可保障计量统一性领域的工作成果，建立相互认可保证计量统一性领域工作成果的机制；

2）使用成员国确保与国际单位体系、国内单位序列和（或者）国际单位序列相符的单位序列、计量工具、标准样式和计量测试方法；

3）相互提供成员国信息库中含有的保证计量统一性领域的资料；

4）适用从事保证计量统一性领域协商性工作的办法。

4. 成员国根据国际与地区计量和标准化组织通过的文件采取旨在使成员国保障计量统一性领域与确定对计量、度量单位、计量单位和标度规格、计量工具、标准样品和计量方法的要求有关的法律相协调的措施。

5. 成员国根据批准的从事这些工作的办法和相互认可保证计量统一性领域工作成果的规则，相互认可成员国政权（管理）机关或者成员国被授权依照本国法律从事保障计量统一性领域工作的法人保证计量领域统一性的工作成果。相互认可保证计量统一领域的工作成果适用于在成员国境内制造的计量工具。

6. 为了保证计量结果、度量单位及成员国标准样式与国内标度和国际单位体系相符，成员国组织进行完善度量单位序列、确定和制定标准样式编码、通过定期合并确定成员国标度等同的国家间工作。

7. 成员国保证计量统一性领域的信息库构成包括：成员国保证计量统一性领域的规范性法律文件；规范性和国际文件；国际条约；计量测试方法、成员国监管领域的计量工具、度量单位和标度；批准的标准样式类型和批准的计量工具类型。

信息库依照成员国法律管理，相互提供含在信息库中的资料由本议定书第5款所述的成员国国家政权（管理）机关依照委员会批准的办法组织。

8. 成员国授予保证计量统一性领域的国家政权机关相应职权。被授予的职权旨在：实施协调成员国立场的磋商；协调和进行保证计量统一性领域的工作。

9. 委员会批准下列文件。

1）在制定联盟技术规范中使用的系统外数量单位清单，包括系统外数量单位与国际单位的比例。

2）相互间承认保证计量统一性领域工作结果的规则。

3）保证计量统一性领域的工作办法，包括：

——对联盟技术规范草案和因自愿适用其而保证遵守联盟技术规范要求的标准清单草案以及含有测试与计量规则和方法（包括选取采用和遵守联盟技术规范以及评估技术规范对象合格所必需的样本规则）的标准清单草案实施计量鉴定的办法；

——组织实施实验室之间对比测试办法；

——计量方法的计量测试办法；

——测试用作参考计量方法的计量方法办法；

——批准计量仪器类型办法；

——批准标准样式类型办法；

——组织检查和校正计量仪器的办法。

4）相互提供包含在成员国信息库中的保证计量统一性领域的资料办法。

十一 合格评估机关认证工作结果承认议定书

1. 本议定书依照《欧亚经济联盟条约》（简称《条约》）第十编制定，确定了相互承认合格评估机关认证工作结果的条件。

2. 本议定书使用的概念含义如下：

上诉——合格评估机关请求认证机关重新审议认证机关做出的涉及该合格评估机关的决定；

认证专家考核——证明自然人符合规定的要求和认可自然人具有实施认证工作的资质；

申诉——任何人含有对合格评估机关或者认证机关的行为（不作为）表达不满并要求答复的声明；

认证申请人——依照成员国法律登记的和要求取得合格评估机关认证的法人；

认证机关——被授权依照成员国法律进行认证的机关或者法人；

技术专家——由认证机关聘请和任命进行合格评估机关认证和被列入认证专家登记簿中且掌握某个领域专门认证知识的自然人；

认证专家——由认证机关依照成员国法律规定的程序考核和任命的进行合格评估机关认证和被列入认证登记簿中的自然人或法人。

3. 成员国通过下列方式使认证领域的法律相协调：

——根据国际标准以及国际和区域认证组织制定的其他文件制定认证领域的规则；

——保证和组织测试实验室之间的对比检验（测试实验室之间互联）；

——适用根据国际标准制定的认证领域的政府间标准；

——根据信息公开、无偿和及时性原则交换认证领域的信息；

——在认证机关满足《条约》第54条规定的情况下成员国相互承认成员国国内认证体系的合格评估机关（包括检验机关和测试实验室〔中心〕）的认证工作结果。

4. 合格认证机关行使下列职权。

1）制作和管理：

——合格评估机关认证登记簿；

——认证专家登记簿；

——技术专家登记簿；

——联盟合格评估机关统一登记簿国内部分。

2）向联盟一体化信息系统提供合格评估机关认证登记簿、认证专家登记簿和技术专家登记簿中的资料以及《条约》规定的涉及认证的其他资料。

3）为了达到在成员国适用程序的同等级别目的，向合格评估机关的代表提供相互比较评估的机会。

4）审查合格评估机关递交的有关重新审议认证机关做出的涉及合格评估机关决定的上诉并做出决定。

5）审查成员国自然人或者法人对认证机关活动以及合格评估认证机关活动提出的申诉。

5. 有关认证机关实务的信息由认证机关提供给委员会并在联盟官方网站发布。

6. 为了确保认证专家和技术专家鉴定资质的同等评估水平，认证机关确保对认证专家和技术专家资质提出的要求的协调。

十二 卫生、兽医和植物检疫措施适用议定书

Ⅰ 总则

1. 本议定书依照《欧亚经济联盟条约》第十一编制定，确定了采取卫生、兽医和植物检疫措施的办法。

2. 本议定书使用的概念含义如下：

外国官方监督体系审计——确定外国官方监督体系保证应受兽医检查（监督）的商品至少符合统一兽医（兽医卫生）要求的安全水平的程序；

兽医卫生措施——为了因发生的危险而防止联盟关境内的动物疾病和避免居民遭受人和动物共患疾病（包括动物、饲料、原料和动物产品携带和传播交通工具运输的）的危害适用的要求和程序，遵守它们是强制的；

兽医证书——由兽医领域的授权机关对过境的应受兽医检查（监督）的商品出具的和证明这些商品生产地点所在的行政区安全的文件，包括针对人畜共患的疾病在内的动物传染病商品；

国家登记——居民卫生防疫领域的授权机关实施的评估产品符合联盟统一卫生防疫要求和卫生要求或者技术规范要求的程序；

国家兽医检查（监督）——兽医领域的授权机关旨在防止含有包括人畜共患的疾病在内的动物传染病原体和不符合统一兽医（兽医卫生）要求的商品进口、传播以及预防、发现和制止违反构成联盟法的国际条约和文件要求的活动；

统一兽医（兽医卫生）要求——对应受兽医检查（监督）的商品及其流通和应受兽医检查（监督）的对象提出的要求，旨在防止包括人畜共患的疾病在内的动物传染病原体在联盟境内暴发和传播以及有危险的动物制商品（产品）向联盟关境内进口；

统一植物卫生检疫要求——对在联盟海关边境和联盟关境内应受检疫的产品（检疫货物、检疫材料、检疫商品）的商品及其应受检疫的对象提出的要求，旨在防止检疫对象在联盟关境内出现、进口和传播；

保证植物卫生检疫的统一规则和规范——联盟海关边境和联盟关境内

应受检疫的产品（检疫货物、检疫材料、检疫商品）植物卫生调查、查验及其检疫对象识别，实验室调查及其鉴定和无害化的规则、程序、指导和方法，以及植物卫生检疫授权机关实施的其他重要措施；

对应受卫生防疫检查（监督）商品（产品）的统一卫生防疫和卫生要求——含有委员会规定的必须遵守的对应受卫生防疫检查（监督）的商品（产品）提出的要求的文件，旨在预防栖息环境对人的机体有害影响和保证人的生命活动有利条件；

动物——所有的动物，包括鸟、蜜蜂、水生动物和野生动物；

植物卫生检疫——有关保护植物和植物产品不受联盟海关境内检疫对象危害措施体系的法律机制；

检疫对象——成员国境内不存在的或者传播受限制的并被列入联盟检疫对象统一清单中的有害机体；

植物卫生安全检疫——保证联盟关境免受检疫对象渗透和（或者）传播中发生的风险的状态；

应受兽医检查（监督）的对象—— 参与制造（生产）、加工、运输和（或者）储存应受兽医检查（监督）商品的组织或者人员；

卫生防疫措施——组织、行政、技术、医疗卫生、预防和其他措施的总称，旨在评估对人的栖息环境因素的有害影响，消除或者降低有害风险，防止传染病和非传染病发生和传播及消除它；

居民卫生防疫免疫——对人的栖息环境因素没有有害影响和保证人生命活动有利条件的居民健康状况和栖息环境；

卫生措施——为了保护人的生命和健康而必须遵守的与保证商品（产品）安全直接有关的要求和程序，包括对最终产品及其加工、生产、运输、储存和处理方法，样品选择程序，调查（试验）方法、风险评估，国家登记以及标识和包装的要求；

国家登记证明——由居民卫生防疫领域的授权机关依照委员会批准的统一格式和程序出具的证明商品（产品）安全性和商品（产品）符合统一的卫生防疫和卫生要求的文件；

居民卫生防疫领域的授权机关——依照成员国法律和委员会文件从事居民卫生防疫领域活动的国家机关和单位；

植物卫生检疫证书——附在检疫产品（检疫货物、检疫材料、检疫商品）上和由出口国（转口国）授权机关按照 1951 年 12 月 6 日的《国际植物保护公约》规定的格式出具的证明检疫产品（检疫货物、检疫材料、检疫商品）符合进口国植物卫生要求的国际样式的文件；

植物卫生检疫授权机关——国内植物卫生检疫和保护机关；

植物卫生检疫站——在联盟口岸和依照成员国法律确定的其他地点设立的植物卫生检疫站；

动物疫病状况——某一区域内在具体时间里以存在动物疾病及其传播和发病率为特征的兽医卫生形势。

Ⅱ 卫生措施

3. 联盟海关边界和联盟关境内的卫生防疫检查（监督）依照委员会批准的办法进行。

4. 成员国在用于应受卫生防疫检查（监督）的商品（产品）通过联盟边界的过境口岸设立卫生检疫站并采取实施卫生防疫所必需措施。

成员国根据委员会批准的要求，依照成员国的法律对卫生检疫站实施卫生防疫措施的设备和装备进行检查。

委员会依照成员国法律和构成联盟法的文件确定在有特殊装备的过境口岸过境的产品清单。

应当依照委员会的文件办理国家登记的产品在联盟关境内的流通在有国家登记的情况下进行。

5. 成员国：

1）采取旨在防止对人类健康构成危险的传染和非传染疾病进入联盟关境内及其传播，消除紧急情势以及使用生物媒介、化学和放射性物质的恐怖主义行为的措施；

2）对不允许进入联盟关境和流通的、对人的生命和健康及其生活的环境构成危险和应受国家卫生防疫检查（监督）的产品（商品）采取卫生防疫措施。

6. 成员国有权在下列情况下实施临时卫生措施和采取卫生防疫措施：

——成员国境内卫生防疫形势恶化；

——从相关国际组织、成员国和（或者）第三国获得有关适用卫生检疫措施和（或者）卫生防疫形势恶化的信息；

——如果适用卫生检疫措施的相关科学理由不足或者未能在规定的期限内被提交；

——发现了不符合联盟统一卫生要求或者技术规程的、应受国家卫生防疫检查（监督）的商品（产品）。

成员国应在尽可能短的期限内通知其他成员国本国实施的临时卫生措施和采取的卫生防疫措施及其变化。

其他成员国在实施临时卫生措施的情况下采取必要的措施和采取这方面的卫生防疫措施，以保证决定采取措施的成员国应有防护水平。

7. 居民卫生防疫领域的授权机关：

——在其从联盟关境进入成员国位于联盟关境和联盟关境内的口岸的情况下对人、交通工具和应受国家卫生防疫检查（监督）的商品（产品）实施国家卫生防疫检查（监督）；

——相互给予居民卫生防疫机关领域的协助；

——相互通报不符合统一卫生防疫和卫生要求的可能进口的商品以及发现国际医学卫生规则所述的特别危险的传染病和对人的生命和健康构成危险的产品；

——有权向其他成员国居民卫生防疫领域的授权机关索取实验室调查（检测）的必要记录；

——如有必要，为了遵守构成联盟法的卫生措施领域文件规定的要求以及防止带有传染和非传染疾病（毒害）、不符合统一卫生防疫和卫生要求的产品（商品）向联盟进口和扩散并就其他问题做出快速反应，成员国根据相互协议，在生产应受国家卫生防疫检查（监督）的商品（产品）成员国境内实施联合检查（稽查）。

居民卫生防疫领域的授权机关在于联盟关境发现传染和非传染疾病（毒害）以及对人的生命和健康及其生活的环境构成危险和应受国家卫生防疫检查（监督）的产品（商品）扩散的情况下送达有关它们和联盟一体化信息中采取的卫生防疫措施信息。

8. 与实施联合检查（稽查）有关的支出使用成员国的相关预算拨款，

各具体情况另有规定的除外。

Ⅲ 兽医卫生措施

9. 联盟海关边境和联盟关境内的兽医检查（监督）依照委员会批准的《联盟海关边境和联盟关境内的兽医检查（监督）条例》办理。

10. 成员国在用于应受兽医检查（监督）的商品通过联盟关境的口岸设立边境兽医检查站并采取必要的兽医卫生措施。

11. 兽医领域的授权机关：

1）采取防止包括人畜共患的疾病在内的动物传染病原体和对兽医卫生有危险的动物制商品（产品）进入并在联盟关境内传播的措施；

2）如果发现包括人畜共患的疾病在内的动物传染病原体和对兽医卫生有危险的动物制商品（产品）及其传播，那么在商品（产品）的不安全性被确诊或者证实后立即向委员会送达相关信息以及关于在联盟一体化信息系统内采取措施的信息，并通知其他成员国的授权机关；

3）及时向委员会通知成员国危险和应受检疫的动物疾病清单的修订；

4）相互提供兽医卫生领域的科学、方法和技术援助；

5）依照委员会批准的程序对外国的官方监督体系实施审计。

12. 对应受兽医检查（监督）的物品的联合检查依照《应受兽医检查（监督）的联合检查和商品样本选择统一程序条例》进行。

与外国官方监督体系审计和联合检查有关的支出由成员国的预算拨款，具体情况下协商了其他程序的除外。

13. 兽医检查（监督）中的实验室调查规则和方法由委员会批准。

14. 兽药、兽医卫生诊断设备、饲料添加剂和消毒、杀菌用品的流通管理规则由委员会批准。

15. 成员国可以根据统一兽医（兽医卫生）要求以及国际建议、标准和指导，与出具国（第三方）主管机关协商不同于委员会文件规定格式的进入联盟关境内的、被列入应受兽医检查（监督）的商品统一清单中的应受兽医检查（监督）商品的兽医证书样式。

16. 应受兽医检查（监督）的商品进口（出口）和过境核准以及兽医证书的办理由兽医领域的授权机关依照所属成员国法律进行。

海关过境程序下的应受兽医检查（监督）的商品依照委员会规定的办法在联盟关境内移动。

17. 兽医证书的统一格式由委员会批准。

Ⅳ 植物卫生检疫措施

18. 联盟海关边界和联盟境内的植物卫生检查（监督）依照委员会批准的办法进行。

19. 保障植物卫生检疫的统一规则和规范由委员会批准。

20. 成员国根据委员会批准的技术装备和围栏要求设立用于应受植物卫生检疫产品（应受检疫货物、应受检疫材料、应受检疫商品）通过联盟关境的口岸和植物卫生检疫其他地点（植物卫生检疫站）。

21. 成员国采取防止受检疫对象进入联盟关境和在其中扩散的必要措施。

22. 植物卫生检疫领域的授权机关：

1）在应受植物卫生检疫产品通过联盟关境进入口岸和植物卫生检疫的其他地点（植物卫生检疫站）时进行植物卫生检查（监督）；

2）在应受植物卫生检疫产品从一个成员国境内移动到另一个成员国境内的情况下实施植物卫生检查（监督）；

3）在联盟关境内发现检疫对象及其正在传播的情况下送达关于检疫对象的信息以及有关联盟统一信息系统中采取植物卫生检疫措施的信息；

4）相互及时通报本国境内发现和传播的检疫对象的情况和采取的临时植物卫生检疫措施；

5）相互给予保障植物卫生检疫领域的科学、方法和技术援助；

6）每年交换涉及上一年本国境内发现和传播的检疫对象统计信息；

7）交换涉及成员国境内植物卫生检疫状况的信息，在必要的情况下交换其他信息，包括应对检疫对象有效方法的资料；

8）根据有害有机物信息提出制定联盟免受检疫的有害有机物清单和检疫对象统一清单的建议；

9）就植物卫生检查（监督）领域的其他问题进行相互协作；

10）根据相互协议派遣专家对从第三国进口至联盟关境内的应受植物

卫生检疫产品的生产（制造）、分类、加工、仓储和包装地点进行联合检查，以及参与制定保障植物卫生检疫的统一规则和规范。

23. 如果依照应受检疫的产品清单属于应受检疫且有植物卫生检疫高度危险的各批次应受检疫的产品（应受检疫货物、应受检疫材料、应受检疫商品）要进入联盟关境和（或者）从一个成员国境内移动到另一个成员国境内，那么应当附上出口（转口）植物卫生检疫证书。

24. 对采取植物卫生检疫措施的实验室的保障依照委员会批准的办法实施。

25. 各成员国有权在下列情况下制定和实施临时植物卫生检疫措施：

1）境内植物卫生检疫形势恶化；

2）从相关国际组织、成员国和（或者）第三国获得有关适用植物卫生检疫措施的信息；

3）如果适用植物卫生检疫措施的相关科学理由不足或者未能在规定的期限内被提交；

4）在从第三国进口的应受检疫产品（应受检疫货物、应受检疫材料、应受检疫商品）中系统地发现检疫对象。

十三 实施消费者权利保护领域协商性政策的议定书

Ⅰ 总则

1. 本议定书根据《欧亚经济联盟条约》第十二编制定，确定了成员国在消费者权利保护领域实施协商性政策的原则及协商性政策的主要方向。

2. 本议定书使用的概念含义如下：

成员国消费者保护法——在成员国实施的、调整消费者权利保护领域关系的法律规范的总称；

制造商——为制造向消费者销售的商品的任何所有制形式的法人和登记为个体企业家的自然人；

承担人——为向消费者完成或者提供服务的任何所有制形式的法人和登记为个体企业家的自然人；

无良经营者——被发现在其活动中违反成员国消费者权利保护法、商业惯例且对消费者和环境造成财产或者非财产损失的卖方、制造商和承担人；

消费者协会——根据成员国法律登记的、旨在保护消费者合法权利和利益的公民和（或者）法人的非商业性联合体（组织）以及在一个或者若干个成员国境内运作的国际非政府组织；

消费者——拟订购（购买）商品（劳务、服务）或者订购的（购买的、使用的）商品（劳务、服务）只为个人（生活）所需的、与企业活动无关的自然人；

卖方——根据买卖合同向消费者销售商品的任何所有制形式的法人和登记为个体企业家的自然人；

消费者权利保护领域的授权机关——依照成员国法律和构成欧亚经济联盟法律的国际条约和文件实施消费者权利保护领域的检查（监督）和（或者）规范性法律管理的成员国国家机关。

Ⅱ 消费者权利保护领域协商性政策主要方面的实施

3. 为了给成员国公民创造保护消费者权利和合法利益的条件，成员国根据本国消费者权利保护法和该领域的国际条约实施消费者权利保护领域的下列主要方面的协商性政策：

1）向消费者、国家机关和消费者协会提供及时的和可靠的有关商品（劳务和服务）、制造商（卖方、承担者）的信息；

2）采取防止无良经营者的活动和在成员国境内销售不合格商品（劳务和服务）的措施；

3）通过增强消费者的法律知识和法律意识以及使其知悉依照行政和司法程序保护消费者权利的手段和受法律保护利益的性质，为消费者创造能够自由选择商品（劳务和服务）和获得成员国法律援助的条件；

4）实施作为成员国教育体系中公民培训组成部分的消费者权利保护教育纲领；

5）吸引包括广播和电视在内的大众传媒宣传和系统解释消费者权利保护问题；

6）使成员国消费者权利保护法接近。

Ⅲ 与消费者保护协会的相互协作

4. 成员国创造消费者保护协会独立活动的条件。消费者保护协会在该条件下参与制定和实施消费者权利保护领域的政策以及宣传和解释消费者权利，建立成员国之间交换消费者权利保护领域信息的制度。

Ⅳ 消费者权利保护领域的授权机关的相互协作

5. 消费者权利保护领域的授权机关的相互协作通过下列方式实现。

1）交换关于下列问题的信息：

——成员国在消费者权利的国家和社会保护领域的实践；

——完善和实施遵守成员国消费者权利保护法的监督体系运作的措施；

——成员国消费者权利保护法的修订。

2）就预防、发现和制止成员国居民违反成员国消费者权利保护法进行合作，包括交换发现的国内市场中违反消费者权利法的信息（包括应消费者权利保护领域的授权机关的请求）。

3）就涉及成员国在消费者权利保护领域的相互利益问题进行联合分析研究。

4）就合作过程中的问题提供实际协助，包括建立工作组、交换经验和培训人才。

5）组织交换消费者权利保护领域的授权机关活动结果的统计信息。

6）就消费者权利保护领域的其他问题开展合作。

V 委员会的权力

6. 委员会行使以下权力：

1）向成员国提出旨在提高消费者权利保护领域的授权机关相互协作效果的建议；

2）向成员国提出实施本议定书上述条款相关办法的建议；

3）建立保护消费者权利问题的咨询委员会。

十四 实施协商性的宏观经济政策议定书

Ⅰ 总则

1. 本议定书依照《欧亚经济联盟条约》(简称《条约》)第 62 和第 63 条制定,确定了成员国实施协商性宏观经济政策的办法。

2. 本议定书使用的概念含义如下:

外部预测参数——以对成员国的经济发展造成重大影响的外部因素为特征和在编制成员国正式的社会经济发展预测中使用的指标;

外部区间预测参数数值——高于或者低于外部预测参数数值的数值;

宏观经济指标——以成员国经济状况及其发展和对不利因素影响的抵抗力以及一体化合作为特征的参数;

联盟经济发展的主要方面——成员国为了取得额外经济效果的、确定社会经济发展前景和其实施有赖于利用联盟一体化潜力和成员国竞争优势的建议性文件;

联盟宏观经济政策的基本方针——确定成员国经济最重要的、旨在实现联盟经济发展主要方面规定的中期和长期目标的、包括实现上述目标建议在内的纲领性文件。

Ⅱ 协商性的宏观经济政策主要方面的实施

3. 为了实施协商性宏观经济政策的主要方面,成员国:

1)协商利用联盟一体化潜力以及某个可能或者有必要的领域和部门的竞争优势的措施;

2)在实施协商性的宏观经济政策时考虑联盟的经济发展、成员国宏观经济政策的主要方面及成员国宏观经济政策的基本方针;

3)根据规定的外部预测参数数值编制成员国正式的社会经济发展预测;

4)在《条约》第 63 条规定的确定成员国经济发展稳定的宏观经济指标数值的框架下实施协商性的宏观经济政策;

5）在某个成员国确定经济发展稳定的宏观经济指标不符合《条约》第63条规定数值的情况下参与制定包括联合措施在内的措施。在必要情况下考虑委员会依照其批准的程序提出的稳定经济形势的建议；

6）就涉及成员国经济形势问题进行协商，以提出稳定经济的建议。

Ⅲ　委员会的主管

4. 委员会通过下列方式协调成员国实施协商性的宏观经济政策。

1）监测：

——根据委员会批准的方法计算的确定成员国经济发展稳定的宏观经济指标及其与《条约》第63条确定的数值是否相符；

——本议定书第Ⅳ部分确定的经济发展水平和动态指标以及一体化程度指标。

2）经与成员国协商制定下列由最高理事会批准的文件：

——联盟经济发展的主要方面；

——成员国宏观经济政策的主要方向；

——在成员国相关经济指标数值超过《条约》第63条规定的确定经济发展稳定的宏观经济指标数值的情况下稳定经济形势的联合措施。

3）制定：

——在成员国相关经济指标数值超过《条约》第63条规定的确定经济发展稳定的宏观经济指标数值的情况下稳定经济形势的建议；

——为了分析目的，根据外部预测参数数值预测联盟社会经济发展。

4）就涉及成员国经济形势的问题进行协商，以提出稳定经济的建议。

5）与成员国协商批准的用于成员国正式的社会经济发展预测的外部预测参数数值。

6）分析：

——通过的决定对成员国经营主体经济活动条件和经营积极性的影响；

——协商性的宏观经济政策是否符合成员国的宏观经济政策导向。

7）成员国的授权机关与委员会之间为了实施协商性的宏观经济政策交换信息。

交换办法由委员会批准。

Ⅳ 一体化程度、经济发展水平和动态、外部预测参数指标

5. 为确定一体化程度，使用下列指标：

1）流向各成员国经济包括直接投资（美元）在内的国内投资规模；

2）从各成员国流向经济的包括直接投资（美元）在内的国内投资规模；

3）各成员国在成员国出口总额中的份额（百分比）；

4）各成员国在成员国进口总额中的份额（百分比）；

5）各成员国在成员国外贸总额中的份额（百分比）。

6. 为确定经济发展水平和动态，使用下列指标：

1）国内生产总值增长速度（百分比）；

2）按照购买力平价计算的人均国内生产总值（美元）；

3）经常性支付业务余额（美元，国内生产总值百分比）；

4）基于消费者价格指数计算的实际有效本币汇率指数（百分比）。

7. 委员会经与成员国协商可以对不同于本议定书第 5 和第 6 款所述的其他指标实时监测。

8. 成员国协商三年期的下列外部预测参数数值：

——世界经济增长率；

——布伦特原油价格。

被授权编制成员国正式的社会经济发展预测的执行权机关交换包括相互贸易在内的外贸信息。为了编制个别成员国正式的社会经济发展预测，俄罗斯联邦依照委员会批准的程序向上述授权机关提供用于国内消费的天然气预测价格的变化区间信息。

俄罗斯联邦为了宏观经济预测目的提供上述信息不是俄罗斯联邦按照区间预测的价格向成员国供应天然气的义务。

成员国的国家（中央）银行互相告知实施的汇率政策。

9. 基于宏观经济预测目的的信息交换根据成员国对相关信息的保密要求进行。

10. 最高理事会可以决定重新审议在编制成员国正式的社会经济发展预测中使用的外部预测参数。

十五　旨在实施协商性货币政策措施的议定书

Ⅰ　总则

1. 本议定书根据《欧亚经济联盟条约》第 64 条制定，规定了成员国为了实施协商性货币政策而采取的措施。

2. 本议定书使用下列概念：

货币法——成员国货币管理和货币监督领域的法律文件和为执行其通过的规范性法律文件；

货币限制——由构成联盟法的国际条约和文件或者成员国货币法规定的货币业务限制，诸如直接禁止，规模、数量、办理期限和货币支付的限制，规定取得办理货币业务的特别许可，储备金、货币业务的长头寸和短头寸要求，以及在成员国境内开立和管理账户有关的限制和强制结汇的要求；

一体化货币市场——由共同的运作和国家管理原则联合起来的成员国国内货币市场的总称；

自由化措施——旨在弱化或者废除涉及成员国居民之间的货币业务以及与第三国居民的货币业务的货币限制的行动；

成员国居民——根据该成员国货币法为一个成员国居民的人员；

第三国居民——不是任何成员国居民的人员；

授权组织——为成员国居民的、根据其设立国法律有权办理外汇业务的法人；

货币监管授权机关——成员国拥有实施货币监督职权的执行权机关、其他国家机关以及成员国的国家（中央）银行。

成员国在调整货币法律关系中根据国内货币法采用"非居民"概念。

Ⅱ　旨在实施协商性货币政策的措施

3. 为了实施协商性货币政策，成员国采取下列措施：

1）协调本币汇率政策以确保在成员国居民的相互结算中扩大使用成员国的本币，包括组织旨在制定和协调汇率政策的相互协商；

2）通过创造成员国居民不受限制地通过成员国银行买卖外汇的条件确保本币经常项目和资本项目不受限制的可兑换性；

3）创造成员国本币直接相互挂牌的条件；

4）确保成员国居民之间使用成员国本币进行相互结算；

5）基于扩大本币在成员国之间相互结算中的使用完善成员国之间支付结算关系的机制；

6）禁止适用妨碍成员国居民之间相互贸易的本币官方汇率；

7）成员国国家（中央）银行基于场内市场形成的汇率或者基于成员国本币对美元的交叉汇率确定本币的官方汇率；

8）不断交换货币市场发展状况和前景的信息；

9）建立成员国一体化的货币市场；

10）各成员国确保为成员国居民所有的和依照该成员国法有权从事银行服务的银行进入国内货币市场以国民待遇条件办理银行间兑换业务；

11）成员国银行有权自由将其往来账户中的属于自己的本币资金兑换为第三国的货币；

12）为其他成员国包括有价证券在内的本币资产的运营创造条件；

13）进一步提高国内货币市场的流动性；

14）在成员国有组织的市场上发展本币交易并确保成员国货币市场的准入；

15）发展有组织的金融衍生工具市场。

4. 为了使成员国调整货币法律关系的国内法接近，成员国采取下列自由化措施：

1）逐步消除涉及成员国居民在成员国境内银行的货币业务和开立或者管理账户的妨碍有效经济合作的货币限制；

2）确定第三国居民在位于成员国境内的银行开立或者管理账户以及成员国居民在第三国境内的银行开立或者管理账户程序的措施；

3）根据保留国家主权的原则，选择要求成员国居民调回应当强制存入银行账户资金的措施；

4）确定成员国居民之间办理不适用货币限制的货币业务清单；

5）确定成员国居民在办理货币业务中的权利和义务范围，包括不使用位于成员国境内的银行账户进行结算的权利；

6）对成员国居民调回应当强制存入其银行账户的资金要求的协调；

7）成员国居民和非居民在联盟关境内自由转移资金和金融工具；

8）货币业务统计和监督要求的协调；

9）关于违反成员国货币法规范的协调。

Ⅲ 货币监督授权机关的相互协作

5. 货币监管授权机关的相互协作通过下列方式进行。

1）交换下列方面的信息：

——成员国监督和护法机关在监督遵守货币法领域的实践；

——完善货币法遵守监督体系并确保其运作的措施；

——货币监督组织的以及法律性的信息，包括成员国货币监督领域的法律和成员国货币监督领域的法律修订。

2）预防、发现和制止成员国居民在办理货币业务中违反成员国法律的合作，包括根据货币监督授权机关的请求交换违反货币法办理的业务信息。

3）对成员国在货币管理和监督领域的共同利益问题进行联合分析。

4）就在合作过程中发生的问题提供实际协助，包括成立工作组、交流经验和培训干部。

5）组织交换货币管理和货币监督问题统计信息，包括：

——成员国居民之间货币业务的支付和汇款规模；

——一个成员国居民在其他成员国授权组织开立的账户数量。

6）进行货币监管授权机关合作领域的其他联合行动。

6. 货币监管授权机关在货币监管领域根据货币监管授权机关之间个别议定书进行包括提供信息在内的具体方面的合作。

7. 通过下列方式给予实际帮助：

——组织货币监管授权机关代表的工作访问；

——举行研讨会和协商；

——制定和交流方法性建议。

Ⅳ 根据授权机关请求的信息交换

8. 提出和答复提供信息的请求按照下列办法进行。

1）请求以书面形式或者通过使用文本传送技术工具转达。在使用技术性文本传输工具以及对收到的请求真实性或者内容产生怀疑的情况下被请求的货币监管授权机关可以请求书面证明。

2）在办理行政违法案件框架下提供信息的请求包含：

——提出请求的货币监管授权机关名称；

——被请求的货币监管授权机关名称；

——案情的简短描述并在必要情况下附上证明文件的复印件；

——根据提出请求的货币监管授权机关国家法律的违法构成；

——执行请求所必需的其他资料。

3）请求和答复使用俄文。

9. 在有将本议定书框架下获得的信息转交给第三方的必要性的情况下要求提供信息的货币监管授权机关书面同意。

10. 请求根据提出请求的货币监管授权机关遵守被请求的货币监管授权机关国家的法律规定的程序性期限的可能性执行。

如对答复请求是必要的，那么被请求的货币监督授权机关有权索取补充信息。

11. 在无法执行请求的情况下被请求的货币监管授权机关通知提出请求的货币监管授权机关并说明原因。

12. 货币监管授权机关承担货币监管领域相互协助框架下的信息交换费用。

在收到要求额外支出的请求的情况下拨款问题由货币监管授权机关根据互惠协议考虑。

Ⅴ 货币限制

13. 各成员国只有在特殊情况下才有权实施期限不超过一年的货币限制。

特殊情况为：

——支付平衡出现了因此可能使成员国的黄金储备降低到规定的水平以下的情况；

——出现了实施自由化措施可能会损害成员国安全利益和妨碍维持社会秩序的情况；

成员国本币汇率剧烈波动。

14. 实施货币限制的成员国在实施货币限制之日起不迟于 15 日通知其他成员国。

十六 服务贸易、设立机构、活动和投资议定书

Ⅰ 总则

1. 本议定书依照《欧亚经济联盟条约》（简称《条约》）第 65 ~ 69 条制定，确定了在成员国的服务贸易、设立机构、开展活动和投资领域的法律基础。

2. 本议定书的条款适用于成员国涉及服务供应和接受、设立机构、开展活动和投资的任何措施。

因电子通信服务贸易而发生的法律关系根据本议定书附件 1 确定。

成员国对所有的部门和活动保留平行限制根据本议定书附件 2 确定。

本议定书第 15 ~ 17、第 23、第 26、第 31 和第 33 款规定的个别国内限制清单（简称"国内清单"）及其取消、补充要求和条件由最高理事会批准。

3. 本议定书的条款适用于设立、收购、控制的成员国法人，设立的分支机构、代表处和登记的《条约》生效之日存在的个体企业家以及《条约》生效后设立、收购、控制的成员国法人，设立的分支机构、代表处和登记的个体企业家。

尽管有本议定书第 16、第 17、第 23、第 26、第 31 和第 33 款的规定，但成员国保留对新的服务，即在《条约》生效之日不存在的服务采取任何措施的权利。

成员国在制定或者采取涉及新服务且与上述条款规定不相容的措施情况下自其制定和采取之日起不迟于一个月通知其他成员国和委员会。成员国国内清单的相关修订由最高理事会批准。

4. 本议定书的条款不适用于本议定书第 6 款第 22 分款第 2 和第 3 段所述的与服务方式有关的航空运输承运人权利和与承运人权利直接相关的服务，飞机的修理和维护、航空运输服务的供应和营销以及计算机订票系统服务除外。

5. 成员国不得降低其法律规定的和涉及保护人的生命和健康、环境，

维护国家安全的要求以及作为吸引其他成员国人员和第三国人员在本国境内设立机构机制的劳动标准。

Ⅱ　概念和定义

6. 本议定书中使用的概念含义如下。

1）东道国——其他成员国投资者在其境内从事投资的成员国。

2）活动——本款第 24 款第 6 分款第 2～6 段中列举的法人、分支机构、代表处和个体企业家从事的企业活动和其他活动（包括服务贸易和商品生产）。

3）与投资有关的活动——占有、使用和（或者）支配投资。

4）收入——因投资而获得的收益，包括分红、利息、许可费、手续费和其他报酬。

5）成员国法律——成员国法律和其他规范性法律文件。

6）申请人——一个成员国的向该成员国或者其他成员国提出给予核准申请的人员。

7）投资——一个成员国的投资者依照其他成员国法律向其境内的企业活动对象投入物质和非物质资产，包括：

——金钱、有价证券和其他财产；

——依照成员国法律或者根据合同给予从事企业活动的权利，包括勘探、开发、开采和使用自然资源的权利；

——财产和可由金钱评估的其他权利。

8）成员国投资者——成员国依照其他成员国法律在其境内投资的任何人员。

9）主管机关——在成员国授权框架内对涵盖本议定书的问题履行监督、核准和行使其他职能的任何机关或者任何组织，包括行政机关、法院、职业团体和协会。

10）成员国任何人员——成员国任何自然人或者法人。

11）成员国措施——成员国法律以及该成员国任何级别的国家政权机关或者官员、地方自治机关或者组织在行使授予的权力时通过或者采取的任何决定、行为或者不作为。

在成员国的机关通过（颁布）具有建议性的官方文件的情况下如果证明该建议针对的大部分对象（国家、地区和市镇政权机关，非政府机关，该成员国的人员，其他成员国的人员，任何第三国的人员）遵守它，那么该建议可以被视为适用于本议定书所指的成员国措施。

12）服务的获得者——成员国被提供服务或者拟享受服务的任何人员。

13）服务供应商——成员国提供服务的任何人员。

14）代表机构——在法人所在地之外的且代表和维护法人利益的法人的下属机构。

15）核准——成员国法律规定的、根据申请人请求主管机关证明某人从事某种活动或者实施某个行为的权利，包括通过列入登记簿和出具官方文件的方式（许可证、同意、鉴定、考核、证明、证书等）——在此情况下核准可以根据竞标结果给予。

16）核准程序——主管机关依照成员国的法律实施的与下列问题有关的程序总称：给予和重新办理核准及其副本；终止、中止或者恢复核准或者延长核准期限；吊销（取消）核准；拒绝给予核准以及审议该问题的投诉。

17）核准要求——核准要求可以为了确保申请人依照成员国法律从事贸易和其他活动的资质和能力而对被核准的活动提出。

18）机制——成员国措施的总称。

19）服务部门：

本议定书附件 2 和最高理事会批准的清单——一个或者几个或者所有的个别服务分部门；

其他情况下——所有的服务部门，包括其所有的分部门。

20）成员国境内——成员国领土以及成员国依照国际法和本国法行使主权和管辖权的专属经济区和大陆架。

21）经济合理性测试——存在经济必要性或者市场需求、活动的潜在或者实质经济影响或者相关活动评估符合授权机关确定的经济规划宗旨的证据决定着给予相应核准。概念不涵盖与非经济性质规划有关的条件并以反映公共利益论证，诸如社会政策、实施地方政权机关在其主管内批准的社会经济发展纲领或者城市居住环境保护，包括实施城市规划。

22）服务贸易——提供服务，包括生产、分配、营销、销售和交付服务，以下列方式提供：

——从一个成员国境内向任何其他成员国境内；

——该成员国人员从一个成员国境内向其他成员国服务获得者；

——一个成员国的服务供应商通过在其他成员国境内设立机构；

——一个成员国的服务供应商通过该成员国的自然人在其他成员国境内的存在。

23）第三国——不是成员国的国家。

24）设立：

——设立和（或者）收购法人在境内建立或者设立的成员国法律规定的任何组织形式和所有制形式的法人（参股建立或者设立的法人）；

——取得对法人的控制，表现在获得直接或者通过第三人决定法人做决定的可能性，包括以支配法人表决股（股份）的投票方式和以参加法人董事会（监事会）和其他管理机关的方式；

——开设分支机构；

——设立代表处；

——作为个体企业家登记。

设立机构包括为了服务贸易和（或者）商品生产而设立机构。

25）成员国自然人——依照成员国法律为成员国的公民。

26）分支机构——在法人所在地之外的且行使包括代表机构职能在内的其所有或者部分职能的法人下属机构。

27）成员国法人——依照成员国法律在成员国境内建立或者设立的任何组织形式的组织。

7. 为了本议定书目的，服务部门根据联合国秘书处统计委员会批准的主要产品国际分类表确定和分类。

Ⅲ 支付和汇款

8. 除了本议定书第 11～14 款规定的情况外，各成员国废除对服务贸易、设立机构、活动和投资有关的汇款和支付的现行限制且不实行新的限制，包括：

1）收入；

2）为清偿被成员国认定为投资的借款和贷款而支付的资金；

3）投资者与部分或者完全解散商业组织或者出售投资有关的资金；

4）投资者依照本议定书第 77 款获得的作为损害赔偿和作为本议定书第 79~81 款规定的补偿资金；

5）因在东道国境内投资而被允许工作的其他成员国的投资者和公民取得的工资和其他报酬。

9. 本编不涉及任何成员国与国际货币基金组织成员国的权利和义务，包括在成员国的措施符合 1944 年 7 月 22 日《国际货币基金组织协定》相应条文的条件下以及在成员国未对汇款和支付设置与本议定书规定的涉及这些业务的义务不相容限制的条件下，或者在根据国际货币基金组织的要求适用限制的情况下涉及货币管理措施的权利和义务，本议定书第 11~14 款所述的情况或者根据国际货币基金组织要求实行限制的情况除外。

10. 本议定书第 8 款规定的汇款可以以任何可自由兑换的货币办理。资金按照汇款和支付之日成员国境内实行的汇率办理，不得无理扣留。

Ⅳ 对支付和汇款的限制

11. 在支付平衡状况恶化、黄金储备大大减少、本币汇率急剧波动或者受到威胁的情况下，成员国可以对本议定书第 8 款规定的汇款和支付实施限制。

12. 本议定书第 11 款所述的限制：

1）不得造成对成员国的歧视；

2）应当符合 1944 年 7 月 22 日《国际货币基金组织协定》的条款；

3）不得对任何其他成员国造成额外的商业、经济和金融损害；

4）程度不得比克服本议定书第 11 款所述的情况所必需的程度更大；

5）应当是临时性的并随本议定书第 11 款所述的情况消失而逐步取消。

13. 成员国在确定本议定书第 11 款所述限制的效力范围时可以倾向于对本国经济纲领或者发展纲领更重要的商品或者服务供应。然而，该限制不为了保护某个经济部门而确定和保留。

14. 成员国依照本议定书第 11 款确定或者保留的限制，或者该限制的任何修改为立即向其他成员国通报的对象。

V 国家参与

15. 各成员国根据国内清单和本议定书附件 2 规定的限制、保留、补充要求和条件向其他成员国的人员提供不低于给予本国人员参与私有化的待遇。

16. 如果在成员国境内运作着该成员国参股其资本或者控制的法人，那么该成员国确保上述人员遵循下述要求。

1）根据其商业诉求从事其活动和本议定书调整的关系：

——根据与这些关系其他参与者的平等原则；

——根据不取决于其国籍、登记（设立）地、组织形式或者所有制形式而对这些关系的其他参与者构成歧视原则。

2）不因成员国参与或者该成员国控制其而获得权利、特权或者职责。

上述要求在法人的活动旨在履行成员国的社会政策任务以及涉及国内清单和本议定书附件 2 所述限制和条件的情况下不适用。

17. 本议定书第 16 款的规定也适用于被正式授予或者实际享有专属权或者特权的法人，被授予根据本议定书第 30 款第 2 和第 6 分款被列入国内清单和本议定书附件 2 中的权利和（或者）特权的法人以及其活动依照《条约》第十九编管理的法人除外。

18. 各成员国确保本国各级国家政权机关和地方自治机关独立于任何从事其管理隶属于相应机关主管的经济部门活动的人员且不受其控制和不对其负责，不对《条约》第 69 条造成损害。

该成员国包括上述机关决定在内的确定和实行规则和程序的措施应当对所有从事经营活动的人员公正和客观。

19. 尽管本议定书第 30 款有规定，但各成员国可以依照与《条约》第十九编有关的义务在其境内保留为自然垄断主体的法人。在其境内保留为自然垄断主体的法人的成员国确保该法人的运作与该成员国与《条约》第十九编有关的义务相容。

20. 如果本议定书第 19 款所述的一个成员国法人直接或者通过其他成员国人员控制其垄断权以外的法人，那么该成员国确保该法人不滥用其垄断地位，且运作与该成员国与《条约》第十九编有关的义务相容。

Ⅵ 服务贸易、设立机构、活动

一 在服务贸易、设立机构和活动中的国民待遇

21. 成员国在涉及服务贸易的所有措施方面向其他成员国的服务供应商和获得者提供不低于类似情况下向本国类似服务、服务供应商和服务获得者提供的待遇。

22. 成员国通过向任何其他成员国的人员提供同样的或者不同于该成员国给予本国人员的机制履行本议定书第21款所述的义务。

如果与任何其他成员国的人员相比，针对该成员国人员的竞争条件被替换，那么同等或者不同的待遇视为不利。

23. 尽管有本议定书第21款的规定，但各成员国可以对其他成员国的服务、服务供应商和服务获得者适用国内清单或者本议定书附件2所述的个别限制和条件。

24. 成员国向任何其他成员国的人员提供与设立机构和活动有关的、不差于类似情况下在本国境内向本国人员提供的待遇。

25. 成员国通过向任何其他成员国的人员提供同样的或者不同于该成员国给予本国人员的机制履行本议定书第24款所述的义务。

如果与任何其他成员国的人员相比，针对该成员国人员的竞争条件被替换，那么同等或者不同待遇视为不利。

26. 尽管有本议定书第24款的规定，但各成员国对其他成员国的机构设立和活动适用国内清单或者本议定书附件2所述的个别限制和条件。

二 在服务贸易、设立机构和活动中的最惠国待遇

27. 成员国在类似情况下向任何其他成员国服务、服务供应商和获得者提供不低于向第三国类似服务、服务供应商和获得者提供的待遇。

28. 尽管有本议定书第27款的规定，但各成员国对其他成员国的服务、服务供应商和获得者适用国内清单或者本议定书附件2所述的个别限制和条件。

29. 成员国在类似情况下向任何其他成员国的人员以及设立人员提供不低于向第三国的人员和设立人员提供的涉及本国境内机构和活动的待遇。

三 数量和投资措施

30. 成员国不对任何其他成员国的人员实行与服务贸易、设立机构和活动有关的限制，涉及：

1）配额形式的服务供应商数量，经济合理性测试或者任何其他数量形式的限制；

2）设立、收购和（或者）控制的法人、分支机构或者代表机构和登记为个体企业家的数量；

3）配额形式的任何服务供应商，经济合理性测试或者任何其他数量形式的设立的、收购的和（或者）控制的法人、分支机构或者代表机构和登记为个体企业家的业务；

4）在从事活动中设置配额、经济合理性测试或者任何其他数量形式的限制；

5）机构形式，包括法人的组织形式；

6）购买的法人注册资本份额或者对法人的控制程度；

7）数量配额形式或者经济合理性测试形式的可以在某个服务部门从业的自然人或者服务供应商可以雇佣的且必需和与某种服务供应直接相关的自然人总数量限制。

31. 如果国内清单或者本议定书附件 2 中有限制，那么各成员国可以对其他成员国的服务、服务供应商和服务获得者适用本议定书第 32 款所述的补充要求。

32. 任何成员国都不得对其他成员国的人员及其设立机构的人员实行与设立机构和（或者）活动条件有关的下列补充要求：

1）出口所有或者部分生产的商品或者服务；

2）进口商品或者服务；

3）购买或者使用原产地为成员国的商品或者服务；

4）限制在该成员国境内销售商品或者供应服务、向该成员国境内进口商品或者从该成员国境内出口商品以及与生产的商品（供应的服务）、使用的本地商品或者服务规模或者限制企业获得本分款所述的服务有关的要求；

5）转移工艺、技术和有商业价值的其他信息，在根据法院的判决或者保护竞争领域的授权机关决定且遵守成员国其他国际条约确定的竞争政策规则的条件下转让的情况除外。

33. 如果国内清单或者本议定书附件 2 中有限制，那么各成员国可以对其他成员国的人员适用本议定书第 32 款所述的补充要求。

34. 遵守本议定书第 32 款所述的要求不得成为任何成员国的人员因设立机构或者活动而获得某种特惠的依据。

四 自然人流动

35. 除了国内清单或者本议定书附件 2 所述的限制和要求外，成员国根据《条约》第二十六编的条款不实行与因设立、收购和（或者）控制法人、分支机构或者代表机构和登记为个体企业家而雇佣的工作人员有关的限制。

36. 如果根据工作人员的国籍适用不导致对他们的实际歧视，那么本议定书第 35 款的规定不适用于对工作人员教育、经验、资格和业务质量提出的要求。

37. 根据《条约》第二十六编的条款，成员国可以不对以本议定书第 6 款第 22 分款第 5 段所述的方式参与服务贸易且在该成员国境内存在的自然人实行限制。

五 统一服务市场的建立

38. 本编的统一服务市场是指在具体部门内各成员国向其他成员国的人员给予下列权利的服务市场状态：

1）依照本议定书第 21、第 24、第 27、第 29、第 30 和第 32 款所述的条件，不受限制、无例外和无补充要求地提供和获得服务，本议定书附件 2 规定的条件和限制除外；

2）不以设立法人形式的补充机构提供服务；

3）根据服务供应商在其本国境内取得的服务供应核准提供服务；

4）认可服务供应人员职业资格证书。

39. 统一服务市场规则按照互惠条件对成员国实行。

40. 联盟框架下的统一服务市场在最高理事会根据成员国与委员会协商的建议批准的服务部门内运作。

41. 成员国努力相互审议服务部门数量最多的单一服务市场规则，包括以分步减少国内清单规定的例外和限制的方式。

42. 建立个别服务部门的统一市场办法和步骤由最高理事会根据成员国与委员会协商的建议批准的自由化计划规定。

43. 自由化计划可以为个别成员国确定比自由化个别服务部门更晚的期限，但这不是其他成员国按照互惠条件建立这些服务部门统一市场的障碍。

44. 不适用统一服务市场规则的服务部门适用本议定书第Ⅰ～Ⅳ编的条款。

六　在服务贸易、设立机构、活动和投资问题上与第三国的关系

45. 本议定书不妨碍成员国与第三国签订符合本议定书第46款要求的经济一体化国际协定。

签订经济一体化国际协定的各成员国在类似条件下向其他成员国提供在经济一体化国际协定框架下提供的减让。

本款中的减让是指成员国取消其国内清单规定的一个或者几个限制。

46. 为了本议定书的目的，符合下列标准的国际协定视为成员国与第三国之间的经济一体化国际协定：

1）涵盖所有的服务部门以及故意不排除在某种情况下的服务供应手段、机构设立和活动问题；

2）旨在消除现有歧视性措施和禁止设置新歧视性措施；

3）旨在自由化服务贸易、设立机构和活动。

47. 与第三国签订一体化国际协定的第三国必须在自其签订之日起一个月内向其他成员国通报。

48. 成员国自行制定涉及与第三国的服务贸易、设立机构、活动和投资的外贸政策。

七　服务获得者的补充权利

49. 各成员国根据《条约》第十五编，确保不对服务获得者设立限制接受、享用或者支付其他成员国服务供应商提供的服务的权利歧视性要求或者特殊条件，包括选择服务供应商或者获得主管机关核准。

50. 各成员国根据《条约》第十五编，确保不因国籍、居住地或者设立或者活动所在地而对服务获得者适用歧视要求或者特殊条件。

51. 各成员国必须要求：

1）服务供应商依照《条约》和成员国法律向服务获得者提供所必需的

信息；

2）主管机关采取保护服务获得者的权利和合法利益的措施。

52. 本议定书不涉及成员国采取实施社会政策所必需的任何措施，包括退休保障和居民社会支持问题在内。

消费者获得《条约》第十九、第二十和第二十一编涵盖的服务问题和向消费者提供这些服务的机制由这些编的条款分别调整。

八 相互认可核准和资格证书

53. 认可被实施了自由化计划的部门的服务供应核准在制定了本议定书第 54 和第 55 款所述的措施后保证。

54. 与达到部门监管内容的相同有关的相互认可具体部门服务供应核准的决定（包括跨部门性质的）根据成员国的相互磋商做出。

55. 自由化计划确保：

1）考虑确定的具体服务部门相协调的期限，逐步使从事活动的准入机制相互接近（包括核准要求和程序在内）；

2）依照《条约》第 68 条建立行政合作机制；

3）认可服务供应商工作人员的资格证书。

56. 如果从事职业服务的准入要求通过职业考试，那么各成员国确保通过该职业资格考试的非歧视办法。

九 对服务贸易、设立机构和活动的国内监管

57. 各成员国确保本国所有影响服务贸易、设立机构和活动的措施合理、客观和公正地适用。

58. 为了修改影响服务贸易、设立机构和活动的行政决定，各成员国尽快和尽可能保留或者设立应利益被触及的其他成员国人员请求毫不迟延地审议和合理采取措施的司法、仲裁或者行政机关或者程序。如果上述程序不独立于授权做出决定的机关，那么成员国确保程序客观和公正地被审议。

59. 本议定书第 58 款的规定不要求成员国设立本议定书第 58 款所述的与本国宪法程序或者司法体系性质不相容的机关或者程序。

60. 如有必要获得服务贸易、设立机构和活动的准入，那么成员国主管机关在收到符合成员国法律和监管规则要求的申请后在合理时间内告知申请人有关申请的审核及根据审核结果做出的决定。

如果未收到符合成员国法律要求的所有资料和（或者）文件，上述申请视为未按规定办理。

在任何情况下申请人都应当被给予对申请进行技术修改的可能性。

成员国主管机关应申请人的请求，不多收费地提供有关申请审核过程的信息。

61. 为了确保核准要求和程序不对服务贸易、设立机构和活动造成不合理的障碍，委员会经与成员国协商，制定由最高理事会批准的规则。该要求旨在保证核准要求和程序：

1）以作为从事服务贸易和活动资质和能力的客观和透明标准为基础；

2）不得超过保证从事的活动安全以及提供的服务安全和质量所必需的；

3）不是服务贸易、设立机构和活动的限制。

62. 成员国不适用取消或者减损益处的核准要求和程序，即：

1）不符合本议定书第 61 条规定的标准；

2）在《条约》签署之日成员国法律未规定的和相关成员国未通过的。

63. 在确定成员国履行本议定书第 62 款所述的义务的事实中应当重视所有成员国都为其成员的国际组织的国际标准。

64. 如果成员国对服务贸易、设立机构和（或者）活动实行核准要求，那么该成员国确保做到以下几点。

1）公布或者以其他方式告知负责给予核准的主管机关名称。

2）成员国规定的所有核准要求和程序以及规定或者适用核准要求和程序的文件在生效之日前公布。

3）成员国主管机关在成员国法律规定的合理期限内做出给予或者拒绝给予核准的决定，通常不迟于自收到依照成员国法律要求办理的申请之日起 30 日内。该期限根据要求的收到和处理实施核准程序所必需的所有文件和（或者）资料的最少时间确定。

4）除了征收的从事活动权利费以外，因提交和审核申请而征收的任何费用都不得成为服务贸易、设立机构和活动的限制，并以主管机关与审核申请和给予核准有关的花费为基础。

5）在本款第 3 分款规定的期限届满之际，成员国主管机关应申请人的要求依照本议定书第 60 款告知申请人有关申请的审核状态，由此申请视为按规定办理。

在任何情况下申请人应当享有本议定书第 57、第 58、第 59、第 60、第 62 和第 64 款规定的权利。

6）拒绝接受申请的主管机关应被拒绝接受申请的申请人要求，书面告知申请人拒绝的原因。该规定不得被解释为要求成员国披露其泄露妨碍执行法律或者以其他方式侵犯成员国公共利益或者重大安全利益的信息。

7）如果主管机关以未按照规定办理为由拒绝接受申请，那么申请人在申请被拒绝接受的情况下可以递交新的申请。

8）给予的服务供应核准在核准注明的成员国全境内有效。

Ⅶ　投资

一　总则

65. 本编的条款适用于成员国投资者从 1991 年 12 月 16 日起在其他成员国境内的所有投资。

66. 本议定书第 6 款第 24 分款所指的设立机构是投资的形式之一。除了本议定书第 69～74 款的规定外，本议定书的条款适用于该投资。

67. 在变化不违反东道国法律的条件下，投资方式以及投资者出资或者再投资形式的变化不影响投资者的资格。

二　法律机制和投资保护

68. 各成员国给予境内其他成员国的投资者投资及其相关活动公正和平等待遇。

69. 本议定书第 68 款所述的待遇应当不低于给予本国投资者投资及其相关活动的待遇。

70. 各成员国在类似情况下给予任何其他成员国投资者及其投资和投资有关活动的待遇不低于任何第三国投资者及其投资和投资有关活动享有的待遇。

71. 本议定书第 69 和第 70 款所述的待遇应当由成员国根据投资者的选

择提供。根据投资者选择，各种待遇给予更优的。

72. 各成员国创造其他成员国的投资者在其境内投资的良好条件且依照本国法律允许投资。

73. 各成员国依照本国法律保留限制其他成员国投资者活动，或者适用或者行使本议定书第 69 款所述的国民待遇例外的权力。

74. 本议定书第 70 款的规定不得被解释为强制成员国给予其他成员国的投资者及其相关活动根据避免双重征税国际条约或者征税问题的其他协议和本议定书第 46 款所述的协定可能享有的或者未来可能享有的任何待遇优惠、特惠或者特权。

75. 各成员国确保其他成员国的投资者在履行了东道国法律规定的所有税务和其他债务后：

1）享有为了东道国法律不禁止的目的使用和支配投资所得的权利；

2）有权酌情无障碍地将本议定书第 8 款所述的、与投资有关的资金（和支付）转移到任何第三国。

76. 各成员国依照本国法律给予本国境内其他成员国投资者以投资保护。

三 损失赔偿和投资者保障

77. 投资者有权获得其投资因成员国境内骚乱、军事行动、革命、叛乱、实施紧急状态或者其他类似情况受到损失的赔偿。

78. 在此情况下投资者享有的待遇不低于东道国因赔偿损失而给予本国投资者或者第三国投资者的待遇。根据此，各种待遇对投资者最优。

四 在征用情况下投资者权利的保障

79. 一个成员国的投资者在其他国家境内实施的投资不得被征收、国有化和因征收、国有化而被采取其他措施（简称"国有化"），为公共利益，措施依照成员国法律采取且是非歧视的和给予及时的和充分的补偿的情况除外。

80. 本议定书第 79 款所述的补偿应当符合实际征收之日或者征收公告发布之日的前一日投资者被征收的投资的市场价值。

81. 本议定书第 79 款所述的补偿如未被耽搁，在东道国法律规定的期限内且自征收之日起不超过 3 个月支付，那么资金可以自由地以可自由兑换货币从成员国境内转移出境。

如果耽搁,那么自征收之日至补偿实际支付之日按照国内银行间市场提供的 6 个月以下的美元贷款利率,但不低于伦敦同业拆借利率（LIBOR）,或者依照投资者与成员国间确定的办法计算补偿利息。

五 投资者权利的转移

82. 因投资者在东道国境内的投资而根据非商业险向本国投资者支付的成员国或者其授权的机关可以在投资者行使权利的范围内行使代位求偿权。

83. 本议定书第 82 款所述的权利依照东道国法律行使,但不对本议定书第 21、第 24、第 27、第 29、第 30 和第 32 款的规定造成损害。

六 投资争议的解决

84. 东道国与其他成员国投资者之间因该投资者在其他东道国境内投资而发生的争端尽可能以谈判方式解决,包括作为依照本议定书第 77 款损害补偿取得的金额、支付条件和程序,本议定书第 79～81 款规定的补偿,或者本议定书第 8 款规定的资金支付和汇款办法。

85. 如果争端自争端任何一方书面通知举行谈判之日起 6 个月内不能通过谈判解决,那么可以根据投资者的选择交由下列机构审议:

1)有权审理相关争端的东道国法院;

2)争端当事人协商的任何国家商会的国际商事仲裁庭;

3)如果争端当事国未达成其他协议,那么由根据《联合国国际贸易法委员会仲裁规则》设立和运作的仲裁法院;

4)依照 1965 年 3 月 18 日《关于解决国家与其他国家国民之间投资争端公约》(在争端对两个争端成员国都生效的情况下)或者依照国际投资争端解决中心的补充规则(如果争端未对双方或者争端一方成员国生效)设立的解决投资争端的国际中心。

86. 将争端交付国内法院或者本议定书第 85 款第 1 和第 2 分款所述的一个法院或者仲裁庭解决的投资者无权再将该争端交由其他任何法院或者仲裁庭审理。

投资者涉及本议定书第 85 款所述的法院或者仲裁庭的选择是终局的。

87. 依照本议定书第 85 款审理的争端的任何仲裁裁决都是终局的,对争端当事人有约束力。各成员国必须依照本国法律确保仲裁裁决得到执行。

附件 1　电子通信服务贸易办法

1. 本办法适用于成员国监管电子通信领域活动的措施。

2. 本办法不适用于邮政领域的活动。

3. 本办法不得被解释为任何成员国对未连入公共电子通信网络的电子通信网络规定特殊要求（或者要求成员国对其管辖下的服务供应商施加义务）。

4. 本办法中使用的概念含义如下：

公共电子通信网络——用于依照成员国法律向成员国境内任何电子通信服务用户提供电子通信服务的技术系统，包括通信设备和线路；

电子通信综合服务——成员国确定的按照规定的质量和价格水平向任何居民点的任何电子通信服务用户提供的电子通信服务清单，对电子通信服务运营商是强制的；

电子通信服务——接受、处理、储存、传输和送达电子通信消息的活动。

5. 成员国确保连入公共电子通信网络和电子通信服务的条件信息是公开的（包括提供服务条件的信息，诸如技术上连入网络的明细费率〔价格〕，负责起草和通过涉及连入和使用公共电子通信网络的标准机关，涉及终端设备或者其他设备连入的条件、通知、登记或者许可和其他任何核准程序要求，如果有必要）。

6. 提供电子通信服务的活动根据成员国授权机关发放的许可证在规定的领域内开展并遵守规定的期限和使用依照成员国法律规定的办法授予各电子通信服务运营商的编码。

7. 在使用频率提供电子通信服务的活动中除了许可证外，在成员国境内从事活动还必须获得成员国授权机关有关拨付用于使用无线电设备的相关频带、频道或者频率以及连入相关频率和（或者）频道的决定。

8. 频带、频道或者频率的拨付，频率或者频带连入（指定）和使用频率的权力依照成员国法律规定的程序核准。

9. 与拨付和使用频率有关的费用依照成员国法律规定的办法和数额征收。

10. 成员国采取确保非歧视、平等获得电子通信服务网络和服务所必需的所有措施，包括法律和行政措施在内。

11. 不论其在电子通信服务市场中的地位如何，电子通信服务运营商的网络在技术可能性情况下按照不差于比较条件下对成员国其他电子通信服务运营商的条件连入。

12. 成员国有权对个别种类的电子通信服务实施费率监管。电子通信服务费率的形成应当以成员国法律要求为基础。

成员国保证在与留驻国运营商签订提供电子通信服务合同的条件下按照留驻国的费率向任何成员国的人员提供电子通信服务。

13. 成员国确保其费率不应当由国家监管的电子通信服务存在和有效防止扭曲成员国电子通信服务供应商、电子通信服务获得者之间竞争条件的竞争法。

14. 委员会理事会应当在 2020 年 1 月 1 日前批准成员国确定电子通信服务费率的统一措施。

15. 成员国采取确保成员国电子通信运营商根据国际条约和网络的技术可能性提供，包括过境在内的无障碍通信服务。

16. 成员国确保不对在本国境内通话的本国和国际电子通信服务使用补贴。

17. 频率资源和编码资源根据成员国的法律分配和使用。

18. 成员国确保在境内根据依照该领域国际组织的建议确定的统一原则和规则提供综合性的电子通信服务。成员国有权自行确定提供综合性电子通信服务的义务。这些义务不得视为反竞争，从竞争的角度，根据公开性、非歧视性和中立原则提供，程度不得超过成员国确定的该类型综合性电子通信服务所必需的。

19. 成员国监管机关独立于电子通信运营商，不对其负责。该机关的决定对所有的市场参与者都是一视同仁的。

附件 2　成员国对所有的部门和活动
保留平行限制的清单

限制	适用限制的根据 （本议定书的条款）	适用限制的根据 （规范性法律文件）
I　白俄罗斯共和国		
1. 包括获得补贴和其他国家支持措施在内的准入条件和办法由白俄罗斯共和国政权机关确定，适用全部条款，但对《欧亚经济联盟条约》（简称《条约》）第二十四和第二十五编的规定不造成损害	第 23 和第 26 款	白俄罗斯共和国预算法典； 白俄罗斯共和国税法典； 白俄罗斯共和国年度国家预算法； 白俄罗斯共和国总统 2006 年 3 月 28 日第 182 号《关于完善法人和个体企业家国家支持办法法律调整的命令》
2. 外国法人和个体企业家只能享有租赁土地的权利	第 23 和第 26 款	白俄罗斯共和国总统 2007 年 12 月 27 日第 667 号《关于土地收回和提供命令》； 白俄罗斯共和国土地法典
3. 选拔出让人的程序和租让协议的主要条款根据白俄罗斯共和国法律确定；保留指定唯一出让人的权利；受让人的个别权利和义务可以由授权的受让人行使	第 16、第 17、第 23、第 26、第 31 和第 33 款	2013 年 7 月 13 日第 63 号《白俄罗斯共和国租让法》； 白俄罗斯共和国总统 2009 年 8 月 6 日第 10 号《关于创造白俄罗斯共和国投资活动补充条件的指令》； 2013 年 7 月 12 日第 53 号《白俄罗斯共和国投资法》
4. 在具体领域或者水域内给予白俄罗斯共和国法人和公民利用动物的优先	第 16、第 17、第 23、第 26、第 31 和第 33 款	2007 年 7 月 10 日第 257 号《白俄罗斯共和国动物法》
5. 土地安排（土地清理、土地规划、土地安排对象范围确定〔恢复〕和固定及实施旨在有效提高利用土地效果的其他土地安排措施）只能由从属于国家管理授权机关的国有组织实施	第 16、第 17、第 23、第 26、第 31 和第 33 款	2010 年 7 月 15 日第 169 号《只能国有的和只有国家有权从事的活动种类法》； 白俄罗斯共和国总统 2007 年 12 月 27 日第 667 号《关于土地收回和提供命令》

限制	适用限制的根据 （本议定书的条款）	适用限制的根据 （规范性法律文件）
Ⅰ　白俄罗斯共和国		
6. 不动产及其权利和交易的技术清理和国家登记只能由从属于（位列其系统）国家管理授权机关的国有组织实施	第16、第17、第23、第26、第31和第33款	2010 年 7 月 15 日第 169 号《只能国有的和只有国家有权从事的活动种类法》； 2002 年 7 月 22 日第 133 号《白俄罗斯共和国不动产及其权利和交易国家登记法》
7. 为了实施交易和（或者）其他具有法律意义的行为，国有财产评估只能由国有组织、从事评估活动且国有财产在注册资金中占 50% 以上的组织和从属于国家管理授权机关的国有组织实施	第16、第17、第23、第26、第31和第33款	白俄罗斯共和国总统 2006 年 10 月 13 日第 615 号《关于评估活动的命令》
8. 其成果有全国、跨部门意义的测绘和制图工作只能由从属于国家管理授权机关的国有组织从事	第16、第17、第23、第26、第31和第33款	2010 年 7 月 15 日第 169 号《只能国有的和只有国家有权从事的活动种类法》
Ⅱ　哈萨克斯坦共和国		
1. 包括获得补贴和其他国家支持措施在内的准入条件和办法由哈萨克斯坦共和国政权机关确定，适用全部条款，但对《条约》第二十四和二十五编的规定不造成损害	第23和第26款	《哈萨克斯坦共和国预算法典》； 哈萨克斯坦共和国年度共和预算法； 哈萨克斯坦共和国和地方国家机关规范性法律文件
2. 用于商品农业生产和造林的土地不得为外国人私有	第23和第26款	哈萨克斯坦共和国土地法典
3. 哈萨克斯坦共和国边境地区、边境地带和海港内的土地不得为外国人和外国法人私有；外国人享有 10 年临时有偿将土地用于农场或者农庄经营和商品农业生产的权利	第23和第26款	《哈萨克斯坦共和国土地法典》； 1994 年 9 月 21 日第 156 - Ⅷ 号《哈萨克斯坦共和国交通法》； 2013 年 1 月 16 日第 70 - Ⅴ 号《哈萨克斯坦共和国国界法》
4. 永久土地使用权不属于外国人	第23和第26款	《哈萨克斯坦共和国土地法典》
5. 在《条约》生效之日前哈萨克斯坦共和国政府与地下使用者之间依照 2010 年 6 月 24 日第 291 - Ⅳ 号《哈萨克斯坦共和国地下及其地下利用法》签订地下使用合同，并履行这些合同条款	第16、第17、第23、第26、第31、第33和第35款	2010 年 6 月 24 日第 291 - Ⅳ 号《哈萨克斯坦共和国地下及其地下利用法》； 1996 年 1 月 27 日《哈萨克斯坦共和国地下及其地下利用法》； 1995 年 1 月 28 日《哈萨克斯坦共和国石油法》

续表

限制	适用限制的根据 （本议定书的条款）	适用限制的根据 （规范性法律文件）
Ⅱ　哈萨克斯坦共和国		
6. 在条约生效之日后哈萨克斯坦共和国政府与地下使用者之间依照 2010 年 6 月 24 日第 291 - Ⅳ 号《哈萨克斯坦共和国地下及其地下利用法》签订地下使用合同，并履行这些合同条款		
6.1. 哈萨克斯坦共和国保留依照投资合同要求投资者向哈萨克斯坦共和国法人购买服务的权利		
6.1.1. 勘探和开采坚硬矿藏——不超过投资者因实施投资合同而进行的所有采购的 50%		
6.1.2. 碳氢化合物原料勘探和开采		
6.1.2.1. 2016 年 1 月 1 日前——不超过投资者因实施投资合同而进行的所有采购的 70%		
6.1.2.2. 从 2016 年 1 月 1 日起至哈萨克斯坦共和国加入世界贸易组织之日前——不超过投资者因实施投资合同而进行的所有采购的 60%	第 15～17、第 23、第 26、第 31、第 33 和第 35 款	2010 年 6 月 24 日第 291 - Ⅳ 号《哈萨克斯坦共和国地下及其地下利用法》； 1996 年 1 月 27 日《哈萨克斯坦共和国地下及其地下利用法》； 1995 年 1 月 28 日《哈萨克斯坦共和国石油法》
6.1.2.3. 从哈萨克斯坦共和国加入世界贸易组织之日起——不超过投资者因实施投资合同而进行的所有采购的 50%		
6.2. 在哈萨克斯坦共和国加入世界贸易组织 6 年后在投资者实施吸引分包商的竞标中如果该分包商不少于 75% 的员工为哈萨克斯坦共和国公民且哈萨克斯坦共和国法人符合竞标文件中规定的标准和质量特性，那么投资者有条件减少 20% 的哈萨克斯坦共和国法人提交的竞标申请价格		
6.3. 在哈萨克斯坦共和国加入世界贸易组织届满 6 年时在投资者实施吸引分包商的竞标中如果该分包商不少于 50% 的员工为哈萨克斯坦共和国公民且哈萨克斯坦共和国法人符合竞标文件中规定的标准和质量特性，那么投资者有条件减少 20% 的哈萨克斯坦共和国法人提交的竞标申请价格		

限制	适用限制的根据 （本议定书的条款）	适用限制的根据 （规范性法律文件）
Ⅱ 哈萨克斯坦共和国		
6.4. 在确定实施授予哈萨克斯坦共和国地下使用权竞标的条件时根据下列情况不规定员工和服务中的最低哈萨克斯坦含量		
6.4.1. 享有地下使用权的投资者招聘的员工中哈萨克斯坦含量		2010 年 6 月 24 日第 291 - Ⅳ 号《哈萨克斯坦共和国地下及其地下利用法》； 1996 年 1 月 27 日《哈萨克斯坦共和国地下及其地下利用法》； 1995 年 1 月 28 日《哈萨克斯坦共和国石油法》
6.4.2. 向投资者提供的所有服务中的哈萨克斯坦含量为占向哈萨克斯坦共和国法人支付的所有服务合同年度总金额的份额，然而向哈萨克斯坦共和国法人支付的金额应当减去根据任何水平的分包合同向不是哈萨克斯坦共和国法人的组织支付的服务金额	第 15～17、第 23、第 26、第 31、第 33 和第 35 款	
6.4.3. 在授予哈萨克斯坦共和国地下使用权时中标者不得考虑可能的员工和服务中哈萨克斯坦含量超过 50% 的事实		
6.5. 哈萨克斯坦共和国保留依照投资合同要求投资者按照《条约》附件二十八第Ⅱ编第 5 款规定的程序和条件采购商品的权利		
7. 国家福利基金会以及其 50% 以上的表决股由国家福利基金会直接或者间接持有的组织和直接或者间接属于国家所有的组织（国有股份占 50% 以上）依照 2012 年 2 月 1 日第 550 - Ⅳ 号《哈萨克斯坦共和国福利基金会法》和哈萨克斯坦共和国政府 2009 年 5 月 28 日第 787 号《关于批准国营控股公司、国家控股公司、国家公司和组织以及其 50% 的股票（股份）直接或者间接属于国营控股公司、国家控股公司、国家公司和组织商品、劳务和服务采购示范规则》进行的采购中的地方含量依照《条约》附件二十八第Ⅱ编第 6 款规定的程序和条件保留	第 15～17、第 23、第 26、第 31、第 33 和第 35 款款	2012 年 2 月 1 日第 550 - Ⅴ 号《哈萨克斯坦共和国国家福利基金法》； 2009 年 5 月 28 日第 787 号《哈萨克斯坦共和国政府〈关于批准国营控股公司、国家控股公司和国家公司以及国营控股公司、国家控股公司和国家公司股份占 50% 和以上的组织商品、服务和劳务采购示范规则〉的命令》
8. 如果可能导致权利集中在一国某个人或者某个团体，那么国家机关有权拒绝核准利用哈萨克斯坦共和国战略资源和（或者）使用、购买哈萨克斯坦战略资源的交易	第 15～17、第 23、第 26、第 31 和第 33 款	2012 年 1 月 6 日第 527 - Ⅳ 号《哈萨克斯坦共和国国家安全法》； 2003 年 7 月 2 日第 461 号《哈萨克斯坦共和国有价证券法》

续表

限制	适用限制的根据 （本议定书的条款）	适用限制的根据 （规范性法律文件）
Ⅱ 哈萨克斯坦共和国		
9. 选拔出让人的程序和租让协议的主要条款根据哈萨克斯坦共和国法律确定；保留指定唯一出让人的权利；受让人的个别权利和义务可以由授权的受让人行使	第 15～17、第 23、第 26、第 31 和第 33 款	2006 年 7 月 7 日第 167－3 号《哈萨克斯坦共和国租让法》
10. 哈萨克斯坦共和国大陆架内的活动可以被实施限制	第 15～17、第 23、第 26、第 31 和第 33 款	2010 年 6 月 24 日第 291－Ⅳ 号《哈萨克斯坦共和国地下及其地下利用法》
11. 在具体领域或者水域内给予哈萨克斯坦共和国法人和公民利用动物的优先	第 23 和第 26 款	2004 年 7 月 9 日第 593－Ⅱ 号《哈萨克斯坦共和国动物保护、繁育和利用法》
Ⅲ 俄罗斯联邦		
1. 包括获得补贴和其他国家支持措施在内的准入条件和办法由联邦、地区和市镇政权机关确定，适用全部条款，但对《条约》第二十四和第二十五编的规定不造成损害	第 23 和第 26 款	俄罗斯联邦预算法典、俄罗斯联邦年度共和国预算法、俄罗斯联邦、俄罗斯联邦主体和市镇规范性法律文件
2. 农用地和俄罗斯联邦边境地区的土地禁止为外国人所有，外国人只能拥有其他类型的土地所有权；土地租赁允许 49 年	第 23 和第 26 款	俄罗斯联邦土地法典；2002 年 7 月 24 日第 101 号《俄罗斯联邦农用地流通法》
3. 注册资本中外国法人的份额达到 50% 以上的（或者其总计达到）俄罗斯法人只能享有农用地 49 年以下的租赁权	第 23 和第 26 款	俄罗斯联邦土地法典；2002 年 7 月 24 日第 101 号《俄罗斯联邦农用地流通法》
4. 土著少数民族、少数族裔居住和从事经济生活的土地以及边境区域内和其他有特殊规定的区域内的土地业务可以俄罗斯联邦规范性法律文件被禁止或者限制	第 23 和第 26 款	俄罗斯联邦土地法典；1994 年 2 月 1 日第 4730－Ⅰ 号《俄罗斯联邦国界法》
5. 俄罗斯联邦法人，有权作为承包人、供货商、承运人和根据与依照与投资者的协议（合同）作为其他人参与实施与通过与以《条约》附件十六第 6 款第 22 分款第 2 和第 3 段所述的服务提供方式开展的服务贸易有关的产品分成协议	第 23 款	1995 年 12 月 30 日第 225 号联邦法律《产品分成协议法》

限制	适用限制的根据 (本议定书的条款)	适用限制的根据 (规范性法律文件)
III 俄罗斯联邦		
6. 任何其他成员国的人员在封闭的行政区域设立法人、分支机构和代表处,作为个体企业家登记,任何其他成员国的人员取得在封闭行政区域登记的法人股份以及在封闭的行政区域登记的法人、分支机构和代表处的活动可以依照俄罗斯联邦规范性法律文件被限制或者被禁止	第15~17、第23、第26、第31和第33款	1992年7月14日第3297-I号联邦法律《封闭性的行政区域法》
7. 在俄罗斯联邦大陆架内从事的活动可以被实施限制	第15~17、第23、第26、第31和第33款	1995年11月30日第187号联邦法律《俄罗斯联邦大陆架法》
8. 在具体领域或者水域内给予俄罗斯联邦法人和公民利用动物的优先	第23和第26款	1995年4月24日第52号联邦法律《动物法》
9. 在2012年1月1日前签订的产品分成协议(简称"协议"): 协议的拍卖条款规定俄罗斯联邦法人应当按照俄罗斯联邦政府确定的份额参与实施协议; 协议规定投资者的下列义务 ——俄罗斯法人享有作为承包人、供货商和承运人以及根据协议作为其他人员参与实施协议工作的优先权 ——招聘俄罗斯联邦公民作为工作人员,其数量应当不少于招聘的所有工作人员的80%,外国工作人员和专家只能在根据协议的工作开始阶段或者无符合资格的俄罗斯联邦工作人员和专家的情况下招聘 ——成员国应当在协议中规定,不少于70%价值的开采、运输和加工矿藏且投资者购买和(或者)用于完成协议作业的工艺设备应当为俄罗斯生产的(如果协议有规定),该规定不适用于使用其建设和购买协议未规定的干线管道	第23和第26款	1995年12月30日第225号联邦法律《产品分成协议法》
10. 选拔出让人的程序和租让协议的主要条款根据俄罗斯联邦法律确定;保留指定唯一出让人的权利;受让人的个别权利和义务可以由授权的受让人行使	第15~17、第23、第26、第31和第33款	2005年7月21日第115号《俄罗斯联邦租让协议法》

续表

限制	适用限制的根据 （本议定书的条款）	适用限制的根据 （规范性法律文件）
Ⅲ 俄罗斯联邦		
11. 任何其他成员国的人员实施的且导致即使控制其中一种对保障国防和国家安全都有战略意义活动的公司交易，也要求依照俄罗斯联邦规范性法律文件规定的程序获得授权机关的核准； 外国、国际组织和由其控制的、包括在俄罗斯联邦境内设立的法人在内的法人无权实施导致即使控制其中一种都对保障国防和国家安全有战略意义活动公司的交易； 外国投资者或者团体必须向授权机关提交购买的 5% 和以上实施即使控制其中一种都对保障国防和国家安全有战略意义活动的公司注册资本股份信息	第 16、第 17、第 23、第 26、第 31 和第 33 款	2008 年 4 月 29 日第 57 号联邦法律《俄罗斯联邦对保障国防和国家安全有战略意义的公司外国投资办法法》
12. 海港内的土地不得为外国人、无国籍人和外国组织所有	第 23 和第 26 款	2007 年 11 月 8 日第 261 号联邦法律《俄罗斯联邦海港法和俄罗斯联邦若干法律文件修订法》

十七 金融服务议定书

1. 本议定书根据《欧亚经济联盟条约》（简称《条约》）第 70 条制定，涉及成员国关于金融服务贸易以及金融服务提供者的设立和（或者）活动的措施。

2. 本议定书不适用于为履行国家政权职能基于非商业基础和竞争条件以及涉及补贴而提供的服务和从事的活动。

3. 本议定书使用以下概念。

国家机构——成员国的国家政权机关或者国家（中央）银行或者从属于成员国或者由其控制的、专门行使由该成员国的国家政权机关或者国家（中央）银行授予的职权的组织。

活动——设立本议定书所指的法人及其分支机构和代表机构的活动。

成员国法——成员国的法律和其他规范性法律文件以及成员国国家（中央）银行的规范性法律文件。

信贷组织——成员国有权根据成员国银行活动管理机关发放的许可证，依照在其境内登记的成员国法律从事银行业务的、以获取利润为活动主要宗旨的法人。

许可——成员国的授权机关发放的授予其持有人在成员国境内从事某种活动权利的专门核准（文件）。

成员国措施——成员国的法律以及成员国授权机关或者成员国授权机关官员的决定、行为或者不作为。

在成员国的授权机关通过具有建议性质的官方文件的情况下该建议可以在证明实际中该建议的大部分针对者遵守其的情况下被视为本议定书目的的措施。

国民待遇——其他成员国人员和金融服务在金融服务贸易中享受的不低于本国人员和金融服务在其境内类似情况下享有的待遇的待遇。

共同金融市场——成员国符合下列标准的金融市场：

成员国金融市场领域管理和监督的要求相协调；

在其他成员国境内相互承认一个成员国授权机关颁发的银行和保险业

以及有价证券市场服务部门许可证；

无须设立法人而在联盟全境内从事提供金融服务的活动；

成员国授权机关之间包括信息交换在内的行政合作。

金融服务提供／贸易——金融服务的提供，包括以下列方式进行的服务的生产、分配、营销、销售和送达：

从一个成员国境内向其他成员国境内；

本国人员或者其他成员国人员（服务消费者）在一个成员国境内；

一个成员国金融服务提供者通过在其他成员国境内的机构和活动。

金融服务提供者——成员国提供金融服务的任何自然人和法人，国家机构除外。

有价证券市场从业人员——成员国有权根据在其境内登记的成员国法律从事有价证券市场职业活动的法人。

最惠国待遇——其他成员国人员和金融服务在金融服务贸易中享受的不低于第三国人员和金融服务在类似情况下享有的待遇的待遇。

金融服务部门——所有的金融服务部门，包括其分部门及成员国义务、限制和条件的例外以及个别金融服务部门的一个或者几个或者所有的分部门。

保险组织——成员国有权根据在其境内登记的成员国法律从事保险（再保险）的法人。

经济合理性测试——根据必要性和市场需求通过评估金融服务提供者活动的经济效果符合具体行业的经济规划宗旨允许设立和（或者）活动或者提供服务。

授权机关——成员国根据该国法律拥有对金融市场和金融组织（个别金融市场领域的）实施管理和（或者）监督及检查职权的机关。

设立机构——

设立和（或者）并购某法人在其境内设立或者成立的成员国法律规定的任何组织形式和所有制形式的法人（参股设立的或者成立的法人）；

能够直接或者通过第三人确定某法人通过的决定的形式获得对成员国法人的控制，包括通过支配表决股的投票、通过参加该法人的执行董事会（监事会）和其他管理机关；

设立分支机构；

设立代表机构。

金融服务——包括下列种类的金融性服务。

1）保险及涉及保险的服务。

保险（共同保险）：人寿险，人寿险以外的保险。

再保险。

保险中介，诸如经纪人和代理中介。

保险辅助服务，诸如咨询服务、理赔服务、风险评估服务和争议调解服务。

2）银行服务。

吸收居民存款和其他应当付报酬的资金。

发放所有种类的赊账、贷款和借款，包括消费贷款、担保贷款、保理和商业业务融资。

金融租赁。

所有的支付和汇款服务。

使用自有或者客户的资金在场内或者场外市场或者以其他形式交易下列金融产品：外汇；包括远期和期权在内的衍生品；涉及汇率和利率的金融工具，包括互换和远期交易。

本分款所述的所有活动中的咨询、中介和其他辅助性金融服务，包括与贷款条件分析有关的咨询和分析参考资料。

3）有价证券市场服务。

使用自有或者客户的资金在场内或者场外市场或者以其他形式进行金融工具交易；

作为代理人（国有或者私营的）参与所有种类的有价证券的包括保荐和发售在内的发行以及提供发行服务；

金融市场经纪人服务；

诸如资金或者有价证券等金融资产管理，集体投资所有的管理，退休基金资产和投资业务的管理，监护，保管和信托服务；

包括有价证券、衍生品和其他金融工具在内的金融资产清算服务；

提供和转移金融信息，处理金融数据以及向其他金融服务提供和转移相关软件。

本分款所述的所有活动中的咨询、中介和其他辅助性金融服务，包括直接和投资业务的研究和建议以及公司并购、改组和战略问题的建议。

本议定书中的其他概念使用《服务贸易、设立机构、活动和投资议定书》（《条约》附件十六）中所述的意义。

4. 各成员国依照本议定书附件 1 中所述的条件，通过中介或者作为中介的金融服务供应商给予金融服务供应商与涉及下列种类的、从一个成员国境内向另一个成员国境内提供的金融服务有关的国民待遇和最惠国待遇。

1）与下列对象有关的保险风险。

国际海洋运输、商业性航空运输、商业性航天（包括卫星）发射和包租。与上述对象有关的保险完全或者部分涉及：运输的商品；运输工具；运送的商品；因运输而发生的民事法律责任。

在国际过境中移动的商品。

2）再保险及其辅助保险服务，诸如咨询服务、理赔服务、风险评估和索赔。

3）提供、转移金融信息以及处理金融资料和给予其他金融服务供应商相应软件。

4）涉及有价证券市场和银行服务的咨询服务和其他辅助服务，包括提供参考资料（中介和与下列问题有关的服务除外：分析信用记录；研究和推荐直接和股权投资；就公司的收购、改组和战略问题提出建议）。

5. 各成员国允许本国人员在其他成员国境内享受本议定书第 4 款第 1～4 分款所述的金融服务。

6. 各成员国根据本议定书附件 2 规定的限制给予其他成员国的人员本议定书第 3 款规定的涉及其境内金融服务提供者的设立和（或者）活动的国民待遇。

7. 各成员国给予其他成员国的人员本议定书第 3 款规定的涉及其境内金融服务提供者的设立和（或者）活动的最惠国待遇。

8. 下列问题由《服务贸易、设立机构、活动和投资议定书》（《条约》附件十六）调整：与第三国的金融服务贸易；国家参股的法人活动；金融服务消费者权利；私有化的参与；投资者权利保护；支付和汇款以及对支付和汇款的限制；损害赔偿，包括在征收情况下的投资者保障；投资者权利的转移和投资争议解决程序。

9. 本议定书的条款适用于在《条约》生效时设立的且继续存在的法人及其分支机构和代表机构以及《条约》生效后设立的法人。

10. 除了本议定书附件 1 列举的情况外，任何成员国不因服务贸易而对其他成员国的金融服务和金融服务提供者采取和实施下列限制：

金融服务者数量的配额、垄断、经济合理性测试或者任何其他数量形式的限制；

金融服务者任何业务的配额、经济合理性测试或者任何其他数量形式的限制；

除了本议定书附件 2 列举的情况外，任何成员国不在本议定书第 4 款所述的部门中对其他成员国的金融服务提供者实施和采取作为提供金融服务条件的机构要求。

11. 除了本议定书附件 2 所述的限制外，任何成员国不得在其境内因金融服务机构的设立和（或者）活动而对其他成员国的金融服务机构采取和实施下列限制：

1）组织形式，包括法人组织形式；

2）设立的法人及其分支机构和代表机构配额、经济合理性测试或者任何其他数量形式的限制；

3）在法人的资本中所取得的份额或者对法人控制的程度；

4）设立的法人及其分支机构和代表机构在其从事活动中的配额、经济合理性测试或者任何其他数量形式的业务限制。

12. 自然人的出入境、居留和劳务活动问题由《条约》第二十六编调整并考虑本议定书附件 2 所述的限制。

13. 各成员国确保所有影响金融服务贸易的、涉及本议定书附件 1 所述的金融服务的措施和本议定书附件 2 所述的设立机构和（或者）活动的限制被合理、客观和公正地采取。

14. 如果提供金融服务要求核准，那么在申请人递交了符合成员国国内法要求和管理规则的申请后的合理期限内告知申请人根据申请的决定。成员国的申请机关应申请人的请求提供申请审查的信息并不额外收费。

15. 为了确保涉及资格要求和程序以及技术标准和许可要求的措施不造

成金融服务贸易中的无理障碍，成员国有权通过可能被建立的相关机关制定任何必需的规则。这些规则应当包含下列要求：

1）以客观和透明标准为基础作为提供服务的资质和能力；

2）不得成为比保证服务质量所必需的要求更高的负担；

3）在许可程序情况下不得成为提供服务的限制。

16. 成员国在根据本议定书第15款制定的规则生效前不对本议定书附件1所述的金融服务部门适用取消或者减少根据本议定书附件1所述的条件享受的利益的许可或者资格要求或者技术标准。

17. 如果成员国对金融服务提供者设立机构和（或者）活动实施许可，那么成员国要确保：

1）负责发放活动许可证的成员国授权机关的名称被公布或者以其他方式被知悉；

2）许可程序不得为设立机构或者活动的限制以及与从事活动权利有直接关系的许可要求不得为活动的不合理障碍；

3）成员国国内法规定的所有许可程序和要求以及成员国规定或者适用许可程序或者要求的法律在其生效之日前公布；

4）因提交或者审查发放许可证申请而收取的任何费用不得成为设立机构或者活动的限制，以成员国许可机关与审查申请和发放许可证有关的花费为基础；

5）在成员国国内法规定的决定发放（拒发）许可证期限届满时成员国负责发放许可证的相关授权机关应申请人的请求通知申请人其申请审查状态以及是否认为该申请是适当的，在任何情况下申请人都有机会对申请进行技术修正，在未收到成员国相关法律规定的所有信息和文件前申请不被视为是适当的；

6）拒绝申请的负责发放活动许可证的成员国授权机关根据被拒绝接受申请的申请人的书面要求书面通知申请人拒绝的原因，该规定不得被解释为要求成员国的许可机关披露其披露妨碍成员国法律的执行或者以其他方式侵犯公共利益或者重大安全利益的信息；

7）在申请被拒绝接收的情况下申请人可以递交被进行了消除发放许可证任何问题的修正的新申请；

8）许可证在成员国全境有效。

18. 在成员国境内的金融市场从事活动的许可证的发放程序和期限由在其境内从事该活动的成员国法律规定。

19. 本议定书不妨碍成员国采取审慎措施，包括保护投资者、储户、保险人、受益人和服务提供者以及对其承担连带责任人员的利益的措施或者保障金融体系完整和稳定的措施。如果这些措施不符合本议定书的条款，那么它们不得被成员国用作逃避履行本国根据本条约接受的义务的工具。

20. 本议定书不得被解释为要求成员国披露涉及客户个人的账户信息或者任何机密信息或者由成员国国家机构支配的信息。

21. 成员国根据国际原则和国际标准或者最好国际实践和不低于在成员国适用的最好标准和实践制定下列服务部门的金融市场管理领域相协调的要求：

银行部门；

保险部门；

有价证券市场服务部门。

22. 在银行业成员国在其行动中以最好国际实践以及巴塞尔银行监督委员会的有效银行监督核心原则为指导使对信贷组织的管理和监督要求相协调，包括以下内容。

1）"信贷组织"的概念及信贷组织的法律地位。

2）信贷组织、银行集团及其关联人和银行财团的信息披露要求。

3）基于国际财务报告标准对会计报告的要求。

4）信贷组织设立的程序和条件，包括：

设立文件要求；

确定信贷组织最低注册资本金及其构成和缴纳办法；

对信贷组织领导人员职业资格和业务声誉的要求；

发放从事银行活动许可证的程序和要求，包括对取得从事银行活动许可证所必需文件的要求。

5）拒绝信贷组织登记和向其发放从事银行活动许可证的理由。

6）信贷组织解散（包括强制撤销）或者改组的程序、办法和条件。

7）撤回信贷组织从事银行活动许可证的理由。

8）信贷组织合并、并入和改制形式的改组办法和规定。

9）信贷组织财务可靠性的保障，包括对信贷组织允许的银行业务以外的其他活动、审慎标准以及其他强制遵守的准则和限制。

10）成员国的授权机关对银行集团和银行控股公司活动实施监督的办法。

11）对信贷组织和银行控股公司实施制裁的次数、程序和条件。

12）对银行集团和银行控股公司活动和财务可靠性保障的要求。

13）存款保险体系的建立和运作（包括存款赔偿金的支付）。

14）信贷组织财务恢复和破产的程序（包括债权人权利规则和要求满足顺序）。

15）被承认为银行业务的业务清单。

16）有权从事个别种类银行业务的组织名单和地位。

23. 成员国在其行动中以最好国际实践以及国际保险协会的保险监督基本原则为指导，使对保险市场参与人的管理和监督要求相协调，包括以下内容。

1）"保险市场从业人员"的概念及保险市场从业人员的法律地位。

2）确保保险市场从业人员财务的稳定，包括：

足够履行保险、共同保险、再保险和相互保险债务的保险储备金；

用于弥补保险储备金的资产构成和结构；

最低注册资本金和自有资本金及其办法；

保险业务转移条件和办法。

3）基于国际财务报告标准对会计报告的要求。

4）保险活动的创立和许可程序及其条件。

5）成员国授权机关对保险市场从业人员的活动实施监督的办法。

6）对保险市场从业人员在金融市场的违法实施制裁的次数、程序和条件。

7）对保险市场从业人员领导人的职业资格和业务声誉要求。

8）拒发保险活动许可证的理由。

9）保险市场从业人员解散（包括强制撤销或者破产）或者改组的程序、办法和条件。

10）撤回保险市场从业人员的从事保险活动许可证以及撤回、限制或者中止该许可证效力的理由。

11）保险市场从业人员合并、并入和改制形式的改组办法和规定。

12）保险集团和保险控股公司成员及其财务可靠性的要求。

24. 在有价证券市场服务领域成员国使下列活动的要求相协调：

有价证券市场经纪人活动；

有价证券市场交易活动；

管理有价证券和金融工具的活动；

管理退休基金资产和投资业务以及集体投资的活动；

相互债务确定（清算）活动；

有价证券持有人管理活动；

有价证券市场交易组织活动。

25. 成员国在其行动中以最好国际实践以及国际证券组织和经济合作与发展组织的原则为指导使有价证券市场管理和监督的要求相协调，包括：

1）确定注册资本的建立和缴纳办法以及资本充足率的要求；

2）发放有价证券市场活动许可证的程序和条件，包括取得许可证所必需的文件要求；

3）有价证券市场从业人员领导人的职业资格和业务声誉要求；

4）拒绝发放有价证券市场活动许可证以及撤回、限制或者中止该许可证效力的理由；

5）在国际财务报告标准基础上对会计报告的要求以及内部核算和内部控制组织的要求；

6）有价证券市场从业人员解散（包括强制撤销）或者改组的程序、办法和条件；

7）撤回有价证券市场从业人员有价证券市场活动许可证的理由；

8）对有价证券市场主体（参与人）或者从业人员在金融市场的违法予以制裁的次数、程序和条件；

9）成员国授权机关对有价证券市场主体（参与人）活动实施监督的办法；

10）对有价证券市场从业人员活动的要求；

11）对发行人有价证券发行程序的要求；

12）对外国发行人的有价证券在成员国有价证券市场的发售和流通的要求；

13）对信息规模和质量以及公布期限的要求；

14）在有价证券的发行由发行人登记国管理机关办理登记的条件下确保成员国的有价证券能够在联盟全境发售和流通；

15）披露发行人信息、非法使用内幕信息和有价证券市场操纵方面的信息。

26. 成员国根据国际标准提出对审计的协调要求。

27. 成员国制定成员国授权机关管理、检查和监督其金融市场包括银行业、保险业和有价证券市场服务业在内的活动的机制。

成员国根据联盟框架下的国际条约交换包括机密信息在内的信息。

28. 各成员国确保本国涉及或者可能涉及本议定书涵盖的问题的法律在官方渠道公布并尽可能在专门网站上公布，以便使权利和义务有可能被成员国法律触及的任何人了解。

上述法律的公布应当包括通过这些法律的目的说明并在确保法律确定性以及其权利和义务被成员国法律触及的人员合理期望的期限内办理，但是在任何情况下这些法律都要在生效之日前公布。

29. 各成员国建立答复任何人涉及现行的和拟施行的本议定书涵盖问题的法律文件的书面请求的机制。

30. 成员国为了预防金融市场系统性风险，根据透明、负责和责任原则使国内涉及从事评级机构活动的要求的法律相协调。

31. 各成员国可以在确定本国对提供金融服务适用的措施中承认任何其他成员国的审慎措施。可以通过成员国法律协调或者其他方式的承认以相关成员国的协定或者条约为基础，或者可以单方面给予。

32. 为承认其他任何成员国现行的和未来的审慎措施协定或者协议，成员国可以给予其他成员国谈判加入该协定或者协议的可能性。如有可能，该协定或者协议可以包含缔约国之间与交换信息有关的规则及规则检查和实施机制。

33. 对在成员国金融市场开展活动的具体要求的协调应当在存在的差别不妨碍联盟框架下的共同金融市场有效运作的条件下进行。

34. 本议定书不妨碍成员国在不制造对成员国人员之间的服务贸易、设立机构和（或者）活动的任意或者无理歧视工具的条件下采取或者适用下列措施。

1）维护社会道德或者维持公共秩序所必需的措施，维护公共秩序的例外只在存在对某个社会根本利益现实和足够威胁的情况下适用。

2）保护人、动物或者植物生命或者健康所必需的措施。

3）遵守符合本议定书条款的法律或者规则所必需的措施，包括：

防止误导或者不正当行为或者不遵守民事法律合同的后果；

在处理和传播个人资料以及个人生活和账户资料保密中避免干涉个别人的私生活。

4）在确保对成员国人员涉及服务贸易的公证或者有效征税机制规定的条件下与本议定书第 4 和第 6 款涉及的国内机制不相符的措施。

5）在成员国为缔约国的、包括避免双重征税协定在内的征税协定结果机制的条件下与本议定书第 4 和第 7 款不相符的措施。

35. 本议定书不得妨碍成员国采取保护国防或者国家安全领域最重要的利益所必需的任何措施。

36. 成员国分阶段减少本议定书附件 1 和附件 2 所述的例外和限制。

37. 成员国停止对成员国满足了法律协调和相互承认许可证条件的金融服务部门适用本议定书附件 1 和附件 2 所述的措施。

附件 1　成员国依照《金融服务议定书》第 4 款给予国民待遇和依照《金融服务议定书》第 10 款承担义务的金融服务分部门清单

部门（分部门）	已有的限制	限制描述	适用限制的依据（范性法律文件）	限制效力期限
I　白俄罗斯共和国				
1. 与下列有关的风险保险： 国家海洋运输； 国际商业航空运输； 国际商业性航天发射。 全部或者部分弥补下列风险的国际保险：				

部门（分部门）	已有的限制	限制描述	适用限制的依据（范性法律文件）	限制效力期限
I　白俄罗斯共和国				
国际自然人运输；国际出口（进口）货物运输及运输货物的交通工具，包括由此产生的责任；国际交通工具商品运输；只在加入《国际合同和"绿卡"保险证书体系》后个人交通工具跨境移动中的责任	不限制			
2. 再保险和分保	不限制			
3. 保险代理和保险经纪人服务	限制	在白俄罗斯共和国境内不允许以外国保险人的名义签订保险合同和分配保险合同有关的中介活动（本条例第4款列举的部门以及保险经纪人从事再保险中介活动除外）	白俄罗斯共和国总统2006年8月25日第530号《关于保险活动的命令》	
4. 保险辅助服务，包括咨询和精算服务、风险评估和理赔服务				
II　哈萨克斯坦共和国				
1. 与下列有关的风险保险：国家海洋运输；国际商业航空运输；国际商业性航天发射。全部或者部分弥补下列风险的国际保险：国际自然人运输国际出口（进口）货物运输及运输货物的交通工具，包				

续表

部门（分部门）	已有的限制	限制描述	适用限制的依据（范性法律文件）	限制效力期限
Ⅱ 哈萨克斯坦共和国				
括由此产生的责任；国际交通工具商品运输；只在加入《国际合同和"绿卡"保险证书体系》后个人交通工具跨境移动中的责任	限制	除了下列情况外，不限制：位于哈萨克斯坦共和国境内的法人或者其部门的财产利益和为哈萨克斯坦共和国居民的自然人财产利益只能由哈萨克斯坦共和国保险人承保；为哈萨克斯坦共和国居民的自然人和哈萨克斯坦的法人禁止向哈萨克斯坦共和国非居民进行与支付保险费有关的付款和汇款；强制险合同应当由哈萨克斯坦共和国居民保险人自留	2000年12月18日第126 - Ⅱ号《哈萨克斯坦共和国保险活动法》	不确定
2. 再保险和分保	不限制	计算给哈萨克斯坦共和国非居民再保险组织的有效再保险合同保险费总额减去再投保人取得的手续费不超过计算给保险（再保险）组织有效保险（再保险）合同保险费总额的5%；强制险合同应当由保险人自留或者哈萨克斯坦共和国居民再保险人办理再保险	哈萨克斯坦共和国金融市场和金融组织监管署2008年8月22日第131号《关于批准（保险）再保险组织审慎规范标准值和计算方法以及遵守审慎标准报告和提交格式期限的指导》	不确定
3. 保险代理和保险经纪人服务	限制	除了下列情况外，不限制：以哈萨克斯坦共和国非居民组织的名义进行的签订保险合同的中介活动，赴哈萨克斯坦共和国境外和不允许进入哈萨克斯坦共和国境内的交通工具所有人民事法律责任险合同除外，哈萨克斯坦共和国批准的国际条约另有规定的除外	2000年12月18日第126 - Ⅱ号《哈萨克斯坦共和国保险活动法》	不确定

续表

部门（分部门）	已有的限制	限制描述	适用限制的依据（范性法律文件）	限制效力期限
Ⅱ　哈萨克斯坦共和国				
4. 保险辅助服务，包括咨询和精算服务、风险评估和理赔服务				
Ⅲ　俄罗斯联邦				
1. 与下列有关的风险保险： 国家海洋运输； 国际商业航空运输； 国际商业性航天发射。 全部或者部分弥补下列风险的国际保险： 国际自然人运输； 国际出口（进口）货物运输及运输货物的交通工具，包括由此产生的责任； 国际交通工具商品运输； 只在加入《国际合同和"绿卡"保险证书体系》后个人交通工具跨境移动中的责任	不限制			
2. 再保险和分保	不限制			
3. 保险代理和保险经纪人服务	限制	在俄罗斯联邦境内不允许与以外国保险人的名义签订和分配保险合同有关的中介活动（本条例第 4 款列举的部门除外）	1992 年 11 月 26 日第 4015－Ⅰ号《俄罗斯联邦保险业组织法》	
4. 保险辅助服务，包括咨询和精算服务、风险评估和理赔服务	不限制			

附件2 成员国对设立机构和（或者）活动保留限制的清单

部门（分部门）	限制描述	适用限制的依据（范性法律文件）	限制效力期限
I 白俄罗斯共和国			
1. 依照《金融服务议定书》（《欧亚经济联盟条约》附件十七）（简称"附件十七"）的限制	如果外国投资者在白俄罗斯共和国保险组织注册基金中的份额超过30%，那么白俄罗斯共和国财政部停止办理外资保险公司的登记和（或者）向这些组织发放从事保险活动的许可证；保险组织必须获得白俄罗斯共和国财政部使用外国投资者和（或者）其子公司的资金增加注册资本、向外国投资者和为外国投资者子公司（附属公司）的保险组织转让（包括向外国投资者出售）5%及以上其股票（注册资本中的份额）的预先核准，白俄罗斯共和国股东必须获得白俄罗斯共和国财政部向外国投资者和（或者）为其子公司（附属公司）的保险组织转让属于自己的股票（经营、业务管理）的预先核准；在下列情况下拒绝给予预先核准：上述行为将超过外国资本在白俄罗斯共和国保险组织注册基金中的配额，保险组织和保险组织的股东拟向其转让属于自己的股票（股份）的法人从事活动少于三年和最近三年没有从事活动，存在保障白俄罗斯共和国国家安全（包括经济领域）和维护国内保险组织利益的必要性；为外国投资者子公司（附属公司）或者外国投资者在其注册资本份额中有49%以上股份的保险组织在取得白俄罗斯共和国财政部的预先核准后可以在白俄罗斯共和国境内设立其他保险组织，如果外国资本在白俄罗斯共和国保险组织注册基金中的份额超额，那么预先核准被拒绝；	白俄罗斯共和国总统2006年8月25日第530号《关于保险活动的命令》，白俄罗斯共和国苏维埃2006年9月11日第1174号《关于确定外国投资者在白俄罗斯共和国保险组织注册基金中份额的决定》	不确定

续表

部门（分部门）	限制描述	适用限制的依据（范性法律文件）	限制效力期限
I 白俄罗斯共和国			
	外国投资者的子公司或者附属公司不得在白俄罗斯共和国境内经营人寿险（与自然人签订人寿险合同除外）、强制险（包括国家强制险）、与国家所需的供应和服务有关的财产险以及白俄罗斯共和国及其行政区域单位的财产利益险；外国投资者只能以金钱支付保险组织和保险经纪人注册基金中的份额	白俄罗斯共和国总统 2006 年 8 月 25 日第 530 号《关于保险活动的命令》，白俄罗斯共和国苏维埃 2006 年 9 月 11 日第 1174 号《关于确定外国投资者在白俄罗斯共和国保险组织注册基金中份额的决定》	不确定
2. 根据附件十七第 6 和第 11 款的限制	保险代理人和保险经纪人只能为白俄罗斯人	白俄罗斯共和国 2000 年 10 月 25 日第 441 号《银行法典》	不确定
3. 根据附件十七第 6 和第 11 款的限制	外国资本在白俄罗斯共和国银行体系中的份额限制为 50%；外资信贷组织的设立要求获得白俄罗斯共和国国家银行的预先核准，若外国资本在白俄罗斯共和国银行体系中达到规定的份额，那么白俄罗斯共和国国家银行有权终止办理外资信贷组织的国家登记；白俄罗斯共和国国家银行有权采取遵守该限制的任何措施，在审核给予核准的问题中要考虑外国资本在白俄罗斯共和国银行体系中的配额使用水平以及非居民设立人的财务状况和商业信誉	白俄罗斯共和国 2000 年 10 月 25 日第 441 号《银行法典》；白俄罗斯共和国国家银行 2008 年 9 月 1 日第 129 号《关于外国资本在白俄罗斯共和国银行体系中的份额（配额）的决定》	不确定
4. 根据附件十七第 6 和第 11 款的限制	在白俄罗斯共和国境内从事金融服务活动的许可证只能向以白俄罗斯共和国法律规定的组织形式设立的法人发放	白俄罗斯共和国 2000 年 10 月 25 日第 441 号《银行法典》	不确定
5. 根据附件十七第 6 和第 11 款的限制	保险组织的正副领导人、主管会计的职能只能由白俄罗斯共和国居民以及常住在白俄罗斯共和国的外国人和无国籍人行使，只能根据劳动合同行使	白俄罗斯共和国总统 2006 年 8 月 25 日第 530 号《关于保险活动的命令》	不确定

部门（分部门）	限制描述	适用限制的依据 （范性法律文件）	限制效力 期限
Ⅰ 白俄罗斯共和国			
6. 根据附件十七第 6 和第 11 款的限制	要求许可证的活动只能由依照规定的程序在白俄罗斯共和国境内登记的法人或者个体企业家从事； 应当许可的活动种类依照白俄罗斯共和国法律确定	白俄罗斯共和国总统 2010 年 9 月 1 日第 450 号《关于个别种类的活动许可条例的命令》	不确定
Ⅱ 哈萨克斯坦共和国			
1. 依照附件十七的限制	授权机关在交易组织者资本中的份额可以超过交易组织者总表决股的 50%	2003 年 7 月 2 日第 461 - Ⅱ号《哈萨克斯坦共和国有价证券市场法》	不确定
2. 根据附件十七第 6 和第 11 款的限制	要求许可证的活动只能由依照规定的程序在哈萨克斯坦共和国境内登记的法人或者个体企业家从事； 应当许可的活动种类依照哈萨克斯坦共和国法律确定	2007 年 1 月 11 日第 214 - Ⅲ号《哈萨克斯坦共和国许可法》	不确定
3. 根据附件十七第 6 和第 11 款的限制	银行以股份公司形式设立	1995 年 8 月 31 日第 2444 号《哈萨克斯坦共和国银行及银行活动法》	不确定
4. 根据附件十七第 6 和第 11 款的限制	禁止在哈萨克斯坦共和国境内设立银行分行	1995 年 8 月 31 日第 2444 号《哈萨克斯坦共和国银行及银行活动法》	不确定
5. 根据附件十七第 6 和第 11 款的限制	保险（再保险）组织应当以股份公司形式设立	2000 年 12 月 18 日第 126 - Ⅱ号《哈萨克斯坦共和国保险活动法》	不确定
6. 根据附件十七第 6 和第 11 款的限制	禁止在哈萨克斯坦共和国境内设立保险（再保险）组织的分支机构	2000 年 12 月 18 日第 126 - Ⅱ号《哈萨克斯坦共和国保险活动法》	不确定
7. 根据附件十七第 6 和第 11 款的限制	保险经纪人的组织形式只能为有限责任公司或者股份公司	2000 年 12 月 18 日第 126 - Ⅱ号《哈萨克斯坦共和国保险活动法》	不确定
8. 根据附件十七第 6 和第 11 款的限制	自愿积累性退休基金以股份公司形式设立	2013 年 7 月 21 日第 105 - Ⅴ号《哈萨克斯坦共和国退休保障法》	不确定
9. 根据附件十七第 6 和第 11 款的限制	哈萨克斯坦共和国非居民自愿积累性退休基金禁止设立分支机构和代表机构	2013 年 7 月 21 日第 105 - Ⅴ号《哈萨克斯坦共和国退休保障法》	不确定

续表

部门（分部门）	限制描述	适用限制的依据（范性法律文件）	限制效力期限
Ⅱ 哈萨克斯坦共和国			
10. 根据附件十七第6和第11款的限制	中央寄存人为哈萨克斯坦共和国境内唯一从事寄存活动的组织，中央寄存人以股份公司形式设立	2003年7月2日第461-Ⅱ号《哈萨克斯坦共和国有价证券市场法》	不确定
11. 根据附件十七第6和第11款的限制	有价证券市场从业人员以股份公司形式设立（过户代理人除外）	2003年7月2日第461-Ⅱ号《哈萨克斯坦共和国有价证券市场法》	不确定
12. 根据附件十七第6和第11款的限制	法人证券交易所以股份公司形式设立	2003年7月2日第461-Ⅱ号《哈萨克斯坦共和国有价证券市场法》	不确定
13. 根据附件十七第6和第11款的限制	只有为应当受其母国并表监管的哈萨克斯坦共和国非居民法人才能为直接持有发售的银行股票（优先股和赎回的股票除外）或者直接表决25%以上银行表决股的哈萨克斯坦共和国非居民银行控股人	1995年8月31日第2444号《哈萨克斯坦共和国银行及银行活动法》	不确定
14. 根据附件十七第6和第11款的限制	统一积累性退休基金为哈萨克斯坦共和国境内从事吸收强制退休费和强制职业退休费活动的唯一组织	2013年7月21日第105-Ⅴ号《哈萨克斯坦共和国退休保障法》	不确定
15. 根据附件十七第6和第11款的限制	统一登记人为哈萨克斯坦共和国境内从事管理有价证券持有人登记簿活动的唯一组织	2003年7月2日第461-Ⅱ号《哈萨克斯坦共和国有价证券市场法》	不确定
16. 根据附件十七第6和第11款的限制	只有金融组织才能为直接持有发售的保险（再保险）组织股票（优先股和赎回的股票除外）或者保险（再保险）组织25%以上表决股的哈萨克斯坦共和国非居民保险控股人	2000年12月18日第126-Ⅱ号《哈萨克斯坦共和国保险活动法》	不确定
17. 根据附件十七第6和第11款的限制	保险支付保障基金是哈萨克斯坦共和国境内唯一在强制解散保险组织时根据强制险合同向投保人进行保险支付的组织	2000年12月18日第126-Ⅱ号《哈萨克斯坦共和国保险活动法》	不确定
18. 根据附件十七第6和第11款的限制	实施存款强制保障的组织为以股份公司形式设立的非商业组织，授权机关为从事存款强制保障非商业组织的设立人（唯一股东）	2006年7月7日第169-Ⅲ号《哈萨克斯坦共和国二级银行存款强制保障法》	不确定

部门（分部门）	限制描述	适用限制的依据（范性法律文件）	限制效力期限
Ⅱ 哈萨克斯坦共和国			
19. 根据附件十七第 6 和第 11 款的限制	以股份公司形式设立的、国家参股的征信机构是供应商向其提供建立信用史所必需的信息的唯一专门非商业组织	2004 年 7 月 6 日第 573 – Ⅱ 号《哈萨克斯坦共和国征信机构和信用记录法》	不确定
20. 根据附件十七第 6 和第 11 款的限制	保险合同数据库由以国家参股的股份公司形式设立的非商业组织建立和管理	2000 年 12 月 18 日第 126 – Ⅱ 号《哈萨克斯坦共和国保险合同法》	不确定
Ⅲ 俄罗斯联邦			
1. 根据附件十七第 6 和第 11 款的限制	为外国投资者（主组织）子公司或者外国投资者在其注册资本中有 40% 以上份额的保险组织不得在俄罗斯联邦境内从事为此目的由联邦执行权机关预算拨款的公民、人寿和健康保险以及与采购国家和市镇所需的商品、劳务和服务有关的保险，国有组织和市镇组织财产利益保险活动； 为外国投资者（主组织）子公司或者外国投资者在其注册资本中有 40% 以上份额的保险组织不得在俄罗斯联邦境内从事与公民活到某个年龄或者期限或者公民生命中其他事件发生以及公民死亡有关的财产利益保险和机动车车主民事法律责任强制险活动； 如果外国投资者（主组织）不少于 5 年为依照相关国家的法律从事保险活动的保险组织，那么为外国投资者（主组织）子公司或者外国投资者在其注册资本中有 40% 以上份额的保险组织有权在俄罗斯联邦境内从事保险活动； 俄罗斯联邦法律规定外国资本在保险组织注册资本中的股份限额为 50%； 在外国资本在保险组织注册资本中的份额超过 50% 的情况下保险监督机关停止向为外国投资者（主组织）子公司或者外国投资者在其注册资本中有 40% 以上份额的保险组织发放从事保险活动的许可证； 有关外国资本在保险组织注册资本中的	1992 年 11 月 26 日第 4015 – Ⅰ 号《俄罗斯联邦保险业组织法》	至 2017 年 8 月 22 日

续表

部门（分部门）	限制描述	适用限制的依据 （范性法律文件）	限制效力 期限
Ⅲ. 俄罗斯联邦			
1. 根据附件十七第 6 和第 11 款的限制	份额（配额）以及对外国投资者实施本款第 5 和第 7 段所述限制的信息应当依照俄罗斯联邦法律规定的程序公布； 保险组织必须获得保险监督机关使用外国投资者和（或者）其子公司的资金增加注册资本、向外国投资者转让（包括向外国投资者出售）股票（注册资本中的份额）的预先核准，俄罗斯股东必须获得保险监督机关向外国投资者和（或者）其子公司转让属于自己的股票（注册资本中的份额）的预先核准； 如果外国资本在保险组织注册资本中的份额超额，那么保险监督机关拒绝给予为外国投资者（主组织）的子公司或者外国投资者在其注册资本中有 40% 以上份额的保险组织或者因上述交易成为外国投资者（主组织）的子公司或者外国投资者在其注册资本中有 40% 以上份额的保险组织预先核准； 外国投资者支付属于它的保险组织股票（注册资本中的份额）只能以俄罗斯本币的现金形式进行； 尽管本款有规定，但在俄罗斯联邦加入世界贸易组织前取得从事保险活动许可证的组织可以继续依照被发放的许可证规定的条件开展该活动	1992 年 11 月 26 日第 4015 - Ⅰ号《俄罗斯联邦保险业组织法》	至 2017 年 8 月 22 日
2. 根据附件十七第 6 和第 11 款的限制	保险代理人和保险代理经纪人只能为俄罗斯联邦公民（该限制不适用于未登记为个体企业家的自然人保险代理人）	1992 年 11 月 26 日第 4015 - Ⅰ号《俄罗斯联邦保险业组织法》	不确定
3. 根据附件十七第 6 和第 11 款的限制	外国资本在俄罗斯银行体系中的份额限制为 50%； 为了控制外国资本在俄罗斯银行体系中的配额，要求中央银行的下列许可证：建立外资信贷组织，包括子公司和附属公司使用非居民资金增加信贷组织的资本，向非居民转让信贷组织的股票（份额）	根据 2011 年 12 月 16 日《俄罗斯联邦加入 1994 年 4 月 15 日的〈关于建立世界贸易组织的马拉喀什协定〉议定书》，涉及服务的俄罗斯联邦国际义务	不确定

部门（分部门）	限制描述	适用限制的依据（范性法律文件）	限制效力期限
Ⅲ 俄罗斯联邦			
4. 根据附件十七第 6 和第 11 款的限制	在俄罗斯联邦境内从事金融服务活动的许可证只能向以俄罗斯联邦法律规定的组织形式设立的法人发放	俄罗斯联邦 1990 年 12 月 1 日第 395 - Ⅰ号《银行及银行活动法》； 1992 年 11 月 26 日第 4015 - Ⅰ号《俄罗斯联邦保险业组织法》； 1996 年 4 月 22 日第 39 号《俄罗斯联邦有价证券市场法》； 2011 年 2 月 7 日《俄罗斯联邦清算和清算活动法》； 2011 年 11 月 21 日第 325 号《俄罗斯联邦有组织交易法》； 1998 年 5 月 7 日第 75 号《俄罗斯联邦非国有退休基金法》； 2013 年 3 月 14 日第 29 号《俄罗斯联邦个别法律修订和补充法》	不确定
5. 根据附件十七第 6 和第 11 款的限制	在下列情况下对外国投资者实施限制——如果行使俄罗斯信贷组织独任制执行机关职能的人员为外国人或者无国籍人，那么该信贷组织集体执行机关应当有不少于 50% 的人员为俄罗斯联邦公民； 为俄罗斯联邦公民的员工数应当不少于外资的俄罗斯信贷组织员工数的 75%	俄罗斯银行 1997 年 4 月 23 日第 2 - 195 号《关于〈外资信贷组织及其获得俄罗斯联邦使用非居民的资金增加登记的保险组织注册资本预先核准办法程序条例〉生效的命令》	不确定
6. 根据附件十七第 6 和第 11 款的限制	外国信贷组织代表处的外国员工通常不得超过两人；如果代表处要求更多的认证的员工，那么该必要性应当在向俄罗斯银行行长递交的书面申请中说明，决定根据申请做出	俄罗斯银行 1997 年 10 月 7 日第 2 - 437 号《关于外国信贷组织在俄罗斯联邦设立代表处及其活动办法的命令》	不确定
7. 根据附件十七第 6 和第 11 款的限制	俄罗斯保险业主体（法人）的领导人（包括独任制执行机关）和主管会计应当常住在俄罗斯联邦境内	1992 年 11 月 26 日第 4015 - Ⅰ号《俄罗斯联邦保险业组织法》	至 2015 年 1 月 1 日前
8. 根据附件十七第 6 和第 11 款的限制	要求许可证的活动只能由依照规定的程序在俄罗斯联邦境内登记的法人或者个体企业家从事； 应当许可的活动种类依照俄罗斯联邦法律确定	俄罗斯联邦 2011 年 5 月 4 日第 99 号《个别种类活动许可法》（调整上述联邦法律第 1 条第 2 款列举的活动种类的法律）； 俄罗斯联邦 1990 年 12 月 1 日第 395 - Ⅰ号《银行及银行活动法》	不确定

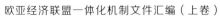

续表

部门（分部门）	限制描述	适用限制的依据 （范性法律文件）	限制效力 期限
Ⅲ　俄罗斯联邦			
9. 根据附件十七第 6 和第 11 款的限制	每个股东（有关联的人员）在交易组织者注册资本中的份额不得超过 10%，股东（有关联的人员）为授权机关属于一个控股集团的俄罗斯联邦金融市场基础设施组织的情况除外		不确定
10. 根据附件十七第 6 和第 11 款的限制	俄罗斯联邦的保险史由依照俄罗斯联邦法律设立和从事活动的组织管理		
11. 根据附件十七第 6 和第 11 款的限制	取得中央寄存人地位的组织为俄罗斯联邦境内唯一行使中央寄存人职能的组织；中央寄存人以股份公司形式设立	2011 年 12 月 7 日第 414 号《俄罗斯联邦中央寄存人法》	不确定

十八 在商品进出口、完成劳务和提供服务中的间接税征收及其缴纳监管办法

Ⅰ 总则

1. 本办法依照《欧亚经济联条约》第 71 条和第 72 条制定，确定了在商品进出口、完成劳务和提供服务中的间接税征收办法及其监督机制。

2. 本办法使用的概念含义如下：

审计服务——会计核算、税务和财务报表审计服务；

会计服务——编制、管理和恢复会计核算，编制和（或者）提供税务、财务和会计报表服务；

动产——不属于不动产和交通工具的财产；

设计服务——产品艺术形式、外观和建筑物侧面设计服务，房屋装修、艺术性安装；

商品进口——纳税人从其他成员国境内向一个成员国境内进口商品；

工程服务——准备商品（劳务、服务）生产和销售过程的服务，准备工业、基础设施、农业和其他设施建设和运营方面的工程咨询服务，先行设计和设计服务（起草可行性研究报告、试验安装设计、技术测试和测试结果分析）；

主管机关——成员国财政部、经济部、税务和海关机关；

咨询服务——提供涉及下列问题的解释、建议和其他形式的服务：管理、经济和财务问题（包括税务和会计）；企业活动规划、组织和人事管理问题，包括确定和（或者）评估的人的问题和（或者）可能性在内；

间接税——增值税和消费税（消费税或者消费费）；

营销服务——与研究、分析、规划和预测商品（劳务、服务）生产和流通有关的服务，旨在创造商品（劳务、服务）生产和流通所必需的经济条件，包括确定商品（劳务、服务）特性、制定价格战略和广告战略；

纳税人——成员国税、手续费和行政费的纳税人；

科研——从事由订购人技术参数确定的科研工作；

不动产——土地、地下和水体以及所有与地面紧密相关的物体，即移动不对其使用造成损害的物体，包括林木、多年生植物、建筑物、设施、管道、输电线、设施形式的企业和航天器；

增值税零税率——增值税按照零税率征收并有权进行增值税金额相应抵扣；

试验安装和试验技术（工艺）工作——研制新产品样式、编制新产品或者新工艺安装文件的工作；

劳务——其成果有物质表现且能够满足法人和（或者）自然人需求的活动；

广告服务——借助任何手段和以任何方式制作、传播和发布面向不特定人群的、引起或者维持对法人或者自然人、商品、商标、劳务和服务兴趣的信息的服务；

商品——销售或者用于销售的任何动产和不动产、交通工具和所有种类的能源；

交通工具——海上船舶和飞机、内河船舶、轮换船舶（河—海），火车或者有轨电车，公共汽车，汽车（包括挂车和半挂车），货运集装箱，矿山自卸车；

服务——结果没有物质表现且在活动过程中销售和消费以及转移和提供特许经营证、许可证、商标、著作权或者其他权利的活动；

信息处理服务——收集和总结信息、系统化信息（数据）并向用户提供信息处理结果的服务；

商品出口——纳税人从一个成员国境内向另一个成员国境内出口商品；

法律服务——法律性质的服务，包括提供咨询和解释、起草法律文书和进行文书的法律鉴定以及在法庭代表订购人利益。

Ⅱ　在商品出口中征收间接税的办法

3. 在商品从一个成员国境内向其他成员国境内出口的情况下从其境内出口商品的成员国纳税人若向税务机关提交本办法第 4 款规定的文件，则适用增值税零税率和（或者）免缴消费税。

在商品从一个成员国境内向其他成员国境内出口的情况下纳税人有权依照成员国法律规定的类似程序享有成员国法律规定的对从该成员国向联盟境外出口的商品适用的税务抵扣。

在一个成员国的纳税人向其他成员国的纳税人销售商品的情况下如果商品在联盟境外开始起运（移动）、在其他成员国内结束移动，那么商品在其境内办理国内消费通关程序的成员国境内视为商品的销售地点。

商品的销售地点依照成员国的法律确定，成员国的法律另有规定的除外。

4. 为了证明适用增值税零税率和（或者）免缴商品从其境内出口的成员国法律规定的消费税的合理性，下列文件（复印件）连同税务申报单向税务机关提交。

1）与其他成员国的纳税人或者与不是联盟成员的国家的纳税人签订的出口商品的合同；在商品金融租赁或者商品贷款（商品借款、实物形式的借款）情况下的金融租赁合同或者商品贷款（商品借款、实物形式的借款）合同；制造（生产）商品合同；来料加工合同。

2）银行证明销售的出口商品所得实际进入出口商纳税人账户的凭条，成员国法律另有规定除外。

如果合同规定以现金结算且现金结算不违反商品从其境内出口的成员国法律，那么纳税人向税务机关提交证明自己将收到的款项存入银行账户中的银行凭条（凭条复印件）以及证明实际收到上述商品购买人支付订单的单据的复印件，商品从其境内出口的成员国法律另有规定的除外。

如果根据向承租人转移商品所有权的金融租赁合同出口商品，那么纳税人向税务机关提交证明金融租赁付款实际进入出口商纳税人账户中的银行凭条（凭条复印件），成员国法律另有规定的除外。

在办理外贸商品交换（易货）业务和办理商品贷款（商品借款、实物形式的借款）的情况下出口商向税务机关提交证明根据上述业务收到（购买的）商品的进口文件。

如果成员国的法律未对从成员国境内向联盟关境外出口的商品有规定，那么本分款所述的文件不向税务机关提交。

3）按照个别国际部门间条约规定的格式编制的且加盖商品向其境内出

口的成员国税务机关印章的进口商品缴纳间接税申请书（免缴或者履行税务债务的其他方式，简称"申请"）（纸质版的原件或者税务机关酌情出具的复印件），或者申请清单（纸质版的原件或者税务机关的复印件）。

纳税人将税务机关依照个别国际部门间条约规定的程序收到有关信息的申请概况和申请资料列入申请清单中。

申请清单格式及其填写办法由成员国税务机关规范性法律文件或者成员国其他规范性法律文件确定。

在销售从一个成员国境内向其他成员国境内出口的商品且办理其他成员国境内的自由关税区或者自由仓库海关程序的情况下向第一个成员国提交代替申请的且由其他成员国海关机关核证的和依照其办理自由关税区或者自由仓库海关程序的报关单。

4）运输（商品护送）文件和（或者）成员国法律规定的、证明商品从一个成员国境内移动到另一个成员国境内的其他文件。

如果成员国的法律规定包括不使用交通工具移动的商品在内的个别商品移动不办理文件，那么上述文件不提交。

5）证明适用增值税零税率和（或者）免缴商品从其境内出口的成员国法律规定的消费税合理性的文件。

如果证明适用增值税零税率和（或者）免缴商品从其境内出口的成员国法律规定的消费税合理性的文件连同税务申报单依照商品从其境内出口的成员国法律无须提交，那么本款规定的除了申请（申请书清单）以外的文件不向税务机关提交。

如果成员国法律未规定同时提交增值税税务申报单，那么提交本款规定的文件不需附上相应增值税税务申报单。

本款第1、第2、第4和第5分款以及第3分款第4段规定的文件依照成员国税务机关规范性法律文件或者成员国其他规范性法律文件规定的程序提交。上述文件格式由成员国的税务机关或者成员国其他规范性法律文件确定。

5. 本办法第4款规定的文件在自卸货之日起180个日历日内向税务机关提交。

在于规定的期限内不提交这些文件的情况下间接税金额应当在卸货之

日实行的税务期间或者成员国法律规定的其他税务期间向预算缴纳并有权根据商品从其境内出口的成员国法律进行相应的增值税抵扣。

为了计算销售商品中的增值税，编制顾客购买商品的原始会计文件时间的第一日或者成员国法律对增值税纳税人规定的必备文件摘录之日视为卸货之日。

为了计算由自有原料生产的消费税应税商品的消费税，编制顾客购买自有原料生产的商品原始会计文件时间的第一日以及消费税应税商品交接签字之日视为卸货之日，消费税应税商品在其境内生产的成员国法律另有规定的除外。

在不缴纳、不完全缴纳间接税和未在本款规定的期限内缴纳间接税的情况下税务机关依照商品从其境内出口的成员国法律规定的程序和数额征缴间接税和滞纳金，采取确保履行该成员国法律规定的缴纳间接税、滞纳金义务的手段并采取责任措施。

在于本款规定的期限届满之际纳税人提交本办法第 4 款规定的文件的情况下缴纳的间接税应当依照商品从其境内出口的成员国法律返还。违反间接税缴纳期限规定而缴付的滞纳金和罚款不得返还。

6. 向成员国出口的商品规模和在发货之日实行的消费税税率以及消费税金额应当在相应消费税税务申报单中反映。

7. 税务机关检查适用增值税零税率和（或者）免缴消费税、税务抵扣的合理性，根据商品从其境内出口的成员国法律做出相应决定。

在申请清单未向税务机关提交的情况下若一个成员国的税务机关收到了其他成员国证明全额缴纳了间接税（免缴间接税）的电子版文件，那么税务机关做出有关证实对从一个成员国境内向其他成员国境内出口的商品业务适用增值税零税率和（或者）免缴消费税、上述税种税务抵扣的合理性的决定。

8. 如果纳税人提交的有关商品移动和间接税缴纳的资料不符合成员国税务机关之间交换信息框架下获取的数据，那么税务机关依照商品从其境内出口的成员国法律规定的程序和数额征缴间接税和滞纳金，采取确保履行该成员国法律规定的缴纳间接税和滞纳金义务的手段以及采取该成员国法律规定的责任措施。

9. 本编涉及增值税的条款也适用于根据从完成制造劳务的成员国境内向其他成员国出口的商品制造合同完成劳务成果的商品。为完成来料加工劳务的成果的商品不属于上述商品。

10. 征收为根据来料加工合同完成劳务成果的商品的增值税税基为对其适用特定消费税税率的消费税应税来料加工商品的规模和数量（其他指标），或者为对其适用从价消费税税率的消费税应税来料加工商品价值。

11. 如果商品出口中的增值税税基因销售的商品价格上涨（下跌）而提高（降低），或者销售的商品数量（规模）因质量不合格和（或者）不配套而减少，那么其在合同当事人变更出口的商品价格（协商退货）税务期间内调整，成员国法律另有规定除外。

在根据向承租人转移商品所有权的金融租赁合同和商品贷款（商品借款、实物形式的借款）合同以及商品制造合同从一个成员国境内向另一个成员国境内出口商品的情况下，若本办法第4款规定的文件向税务机关提交，那么适用增值税零税率和（或者）免缴消费税。

如果根据向承租人转移商品所有权的金融租赁合同从一个成员国境内向另一个成员国境内出口商品，那么增值税税基为在金融租赁合同规定的支付各笔金融租赁费之日确定的等同于各笔金融租赁费的商品（金融租赁标的）初始价值。

税务抵扣依照成员国法律规定的办法办理，根据商品各笔金融租赁费的价值确定。

如果根据商品贷款（商品借款、实物形式的借款）合同从一个成员国境内向另一个成员国境内出口商品，那么合同规定的被转移（提供的）商品价值为增值税税基。若合同中没有规定价值，那么商品承运文件中注明的价值为增值税税基。如果合同和商品承运文件中都没有注明商品的价值，那么备案中的价值为增值税税基。

12. 为了确保全额缴纳间接税，成员国调整为课税目的而确定价格原则的法律可以被适用。

Ⅲ　在商品进口中征收间接税的办法

13. 从其他成员国境内向一个成员国境内进口的商品间接税（本办法第

27 款规定的情况和〔或者〕进口商品办理自由关税区或者自由仓库海关程序的情况除外）由商品向其境内进口的成员国税务机关在包括根据本款第 1～5 分款确定的实行特殊课税机制的纳税人在内的纳税人登记地征收。

拥有商品的所有权或者根据合同规定商品所有权被转移给其的人员视为本编目的商品的所有权人。

1）如果商品根据一个成员国的纳税人与其他成员国纳税人之间的合同购买且商品从其他国家进口，那么间接税由商品向其境内进口的成员国纳税人——商品所有权人缴纳，如果成员国法律有规定则由行纪人、被委托人或者代理人缴纳。

2）如果商品根据一个成员国的纳税人与其他成员国的纳税人之间的合同购买且商品从不是联盟成员国的国家进口，那么间接税由商品向其境内进口的成员国纳税人——商品所有权人缴纳，如果成员国法律有规定则由行纪人、被委托人或者代理人缴纳。

3）如果商品由一个成员国的纳税人通过行纪人、被委托人或者代理人向其他成员国的纳税人销售或者从前者或者第三国境内进口，那么间接税由商品向其境内进口的成员国纳税人——商品所有权人缴纳，如果成员国法律有规定则由行纪人、被委托人或者代理人缴纳。

4）如果一个成员国的纳税人购买先前由其他成员国的纳税人向该成员国进口的不缴纳间接税的商品，那么间接税由商品向其境内进口的成员国纳税人——商品所有权人缴纳，如果成员国法律有规定则由行纪人、被委托人或者代理人缴纳（如果商品由其他成员国的纳税人通过行纪人、被委托人或者代理人销售）。

如果一个成员国的纳税人购买先前由行纪人、被委托人或者代理人根据与其他成员国纳税人的行纪、委托或者代理合同向该成员国进口的不缴纳间接税的商品，那么间接税由商品向其境内进口的成员国纳税人——商品所有权人缴纳，如果成员国法律有规定则由行纪人、被委托人或者代理人缴纳。

5）如果商品根据一个成员国的纳税人与不是联盟成员国的国家的纳税人之间的合同购买且商品从其他国家进口，那么间接税由商品向其境内进口的成员国纳税人——商品所有权人缴纳，如果成员国法律有规定则由行纪人、被委托人或者代理人缴纳。

14. 为了缴纳增值税，纳税人在进口商品备案之日采用的税基根据购买的商品（包括履行制造合同劳务成果的商品）以及基于商品信贷（商品借款、实物形式的借款）合同取得的商品、为来料加工产物和应缴纳消费税的商品价值不迟于成员国法律规定的期限确定。

根据合同条件应当向供应商支付的商品（劳务、服务）交易价格为购买的商品（包括为根据其制造合同完成的劳务成果的商品）价值。

合同规定的价值为根据商品交换（易货）合同和商品贷款（商品借款、实物形式的借款）合同获得的商品价值，在合同中没有规定价值的情况下则为商品运输单据中注明的价值；在合同和（或者）商品运输单据中都没有规定价值的情况下则为核算中反映的商品价值。

为了确定税基，以外币反映的商品价值（包括为根据其制造合同完成的劳务成果的商品）按照在备案之日的成员国国家（中央）银行汇率转换为本币表示的价值。

在来料加工产品从其他成员国境内向成员国境内进口的情况下税基为完成的来料加工劳务和消费税应税商品价值。在此情况下以外汇反映的完成的来料加工劳务价值按照成员国国家（中央）银行在来料加工产品备案之日的汇率换算成本币表示的价值。

15. 根据向承租人转移商品所有权的金融租赁合同和商品贷款（商品借款、实物形式的借款）合同从其他成员国境内向一个成员国境内进口的商品（金融租赁对象）的税基为支付金融租赁费之日规定的商品（金融租赁对象）价值部分（不管实际支付的数额和日期）。外币金融租赁费按照确定税基之日成员国国家（中央）银行的汇率转换为本币表示的价值。

16. 消费税的税基在包括来料加工产品在内的进口商品应缴消费税商品备案之日确定（不迟于应缴消费税商品向其境内进口的成员国法律确定的期限）。

消费税的税基在进口包括来料加工产品在内的消费税应税商品备案之日确定（不迟于消费税应税商品向其境内进口的成员国法律确定的期限）。

17. 应当缴纳的从其他成员国境内向一个成员国境内进口商品的间接税金额由纳税人按照商品向其境内进口的成员国法律规定的税率计算。

18. 为了确保全额缴纳间接税，成员国调整为课税目的而确定价格原则的法律可以被适用。

19. 除了有标识的消费税应税商品以外的商品间接税不迟于下列月份次月的 20 日前缴纳：

进口商品备案之月；

金融租赁合同规定的支付期限之月。

有标识的消费税应税商品的消费税在成员国法律规定的期限内缴纳。

20. 纳税人必须在进口商品备案之月的次月 20 日前，按照成员国法律规定的格式或者按照商品向其境内进口的成员国主管机关规定的格式（包括根据金融租赁合同）向税务机关提交相应税务申报单。除了税务申报单，纳税人向税务机关提交下列文件（复印件）。

1）纸质版（一式四份）和电子版或者有纳税人电子签名的电子版申请。

2）银行证明实际缴纳进口商品的间接税的凭条或者证明履行了缴纳间接税债务的其他文件，成员国法律另有规定的除外。在从其他成员国境内向一个成员国境内进口商品以及在成员国境内销售商品（劳务、服务）时如果纳税人多缴纳（被征收）了税、手续费或者间接税，那么税务机关依照商品向其境内进口的成员国法律将其抵作应缴纳的进口商品间接税。在此情况下银行证明实际缴纳进口商品间接税的凭条（其复印件）不提交。根据金融租赁合同，本分款所述的文件在金融租赁合同规定的期限届满的情况下提交。

3）运输（商品护送）文件和（或者）成员国法律规定的、证明商品从一个成员国境内移动到另一个成员国境内的其他文件。

如果成员国的法律规定包括不使用交通工具移动的商品在内的个别商品移动不办理文件，那么上述文件不提交。

4）卸货时依照成员国法律办理的发票，如果成员国法律规定了要出示它（凭条）。

如果成员国的法律未规定要出示发票（凭条）或者商品向不是联盟成员国的国家纳税人购买，那么出售人出示（登记）的证明进口的商品价值且代替发票的其他单据向税务机关提交。

5）根据其从其他成员国境内购买向成员国境内进口的商品的合同；在商品金融租赁的情况下，金融租赁合同；在商品信贷（商品借款、实物形式的借款）的情况下，商品信贷（商品借款、实物形式的借款）合同；商品制造合同；来料加工合同。

6）如果销售从其他成员国进口的商品，那么其他成员国的纳税人向其他成员国的其他纳税人或者非联盟成员国国家的纳税人发出的关于第三国纳税人、与该第三国纳税人签订的购买进口商品的下列资料的通知（在本办法第13款第1～5分款规定的情况下，由领导人〔个体企业家〕签字并加盖组织印章）：

作为成员国纳税人的身份证号；

成员国纳税人（组织或者个体企业家）全称及所在地（居住地）；

合同编号和日期；

说明编号和日期。

如果商品向其购买的国家纳税人不是被销售商品的所有人（为行纪人、被委托人或者代理人），那么本分款第2～6段的资料提交也涉及被销售商品的所有权人。

在提交外文通知的情况下必须有俄文翻译件。

如果本分款所述的资料含在本款第5分款所述的合同中，那么通知不提交。

7）行纪、委托合同或者代理合同（在签订相应合同的情况下）。

8）根据其从其他成员国境内购买向成员国境内进口的商品的合同，诸如行纪、委托合同或者代理合同（在本办法第13款第2～5分款规定的情况下，间接税由行纪人、被委托人或者代理人缴纳的情况除外）。

本款第2～8分款所述的文件可以以成员国法律规定的程序核证的复印件形式或者依照成员国税务机关规范性法律文件或者成员国其他规范性法律文件规定的程序以电子形式提交。上述文件格式由成员国税务机关规范性法律文件或者成员国其他规范性法律文件确定。

在第一次缴纳增值税的情况下纳税人根据金融租赁合同向税务机关提交本款第1～8分款规定的文件。纳税人随后向税务机关同时提交税务申报单和本款第1和第2分款规定的文件（复印件）。

如果依照商品向其境内进口的成员国法律，其不连同税务申报单一起提交，那么本款规定的除了申请（申请书清单）以外的文件不向税务机关提交。

21. 说明的申请（替代先前提交的）或者以书面形式（一式四份）和电子形式提交或者以有纳税人电子签名的电子形式提交。

说明的申请（替代先前提交的）连同本办法第 20 款第 2～8 分款规定的文件一起提交。

如果提交说明的申请（替代先前提交的）不导致对先前提交的税务申报单进行修改，那么纳税人不提交说明的（补充的）税务申报单，成员国法律另有规定除外。先前提交该说明的申请不导致恢复先前在进口商品中缴纳的增值税抵扣。

被说明的申请在成员国法律规定的情况下不提交。

22. 如果不缴纳、不完全缴纳进口商品间接税，或者在与本议定书第 19 款规定的期限相比更晚的期限内纳税以及纳税申报单中注明的数据不符合成员国税务机关之间交换信息框架下获取的数据，那么税务机关依照商品向其境内进口的成员国法律规定的程序和数额征缴间接税和滞纳金，采取确保履行缴纳该成员国法律规定的税务和滞纳金义务的手段以及采取该成员国法律规定的责任措施。

23. 在进口商品在其核算月被退还的情况下如果商品因质量和（或者）配备不当被退还，那么进口该商品的业务在税务申报单中反映。

商品因质量和（或者）配备不当被退还应当由合同当事人同意的索赔函以及与办理该商品业务相符的单据证明。货物交接单（在没有运输被退还的商品的情况下）、运输（商品护送）单据（在运输被退还的商品的情况下）、销毁文书或者其他文件也属于上述单据。在商品被部分退还的情况下上述文件（复印件）连同本办法第 20 款规定的文件向税务机关提交。

上述申请或者以书面形式（一式四份）和电子形式提交或者以有纳税人电子签名的电子形式提交。

在商品因质量和（或者）配备不当被退还的情况下说明的申请（替换先前的）向税务机关提交，其中不反映部分被退还的商品资料。本款第 2 段所述的文件可以依照成员国税务机关规范性法律文件或者成员国其他规范性法律文件规定的程序以电子形式提交。上述文件格式由成员国税务机关规范性法律文件或者成员国其他规范性法律文件确定。

在其资料被反映在先前提交的申请中且所有的商品因质量和（或者）配备不当被全部退还的情况下说明的申请（替换先前的）不向税务机关提交。

纳税人按照成员国税务机关规范性法律文件或者成员国其他规范性法律文件规定的格式和程序告知税务机关先前提交的反映被全部退还的商品资料的申请概况。

在商品因质量和（或者）配备不当被部分或者全部退还的情况下先前在进口商品中缴纳的增值税和抵扣在商品被退还的税务期间恢复，成员国法律另有规定的除外。

24. 如果在纳税人备案商品之月届满之际进口商品的价格提高，那么缴纳增值税的税基增加进口商品变化后的价格与先前的价格之差。

缴纳增值税和提交税务申报单不迟于合同当事人改变进口商品价格之月的次月 20 日。

进口商品变化后的价格与先前的价格之差反映在由纳税人连同下列文件向税务机关提交的税务申报单中。

合同或者合同的当事人提交的证明进口商品价格提高且修正发票的其他文件（如果成员国法律规定了要出示〔证明〕），可以以成员国法律规定的程序核证的复印件形式或者依照成员国税务机关规范性法律文件或者成员国其他规范性法律文件规定的程序以电子形式提交。上述文件格式由成员国税务机关规范性法律文件或者成员国其他规范性法律文件确定。

25. 依照其法律不缴纳间接税进口至成员国境内的商品如果用于因此免税或者以其他方式纳税以外的目的，那么商品进口应当依照本编规定的程序缴纳间接税。

26. 缴纳的从其他成员国境内向一个成员国境内进口的商品间接税应当依照商品向其境内进口的成员国法律规定的程序抵扣。

27. 应当加注消费税标识（备案检验标识、标记）的商品消费税由成员国海关机关征收，成员国法律另有规定的除外。

Ⅳ 在完成劳务和提供服务中征收间接税的办法

28. 在完成劳务和提供服务中间接税由在其境内被视为劳务完成（本办

法第 31 款所述的劳务除外)、服务提供地点的成员国征收。

29. 在下列情况下成员国的境内视为劳务完成、服务提供的地点。

1)劳务完成、服务提供与位于该成员国境内的不动产直接相关。

本分款的规定也适用于以租赁、雇佣形式和根据其他理由使用不动产的服务。

2)劳务完成、服务提供与位于该成员国境内的动产、交通工具直接相关。

3)在该成员国境内提供文化、艺术、培训(教育)、体育、休闲和健身领域的服务。

4)该成员国的纳税人购买：

咨询、法律、会计、审计、工程、广告、设计、营销服务，处理信息的服务，科研、试验安装、试验调试工作;

转移、提供和转让特许证、许可证以及证明受国家保护的工业产权、贸易标记、商标、公司名称、服务标记、著作权、邻接权或者其他类似权利客体权利的文件;

研发计算机软件和数据库(计算机软件和信息产品)及改编、调整、配置计算机软件和数据库的劳务、服务;

在员工于购买人地点工作的情况下向员工提供的服务;

以租赁、金融租赁形式和根据其他理由使用不动产，以租赁、金融租赁形式和根据其他理由使用交通工具除外;

以其名义为合同的主要参加人提供的服务或者以合同的主要参加人完成本分款规定的劳务的其他人。

5)该成员国完成的劳务和提供的服务，本款第 1～4 分款另有规定的除外。

本分款的规定也在租赁、金融租赁和根据其他理由使用交通工具中适用。

30. 证明劳务完成、服务提供地点的文件为:

成员国纳税人签订的完成劳务、提供服务的合同;

证明完成劳务、提供服务事实的文件;

成员国法律规定的其他文件。

31. 在销售从其他成员国境内向一个成员国境内出口的来料加工劳务并随后向其他成员国境内出口加工产品的情况下增值税征收办法及其缴纳监

督依照本办法第 II 编确定，本编另有规定的除外。增值税税基为完成来料加工劳务的价值。

32. 为了证明在销售本办法第 31 款所述的劳务中适用增值税零税率的合理性，下列纸质版文件（复印件）连同税务申报单向税务机关提交。

1）成员国纳税人之间签订的合同。

2）证明完成劳务事实的文件。

3）证明本办法第 31 款所述的商品出口（进口）事实的文件。

4）申请书（纸质版原件或者根据成员国税务机关的决定，复印件）或者申请书清单（纸质版或者有纳税人电子签名的电子版）。

申请书清单依照本办法第 4 款第 3 分款规定的程序提交。

在来料加工产品向联盟境外出口的情况下申请书（申请书清单）不向税务机关提交。

在来料加工产品从一个成员国向其他成员国境内出口和且依照其他成员国境内的自由关税区或者自由仓库区海关程序办理报关的情况下，向前者提交由其他成员国海关机关证明的海关报关单复印件以代替申请书（申请书复印件）。商品根据海关报关单办理自由关税区或者自由仓库区海关程序。

5）证明来料加工产品出口到联盟境外的报关单。

6）成员国法律规定的其他文件。

本款第 1、第 2、第 3、第 5、第 6 分款、第 4 分款第 4 段规定的文件可以依照成员国税务机关规范性文件或者成员国其他规范性法律文件规定的程序以电子形式提交。上述文件的格式由成员国税务机关规范性文件或者成员国其他规范性法律文件确定。

如果证明增值税零税率合理性的文件连同税务申报单依照在其境内加工的成员国法律无须提交，那么本编规定的除了申请书（申请书清单）以外的文件不向税务机关提交。

33. 如果纳税人依照本编规定的课税办法完成几种劳务和提供几种服务且其中一种劳务和服务对销售的其他劳务和服务是辅助性的，那么完成劳务和提供服务的主要地点视为完成辅助劳务和提供辅助服务的地点。

十九 竞争的一般原则和规则议定书

Ⅰ 总则

1 本议定书依照《欧亚经济联盟条约》（简称《条约》）第十八编制定，确定了适用《条约》第十八编的特点、违反两个或者两个以上成员国境内跨国商品市场一般竞争规则的罚款、成员国对遵守两个或者两个以上成员国境内跨国商品市场一般竞争规则实施监管的程序（包括与成员国授权机关的相互协作）、成员国授权机关之间在对竞争法（反垄断法）实施监督中相互协作的程序以及实施国家价格调控和对实施国家价格调控的成员国提出异议的程序。

2. 本议定书中使用的和《条约》第十八编的概念含义如下。

1）纵向协议—— 经营主体（市场主体）之间有关其中一个向另一个购买商品或者是商品潜在购买者、另一个则供应商品或者为商品潜在销售者的协议。

2）相互替代的商品——在功能、应用、质量和技术特征、价格和其他参数上可以比较的且购买人在购买中（包括为生产目的而购买的）将其替换或者拟将其替换成其他商品的商品。

3）国家价格调控——成员国授权机关和地方自治机关依照成员国法律规定的程序确定价格（服务费）、价格（服务费）加价、最高或者最低价格（服务费）、最高或者最低价格（服务费）加价。

4）国家或者市镇优惠——成员国执行权机关、地方自治机关、行使上述机关职能的机关或者组织通过转移国家或者市镇财产、其他民事权利对象或者通过提供财产优惠、国家或者市镇担保，向个别经营主体（市场主体）提供获得更优惠活动条件的优惠。

5）团体——符合下列一个或者几个条件的自然人和法人的总称。

如果自然人或者法人因参股公司（合作社、合伙人）或者依照得到包括书面协议在内的其他人员的授权而行使50%以上的公司（合作社、合伙人）表决股，那么公司（合作社、合伙人）和自然人或者法人。

如果自然人或者法人行使经营主体（市场主体）唯一执行机关的职能，那么经营主体（市场主体）和自然人或者法人。

如果自然人或者法人根据经营主体（市场主体）的设立文件或者与经营主体（市场主体）签订的合同有权向经营主体（市场主体）下达有执行约束力的指示，那么经营主体（市场主体）和自然人或者法人。

同一批自然人在其集体执行机关和（或者）董事会（监事会、基金理事会）组成人员中占50%以上的经营主体（市场主体）。

自然人及其配偶、父母（包括养父母）、子女（被收养的子女）、兄弟和姐妹。

根据本分款第2～6段所述的任何理由与同一批自然人属于一个团体的每个人员以及根据本分款第2～6段所述的任何理由属于一个团体的其他人。

如果任何人因联合参与公司（合伙、经营伙伴），或者依照其他人的授权有公司（合伙、经营伙伴）注册资本中50%以上的表决权，那么本分款第2～7段所述的任何公司（合伙、经营伙伴）、自然人和（或者）法人视为一个团体。

团体视为一个经营主体（市场主体），《条约》第十八编和本议定书与经营主体（市场主体）有关的条款适用于团体，本议定书规定的情况除外。

为了在成员国境内实施竞争（反垄断）政策，概念"团体"可以在成员国的法律中被具体化，包括在人员被认定为"团体"的情况下一人支配另一人注册资本中股票（股份）的数额。

6）歧视条件——根据《条约》和（或者）成员国其他国际条约规定的限制条件和特点，经营主体（市场主体）在与其他经营主体（市场主体）相比不平等的地位上进入商品市场的条件，生产、交换、消费、购买、出售和以其他方式进行的商品转移。

7）优势地位——一个或者几个经营主体（市场主体）在某种商品市场上能够对相应商品市场上流通的一般条件造成决定性影响和（或者）将其他经营主体（市场主体）的商品从该市场排除和（或者）导致其他经营主体（市场主体）进入该商品市场困难的地位。

8）竞争——各自主的经营主体（市场主体）被排除或者限制单方面影响商品在相应商品市场上流通的一般条件的对抗状态。

9) 保密信息——受成员国规范性法律文件保护的所有信息，依照成员国法律归入国家秘密的信息除外。

10) 协调经济活动——不是团体中的和不是经营主体（市场主体）的以及不在协商经营主体（市场主体）活动的市场上从事活动的第三人协调经营主体（市场主体）活动。

11) 间接控制——法人或者自然人通过直接控制的一个法人或者几个法人确定法人做出的决定。

12) 垄断高价——在市场于联盟境内外存在的情况下如果与商品的购买人或者出售者构成、商品流通条件、包括课税和关税管理在内的国家调控的商品市场准入条件相比，价格高于该商品市场（以下简称"比较的市场"）竞争条件下生产和销售该商品所必需的支出以及利润和价格，那么占优势地位的经营主体（市场主体）确定的价格视为垄断高价。自然垄断主体在依照成员国法律规定的费率范围内确定的价格不得被视为垄断高价。

13) 垄断低价——在联盟境内或者境外存在商品市场的情况下如果价格低于生产和销售该商品实际或者所必需的支出和利润以及价格低于比较的市场上在竞争条件下形成的价格，那么占优势地位的经营主体（市场主体）确定的价格视为垄断低价。

14) 不正当竞争——一个经营主体（市场主体）或者几个经营主体（市场主体）与成员国法律、商业惯例良好秩序要求、合理性和公正性不相符的以及导致或者可能导致其他经营主体（市场主体）——竞争者受损或者造成或者可能造成其商业声誉受损的、旨在获得企业活动中优势的行为。

15) 限制竞争标志——商品市场上存在下列状况：商品市场上不在一个团体中的经营主体（市场主体）数量减少；商品价格与商品市场上商品其他一般流通条件相应变化无关地上涨或者下降；不在一个团体中的经营主体（市场主体）放弃在商品市场上的自主行为；根据经营主体（市场主体）之间的协议或者依照必须执行的其他人员的指示，或者因不在一个团体中的经营主体（市场主体）的协商而确定商品在商品市场上的一般流通条件；导致经营主体（市场主体）单方面影响商品市场商品流通一般条件可能性的其他情况。

16) 直接控制——法人或者自然人能够通过下列一个或者几个行为确

定法人做决策：

行使其执行机关的职能；

获得管理法人经营活动的权利；

支配构成法人注册资本 50% 以上的表决股。

17）协定——含在一份或者若干份文件中的书面形式的约定或者口头形式的约定。

18）商品——用于出售、交换或者其他流通的民事权利客体（包括劳务和包括金融服务在内的服务）。

19）商品市场——根据经济、技术或者其他方面的可能性或者合理性，顾客可以购买商品且这种可能性或者合理性在成员国境外不存在的其他商品不能替代的商品或者相互替代的商品流通领域。

20）经营主体（市场主体）——其活动能创收的商业和非商业组织、个体企业家和自然人，其创收活动依照成员国法律应当办理国家登记和（或者）许可。

21）经济集中——对竞争状况造成或者可能造成影响的交易和其他行为。

3. 经营主体（市场主体）的优势地位根据对下列情况的分析确定：

1）经营主体（市场主体）的份额及其与竞争者和顾客份额的比例；

2）经营主体（市场主体）单方面决定相应商品市场商品价格水平和对商品一般流通条件造成决定性影响的可能性；

3）进入商品市场的经济、技术、行政或者其他方面限制的存在；

4）经营主体（市场主体）对商品市场商品流通一般条件造成决定性影响的可能性的存在期间。

4. 成员国的法律可以规定认定经营主体（市场主体）优势地位的其他（补充）条件。

经营主体（市场主体）在跨国商品市场上的优势地位由委员会依照委员会批准的跨国商品市场竞争状况评估方法确定。

Ⅱ　协议和保留的允许

5. 如果未对经营主体（市场主体）施加不是达到这些协议目的所必需

的限制和导致消除相应商品市场上竞争的条件且经营主体（市场主体）证明该协议有或者可能有下列情况导致的结果，那么《条约》第 76 条第 4 和第 5 款规定的协议以及经营主体（市场主体）可能导致《条约》第 76 条第 3 款所述的后果的联合活动协议可以视为被允许的：

1）完善商品生产（销售）或者刺激技术（经济）进步或者成员国生产的商品在世界商品市场上的竞争力提高；

2）消费者获得相应人员从该实施的行为中获得的优势（益处）的合理部分。

6. 在下列情况下纵向协议被允许：

1）该协议为商业租让协议；

2）作为该协议参加人的每个经营主体（市场主体）在为纵向协议对象商品市场上的份额不超过 20%。

7. 如果一个经营主体（市场主体）被确定直接或者间接控制其他经营主体（市场主体），或者经营主体（市场主体）由同一人控制，那么《条约》第 76 条第 3~6 款的规定不适用于同一组人中的经营主体（市场主体）之间的协议，从事由同一批经营主体（市场主体）完成的活动的经营主体（市场主体）之间的协议除外。

Ⅲ 遵守竞争一般规则的监督

8. 制止经营主体（市场主体）以及自然人和不是经营主体（市场主体）的非商业组织在成员国境内违反《条约》第 76 条规定的一般竞争规则由成员国授权机关实施。

9. 如果违法对跨境商品市场造成或者可能造成消极影响，那么制止经营主体（市场主体）以及自然人和不是经营主体（市场主体）的非商业组织在成员国境内违反《条约》第 76 条规定的一般竞争规则由委员会实施。

10. 委员会：

1）审查存在违反《条约》第 76 条规定的一般竞争规则、对跨境商品市场造成或者可能造成消极影响的迹象的声明（材料）并实施必要的调查；

2）根据成员国授权机关、成员国经营主体（市场主体）、成员国政权（管理）机关或者成员国自然人的请求或者主动对违反《条约》第 76 条规定的一般竞争规则且对跨境商品市场造成或者可能造成消极影响的案件进行立案并审查；

3）在《条约》第十八编和本议定书规定的情况下做出对成员国经营主体（市场主体）有执行约束力的决定，包括对成员国的经营主体（市场主体）处以罚款，实施旨在终止违反一般竞争规则、消除违反一般竞争规则后果的行动以及制止可能妨碍竞争和（或者）可能导致限制竞争并消除跨境商品市场竞争和在《条约》第十八编和本议定书规定的情况下违反一般竞争规则的行动；

4）向成员国国家政权机关、地方自治机关及行使其职能的机关或者组织，法人和自然人索取实施监督遵守跨境商品市场一般竞争规则职权所必需的包括机密信息在内的信息；

5）每年不迟于 6 月 1 日前向最高理事会通报跨境商品市场竞争状态和采取制止违反跨境商品市场一般竞争规则行为的措施并在联盟官方网站上发布批准的报告；

6）将审理违反一般竞争规则案件的决定发布在联盟的网站上；

7）履行落实《条约》第 76 条和本议定书所必需的其他职权。

11. 审查违反跨境商品市场一般竞争规则申请（材料）的程序、实施违反跨境商品市场一般竞争规则调查的程序和审理违反跨境商品市场一般竞争规则案件的程序由委员会批准。委员会为了审理违反竞争一般规则案件而进行的竞争状况分析结果应当含在委员会根据案件审理结果做出的决定中，机密信息除外。

为了行使实施遵守跨境市场一般竞争规则监督以及落实《条约》第十八编和本议定书所必需的职权，委员会批准：

评估竞争状况的方法；

确定垄断高价（低价）的方法；

罚款的计算方法和征收办法；

各类经济部门适用一般竞争规则的特点（若有）；

委员会和成员国授权机关相互协作的程序（包括信息交换在内）。

12. 为了调查违反《条约》第 76 条规定的一般竞争规则的案件和准备案件相关材料，委员会运作相关部门（简称"委员会授权部门"）。

13. 委员会授权部门在审查违反跨境商品市场一般竞争规则申请（材料）中、在实施违反跨境商品市场一般竞争规则调查中和在审理违反跨境商品市场一般竞争规则案件中向成员国的经营主体（市场主体），不是经营主体（市场主体）的非商业组织，国家政权机关、地方自治机关及行使其职能的机关或者组织，法人和自然人索取信息。

成员国的经营主体（市场主体），不是经营主体（市场主体）的非商业组织，国家政权机关、地方自治机关及其行使其职能的机关或者组织，法人和自然人必须在规定的期限内，应委员会要求向其提供行使承担的职权所必需的信息、文件、资料和解释。

14. 委员会征收罚款的决定、委员会责令违法人实施某个行为的决定是有约束力的文件，应当由经营主体（市场主体）和不是经营主体（市场主体）的非商业组织在其境内登记或者自然人在其境内常住或者临时居住的成员国司法文书、其他机关和官员的文书强制执行机关执行。

对委员会在竞争领域的文件、行为（不作为）的异议根据本议定书条款并依照《欧亚经济联盟法院条例》（《条约》附件二）规定的程序向联盟法院提出。

联盟法院受理对委员会的决定违反跨境商品市场一般竞争规则案件的申请，无须事先按照审前程序向委员会提出解决问题的请求。

15. 对成员国授权机关的文件、行为（不作为）的异议依照成员国的程序法向成员国司法机关提出。

Ⅳ　违反委员会确定的跨境商品市场一般竞争规则的罚款

16. 委员会依照自己批准的罚款计算方法和征收办法，征收违反《条约》第76条规定的一般竞争规则、不应委员会的要求提交或者不按时提交资料（信息）或者故意向委员会提交不可信资料（信息）的下列数额的罚款。

1）不符合《条约》第76条第2款规定的禁止不正当竞争的，对官员和个体企业家处以2万～11万俄罗斯卢布的罚款，对法人处以10万～100万俄罗斯卢布的罚款。

2）经营主体（市场主体）签订符合《条约》第76条第3～5款规定的

协议的，对官员和个体企业家处以 2 万~15 万俄罗斯卢布的罚款，对法人处以 10 万~100 万俄罗斯卢布的罚款；在市场上销售商品（劳务和服务）存在违法的，对违法人处以销售商品（劳务和服务）所得金额或者购买商品（劳务、服务）支出金额的 50%~100% 的罚款，但罚款不得超过违法人在实施违法行为的市场上销售所有商品（劳务和服务）所得金额的 1/50 和不少于 10 万俄罗斯卢布；如果违法人在实施违法行为的市场上销售商品（劳务和服务）所得超过销售所有商品（劳务和服务）所得金额的 75%——违法人在实施违法的市场上销售商品（劳务和服务）所得的金额或者违法人在实施违法市场上购买商品（劳务、服务）的支出金额的 3‰~3%，但不超过违法人在实施违法的市场上销售的所有商品（劳务和服务）所得的金额的 1/50 和不少于 10 万俄罗斯卢布。

3）经营主体（市场主体）协调不符合《条约》第 76 条第 6 款规定的经济活动，对自然人处以 2 万~7.5 万俄罗斯卢布的罚款，对官员和个体企业家处以 2 万~15 万俄罗斯卢布的罚款，对法人处以 20 万~50 万俄罗斯卢布的罚款。

4）在商品市场上占有优势地位的经营主体（市场主体）实施被认定为不符合《条约》第 76 条第 1 款的滥用垄断优势地位行为的，对官员和个体企业家处以 2 万至 15 万俄罗斯卢布的罚款，对法人处以违法人在实施违法的市场上销售商品（劳务和服务）所得的金额 1%~15% 的罚款，或者违法人在实施违法市场上购买商品（劳务、服务）的支出金额罚款，但不超过违法人在实施违法的市场上销售的所有商品（劳务和服务）所得的金额的 1/50 和不少于 10 万俄罗斯卢布；

5）不向委员会提交或者不及时向委员会提交《条约》第十八编和本议定书规定的包括应委员会的要求提交的资料（信息）在内的资料（信息），对自然人处以 1 万~1.5 万俄罗斯卢布的罚款，对官员和个体企业家处以 1 万~6 万俄罗斯卢布的罚款，对法人处以 15 万~100 万俄罗斯卢布的罚款。

本议定书中的官员是指经营主体（市场主体）、不是经营主体（市场主体）的非商业组织中行使组织指挥或者经营管理职能的领导人和工作人员以及行使经营主体（市场主体）、不是经营主体（市场主体）的非商业组织独任执行机关职权的领导人。为了本议定书的目的，其创收的职业活动应当依照成员国法律办理国家登记和（或者）许可的自然人作为官员承担责任。

17. 本议定书第 16 款第 1～5 分款规定的罚款应当列入实施违法的法人在其境内登记或者实施违法的自然人在其境内常住或者临时居住的成员国预算中。

18. 本议定书第 16 款第 1～5 分款所述的罚款应当由违反本议定书规定的竞争一般规则的经营主体（市场主体）、不是经营主体（市场主体）的非商业组织和自然人按照上述成员国国家（中央）银行在委员会做出罚款决定之日确定的汇率，以经营主体（市场主体）、不是经营主体（市场主体）的非商业组织在其境内登记和自然人在其境内常住或者临时居住的成员国本币缴纳。

19. 主动向委员会声明签订了不符合《条约》第 76 款规定的协议的人员（团伙）在遵守下列所有条件的情况下免除本议定书第 16 款第 2 分款规定的违法责任：

在提出请求时刻违规的资料和文件未被确定实施；

放弃参与或者进一步参与不符合《条约》第 76 款规定的协议；

提交的资料和文件对确定违法事件是充分的。

免除违规责任应当首先遵守本款规定的所有条件。

20. 以签订与《条约》第 76 款规定不符的协议人员的名义递交的申请不得被审查。

21. 违反本编确定的跨境商品市场一般竞争规则的罚款额可以由最高理事会以决定形式修改，对法人处以的和根据违法人销售商品（劳务和服务）所得金额或者在违法人实施违法行为的市场上购买商品（劳务、服务）支出金额计算的罚款除外。

V 成员国授权机关的相互协作

22. 成员国授权机关在执法活动框架下以下列方式进行相互协作：索取文件、委托个别程序行为、交换信息、协调成员国的执法活动、应其中一个成员国的请求实施执法行动。

上述相互协作由成员国的授权机关中央机关实施。

23. 如果知悉执法行动可能触及其他成员国保护竞争领域的利益，那么成员国授权机关通知其他成员国授权机关自己采取的执法行动。

24. 本议定书中的可能触及其他成员国保护竞争领域利益的执法行动是指：

1）与其他成员国的执法行动有关的行动；

2）涉及在其他成员国境内实施的反竞争行动（合并和收购交易以及其他行动除外）；

3）涉及一方当事人或者控制交易一个以上当事人或者以其他方式确定从事企业活动的人员为依照其他成员国法律登记或者设立人员的交易；

4）与实施强制干预有关，这要求在确保遵守竞争（反垄断）法框架下在其他成员国境内实施或者禁止某种行为。

25. 有关交易（其他行为）的通知在下列期限内送达：

1）不迟于通知成员国授权机关做出审查交易期限决定之日；

2）在不延长交易审查期限而做出决定的情况下，不迟于在被通知成员国表达其交易意见所需的合理期限内做出有关交易的决定之日。

26. 为了确保能够注意其他成员国在本议定书第 24 款第 1、第 2 和第 4 分款所述问题上的意见，若在案件的审理阶段发现必须通知其他成员国的情况，那么将相关情况告知该成员国并且告知不迟于被通知成员国能够表达其意见的合理期限，但任何情况下应在做出案件决定或者签订和解协议前。

27. 通知以书面形式送达，应当包含足够被通知成员国授权机关分析出通知成员国触及被通知成员国利益的执法行动后果所需的信息。

28. 成员国的授权机关有权送达提供信息和文件的请求以及实施个别程序行为的委托。

29. 提供信息和文件的请求以及实施个别程序行为的委托使用成员国授权机关的信笺纸以书面形式制作，包含：

1）被请求信息的相应案件编号（若有）、违法及其有关的事实详细描述、依照请求成员国法律具备的法律资格并附上法律文本；

2）委员会审理涉及其的相应案件或者对其实施调查的自然人的姓、名、祖父名、居住地或者居留地、国籍、出生地点和日期，以及法人的名称和所在地；

3）被交付文件的接收人的确切地址和名称（在有必要交付文件的情况下）；

4）应当提交的资料或者执行的行动清单（为进行询问，必须说明何种情形应当被解释或者说明以及注明应当向被讯问人员提出的问题答复期限）。

30. 提供信息和文件的请求以及实施个别程序行为的委托也可以包含：

1）执行所要求措施的期限；

2）依照规定的程序实施请求中注明的举措请求；

3）如果不违反参与请求执行的各成员国法律，那么在执行请求中所述的举措中请求成员国授权机关代表出席的可能性请求；

4）与执行请求和指示有关的其他请求。

31. 提供信息和文件的请求以及实施个别程序行为的委托由请求成员国授权机关的领导人或者其副职签字。上述请求或者委托应当附上请求或者委托文本援引的文件复印件以及执行请求、委托所必需的其他文件。

32. 其执行要求执行成员国承担实施鉴定和其他程序行为的补充支出的委托根据成员国授权机关之间的事先协商送达。

33. 成员国的授权机关可以通过邮寄方式直接向位于其他成员国境内的相应案件参与人送达程序性文件。

34. 如果有获得补充资料或者精确执行先前的请求和委托框架下获得的信息的必要性，那么提供信息和文件的请求以及实施个别程序行为的委托可以再次送达。

35. 提供信息和文件的请求以及实施个别程序行为的委托在收到之日起一个月内或者在成员国授权机关先前协商的其他期限内执行。

36. 被请求成员国的授权机关实施请求中注明的行动并答复请求中提出的问题。被请求成员国的授权机关有权主动实施请求和委托中未规定的与执行请求有关的行动。

37. 如果请求、委托不能被执行或者无法在本议定书第35款所述的期限内被执行，那么被请求的成员国授权机关通知请求的成员国授权机关上述请求和委托无法执行或者拟执行的期限。

38. 成员国的授权机关研究提供信息和文件的请求以及实施个别程序行为的委托并互相通知请求或者委托未被适当执行的事实。

39. 由一个成员国境内的单位或者其专门授权的官员在主管范围内制作或者证明并加盖带有国徽印章的文件在其他成员国境内不需要任何特别通知被接受。

40. 如果执行请求或者委托可能对被请求成员国的主权、安全和公共秩序造成损害或者违背其法律，那么提供行政违法案件的法律援助可以被拒绝。

41. 各成员国自行承担因执行请求和委托产生的支出。

成员国授权机关在特殊情况下可以协商承担支出的其他办法。

42. 成员国授权机关在执行实施个别程序行动和其他行动的委托中：

1）询问被办理的相关案件的人员以及证人；

2）索取办理案件所必需的文件；

3）查看被送达委托的人员的区域、场所、文件和物品（不包括该人住宅）；

4）向国家机关和人员索取办理或者审理案件所必需的信息；

5）向相关案件的参与人送达文件或者其复印件；

6）鉴定和采取其他行动。

43. 个别程序行动和其他行动依照被请求成员国的法律实施。

44. 如果依照被请求成员国的法律实施个别程序行动要求授权官员下达专门命令，那么该命令在执行委托的地点下达。

45. 根据成员国授权机关之间的协商，被请求成员国境内的个别程序行动和其他行动可以在被请求成员国授权机关代表出席或者参与下，依照被请求成员国法律实施。

46. 成员国授权机关根据本国法律要求，交换下列信息：

1）商品市场状态，在经济结构重组，预防、限制和制止垄断活动以及促进竞争工作框架下反垄断的措施和实践结果；

2）在成员国商品市场占有优势地位和从事产品供应的国内企业登记簿中含有的资料；

3）审理违反成员国竞争（反垄断）法案件的实践。

47. 成员国的授权机关在制定竞争（反垄断）政策法律和规范性律文件中通过提供信息和给予方法协助开展合作。

48. 如果提供信息的成员国授权机关认为信息与其他成员国的执法活动有关或者可能成为该活动的依据，那么收到请求的成员国授权机关向其他成员国的授权机关提供自身掌握的信息。

49. 成员国授权机关有权向其他成员国授权机关提出提供相应信息的请求并附上审理要求被请求信息的案件情况。

如果提供信息的成员国授权机关认为信息与其他成员国的执法活动有关或者可能成为该活动的依据，那么成员国授权机关向其他成员国的授权机关提供自身认定的有关反竞争行为的任何信息。

收到的信息只能用于与请求或者磋商相符的目的，未经提供上述信息的成员国授权机关同意不得泄露或者转交给第三人。

被请求的信息在成员国协商的期限内送达，但不迟于自收到请求之日起 60 日。

50. 如果成员国认为在其他成员国境内实施的反竞争行为消极地触及了自身利益，那么该成员国可以通知反竞争行为在其境内被实施的其他成员国并请求它发起与制止相应反竞争行为有关的执法行动。上述相互协作通过成员国授权机关实施。

上述通知应当包含反竞争行为性质和对通知成员国利益可能的后果以及提供补充信息和通知成员国有权建议的其他合作的建议。

51. 在收到本议定书第 50 款规定的通知的情况下被通知成员国在成员国授权机关之间举行谈判（如有举行的必要）后解决发起执法行动必要性或者扩大先前开始的对通知中所述的反竞争行为的执法行动的问题。被通知成员国向通知成员国告知做出的决定。在对通知中所述的反竞争行为实施执法行动中被通知成员国向通知成员国通报相应执法行动的结果。

被通知成员国在解决发起执法行动的问题中以本国法律为指导。

本议定书第 50 和第 51 款的规定不限制通知成员国实施本国法律规定的执法行动。

52. 在对相互关联的交易实施的执法行动相互关联的情况下成员国授权机关可以达成在实施执法行动中相互协作的协议。成员国的授权机关在解决实施执法行动中的相互协作问题时要注意下列事实：

1）更有效地使用用于执法行动的物质与信息资源和（或者）降低成员

国在从事执法活动中承担的支出；

2）成员国能够获得的实施执法行动所必需信息的可能性；

3）类似相互协作可能的结果——增加相互协作的成员国达到执法行为目的的可能性。

53. 成员国在适当通知其他成员国的情况下可以限制或者终止本编框架下的相互协作，依照本国法律独立于其他成员国采取执法行动。

54. 如果行为可能对第三国的商品竞争市场状况造成消极影响，那么成员国在依照本编规定的办法进行相互协作中以将成员国法律规范一视同仁地和按照平等条件适用于不论组织形式和登记地如何的经营主体（市场主体）的方式协调涉及第三国经营主体（市场主体）行为的竞争政策。

55. 在本议定书第 22～53 款规定的问题上相互协作框架下提供的信息和文件带有保密性质，只能用于本议定书规定的目的。信息只有经提供它的成员国授权机关书面同意才能用于其他目的和向第三人转交。

56. 成员国授权机关保护其他成员国授权机关提供的信息、文件和其他资料，包括人员数据。

Ⅵ 委员会与成员国授权机关在实施遵守竞争一般规则监督中的相互协作

57. 委员会与成员国授权机关在下列问题上进行相互协作：成员国授权机关将违反竞争的一般规则声明交由委员会审议；委员会审议违反商品市场一般竞争规则；委员会调查违反商品市场一般竞争规则；委员会审查违反商品市场一般竞争规则案件；其他情况。

若成员国的授权机关在讨论最务实的法律适用、信息交换和成员国相互协调问题方面存在相互利害关系，那么委员会会同成员国授权机关举行成员国授权机关领导人与委员会负责竞争和反垄断监管的委员级别的磋商。

委员会与成员国授权机关的中央机关相互协作。

58. 成员国授权机关根据转交声明的成员国法律的规定在声明被审议的任何阶段做出将违反竞争一般规则的声明交由委员会审议的决定。

成员国的授权机关在做出该决定中向委员会提出有关书面请求。

在书面请求中包含：

行为（不作为）有违反竞争一般规则的经营主体（市场主体）名称；

违反竞争一般规则的行为（不作为）描述；

出现反竞争一般规则的标志的商品市场范围；

成员国授权机关认为违反《条约》第76条规定的条文。

请求附上其在审议中被发现出现反竞争一般规则的标志和成员国授权机关认为对委员会审议请求必需的文件。

成员国的授权机关向委员会提出请求是委员会做出实施违反竞争的一般规则调查决定或者按照主管将声明（材料）转交成员国授权机关或者在做出退回声明决定前终止审议违反竞争的一般规则声明的依据。

成员国授权机关自声明向委员会提出之日起5个工作日内告知申请人声明被转交给委员会。

委员会在自收到违反跨境商品竞争一般规则的声明之日起5个工作日内告知成员国授权机关和申请人受理上述声明。

59. 委员会做出调查违反跨境商品市场一般竞争规则决定或者按照主管将违反竞争的一般规则声明（材料）转交成员国授权机关是终止成员国授权机关审议声明的依据。

60. 如果委员会确定制止违反竞争一般规则属于成员国授权机关主管，那么委员会在声明被审理的任何阶段做出将声明（材料）转交成员国授权机关的决定。

在委员会做出决定的情况下委员会有关机构向成员国主管机关提出相应请求。请求由委员会负责竞争和反垄断监管的委务委员会委员签署。

在书面请求中包含：

行为（不作为）违反竞争一般规则的经营主体（市场主体）名称；

违反竞争一般规则的行为（不作为）描述；

出现反竞争一般规则的标志的商品市场范围。

请求附上其在审议中被发现出现反竞争一般规则的标志和成员国授权机关认为对委员会审议请求必需的文件。

委员会自送达声明之日起5个工作日内告知申请人声明被转交给成员国授权机关。

61. 在调查违反跨境商品市场一般竞争规则和审查违反商品市场一般竞

争规则案件中如果根据请求获得的信息对做出决定是不充分的，那么委员会有权向成员国授权机关送达实施下列程序行动的建议：

讯问被实施调查或者办理相应案件的人员以及证人；

索取实施调查或者办理案件所必需的文件；

查看被实施违反商品市场一般竞争规则调查或者被审理违反商品市场一般竞争规则案件的人员的区域、场所、文件和物品；

将文件或者其复印件交付给相应案件的参与人；

鉴定和采取其他行动。

在委员会对其实施违反跨境商品市场一般竞争规则调查或者违反跨境商品市场一般竞争规则案件的违法人在其境内登记的成员国境内实施的程序行动在委员会授权部门的工作人员以及违法在其境内实施和（或者）对其境内商品市场竞争产生消极影响的成员国授权机关代表出席或者参加下实施。

若程序行动在违法在其境内实施和（或者）对其境内商品市场竞争产生消极影响的成员国实施，那么委员会授权部门的工作人员和违法人在其境内登记的成员国授权机关代表在实施程序行动中出席。

如果在实施程序行动中委员会授权部门的工作人员和（或者）相关成员国主管机关执行委员会建议的代表不能出席，那么成员国的授权机关有权在开始前五日书面告知无法出席该程序的条件下自行实施程序行动。

62. 实施程序行动的建议以书面形式提出，包含：

1）被请求信息的相应案件编号（若有）、违法及其有关的事实详细描述、依照《条约》第76条和本议定书的行为法律资格；

2）委员会审理涉及其的相应案件或者对其实施调查的自然人的姓、名、祖父名、居住地或者居留地、国籍、出生地点和日期，和（或者）法人的名称和所在地；

3）被交付文件的接收人的确切地址和名称（在有必要交付文件的情况下）；

4）应当提交的资料或者执行行动清单（为了进行询问，有必要注明何种情况应当被解释或者说明以及注明应当向被请求人提出的问题答复期限）。

63. 实施个别程序行动的建议也可以包含：

1）采取所要求措施的期限；

2）依照规定的程序实施建议中注明的举措请求；

3）如果不违反参与的被请求成员国法律，那么在实施建议中注明出席的委员会授权部门工作人员的姓名和祖父名；

4）与执行建议有关的其他请求。

64. 实施个别程序行动的建议由委员会负责竞争和反垄断监管的委员签字。上述建议应当附上建议文本中援引的文件以及对建议适当执行必需的其他文件。

65. 执行委员会建议的成员国授权机关依照本国法律只对执行成员国境内为其所在地的人员实施委员会建议中列举的程序行动。

66. 其执行要求成员国承担实施鉴定和其他程序行动的补充支出的建议在委员会与被提出请求的成员国授权机关协商支出赔偿问题后执行。

67. 实施个别程序行动的建议在自收到该建议一个月内或者委员会先前与被提出请求的成员国授权机关协商的其他期限内执行。

在有必要向成员国的其他国家权机关或者执行成员国其他经营主体（市场主体）提出请求的情况下上述期限被延长为执行该请求的时间。

68. 执行成员国的授权机关落实建议中注明的行动，回答提出的问题，有权主动实施上述建议未提出的与执行它有关的行动。

69. 在无法执行建议或者无法在本议定书第 67 款所述的期限内执行建议的情况下成员国的授权机关告知委员会无法执行上述建议或者拟执行的期限。

70. 执行实施个别程序行动的建议只能在执行该建议可能损害执行国主权、公共秩序和违反委员会向其书面通知的成员国法律的情况下被完全或者部分拒绝。委务委员会有权提出成员国执行机关拒绝提请委员会理事会审议的建议的问题。

71. 如果文件由单位或者其授权的官员在其职权范围内制作并加盖带有其授权机关被提出建议的成员国国徽的印章，那么文件由委员会接受，不需任何特别证明。

72. 实施个别程序行动的再次建议可以在有获取补充信息或者精确执行

先前建议框架下获得的信息的必要性的情况下提出。

73. 如果请求在一个违反商品市场一般竞争规则案件框架下向成员国两个以上授权机关提出，那么委员会授权部门的工作人员实施成员国授权机关与委员会相互协作的协调。

74. 委员会在实施违反商品市场一般竞争规则调查或者审理违反商品市场一般竞争规则案件中有权向成员国的授权机关提出提供信息和文件的请求。

75. 提供信息和文件的请求以书面形式提出，包含：

请求目的；

被请求信息的相应案件编号（若有）、违法及其有关的事实详细描述、依照《条约》第76条和本议定书的行为法律资格；

针对相应被审理人员的资料；

自然人——姓、名、祖父名、居住地或者居留地、国籍、出生地点和日期；

法人——名称和所在地；

信息应当被提供的期限，但自收到请求之日不少于10个工作日；

应当提交的资料清单。

请求应当附上请求文本中援引的文件复印件以及执行请求所必需的其他文件。

76. 成员国授权机关在请求规定的期限内提供掌握的信息。

77. 如果请求无法被执行（如果执行可能损害成员国主权、公共秩序和违反其法律），那么被请求的成员国授权机关在自收到请求之日起不超过10个工作日内通知委员会并注明无法提供信息的原因，在信息无法在委员会规定的期限内提供的情况下注明信息被提供的期限。

78. 如果委员会在实施违反商品市场一般竞争规则调查或者审理违反商品市场一般竞争规则案件中向成员国授权机关、法人和（或者）自然人提出了提供信息和文件的请求，那么委员会同时向在其境内行使被请求政权机关职权、登记为被请求法人和临时或者永久在其境内居住的自然人以及成员国授权机关送达请求复印件。

79. 如果有获取补充资料或者精确信息的必要性，那么提供信息和文件的请求可以再次向成员国的授权机关提出。

80. 成员国授权机关向委员会提供含有保密信息的文件的工作依照联盟框架下的国际条约办理。

Ⅶ 成员国境内的商品和服务国家价格调控

81. 对不处于自然垄断状态的商品市场的国家价格调控只能在诸如紧急情势、自然灾害和国家安全受到威胁的特殊情况下且只能在发生无法以对竞争状况造成较小消极后果手段解决的问题条件下实施。

82. 成员国可以根据本国法律规定的程序在某些区域内对个别种类具有社会意义的商品实施一段时间内的作为临时措施的国家价格调控。

本款规定的在某些区域内对个别种类具有社会意义的商品实施国家价格调控的期限在一年内不得超过 90 日。该期限可以经与委员会协商延长。

83. 成员国在自做出相关决定之日起不超过 7 个日历日内向委员会和其他成员国通报实施的本议定书第 81 和第 82 款规定的国家价格调控。

84. 本议定书第 81 ~ 83 款不适用于包括自然垄断主体服务在内的所有服务的国家价格调控以及国家采购和商品干预领域。

85. 除了本议定书第 84 款列举的服务外，本议定书第 81 和第 83 款的规定不适用于下列商品的国家价格调控：

1）天然气；

2）生活用压缩天然气；

3）伏特加、白酒和度数在 28% 以上的其他酒精产品（最低价格）；

4）电能和热能；

5）食品原料的酒精燃料（最低价格）；

6）硬质燃料，烧炉燃料；

7）核能循环产品；

8）日用煤油；

9）石油制品；

10）药剂；

11）烟草制品。

86. 在收到一个成员国对其他成员国实施的本议定书第 80 和第 81 款规

定的国家价格调控有异议的请求的情况下，委员会有权在有本议定书第87款规定的理由的情况下做出撤销国家价格调控必要性的决定。

87. 如果调控导致或者可能导致下列竞争限制，那么委员会做出撤销国家价格管制必要性的决定：

制造进入市场的障碍；

减少该市场不是一个团体中的经营主体（市场主体）数量。

委员会在自收到本议定书第86款规定的请求之日起不超过两个月内做出是否有必要撤销国家价格调控的决定。

在此情况下对其他成员国做出的实施国家价格调控决定有异议的成员国应当证明实施国家价格调控的目的可以以对竞争造成较少消极后果的其他方式达到。

88. 委员会依照规定的程序审议成员国对其他成员国做出实施国家价格调控决定的异议。

89. 根据本议定书第87款通过的委员会关于撤销国家价格调控必要性的决定送达成员国做出实施国家价格调控决定的机关。该机关依照本国法律执行。

如果成员国不同意委员会关于撤销国家价格调控必要性的决定，那么问题提交最高理事会审议。在此之前委员会的决定不得在最高理事会审议它前执行。

二十　自然垄断主体活动监管的
统一原则和规则

Ⅰ　总则

1. 本议定书依照《欧亚经济联盟条约》（简称《条约》）第 78 条制定，旨在建立在本议定书附件 1 所述的领域适用自然垄断主体活动监管的统一原则和规则的法律基础。

2. 本议定书使用的概念含义如下：

国内市场——自然垄断主体服务流通的成员国市场；

获得自然垄断服务——在技术可能的情况下一个成员国自然垄断主体按照不差于向本国消费者提供类似服务的条件向其他成员国消费者提供自然垄断领域的服务；

自然垄断——因生产和提供服务的技术特征而无法创造满足某种服务需求竞争条件或者经济上不合理的服务市场状况；

成员国法律——各成员国涉及自然垄断的国内法；

成员国国内机关——成员国对自然垄断活动实施管理和（或者）监督的机关；

提供服务——提供服务，生产（销售）为民事流动客体的商品；

消费者——使用或者拟使用自然垄断主体提供的服务的民事权利主体（自然人或者法人）；

自然垄断主体——提供成员国法律规定的领域服务的经营主体；

自然垄断领域——法律规定为自然垄断且消费者可以购买自然垄断主体服务的服务流通领域。

Ⅱ　自然垄断主体活动监管的一般原则和规则

3. 成员国监管本议定书附件 1 和附件 2 所述的领域内自然垄断主体活动的原则为：

1）确保提供的服务对消费的可得性和应有的质量水平，以维持消费者与自然垄断主体利益平衡、自然垄断主体的有效运作和发展；

2）通过创造促进该领域竞争的条件提高旨在减少自然垄断领域的监管效果；

3）根据部门特点、部门活动规模、市场行情、中期（长期）宏观经济和部门预测以及这些自然垄断主体的费率（价格）调控措施，适用灵活的费率（价格）调控，包括使用确定不能根据消费者所属的任何成员国原则确定的差别费率的可能性；

4）在根据对国内市场的相关性分析确定该市场处于自然垄断状态的情况下实施监管；

5）减少进入国内市场的障碍，包括通过确保获得自然垄断主体服务；

6）适用确保所做出决定的独立性、继承性、公开性、客观性和透明性的自然垄断主体活动监管程序；

7）自然垄断主体在技术可能情况下与消费者签订提供依照成员国法律确定的服务合同的强制性，《条约》第二十和第二十一编另有规定的除外；

8）监督自然垄断主体遵守获得自然垄断服务的规则；

9）确定自然垄断领域的监管方向；

10）确保规定的费率（价格）符合被监督的自然垄断领域服务质量；

11）保护消费者利益，包括防止自然垄断主体与适用被监管的服务费率（价格）有关的各种违法；

12）创造有利于自然垄断主体降低费用、应用新工艺和提高投资使用效果的经济条件。

Ⅲ　自然垄断主体活动监管种类和方法

4. 成员国根据本议定书确定的自然垄断主体活动监管的一般原则和规则适用成员国自然垄断主体活动的监管种类（形式、手段、方法和工具）。

5. 在实施自然垄断主体活动监管中适用下列监管种类（形式、手段、方法和工具）：

1）费率（价格）调控；

2）本议定书规定的监管种类；

3）成员国法律规定的其他监管种类。

6. 包括连入（加入）自然垄断主体服务成本在内的自然垄断主体服务费率（价格）调控可以通过下列途径实施。

1）国内机关确定（批准）自然垄断主体被监管的服务费率（价格），包括根据国内机关批准的适用服务费率（价格）的方法（公式）和规则确定的限额水平；国内机关对自然垄断主体确定和适用费率（价格）实施相应监督。

2）国内机关确定（批准）服务费率（价格）的适用方法和规则，根据这些方法和规则自然垄断主体确定和适用费率（价格），国内机关监督自然垄断主体确定和适用费率（价格）。

7. 成员国的国内机关在实施费率（价格）调控中有权依照本国法律适用下列费率（价格）确定方法：

1）经济合理性花费方法；

2）指数化方法；

3）投资的资本收益率方法；

4）自然垄断主体活动效益对比分析方法。

8. 在费率（价格）调控中考虑：

1）补偿自然垄断主体与被监管的活动有关的经济合理性花费；

2）获得经济合理性的利润；

3）刺激自然垄断主体降低支出；

4）根据提供的服务可靠性和质量优化自然垄断主体服务费率（价格）的形成。

9. 在确定费率（价格）中可以考虑：

1）成员国境内的自然垄断特点，包括技术要求和规范特点；

2）国家补助和其他国家支持措施；

3）市场行情，包括未被监管的市场部门价格水平；

4）区域发展的规划；

5）国家税收、预算、创新、生态和社会政策；

6）能效和生态方面的举措。

10. 在自然垄断主体服务的费率（价格）调控中若计算自然垄断主体服务定价，那么则分别核算支出，包括被调控的各类自然垄断主体的投资、收益和盘活的资产。

11. 自然垄断主体服务的费率（价格）的监管可以根据长期参数实施，包括被监管的服务的可靠性和质量水平、与供应相关服务有关的支出变化动态、投资资本回收期限和其他参数。

为了监管自然垄断主体服务的费率（价格），使用自然垄断主体活动绩效比较分析方法获得的长期管理参数可以被使用。

12. 本议定书第 4～11 款适用于具体自然垄断领域可以由《条约》第二十和第二十一编确定。

Ⅳ 确保获得自然垄断主体服务的规则

13. 成员国在本国法律中确定确保获得本议定书第 2 款规定的自然垄断服务的规则。

成员国国内机关对遵守消费者获得自然垄断主体服务的规则和接入（加入、使用）自然垄断主体服务的条件实施监督。

14. 确保消费者获得自然垄断主体服务的规则包括：

1）合同主要条款及签订和履行程序；

2）确定技术可能性存在的办法；

3）提供关于自然垄断主体提供的服务及其价值、准入、可能规模、技术和工艺可能性的信息；

4）获得要求对比利害关系人请求和获得自然垄断主体服务条件的公开信息的条件；

5）不构成商业秘密的信息清单；

6）审查自然垄断主体服务的投诉、申请和解决这方面的争端办法。

15. 如果条件不根据消费者所属的成员国适用且遵守成员国法律，那么成员国自然垄断主体被允许对消费者获得其服务适用差别条件。

16. 除了本议定书第 15 款的例外，成员国法律不得根据消费者所属的成员国适用含有成员国消费者获得自然垄断主体服务差别条件的规范。

17. 本款第 13～16 款适用于包括过境问题在内的具体自然垄断领域的条件由《条约》第二十和第二十一编确定。

V 成员国国内机关

18. 成员国运作着有权依照成员国法律管理和（或者）控制自然垄断主体活动的国内机关。

成员国的国内机关依照成员国法律、《条约》和成员国的其他国际条约行使职能。

19. 成员国国内机关的职能为：

1）自然垄断主体服务费率（价格）监管；

2）监管获得自然垄断主体的服务，包括在成员国法律规定的情况下确定接入自然垄断主体服务的费用（价格、费率和手续费）；

3）保护自然垄断服务消费者的权利；

4）审查确定和适用调节的费率（价格）以及获得自然垄断主体服务问题的投诉、申请和解决这方面的争端；

5）审查、批准或者同意自然垄断主体的投资项目并监督其实施；

6）确保自然垄断主体遵守成员国法律确定商业秘密的限制；

7）对自然垄断主体的活动实施监督，包括通过稽查和其他形式（监测、分析、鉴定）；

8）成员国法律规定的其他职能。

VI 委员会的主管

20. 委员会行使下列职权：

1）在成员国拟将本议定书附件1和附件2未注明的其他自然垄断领域列入自然垄断领域的情况下如果该成员国向委员会提出申请，那么决定扩大成员国的自然垄断领域；

2）分析和建议国内机关涉及自然垄断领域决定的协调、制定和实施的手段；

3）对成员国自然垄断主体活动的监管体系和实践进行对比分析并起草相关年度报告和汇报材料；

4）促进自然垄断领域生态和节能方面监管的协调；

5）提请最高理事会审议经成员国国内机关同意的本款第 3~4 分款所

述的工作结果，成员国同意的确定应当接近的自然垄断领域的规范性法律文件以及确定该领域法律和协调相应措施的期限的建议；

6）对《条约》第十九编的落实实施监督。

附件 1　成员国自然垄断领域（一）

序号	白俄罗斯共和国	哈萨克斯坦共和国	俄罗斯联邦
1	通过干线管道运输石油和石油制品	通过干线管道运输石油和石油制品	通过干线管道运输石油和石油制品
2	电力输配服务	电力输配服务	电力输送服务
3		电力输配服务； 组织平衡电力生产与消费服务； 保证居民负荷电能的预备服务（从 2016 年 1 月 1 日起）	电力调度服务
4	保障公共交通运行的铁路运输通信服务，货车驾驶，铁路运输	干线铁路网服务	铁路运输

附件 2　成员国自然垄断领域（二）

序号	白俄罗斯共和国	哈萨克斯坦共和国	俄罗斯联邦
1	通过干线和配送管道的天然气运输	通过并联、干线天然气管道和（或者）天然气配送系统储存和运输商品天然气以及运营天然气储备装置和通过并联天然气管道运输原料天然气的服务	通过管道的天然气运输
2	运输终端和机场服务； 航空服务	航空服务； 港口和机场服务	运输终端服务； 港口和机场服务
3	公共电子通信和公共邮政服务	在因提供该服务技术不可能或者经济合理性而无竞争的运营商的情况下的电信服务，电信综合服务除外； 提供与将电信网连入公共电信网有关的财产租赁或者使用电缆沟和其他固定资产的服务； 公共邮政服务	公共电子通信和公共邮政服务

序号	白俄罗斯共和国	哈萨克斯坦共和国	俄罗斯联邦
4	热能输送和配送服务	热能生产、输送、配送和（或者）供应服务	热能输送服务
5	集中供水和引水服务	供水和引水服务	使用集中系统和公用基础设施系统的供水和引水服务
6			使用国内水运路线基础设施的服务
7		根据租让合同的铁路运输对象线路服务	使用国内水运路线基础设施的服务
8		地下路线服务	
9			北极海洋路线船舶破冰服务

二十一　电力领域包括定价和费率政策原则在内的自然垄断主体服务保障议定书

1. 本议定书依照《欧亚经济联盟条约》（简称《条约》）第 81 和第 82 条制定，确定了获得电力领域自然垄断主体服务的统一原则和规则。

2. 本议定书使用的概念含义如下。

电力国内消费——相应成员国境内消费所必需的电力规模。

获得电力领域自然垄断主体服务——在技术可能的情况下一个成员国电力领域自然垄断主体按照不差于向本国消费者提供类似服务的条件向其他成员国消费者提供电力自然垄断领域的服务。

电力交换——通过电力系统中位于成员国边界的各个供应点电力系统相互联系并同时供应同等规模的电力。

国家间电力传输——成员国授权组织提供电力（电能）移动和（或者）交换服务。提供电力过境服务的合同和（或者）包括电力（电能）买卖在内的其他民事法律合同根据成员国法律签订。

成员国共同电力市场——成员国国内电力市场主体之间基于共同的规则和相应合同，与电力（电能）买卖和相关服务有关的关系体系。

电力移动——一个成员国境内生产的电力通过其他成员国的电网在边界供应点间流动。

国内电力市场主体——依照成员国法律为成员国电力（电能）市场主体的人员，包括从事电力领域电力（电能）生产、电力（电能）买卖、电能输配、向消费者供电、电力调度、电力（电能）供应和组织电力买卖活动的人员。

电力领域的自然垄断主体服务——通过电网的电力传输服务、电力调度服务和依照成员国法律归入自然垄断领域的其他服务。

3. 成员国在电力领域根据下列原则相互协作：

使用成员国电力系统平行运作技术和经济优势；

在电力系统平行运作中不对成员国造成经济损害；

将以市场关系和自愿竞争为基础的机制用作建立满足电力（电能）需

求可持续系统的主要工具之一；

根据成员国现有的电力市场模式，在平行运作的成员国电力市场基础上分阶段建立成员国共同电力市场；

协调技术规范和规则；

分阶段协调成员国电力领域的法律。

电力领域的自然垄断主体活动根据《条约》第十九编确定的原则、规则和方法监管。

4. 为了保证电力领域的长远有效合作，成员国协调本国电力发展纲领。

5. 联盟共同电力市场根据下列原则建立：

平等、互惠和不对任何成员国造成经济损害原则；

维持电力生产者和消费者以及成员国共同电力市场其他主体的利益平衡；

分阶段使成员国电力领域的法律相协调，包括成员国共同电力市场信息披露；

为了建立满足竞争活动中的电力需求的可持续系统，优先使用以市场关系和自愿竞争为基础的机制；

在进行国家间电力（电能）传输中，按照优先将服务用于保证成员国国内条件在现有技术可能性范围内确保不间断获得电力领域自然垄断主体的服务；

为了使竞争性活动与垄断性活动相分离，分阶段改变国有独资统一公司的结构；

依照成员国间协调性的共同电力市场模式，发展成员国电力领域的国家间关系；

根据成员国电力市场现有模式，在平行运作的成员国电力市场模式基础上分阶段建立成员国共同电力市场；

使用成员国电力系统平行运作工作的技术和经济优势并遵守成员国电力市场现有模式；

根据国家经济利益，在相应阶段保证电力生产者和消费者准入市场统一到成员国电力市场；

根据成员国电力安全，从事成员国间的电力贸易。

6. 成员国根据下列原则，在现有技术可能性范围内按照优先将服务用于保证成员国国内条件确保不间断获得电力领域自然垄断主体的服务：

成员国法律对在境内提供服务的国内电力市场主体要求的平等性；

在给予电力领域自然垄断主体服务准入中按照将服务优先用于保障成员国国内需求的条件，考虑成员国法律；

在电力领域的自然垄断主体提供服务中确保影响成员国电力系统平行运作机制的电网设施的适当技术状况；

成员国国内电力市场主体间发生的关系以合同为基础；

成员国电力领域自然垄断主体提供服务的有偿性。

7. 国家间电力（电能）传输根据下列原则保证。

1）国家间电力（电能）传输在保证成员国电力的国内需求优先的条件下，在现有的技术可能性范围内通过相邻成员国的电力系统进行。

2）国家间电力（电能）传输技术可能性根据下列优先确定：

通过计划进行国家间电力（电能）传输的电力系统保证成员国电力的国内需求；

国家间电力（电能）传输通过一个成员国电力系统向另一个成员国电力系统的国家间电力系统保证；

国家间电力（电能）传输通过一个成员国电力系统——部分经过相邻成员国电力系统到其他部分保证；

为了履行对第三国的电力市场主体义务，国家间电力（电能）传输通过国家电力系统保证。

3）成员国的授权组织在国家间电力（电能）传输中根据成员国法律，以补偿国家间电力（电能）传输成本原则为指导。

4）为了履行对第三国的电力市场主体义务，国家间传输电力（电能）在双边基础上根据相关成员国的法律管理。

8. 为了通过电力系统保证成员国间电力（电能）传输不间断，成员国实施协商性的举措，即：

成员国的授权组织在电力（电能）供应日历年开始前提出计划的国家间传输供应的电力（电能）规模，申请的电力（电能）规模计入国内电力（电能）生产和消费平衡中，在计算自然垄断主体服务费率中核算该供应；

成员国授权组织根据计划的国家间电力（电能）传输价值，签订、执行协议。

为了通过电力系统保证电力（电能）传输不间断，成员国授权组织根据本议定书附件使用成员国间电力国家间传输的统一方法，包括确定国家间电力（电能）传输技术条件和规模以及与国家间传输电力有关的服务定价协商性措施。

依照成员国法律确定的组织依照上述方法确保本国境内的国家间电力（电能）传输。

9. 国家间电力传输和保障国家间电力传输所必需的电网设施的运营依照成员国提供与国家间电力传输有关的服务的规范性法律文件和技术规范文件进行。

10. 在拒绝国家间电力传输的情况下成员国授权组织确保提供有关拒绝原因的说明材料。

11. 电力领域自然垄断主体服务依照成员国法律定价。

成员国共同电力市场的电力领域自然垄断主体服务费率不得超过国内电力市场主体类似费率。

12. 国家间电力传输关系依照现行的其他国际条约调整。

附件　成员国间电力国家间传输方法

1　应当列入电力（电能）生产和消费预测平衡中的国家间电力传输规模申请递交和年度预测规模形成的办法

1.1　在白俄罗斯共和国境内

1.1.1　预测的白俄罗斯共和国国家电网年度规模由授权的组织根据递交的申请确定。

1.1.2　白俄罗斯共和国授权组织在审查申请中以依照本方法确定的现有技术可能性为指导。

1.1.3　如果申请的国家间电力传输规模超过每年或者某一个月的现有技术可能性，那么白俄罗斯共和国授权组织拒绝递交的申请并说明理由。

1.1.4　申请的、白俄罗斯共和国授权机关同意的国家间电力传输规模为电力传输协议的附件，并在电力传输服务费结算中予以考虑。

1.1.5 拟进行的国家间电力传输规模可以在计划的国家间电力传输年度的上一年度 11 月 1 日前根据成员国授权组织的协商调整。

1.2 在哈萨克斯坦共和国境内

1.2.1 预测的哈萨克斯坦共和国国家电网年度规模根据被授权从事国家间电力传输的组织向哈萨克斯坦共和国统一电力系统运营商递交的从事国家间电力传输申请确定。

1.2.2 下一个日历年的申请不迟于上一年的 4 月 1 日前递交。申请中注明按月核算的国家间电力传输年度规模并注明电能在哈萨克斯坦共和国边界的接收点和输出点。

1.2.3 哈萨克斯坦共和国统一电力系统运营商在审查申请中以依照本方法确定的现有技术可能性为指导。如果申请的国家间电力传输规模超过每年或者某一个月的现有技术可能性，那么哈萨克斯坦统一电力系统运营商拒绝递交的申请并说明理由。

1.2.4 哈萨克斯坦共和国统一电力系统运营商同意的申请中的国家间电力传输规模为电力传输协议的附件，在电力传输服务费结算中予以考虑。

1.2.5 基于政府间双边条约的电力供应规模在预测的电力（电能）生产和消费平衡以及哈萨克斯坦共和国统一电力系统建立后至计划的年度上一年 10 月 15 日前确定并与批发市场主体协商。

1.2.6 拟进行的国家间电力传输规模可以在计划的国家间电力传输年度的上一年度 11 月 1 日前根据成员国授权组织的协商调整。

1.3 在俄罗斯联邦境内

1.3.1 授权组织（管理全国〔全俄〕统一电网的组织）在计划的供电年的上一年 4 月 1 日前依照俄罗斯联邦主体在俄罗斯统一电力系统框架下的电力（电能）生产和消费预测平衡编制办法，向俄罗斯联邦物价局和统一电力系统运营商提交成员国管理国家电网的授权组织协商的建议。

1.3.2 协商的建议由俄罗斯联邦物价局在于俄罗斯联邦法律规定的期限内编制下一年的俄罗斯联邦主体电力（电能）生产和消费预测平衡中审议和考虑。

1.3.3 俄罗斯联邦主体预测的年度电力（电能）生产和消费平衡表指

标构成中批准的拟用于国家间电力传输的电力和电能规模在核算电力自然垄断服务价格（费用）中确定。

1.3.4 拟用于国家间电力传输的电力和电能规模可以在计划的供电年度上一年的 11 月 1 日前在有成员国授权组织同意的条件下根据国家统一电力系统管理组织的建议调整并使相应的调整与规定的电力自然垄断服务价格（费用）相符。

2 根据电力系统的年度、月度、昼夜和昼夜内运作机制确定计划的国家间电力传输技术可能性和计划的规模办法，包括确定计划协调员的职能和权限

2.1 术语

为了本方法目的，使用下列概念。

控制部分——成员国电力系统运营商调度中心确定的输电线路和电网其他元素的总称。为了保证电力系统运作的稳定性、可靠性和灵活性，须控制其中的电流量。

允许的最大电流量——电网中满足正常机制所有要求的最大电流量。

国家间部分——成员国电力系统运营商确定的供电点，它们位于国家间输电线路内，与邻国的电网串联，技术上确定了平行运作的电力机制规划和管理的任务。

使用的其他概念采用《电力领域包括定价和费率政策原则在内的自然垄断主体服务保障议定书》（《欧亚经济联盟条约》附件二十一）确定的意义。

2.2 总则

2.2.1 计划各阶段解决的任务：

年度计划——根据限制进出口量的电网设备年度维修计划流程图，检查实现申请的电力（电能）生产和消费年度预测平衡表中计算的供电和成员国国家间电力传输规模的技术可能性；

月度计划——根据限制进出口量的电网设备月度维修计划流程图，检查实现申请的电力（电能）生产和消费月度预测平衡表中计算的供电和成员国国家间电力传输规模的技术可能性；

昼夜计划和昼夜内调度机制——根据实时形势，限制的进出口，计划地、非计划地和紧急切断电网设备，成员国间电力国家间传输规模，检查实现申请的成员国间电力国家间传输未来每昼夜小时供电规模的技术可能性。

2.2.2　俄罗斯统一电力系统与哈萨克斯坦统一电力系统之间、俄罗斯统一电力系统与白俄罗斯电网组织系统之间计划使用平行运作的电力系统核算模型（以下简称"核算模型"）编制计划（计划的成员间国家间电力传输可实现性）。

2.2.3　核算模型是指在计划所必需的范围内白俄罗斯共和国电网组织、哈萨克斯坦共和国统一电网和俄罗斯统一电网技术上相互联系的部分，包括：

——替换电网的流程图和参数；

——积极和反应枢纽负荷；

——最大和最小积极和反应发电功率；

——电网组织。

2.2.4　俄罗斯统一电力系统运营商为计划的协调员。如果它对国家间供电（交换）造成实质影响，那么应当注明流程和机制特性的状态被控制的国家间电网和国内电网中允许的最低电流。

2.2.5　核算模型根据成员国电力系统运营商协商的通常为与冬季小时最大和最小负荷、夏季小时最大和最小负荷相对应的基础机制的替换机制确定。

2.2.6　核算模型构成和包括纳入核算模型中的电网设施和电力系统（电力系统等同物）清单在内的编制各阶段启用的信息，模型的编制办法及其启用临时守则，电力系统年度、月度、昼夜和昼夜内计划的编制数据交换形式和方式由俄罗斯统一电网和国家统一电网管理组织与白俄罗斯共和国行使电网组织系统运营商职能的联合电网和哈萨克斯坦统一电力系统运营商批准的文件确定。

2.3　计划协调员和电力系统其余运营商的职能和权力

2.3.1　计划协调员行使下列职能和权力。

——制定基础核算模型。

——为计划目的，组织行使白俄罗斯共和国电网组织系统运营商、哈萨克斯坦共和国统一电力系统运营商职能的组织交换信息。

——为计划目的，根据收到的行使白俄罗斯共和国电网组织系统运营商、哈萨克斯坦共和国统一电力系统运营商职能的组织的数据进行电力机制核算。

——在核算中核算模型被发现不可实现或者控制的核算模型中供电和国家间电力传输规模超过最大允许电流的情况下根据《电力领域包括定价和费率政策原则在内的自然垄断主体服务保障议定书》（《欧亚经济联盟条约》附件二十一）第 4 款第 2 分款确定的优先原则，调整成员国电力系统（电力系统部分）之间的国家间电流：

1）通过计划实施国家间电力传输的电力系统保证成员国国内消费；

2）通过相邻成员国的电力系统从成员国电力系统的一部分向其他部分向实施国家间电力传输的电力系统保证电力（电能）；

3）通过相邻成员国的电力系统从一个成员国电力系统到另一个成员国电力系统向实施国家间电力传输的电力系统保证电力（电能）；

4）为了履行对非联盟成员国的第三国的电力市场主体的义务，通过成员国电力系统向国家间电力传输保证电力（电能）。

——以上核算结果向行使白俄罗斯共和国电网组织系统运营商、哈萨克斯坦共和国统一电力系统运营商职能的组织告知。

2.3.2　在核算中核算模型被发现不可实现或者控制的核算模型中电力和国家间电力传输规模超过最大允许电流的情况下计划协调员告知行使白俄罗斯共和国电网组织系统运营商、哈萨克斯坦共和国统一电力系统运营商和俄罗斯统一电力系统运营商职能的组织电力系统电流余额（平衡）调整所必需的规模。

调整包括成员国国家间电力传输合同在内的各类供电（电能）合同规模的信息由行使白俄罗斯共和国电网组织系统运营商、哈萨克斯坦共和国统一电力系统运营商和俄罗斯统一电力系统运营商职能的组织根据签订的合同告知成员国国内电力市场主体。

2.3.3　计划的协调员有权在未收到行使白俄罗斯共和国电网组织系统运营商、哈萨克斯坦共和国统一电力系统运营商和俄罗斯统一电力系统职能的组织用于计划的数据或者收到含有技术错误或者不可靠的数据的情况下有权使用其采用内容和程序由行使白俄罗斯共和国电网组织系统运营商、哈萨克斯坦共和国统一电力系统运营商和俄罗斯统一电力系统运营商职能的组织确定的替代信息。

2.4 年度计划

2.4.1 年度计划按照行使白俄罗斯共和国电网组织系统运营商、哈萨克斯坦共和国统一电力系统运营商和俄罗斯统一电力系统运营商职能的组织确定的期限和程序执行。

2.4.2 行使白俄罗斯共和国电网组织系统运营商、哈萨克斯坦共和国统一电力系统运营商和俄罗斯统一电力系统运营商职能的组织编制计划年的电网设备维修方案并向计划协调员提交。计划协调员同意计划年的电网设备维修方案并将其送达行使白俄罗斯共和国电网组织系统运营商、哈萨克斯坦共和国统一电力系统运营商职能的组织和国家统一电网管理组织。应当在年度（月度）框架下协商的电网设施维修清单及其临时编制守则由行使白俄罗斯共和国电网组织系统运营商、哈萨克斯坦共和国统一电力系统运营商和俄罗斯统一电力系统运营商职能的组织确定。

2.4.3 行使白俄罗斯共和国电网组织系统运营商、哈萨克斯坦共和国统一电力系统运营商和俄罗斯统一电力系统运营商职能的组织向计划协调员送达根据预测的最大工作日小时电力和电能平衡表编制的相应国家电力系统年度计划（消费、发电、电流余额、电网设备维修）信息。

2.4.4 精确预测的俄罗斯统一电网到哈萨克斯坦统一电网和俄罗斯统一电网到白俄罗斯电网组织的电流余额是计划的结果。

2.4.5 协调员核算电力机制并向行使白俄罗斯共和国电网组织系统运营商、哈萨克斯坦共和国统一电力系统运营商和俄罗斯统一电力系统运营商职能的组织送达核算结果。

2.5 月度计划

月度计划根据按月交换数据和结果的年度计划流程，按照行使白俄罗斯共和国电网组织系统运营商、哈萨克斯坦共和国统一电力系统运营商和俄罗斯统一电力系统运营商职能的组织确定的期限和程序执行。

2.6 昼夜和昼夜内计划

2.6.1 昼夜和昼夜内计划按照行使白俄罗斯共和国电网组织系统运营

商、哈萨克斯坦共和国统一电力系统运营商和俄罗斯统一电力系统运营商职能的组织确定的期限和程序执行。

2.6.2 行使白俄罗斯共和国电网组织系统运营商、哈萨克斯坦共和国统一电力系统运营商职能的组织每昼夜向计划协调员提供用于以 24 小时（从0：00至24：00）数据采集形式启用的昼夜核算模型的数据，包括：

——计划的电力系统 220 千伏以上的电网设备维修；

——电力消费和发电小时图表（包括行使白俄罗斯共和国电网组织系统运营商、哈萨克斯坦共和国统一电力系统运营商职能的组织确定的个别地区）；

——电流余额小时图表（电网电流结余用于根据行使白俄罗斯共和国电网组织系统运营商、哈萨克斯坦共和国统一电力系统运营商职能的组织协商的根据各类合同包括成员国间电力传输在内的总值）。

2.6.3 如果启用核算模型的数据未由行使白俄罗斯共和国电网组织系统运营商、哈萨克斯坦共和国统一电力系统运营商职能的组织转交给计划协调员，那么后者使用白俄罗斯共和国电网组织系统运营商、哈萨克斯坦共和国统一电力系统运营商在编制核算模型中协商确定的替代信息。

2.6.4 计划协调员启用核算模型和进行电力机制核算。

2.6.5 计划协调员进行电力机制核算并以协商的形式向行使白俄罗斯共和国电网组织系统运营商、哈萨克斯坦共和国统一电力系统运营商职能的组织交付核算成果。

2.6.6 如果申请的供电和成员国间电力国家间传输规模值未实现，那么行使白俄罗斯共和国电网组织系统运营商、哈萨克斯坦共和国统一电力系统运营商职能的组织根据本方法第 2.3.1 款确定的顺序采取调整供电和成员国间电力国家间传输规模的措施。

2.6.7 如果因电力消费和（或者）流程机制条件不可预测的变化以及（或者）供电合同条款变更而要求调整计划的供电和成员国间电力国家间传输规模，那么行使白俄罗斯共和国电网组织系统运营商、哈萨克斯坦共和国统一电力系统运营商职能的组织须向计划协调员提供：

——（在剩余小时内于下一个昼夜计划相对应的信息范围内）以采集 24 小时数据形式启动核算模型的数据；

——计划的供电和成员国间输电规模拟变更的申请书。

2.6.8 对昼夜内的每阶段确定提交数据的时限（"关门时间"）并告知核算结果。数据不得在"关门时间"后提交。计划协调员具体化核算指标和进行昼夜剩余小时的电力机制核算。

2.6.9 昼夜剩余小时的供电和成员国间电力国家间传输规模详细的计划小时图表规模是计划的结果。在调整机制的昼夜内时间之后计划的小时图表因流程机制条件变化而无法精确的情况下供电和成员国间电力国家间传输规模允许依照提供事故救助或者强制供电的条件，根据成员国授权经营主体之间的供电协议变更。

3.1 在白俄罗斯共和国境内

3.1.1 白俄罗斯共和国境内的国家间电力传输由行使白俄罗斯电网联合体管理职能的组织和行使白俄罗斯电网联合体运营商职能的组织组织和实施，这些组织行使以下职能：

——提供通过输电网的输电服务（在行使白俄罗斯共和国电网组织系统运营商职能的组织的一般协调中隶属于行使白俄罗斯共和国电网联合体管理职能的组织）；

——提供国家间电力传输调度服务（行使白俄罗斯共和国电网组织系统运营商职能）；

——与邻国电力系统进行平行运作管理和稳定性保障的相互协作（行使白俄罗斯共和国电网组织系统运营商职能）。

3.2 在哈萨克斯坦共和国境内

3.2.1 在哈萨克斯坦共和国境内由统一电力系统运营商组织和实施国家间电力传输，统一电力系统运营商行使下列职能：

——提供通过国家电网的输电服务；

——提供上网技术调度和电力消费服务；

——提供组织平衡电力生产和消费的服务；

——与邻国电力系统进行平行运作管理和稳定性保障的相互协作（行使哈萨克斯坦共和国统一电力系统运营商职能）。

3.3 在俄罗斯联邦境内

3.3.1 依照俄罗斯联邦法律，通过统一电力保障成员国之间的电力传输的行为分为下列几种：

——提供电力运营和调度服务，包括俄罗斯统一电力系统与其他成员国电力系统的平行运作机制管理、更换电力（电能）和协调；

——提供通过国家统一（全俄）电网的电力传输服务，包括保障成员国之间的电力传输；

——俄罗斯电力和电能批发市场上的电力和电能流通，包括在保障俄罗斯统一电网和位于俄罗斯与成员国边境的各个供应点相互关联和同时供应同等规模的电力的必要性的情况下。

3.3.2 成员国间的电力传输由下列授权机关保障：

俄罗斯统一电力系统运营商——包括组织和管理俄罗斯统一电网与哈萨克斯坦统一电网和白俄罗斯电网组织的平行运作；

国家统一电网管理组织——在通过俄罗斯统一电网实施的国家间电力传输以及组织俄罗斯统一电网与哈萨克斯坦统一电网和白俄罗斯电网组织平行运作中提供与电力移动（使用替代原则）有关的服务，包括与外国授权组织进行国家间电力传输（年、月、小时）规划、根据调整的商业合同调整计划的规模，通过俄罗斯联邦与成员国边界移动的小时电力规模；确定通过俄罗斯联邦与成员国边界移动的实际电力规模与计划的电力规模偏差；进行位于成员国共同边界的供应点的电力商业计量；

商业运营商——组织电力和电能批发交易以及以其他方式进入商品和服务批发市场的组织；

行使提供核算批发市场参加人申请和债务服务职能的组织；

商业代理人——办理进出口业务的电力和电能批发市场参加人，包括获得申请的保障国家间电力传输的电力（电能）规模份额、参与电力和电能批发市场上的关系以及调解与实际交换的交流与计划的交流偏差有关的关系。

4 在实施国家间电力传输中列入自然垄断主体服务费中的费用清单

4.1 在白俄罗斯共和国境内

4.1.1 在实施成员国间电力国家间传输中被列入自然垄断主体服务费中的、通过白俄罗斯共和国电网组织实施的成员国间电力传输国家间费用按照下列公式计算：

$$з_{сет} = з(1 + Иф)(1 + пр)(1 + н)$$

其中，з 为依照国家机关规定的办法确定的列入国家间电力传输的电网维护和运营总支出；

Иф 为依照国家机关规定的办法确定的用于成员国国家间电力传输的输电网维护和运营的一般费用；

пр 为依照白俄罗斯共和国法律规定的办法确定的上缴利润份额；

н 为纳税份额。

一般费用包括五类：运营维修费用，工资，折旧，其他支出（辅助材料、能耗、社会保险费等），补偿电能损失的费用。

4.1.2 通过白俄罗斯电网组织实施的国家间电力传输服务费率按照下列公式计算：

$$T = з_{сет} \div э_т$$

其中，T 为通过白俄罗斯电网组织实施的国家间电力传输服务费；

$э_т$ 为通过白俄罗斯电网组织实施的成员国国家间电力传输总规模。

4.2 在哈萨克斯坦共和国境内

4.2.1 依照哈萨克斯坦共和国法律对消费者适用的包括通过国家间电网传输电力在内的电力传输服务费按照下列公式计算，包括使用国家电网传输电力的服务费率：

$$T = (Z + p) \div W_{сум}（тенге/квт. ч）$$

其中，T 为对消费者适用的成员国国家电网包括国家间电力传输在内的电力传输服务费；

Z 为依照法律规定的程序确定的哈萨克斯坦共和国国家电网包括国家间电力传输在内的电力传输服务的一般费用（百万坚戈）；

p 为依照哈萨克斯坦共和国法律规定的办法确定的在提供包括国家间电力传输在内的电力传输服务中国家电网有效运转所必需的利润水平（百万坚戈）；

$W_{сум}$ 为根据协议和合同申请的国家电网输电总规模（百万千瓦时）。

4.2.2 含在传输电力服务费率中的花费依照哈萨克斯坦共和国法律

确定。

4.3 在俄罗斯联邦境内

4.3.1 总则

依照俄罗斯联邦法律，通过国家统一电网提供输电服务的费率有两种：维护电网的费率，补偿国家统一电网中电能损失的费率。

含在通过俄罗斯统一电网的成员国国家间电力传输服务费中的类似费用分为成员国国家间电力传输服务维护国家统一电网设施的费用和成员国国家间电力传输服务补偿国家统一电网中电能损失的费用。

4.3.2 确定在实施国家间电力传输中列入自然垄断主体服务费用中的支出。

通过其实施成员国间的电力国家间传输的国家电网电力输出端确定的、为成员国国家间电力传输申请的电流量所对应的费用按照维护国家统一电网设施的费率支付。

4.3.2.1 成员国间国家间电力传输服务费的构成清单。

在核算维护电网的费率中国家监管机关确定的相应核算期间内经济合理的费用如下：

——业务支出；

——非控制支出；

——投资资本返还（折旧费）；

——投资的资本收益。

4.3.2.2 成员国国家间电力传输服务补偿国家统一电网中电能损失的费用构成清单。

国家统一电网中电能损失费用根据国家统一电网中电能定额损失减去计算的相同电力价格和国家间电力传输每个核算期末与通过其电网实施成员国间的国家间电力传输的国家电网电力输出端相对应的批发市场上形成的购买电力和电能的价格并考虑相应国内市场基础设施组织服务价值确定。

5 与国家间电力传输无关的且未列入自然垄断主体服务费中的费用清单

5.1 在白俄罗斯共和国境内

白俄罗斯共和国的电力系统服务费用包括国家授权机关批准的、根据国家间输电功率在通过白俄罗斯电网组织传输的总功率中的份额确定的维持保障国家间电力传输发电功率储备的费用和成员国间国家间输电技术调度费用。

5.2 在哈萨克斯坦共和国境内

在制定成员国电力国家间传输费率中的费用不依照哈萨克斯坦共和国法律考虑。

5.3 俄罗斯联邦境内

为了确保交换电力，成员国间电力国家间传输应有的规模（功率）应当在递交价格申请、举行下一个昼夜价格申请竞标选拔、确定市场价和与俄罗斯统一电网在边境各个供电点相互联系和同时供应同等规模的电力（功率）有关的系统支出比重中在批发市场上被考虑。

5.3.1 在通过俄罗斯统一电网实施成员国间的国家间电力传输中与弥补电力负荷损失和系统限制价值有关的费用（枢纽价格差异）：

$$S_m^1 = \sum h \propto m \left\{ \max \left[(h^{вых} - h^{вы}) ; 0 \right] \times V_h^{МГп} \right\}$$

其中，$h^{вых}$ 为因举行与国家间电力传输框架下从俄罗斯统一电网输出的电流"输出端"相对应的进出口昼夜申请价格竞标形成的价格；

$h^{вы}$ 为因举行与国家间电力传输框架下从俄罗斯统一电网输出的电流"输入端"相对应的进出口昼夜申请价格竞标形成的价格；

$V_h^{МГп}$ 为通过俄罗斯统一电网的国家间电力传输规模。

5.3.2 与实施俄罗斯统一电网保障国家间电力传输运作机制所必需的发电功率有关的部分：

$$S_m^2 = пик_м \left(K_{план. зспi.}^{рез} - 1 \right) \times ц_{зспi. ко - предв}$$

其中，$пик_м$ 为与申请的每月国家间电力传输最大小时规模相对应的高峰功率；

$K_{план. зспi}^{рез}$ 为系统运营商在举行年度功率竞标中计算的 зспi 中的计划的储备比率；

$ц_{зспi. ком - предв}$ 为 зспi 中相关年度对消费者竞标确定的初步价格（系统运营商依照电力和电能批发市场规则确定）；

зспi 为与国家间电力传输框架下从俄罗斯统一电网输出的电流"输入

端"相对应的属于供电点的闲置电流区域。

在确定国家间电力传输价值中也考虑根据功率竞标结果确定的闲置电流区域中与国家间电力传输"输入端"和"输出端"相对应的、对购买人计划的价格之间的差异。

6　依照成员国法律对签订国家间电力传输合同的要求

6.1　在白俄罗斯共和国境内

通过白俄罗斯电力系统的成员国间电力国家间传输在与白俄罗斯授权组织之间依照本方法第1部分和第2部分第2.4、第2.5和第2.6款协商向国家间电力传输系统供应的电力规模和功率的条件下进行。

根据各合同进行的国家间电力传输服务的价值按照下列公式计算：

$$Cмп = 3_{сст} + 3_{снст}$$

6.2　在哈萨克斯坦共和国境内

哈萨克斯坦共和国境内的国家间电力传输根据按照哈萨克斯坦共和国政府批准的示范格式签订的输电服务合同实施。

国家间电力传输合同中可以考虑电力传输特点。

6.3　在俄罗斯联邦境内

成员国之间通过俄罗斯统一电网的国家间电力传输在有下列合同的情况下实施。

6.3.1　为确保获得自然垄断主体服务以及实施国家间电力传输而申请的且在俄罗斯统一电网边境供电点的相互联系和同时供应的同等规模电力，商业代理人与白俄罗斯共和国或者哈萨克斯坦共和国授权组织签订合同。

每月通过俄罗斯统一电网的国家间电力传输价值在合同中按照下列公式确定：

$$Q_m^{MГп} = Q_m\phiск\_MГп + Q_m^{co\_MГп} + Q^{Ko\_MГп}$$

其中，$Q_m^{MГп}$ 为依照俄罗斯联邦法律支付的国家统一电网管理估值服务费；

$Q_m^{\phiск\_MГп}$ 为依照俄罗斯联邦法律支付的系统运营商服务费；

$Q^{co\_MГп}$ 为与通过俄罗斯统一电网的国家间电力传输相关的电力批发市场上行为有关的每月服务费；

$Q^{Ko\_M\Gamma\pi} = S_m^1 + S_m^2 + Q^{A\tau c\_M\Gamma\pi} + Q^{\mu\phi p\_M\Gamma\pi} + Q^{A\text{гент}\_M\Gamma\pi}$，其中 $Q^{A\tau c\_M\Gamma\pi}$ 为组织电力、电能批发市场的组织以及以其他方式进入商品和服务市场的商业运营商的月服务费，$Q^{\mu\phi p\_M\Gamma\pi}$ 为加入批发市场交易系统协议确定的核算申请和债务的月服务费，$Q^{A\text{гент}\_M\Gamma\pi}$ 为在代理人签订的合同中双边确定的商业代理人月度费用。

6.3.2 成员国行使电力调度和国家电网输电（电力移动）职能的组织之间签订电力系统平行运作协议（技术协议）。

6.3.3 成员国授权经营主体之间为了弥补电力通过成员国边界移动中发生的国家间输电网实际电流量与计划的电流量之间的偏差而签订电力买卖合同。

7 交换成员国经营主体之间国家电流实际小时规模商业核算数据的组织办法

7.1 本办法确定了有关获取商业计量小时数据的双边相互协作的主要方向；根据使用商业计量小时数据和协商的使上述商业计量数据达到供电点值的方法，确定俄罗斯联邦与哈萨克斯坦共和国之间国家间输电线路小时电流量的办法；确定交换与供电点值相符的商业计量数据和协商商业计量数据程序的办法。

输电线路电力商业计量的小时数据记录和交换条件及其办法依照有关交换输电线路核算点小时电流量数据的双边协议确定。

7.2 信息随时交换

成员国的相应经营主体每昼夜（或者根据成员国协商，其他期间）记录国家间输电线路小时电流量，交换获得的数据，进行相应核算，评估相应数据。

为了随时交换输电线路传输的小时电流量信息，使用协商的数据传输方式。

7.3 供电点小时核算

供电点小时值依照在双边协议中协商的实际传输和接受的电能规模核算方法核算。

8 成员国国家间输电网电力传输实际余额确定办法

成员国授权组织使用确定每个日历日通过国家间电网移动的电力实际

规模的办法。

每个日历日通过国家间电网移动的电力实际规模为每个日历月各供电点接收的或者输出的电力金额或者电力数量。

每个月所有纳入"接收"和"输出"机制下的国家间输电线路运作中且进入关境（供电点）的电量按照下列公式计算：

WПI_ Гран = ∑ W（фактПI）；

WO2_ Гран = ∑ Wᵢ（фактOI）；

Wсальдо = WПI_ Гран + WO2_ Гран。

上述公式中，Wᵢ（фактПI）为每个日历月每个供电点国家间输电线路实际接受的电量；为了能套入电流余额计算公式中，该指标的值根据标志（电流方向）使用。

Wᵢ（фактOI）为每个日历月每个供电点国家间输电线路实际输出的电量；为了能套入电流余额计算公式中，该指标的值根据标志（电流方向）使用。

R 为在日历月期间纳入运作中的国家间电网国际架空输电线路数量。

9 在联盟框架下的国家间电力传输中国家间电网的实际电流与计划的电流偏差规模和价值计算办法

国家间电力的传输包括：国家间电力传输规模，成员国经营主体签订的商业合同规模，事故救助规模，由实际电流量与计划的电流量偏差确定的规模。

俄罗斯全国统一电网、统一电力系统运营商，白俄罗斯行使电网组织系统运营商职能的组织和哈萨克斯坦统一电力系统运营商根据下列原则，提议核算实际电流与计划的电流偏差和确定偏差规模。

——在通过俄罗斯统一电网实施国家间电力传输中国家间电力传输小时规模相当于昼夜调度表中计算的相应计划值。

——在每小时核算期间内商业合同注明的实际小时供电规模相当于昼夜调度表中计算的相应计划值并考虑依照规定的办法协商的调整值。

——在与第三国的电力系统关系框架下（外部平衡）调节的小时偏差规模在联盟框架下的偏差规模中被计算。外部平衡确定办法由成员国相邻系统运营商（在全国统一电网管理组织参与下）协商。

——应急规模由国内市场主体之间在应急中签订的电力购买/出售合同条款确定。

成员国经营主体之间应当根据小时偏差，依照本方法第 6 部分规定的、为保障各成员国国家间输电而签订的合同进行财务调节。

根据遵守成员国电力系统平行运作合同条款（技术协议）的必要性，特别是电力系统中的频度调控和维持协商的国家间电网中的电流余额，偏差价值应当用于向国内电力（电能）市场主体补偿因参与国内电力（电能）市场上的系统平衡关系而承担的合理费用。

为了在技术上保证电力系统在不超过电力系统平行运作合同条款（技术协议），或者调整成员国之间电力领域的相互关系的其他协议确定的规模内平行运作，偏差规模应当按照购买/出售合同规模的计算办法核算。

为了补偿偏差而在核算中使用的买卖的电力、电能数量和价格参数由俄罗斯联邦商业基础设施报告文件证明。

在根据合同核算供应电力的价值中不允许再次计量电力（电能）的规模。

二十二 通过天然气运输系统运输天然气领域包括 定价和费率政策原则在内的自然垄断 主体服务保障议定书

1. 本议定书依照《欧亚经济联盟条约》（简称《条约》）第 79、第 80 和第 83 条制定，确定了天然气领域合作的基础、保证获得天然气运输领域自然垄断主体天然气运输系统服务的原则和条件，包括满足成员国天然气需求的定价和费率政策原则。

2. 本议定书使用的概念含义如下。

天然气国内需求——各成员国境内消费所必需的天然气规模。

天然气——在成员国境内开采和（或者）生产的且通过天然气管道运输系统以气体形式运输的主要由甲烷构成的气体碳氢化合物和其他气体可燃混合物。

天然气开采成员国——其境内天然气消费量少于开采和生产量的成员国。

天然气消费成员国—— 其境内天然气消费量高于开采和生产量的成员国。

天然气运输系统——包括干线天然气管道和与其技术过程有关的设施，天然气配送网除外。

天然气运输领域的自然垄断主体服务准入—— 给予使用由运输天然气自然垄断主体管理的天然气运输系统的权利。

天然气的平等收益价格——根据下列原则制定的满足天然气国内需求的天然气批发价格：

天然气开采成员国的天然气批发价通过在外部市场销售的价格减去该国征收的行政费、手续费、其他费用和向天然气开采成员国境外运输天然气的成本并考虑运输天然气的供应商国内外市场成本差价确定；

天然气消费成员国的天然气批发价格由天然气开采成员国的生产者通过在外部市场销售的价格减去该国征收的行政费、手续费、其他费用和在天然气开采成员国境内运输天然气的成本确定。

天然气运输服务——经天然气运输系统移动天然气的服务。

授权机关——成员国被授权监督本议定书实施的国家机关。

3. 成员国根据下列原则，建立联盟共同天然气市场并确保获得天然气运输领域自然垄断主体的天然气运输服务：

1）在相互贸易中不得适用数量限制和出口关税（有同等意义的行政费、税和手续费）；

2）优先保障成员国国内消费；

3）依照成员国法律确定满足成员国国内需求的天然气运输价格和费率；

4）统一成员国天然气规范和标准；

5）保障生态安全；

6）在含有天然气国内消费资料信息的基础上交换信息。

4. 获得天然气运输领域自然垄断主体服务的保证只能针对成员国境内生产的天然气提供。本议定书条款适用于运输第三国生产的天然气领域自然垄断主体从联盟境内运输和向联盟境内运输天然气领域的关系。

5. 实施下列措施是本议定书规定的通过成员国天然气运输系统获得天然气领域的自然垄断主体服务的条件：

在含有天然气国内消费资料信息的基础上建立信息交换系统；

依照本议定书建立起草指数（预测的）平衡的机制；

统一成员国天然气规范和标准；

维持成员国境内天然气销售商业营利性的市场价格。

成员国采取本款所述的措施以缔结相关议定书的形式结束。

6. 成员国努力达成所有成员国境内天然气的平等收益价格。

7. 在采取本议定书第 5 款所述的措施后成员国在现有的技术可能性和限制的天然气运输系统能力范围内，依照下列原则根据协商的联盟天然气指数（预测性）平衡和经营主体民事法律合同保证其他成员国进入成员国境内满足成员国国内需求的天然气运输系统：

成员国的经营主体依照与不是其境内天然气运输体系所有人的天然气生产者包括费率在内的平等条件，被保证进入其他成员国的天然气运输系统；

经天然气运输系统运输天然气的规模、价格和费率以及运输天然气的商业和其他条件由成员国的经营主体之间依照成员国法律签订的民事法律合同确定；

成员国促进履行在成员国境内从事活动的经营主体之间通过天然气干线管道运输天然气的现行合同。

8. 成员国授权机关在委员会参与下，依照天然气、石油和石油制品指数平衡（预测的）方法制定和协调为期五年的联盟天然气指数（预测的）平衡（满足国内需求的生产、消费和供应，包括成员国之间在内），每年在10月1日前细化。

获得成员国国内市场天然气运输领域自然垄断主体服务由成员国根据协商的天然气指数（预测的）平衡保证。

9. 成员国努力发展下列领域的长期互利合作：

1）经成员国境内运输天然气；

2）建设、改建和运营天然气管道、地面储库和其他天然气基础设施。

3）提供满足天然气国内需求所必需的服务。

10. 成员国确保涉及成员国境内的天然气运输系统运作的规范性技术文件统一。

11. 本议定书不触及成员国为其缔约国的国际条约规定的成员国的权利和义务。

成员国法律适用于天然气运输领域《条约》不调整的成员国间关系。

12.《条约》第十八编的条款根据本议定书规定的条款，适用于从事天然气运输的自然垄断主体。

13. 成员国签订的双边协定适用于《条约》第83条第3款规定的有关建立联盟共同天然气市场的国际条约生效前实行的成员国间天然气供应、进口关税确定缴纳办法（其他有同等效力的行政费、税、手续费），相应成员国另有协定的除外。

二十三　共同石油和石油制品市场组织、管理、运作和发展办法议定书

1. 本议定书依照《欧亚经济联盟条约》（简称《条约》）第79、第80和第84条确定了石油和石油制品领域合作的基础、建立联盟共同石油和石油制品市场的原则以及保证获得石油和石油制品领域自然垄断主体服务的原则。

2. 本议定书使用的概念含义如下：

石油和石油制品运输领域自然垄断主体服务准入——给予使用由运输石油和石油制品自然垄断主体管理的石油和石油制品运输系统的权利；

石油和石油制品——依照欧亚经济联盟涉外经济活动统一商品编码和欧亚经济联盟统一关税确定的商品；

成员国石油和石油制品共同市场——成员国经营主体在成员国境内开采、运输、供应满足成员国消费需求所必需的石油和石油制品方面经贸关系的总称；

石油和石油制品指数（预测的）平衡——建立天然气、石油和石油制品指数（预测的）平衡方法确定的预测指标体系；

石油和石油制品运输——使用包括通过管道从发运站输送到接收站在内的任何手段移动石油及其石油制品的行动，包括灌入、倒入和改为其他类型的运输以及储存和转运。

3. 成员国在建立联盟共同的石油和石油制品市场中遵守下列原则。

1）在相互贸易中不得适用数量限制和出口关税（有同等意义的行政费、税和手续费），向联盟关境外出口石油和石油制品的关税缴纳办法由成员国包括双边协定在内的个别协定确定。

2）保障成员国对石油和石油制品需求的优先。

3）统一成员国石油和石油制品的规范和标准。

4）保障生态安全。

5）实现联盟共同的石油和石油制品市场的信息保障。

4. 成员国采取建立共同石油和石油制品市场的措施，包括：

1）在包括各种运输途径的石油和石油制品供应和进出口资料在内的海关信息基础上建立信息交换系统；

2）建立防止违反本议定书条款的监督机制；

3）统一成员国石油和石油制品的规范和标准。

5. 本议定书第 4 款所述的措施通过成员国制定联盟相应国际条约框架下的方法或者规则实施。

6. 成员国依照成员国间的国际条约，在现有技术可能性范围内保证下列条件：

1）通过成员国境内包括石油和石油制品干线管道系统在内的运输系统长期运输该成员国境内开采的石油和石油制品的可能性；

2）按照对通过其境内运输石油和石油制品的成员国经营主体的条件确保在成员国境内登记的经营主体进入各成员国境内的石油和石油制品运输系统。

7. 通过石油和石油制品运输系统运输石油和石油制品的服务费率依照各成员国法律确定。

对成员国经营主体运输石油和石油制品的服务费率不高于对在其境内运输石油和石油制品的其他成员国经营主体的服务费率。

对成员国经营主体运输石油和石油制品的服务费率低于对在其境内运输石油和石油制品的其他成员国经营主体的服务费率不是成员国的义务。

8. 成员国的授权机关在委员会的参与下依照制定天然气、石油和石油制品指数（预测的）平衡方法，制定和协调：

（每年 10 月 1 日前）下一个日历年的联盟石油和石油制品长期指数（预测的）平衡；

联盟石油和石油制品长期指数（预测的）平衡，它可以根据成员国石油开采、石油制品生产和消费的实际变化调整。

在一个成员国开采的石油通过其他成员国运输的规模和方向每年由成员国授权机关之间的议定书确定。

9. 成员国国内石油和石油制品市场由成员国国内机关监管。成员国依照各成员国法律采取自由化国内石油和石油制品市场的措施。

10. 本议定书不触及成员国根据自身为其缔约国的国际条约所享受和承

担的权利和义务。

11.《条约》第十八编的条款根据本议定书规定的条款，适用于从事石油和石油制品运输的自然垄断主体。

12. 成员国签订的双边协定适用于《条约》第 84 条第 3 款规定的有关建立联盟共同石油和石油制品市场的国际条约生效前实行的成员国间在石油和石油制品供应、进口关税确定缴纳办法（其他有同等效力的行政费、税、手续费），相应成员国另有协定的除外。

二十四 　协调性的运输政策议定书

Ⅰ　总则

1. 本议定书依照《欧亚经济联条约》第 86 条和第 87 条制定，旨在协调（协商）运输政策。

2. 本议定书使用的概念含义如下：

民航——用于满足居民和经济发展需求的航空；

统一运输空间——成员国在其框架下确保乘客无障碍移动、货物和运输工具移动及以成员国运输领域的法律相协调为基础的技术和工艺兼容性运输体系的总称；

成员国法律——各成员国国内法；

运输服务共同市场——创造提供运输服务平等和平行条件的经济关系形式，各类运输市场的运作特征由本议定书和联盟框架下的国际条约确定。

3. 本议定书根据各成员国在加入世贸组织时以及其他国际条约框架下承担的义务实施。

Ⅱ　公路运输

4. 由在一个成员国境内登记的承运人从事的下述方式的国际公路货运无须核准：

1）承运人在其境内登记的成员国与其他成员国之间；

2）通过其他成员国过境；

3）其他成员国之间。

5. 成员国在 2015 年 7 月 1 日前制定 2016～2025 年分步自由化在一个成员国境内登记的承运人从事的位于其他成员国境内的站点之间公路货运的纲领并确定其自由化的水平和条件。

成员国可以享有自由化本款第 1 段所述的公路货运的不同条件和速度。

6. 本议定书第 5 款所述的分步自由化纲领由最高理事会批准。

7. 在联盟框架下实施货物公路运输服务监管问题的协调性（协商性）

运输政策的特征由国际条约确定。

8. 成员国采取消除影响联盟框架下的国际公路运输和培育公路运输服务的障碍的协商性措施。

9. 交通（公路）运输检查依照本议定书附件 1 规定的办法实施。

Ⅲ 航空运输

10. 在实施的协调（协商）性运输政策框架下，通过逐步建立航空运输服务共同市场发展联盟航空运输。

成员国协调适用国际民航组织的实践要求和建议的统一举措。

11. 航空运输服务共同市场根据下列原则建立：

1）确保构成联盟国际法的国际条约和文件符合民航领域的国际法规范和原则；

2）依照民航领域的国际法规范和原则使成员国法律相协调；

3）保证公平和良好竞争；

4）依照国际民航组织的实践要求和建议，创造更新机场、发展机场地面基础设施；

5）保障飞行安全和航空安全；

6）确保成员国民航公司非歧视地进入航空基础设施领域；

7）增强成员国之间的航空往来。

12. 各成员国承认彼此拥有本国境内空域完全的和唯一的主权。

13. 成员国航空器在联盟框架下的飞行根据成员国间国际条约和（或者）依照成员国法律规定的办法发放的核准进行。

14. 本编的条款只适用于民航。

Ⅳ 水运

15. 联盟的水运在实施的协调性（协商性）运输政策框架下发展。

16. 悬挂成员国旗帜的船舶有权依照成员国为了执行本议定书而签订的船运国际条约，通过毗邻内水线路、其他成员国内水线路过境通道水域在船旗国与其他成员国之间运输货物、乘客及其行李和邮件，其他成员国港口与第三国之间的运输除外。

17. 在成员国内水航行的船舶应当在成员国船舶登记簿中办理登记，由在船舶登记簿中登记的成员国居民持有。

V 铁路运输

18. 成员国为促进进一步发展互利的经济关系、考虑确保获得成员国铁路运输服务的必要性和实施该服务费率国家监管的协商措施，如果成员国法律没有其他规定，那么确定下列宗旨：

1）分阶段建立铁路领域的运输服务共同市场；

2）在经过每个成员国领土的运输中确保成员国消费者依照不差于为各成员国消费者创造的条件获得铁路运输服务；

3）维持成员国铁路运输服务消费者和运输组织之间的经济利益平衡；

4）保证一个成员国的运输组织进入另一个成员国铁路运输服务国内市场的条件；

5）确保承运人根据附件 1 和附件 2 获得成员国基础设施服务的条件以及制定包括费率政策在内的铁路运输服务准入监管办法。

19. 包括费率政策在内的铁路运输服务准入依照本议定书附件 2 和国际条约规定的办法监管。

附件 1 欧亚经济联盟外部边界运输检查办法

1. 本办法依照《协调性的运输政策议定书》（《欧亚经济联盟条约》附件二十四）第 9 款制定，确定了实施联盟外部边界运输（汽车）检查的办法。

2. 本办法中使用的概念含义如下：

交通工具载重和尺寸参数——交通工具载货或者不载货的质量、轴负荷和尺寸（宽、高和长）；

联盟外部边界——分离成员国领土和非成员国领土的联盟关境范围；

检查站——依照成员国法律要求有装备的固定或者移动的站点以及在其处实施检查的成员国口岸；

承运人——对交通工具有所有权和其他合法权利的自然人或者法人；

交通工具——若运输货物则为货运汽车、拖挂货运汽车、牵引汽车或者半挂和有底架的牵引汽车，若运输乘客则为用于运输乘客和行李且包括司机在内有 9 座以上的汽车，包括运输行李的挂车；

运输（汽车）检查——对国际公路运输实施检查。

本办法中未特别解释的其他概念使用包括联盟框架下国际条约在内的国际条约确定的含义。

3. 本办法确定了运输（汽车）检查机关在联盟外部边界对进入（出境、过境）成员国境内的交通工具实施运输（汽车）检查的统一举措。

4. 通过其他成员国领土进入一个成员国境内的交通工具应当在联盟外部边界的检查站依照本办法第 7 款和第 8 款所述的交通工具通过其境内的成员国法律接受运输（汽车）检查。

5. 交通工具和运输（汽车）检查所必需的文件依照通过其境内进入外部边界的成员国法律进行和出具结果。

6. 运输检查机关相互承认根据运输（汽车）检查结果制作的文件。

7. 通过其过境进入联盟关境的成员国运输（汽车）检查机关在上述成员国法律规定的运输（汽车）检查地点以外的监控点：

1）检查交通工具重量和规格参数是否符合在其境内通行的其他成员国法律规定的标准以及运输大型和（或者）重型货物的特别核准、大型和（或者）重型交通工具在其他成员国境内通行的特别核准上注明的数据；

2）检查承运人是否有在于其境内从事运输的其他成员国境内通行的特别核准以及其运输种类和交通工具特性是否符合核准规定的要求；

3）检查承运人是否有运输大型和（或者）重型货物的特别核准、大型和（或者）重型交通工具通行的特别核准以及在于其境内从事运输的其他成员国境内运输危险货物的特别核准；

4）检查承运人是否有在于其境内从事运输的其他成员国境内向第三国运输的核准（特别核准）；

5）如果承运人依照其他成员国的法律不需在其他成员国境内通行的核准且运输依照多边核准进行，那么按照运输（汽车）检查机关协商的格式向承运人出具登记凭证。

8. 运输（汽车）检查机关在交通工具经过联盟外部边界时除了实施本

办法第 7 款所述的行动外，还在检查站检查：

1）如果缴纳依照成员国法律是必需的，那么承运人是否有缴纳已通行的成员国公路的通行费收据；

2）在有一个成员国境内通行的核准或者运输（汽车）检查机关有对承运人处以罚款印戳的情况下承运人（司机）是否有缴纳了违反成员国境内国际公路运输秩序的罚款的证明或者司法机关有关支持给予承运人（司机）行政处罚申诉的判决；

3）承运人的运输工具是否被允许从事国际公路运输；

4）在收到本办法第 9 款所述的其他成员国运输（汽车）检查机关通知的情况下承运人是否有必需的文件。

9. 若在本办法第 7 款所述的检查行动中确定被检查的交通工具参数不符合要求、成员国法律规定的文件不存在或者不合格，那么一个成员国的运输（汽车）检查机关按照成员国运输（汽车）检查机关协商的格式向司机下发含有下列信息的通知：

发现的不合格之处；

在到达其他成员国境内前取得缺少的文件必要性；

根据运输工具的行驶路线，最近的承运人应当在成员国检查站出示被检查的交通工具参数和（或者）通知中所述的文件不合格证据。

10. 有关发出通知的信息送达其他成员国的运输（汽车）检查机关并被列入发现不合格之处的运输（汽车）检查机关信息库中。

11. 如果一个成员国的运输（汽车）检查机关依照本办法第 8 款向承运人发出通知，那么其他成员国的运输（汽车）检查机关有权在检查站检查该通知的执行，在有理由的情况下依照本国的法律对承运人采取措施。

12. 交通工具在承运人出示本办法第 7 款和第 8 款规定的文件前不得被从联盟境内放行。

13. 一个成员国的运输（汽车）检查机关在交通工具通过联盟外部边界并从本国境内进入其他成员国境内中告知其他成员国运输（汽车）检查机关确定被检查的交通工具参数不符合、成员国法律规定的文件不存在或者不合格。

14. 成员国互相采取使实施联盟外部运输（汽车）边界检查的法律、方法和技术相协调，包括：

1）交通工具在国际运输走廊中的公路上行驶时的载重参数要求；

2）建立监督全额缴纳交通工具在其他成员国公路上行驶的通行费体系；

3）制定在与第三国的承运人发生争议的情况下解决争端的机制；

4）制定在违反联盟国际公路运输条件要求的情况下遣返交通工具的机制。

15. 核准（特别核准）在下列情况下无效：

1）违反给予该核准（特别核准）的成员国法律办理和使用；

2）核准上注明的交通工具重量和规格不符合交通工具重量和规格检查结果；

3）交通工具特性不符合在成员国境内通行核准规定的交通工具特性。

16. 在检查行动中确定交通工具参数（特性）不符合核准上所述的参数（特性）的情况下运输（汽车）检查机关有权紧急向其他成员国的运输（汽车）检查机关索取核准有效性的证明。

17. 为了实施本办法，运输（汽车）检查机关：

1）签订个别议定书，向其他成员国运输（汽车）检查机关告知本国实施运输（汽车）检查要求的规范性法律文件条款，彼此通知对上述文件的修订，交换依照本办法实施运输（汽车）检查所必需的文件样式；

2）相互和定期交换运输（汽车）检查中获得的信息，交换上述信息的形式和程序及其构成由运输（汽车）检查机关确定；

3）组织管理通过一个成员国领土进入其他成员国境内的交通工具数据库，相互交换含在该数据库中的信息。

18. 运输（汽车）检查中获得的信息以电子形式交换。

19. 运输（汽车）检查机关可以提供运输（汽车）检查中获得的有关运输商品的国际运输交通工具的其他信息。

20. 为了出具运输（汽车）检查结果和备案运输工具，使用含有有关依照本办法第 7~9 款实施的运输（汽车）检查补充行动的结果资料的信息资源，确保相互使用这些信息资源。

21. 成员国依照规定的程序通知非联盟成员国的国家主管机关本国实施

的联盟外部边界运输（汽车）检查办法的修改。

附件2 包括定价和费率政策原则在内的
铁路运输服务监管办法

1. 本办法依照《协调性的运输政策议定书》（《欧亚经济联盟条约》附件二十四）制定，确定了包括定价和费率政策原则在内的铁路运输服务准入监管办法，适用于成员国铁路运输组织、消费者和授权机关之间铁路运输领域的关系。

2. 本办法中使用的概念含义如下：

铁路运输服务准入——一个成员国的铁路运输组织按照不低于向本国消费者提供类似服务的条件向其他成员国消费者提供服务；

基础设施服务准入——承运人能够依照本办法附件1和附件2的规则获得运输的基础设施服务；

基础设施——铁路基础设施，包括干线、站线，供电、信号和通信以及技术上运行所必需的装置、设备、办公楼、建筑物和其他设施；

铁路运输组织——成员国向消费者提供铁路运输服务的自然人或者法人；

运输过程——在通过铁路运送货物、行李、货物行李和邮件中实施的组织和技术关联行动的总称；

承运人——有相应许可证和拥有包括重型运输工具在内的车辆所有权和其他合法权利且从事货运活动的铁路组织；

消费者——成员国使用或者拟使用铁路运输服务的自然人和法人；

铁路运输服务费率——铁路运输服务费的金钱反映；

铁路运输服务——铁路运输组织向消费者提供的服务（劳务），即货物运输及与组织和运输货物有关的补充服务（劳务），运输乘客、行李、货物行李、邮件和与运输有关的补充服务（劳务），基础设施服务；

基础设施服务——与将基础设施用于运输有关的服务以及本办法所述的其他服务。

3. 铁路运输组织不论消费者属于哪个成员国和为何种组织形式，都要根据本办法和成员国法律确保消费者获得铁路运输服务。

4. 本办法中使用的其他概念使用《协调性的运输政策议定书》和《欧亚经济联盟框架下提供铁路运输基础设施服务规则》中确定的意义。

本办法附件 1 和附件 2 的条款不适用于成员国承运人之间依照成员国法律签订的合同提供、使用成员国基础设施区段内的机车和机车班组服务的关系。

5. 在建立铁路运输服务共同市场框架内提供其他铁路运输服务的办法和条件在必须有联盟框架下的国际条约的情况下确定。

6. 铁路运输服务费率和（或者）其限额水平（价格范围）依照成员国法律和国际条约确定，依照成员国法律确保实行差别费率的可能性并遵守下列原则：

1）赔偿与铁路运输服务直接有关的经济合理性支出；

2）依照成员国法律发展铁路运输；

3）确保铁路运输服务费率的透明性，在经济条件急剧变化的情况下确保能够重新审议铁路运输服务费率和（或者）其限额水平（价格范围）并事先通知其他成员国；

4）确保做出有关铁路运输服务费率决定的公开性；

5）采取确定货物编码和确定自然垄断条件下提供的铁路运输服务费率规则的统一举措；

6）依照成员国本国的法律确定各成员国的铁路运输服务费率币种。

7. 铁路运输服务费率和（或者）其限额水平（价格范围）根据《协调性的运输政策议定书》，依照成员国本国法律确定（修改）。

8. 铁路运输的货物经由成员国境内时按照通行种类适用统一费率（出口、进口和国内费率）。

9. 为了提高成员国铁路运输竞争力，创造铁路运输货物的有利条件、吸引由铁路运输的新货物流和确保能够利用闲置或者稍微闲置的铁路货物运输线路以及刺激铁路货物运输规模增长和刺激铁路运输组织应用新技术和工艺，铁路运输组织有权根据经济合理性，在成员国授权机关确定或者协商的限额水平（价格范围）框架内依照成员国法律做出修改铁路运输货运服务费率的决定。

10. 铁路运输组织根据成员国授权机关依照成员国法律批准的方法（方法、规则、指导或者其他规范性文件），在限额水平（价格范围）内行使自身享有的修改铁路货物服务费率水平的权利并遵守不得给予成员国具体商品生产者优先的基本原则。

11. 修改铁路货物运输服务费率水平的决定应当依照成员国法律正式公布且必须不迟于决定生效之日的 10 个工作日前送达成员国授权机关和委员会。

12. 如果铁路运输组织修改铁路货物运输服务费率水平的行为侵犯消费者的权利和利益，那么消费者有权请求自己位于或者居住在其境内的成员国国内反垄断机关保护自己受到侵犯的权利和利益。

如果其行为被消费者投诉的铁路运输组织位于消费者所在地或者居住地，那么成员国的国内反垄断机关依照本国法律审查消费者的申请。

如果其行为被消费者投诉的铁路组织运输不在消费者所在地或者居住地，那么成员国的国内反垄断机关在确定和认定上述消费者申请的合理性后不迟于 10 个工作日请求委员会实施调查，在自向委员会提出请求之日起 3 个工作日内通知消费者和其境内被发现在于限额水平（价格范围）内修改铁路运输服务费率水平中违法的铁路运输组织所在的成员国国内反垄断机关。

委员会根据上述请求审查消费者的申请并依照联盟框架下的国际条约确定的规则做出决定。

13. 在两个成员国之间通过其他成员国领土由铁路运输货物，和成员国间在其他成员国铁路参与下由铁路运输货物，以及在从一个成员国境内通过其他成员国境内经过其海港向第三国运输货物并往返，适用各成员国的统一费率。

14. 如果货物从一个成员国过境往还第三国（经过成员国海港的货物运输除外）以及第三国货物过境成员国运输至第三国，那么依照 1996 年 10 月 18 日的《确定独联体成员国协商性铁路运输费率政策构想》实施协调性（协商性）费率政策。

15. 成员国确定负责实施本办法的授权机关。

16. 成员国自《欧亚经济联盟条约》生效之日起不迟于 30 日互相通知

并通知委员会确定的授权机关及其名称。

《包括定价和费率政策原则在内的铁路运输服务监管办法》附件1

欧亚经济联盟框架下铁路运输
基础设施服务准入规则

Ⅰ 总则

1. 本规则调整承运人与基础设施运营商在联盟框架下的基础设施区段内铁路运输基础设施服务准入领域的关系。

2. 承运人与基础设施运营商在一个成员国边境的铁路运输基础设施服务准入领域的关系依照该成员国法律调整，本规则第1款规定的关系除外。

Ⅱ 概念

3. 本规则中使用的概念含义如下：

列车运行规范图——基础设施运营商规定的组织基础设施区段内各类列车运行及反映列车每昼夜运行时间和路线的规范性技术条件，分为规范性的（在计划的年度内）、选择的（个别期间内）和业务的（日常计划的昼夜）；

提供基础设施服务的长期合同——基础设施运营商与承运人签订的不少于5年的提供基础设施服务的合同；

全国（全网）承运人——从事货物、乘客、行李、货物行李、邮件运输活动以及确保在成员国包括特种和军事运输在内的所有基础设施中实施列车编组计划的承运人，地位由成员国国内法确定；

运行图表——列车运行规范图中反映列车运行路线的图表并注明始发站、到达站、停靠站、发车和到达时间、技术车站、平均运行时间、列车其他技术和工艺参数；

补充申请——在列车运行规范图有效期间从事补充运输的承运人递交的获得基础设施服务的申请；

基础设施服务准入——承运人能够获得从事运输所需的基础设施服务；

基础设施运营商——占有基础设施和（或者）根据法定理由使用基础设施以及依照基础设施位于其境内的成员国法律提供基础设施服务的铁路运输组织；

通行计划——基础设施运营商根据承运人通行计划方案和依照基础设施区段通行能力和车站处理能力确定的通行类型和目的批准的规范性技术文件；

基础设施区段通行能力——根据基础设施和车辆的技术和工艺可能性以及根据各类通行能力的火车的通行组织能力，可以在核算期内在基础设施区段通行的火车最大数量和火车最大对数；

火车运行时刻表——含有某个日期列车运行信息的文件；

安全证书——依照成员国法律规定的程序出具的证明运输工程参与人安全管理体系符合铁路运输安全规则的文件；

授权机关——依照各成员国法律确定的、主管铁路运输领域的国家管理和（或者）指导的成员国执行权（国家管理）机关；

基础设施区段——在基础设施运营商规定的机车运行范围内与成员国两个相邻基础设施对接处相连的铁路基础设施部分。

4. 本规则使用的其他概念采用《协调性的运输政策议定书》《包括定价和费率政策原则在内的铁路运输服务监管办法》《欧亚经济联盟框架下铁路运输基础设施服务准入规则》中确定的意义。

Ⅲ　基础设施服务准入的一般原则

5. 基础设施服务在基础设施区段内提供，以下列原则为基础：

1）在基础设施区段通行能力范围内根据技术和工艺可能性，依照基础设施位于其境内的成员国法律对承运人规定的要求平等；

2）在基础设施服务领域依照基础设施位于其境内的成员国法律对承运人适用统一的费率（价格）政策；

3）有关基于基础设施技术和工艺可能性的基础设施服务清单和提供办法以及服务费率、费和手续费信息的可得性；

4）为了有效利用基础设施区段通行能力、确保运输过程不间断和技术过程的合理性和安全性，合理规划基础设施维修、维护和管理工作；

5）保护在运输活动策划和组织以及提供基础设施服务中运输组织知悉的构成商业或者其他国家秘密的资料；

6）在基础设施区段通行能力有限的条件下，依照列车运行规范图向承运人提供基础设施服务的优先性（顺序）；

7）向承运人保障其使用的铁路车辆应有的技术状态。

6. 提供基础设施服务的优先性原则通过下列方式落实。

1）确定运行的种类，优先性（顺序）依照基础设施位于其境内的成员国法律或者基础设施运营商不与基础设施位于其境内的成员国法律相抵触的文件确定。

2）在运行种类相同的情况下取决于：

根据承运规模考虑履行合同义务，是否存在提供基础设施服务的长期合同；

承运人使用基础设施区段通行能力的频度；

存在提供基础设施服务的合同。

3）在本款第1和第2分款所述的标准相同的情况下依照基础设施位于其境内的成员国法律实施竞标程序。

Ⅳ 基础设施服务准入的条件

7. 基础设施服务由基础设施运营商在承运人具有下列证件的情况下提供：

1）成员国授权机关依照基础设施位于其境内的成员国法律发放的从事运输活动的许可证；

2）成员国授权机关依照基础设施位于其境内的成员国法律规定的程序发放的安全证书；

3）编制中有从事组织、管理和实施运输过程的合格工作人员，这些人员有证明自身资格和职业素养符合基础设施位于其境内的成员国法律要求的证书。

8. 基础设施服务根据下列因素提供：

1）在基础设施区段内组织列车运行和演习调动的基础设施技术和工艺可能性；

2）编制货运和列车运行的计划；

3）现有的基础设施承运人提出使用基础设施区段的建议以及基础设施运营商依照本规则第Ⅱ和第Ⅲ编确定的原则分配基础设施区段通行能力；

4）依照基础设施位于其境内的成员国法律无从事铁路运输的禁止和限制；

5）在基础设施位于其境内的成员国法律规定的情况下承运人获得其他机关和组织的同意。

9. 获得某个运行图表内的基础设施服务的权利可以在不超过列车运行时刻表效力期限的期间内提供给承运人，与长期合同有关的权利除外。

Ⅴ　基础设施服务准入

10. 基础设施服务根据基础设施位于其境内的成员国法律提供，包括下列步骤：

1）基础设施运营商制定和公布基础设施区段技术说明；

2）承运人按照附件格式递交欧亚经济联盟框架下的铁路运输基础设施服务准入申请；

3）基础设施运营商审核申请；

4）批准列车运行规范图和列车运行时刻表；

5）依照据基础设施位于其境内的成员国法律签订提供基础设施服务的合同。

在基础设施运营商同时是拟使用的基础设施运营商的情况下不要求递交申请和签订合同。

11. 列车运行规范图未规定的基础设施补充运输服务根据依照本规则确定的程序递交的补充申请提供。

Ⅵ　基础设施区段技术说明

12. 基础设施运营商每年不迟于开始接受申请之日3个月前依照基础设施运营商不与基础设施位于其境内的成员国法律规定的程序相抵触的文件编制、批准和公布基础设施区段技术说明。

13. 在基础设施区段的技术说明中应当注明：

1）组织列车运行和演习调动所必需的基础设施和车站技术特性并注明

基础设施区段距离，列车牵引种类、重量和长度，各类列车运行速度；

2）国际客运列车运行规范图方案；

3）独联体成员国铁路运输理事会决定确定的各国家间对接站预测的货运列车交接（交换）时间；

4）基础设施区段通行能力，全国（全网）承运人依照基础设施位于其境内的成员国法律要求承运所必需的基础设施区段通行能力除外。

14. 基础设施运营商可以在基础设施区段技术说明中注明策划运输和组织基础设施区段列车运行的其他资料和条件。

Ⅶ 申请的递交和审查

15. 承运人向基础设施运营商递交欧亚经济联盟框架下的铁路运输基础设施服务准入申请。

16. 申请接受和审核的开始和结束期限、列车运行规范图初步方案编制以及本规则第24和26款规定资料的提交期限由基础设施位于其境内的成员国法律和（或者）基础设施运营商与基础设施位于其境内的成员国法律不相抵触的文件确定。

17. 申请书附上：

1）计划的运行图表草案；

2）有关计划的年度运输规模信息；

3）计划用于运输的列车数量信息；

4）承运人用于运输的机车型号和特性信息；

5）证明承运人符合本规则第7款所述规定的文件。

18. 由承运人向基础设施运营商递交的纸质版申请和附在其上的文件：

应当装订、编页码和加盖承运人的印章并由承运人领导人或者其授权的人员签字；

在基础设施运营商登记地以俄文或者国语提交，不得含有修改或者补充，在它们以其他语言提交的情况下附上依照规定的程序核证的俄文翻译件；

申请书所附的文件应当提交原件或者复印件，在提交文件复印件的情况下签署申请书的领导人或者其授权的人员应当书面证实该文件复印件的可信性和完整性。

19. 以电子形式递交的文件根据电子文件要求，依照本规则第 18 款递交并应当以数字签名签署。

20. 申请书应当由基础设施运营商登记并向承运人出具注明登记号、申请接收日期和接受的文件清单的文件。

21. 基础设施运营商检查收到的申请书是否符合本规则第 17~19 款规定的要求。

22. 在申请书不符合本规则规定的要求的情况下基础设施运营商在自收到申请书之日起 5 个工作日内以书面形式告知承运人拒绝受理申请并说明拒绝原因。

23. 基础设施运营商在申请审核期间（不迟于申请审核期限届满前的月份的 1 日）有权在必要情况下向承运人索取编制列车运行规范图所必需的补充资料（数据）。

基础设施运营商索取的补充资料（数据）由承运人自收到基础设施运营商索取申请之日起 5 个工作日内提交并遵守递交和办理索取申请的要求。

24. 列车运行规范图初步方案由基础设施运营商根据对承运人申请的审核和最大限度地利用基础设施区段通行能力编制。

基础设施运营商在自身确定的期限内告知承运人申请审核结果。

25. 若承运人对初步审核结果有异议，那么基础设施运营商可以组织旨在通过谈判解决相关承运人之间分歧（冲突）的协调性协商程序，在此过程中基础设施运营商有权向承运人提出不同于被递交申请的其他运行图表。

26. 基础设施运营商在办理了本部分规定的所有手续后，根据其修正告知承运人同意（不同意）申请。

Ⅷ 列车运行规范图和列车运行时刻表的编制、起草和批准程序

27. 列车运行规范图和列车运行时刻表由基础设施运营商根据收到的承运人申请和实施协调性协商程序的结果，依照基础设施位于其境内的成员国法律起草和批准。

28. 列车运行规范图由基础设施运营商考虑下列情况起草：

1）保障列车运行安全；

2）最有效地利用基础设施区段通行能力和铁路车站处理能力；

3）实施基础设施区段维护和修理作业的可能性。

29. 列车运行规范图依照优先性原则起草。

30. 列车运行规范图从日历年五月最后一个星期日零点零分起施行，在下一个日历年的五月最后一个星期日二十四点零分失效。

31. 货运列车运行规范图和货运列车运行时刻表可以依照基础设施运营商规定的程序调整。

Ⅸ　提供基础设施服务合同的签订

32. 提供基础设施服务的合同在基础设施运营商同意申请后，但不迟于列车运行规范图实施之日的 10 个日历日前签订。

33. 提供基础设施服务的合同根据《欧亚经济联盟框架下提供铁路运输基础设施服务规则》规定的条款签订。

根据补充申请提供基础设施服务的合同应当不迟于承运日历月开始前的月份 1 日前签订。

34. 基础设施运营商有权在承运人对提供基础设施服务的基础设施运营商负债的情况下以及基础设施位于其境内的成员国法律规定的其他情况下拒绝与承运人签订合同。

Ⅹ　补充申请

35. 补充申请依照本规则第 17 ~ 19 款规定的要求提交。

36. 补充申请应当由基础设施运营商登记并出具注明登记编号、补充申请接受日期和接受的文件清单的文件。

37. 补充申请不迟于运输日历月开始前两个月递交。

38. 自收到补充申请时刻起一个月内，依照本规则规定的要求审核该补充申请。根据补充申请审核结果，可以签订合同或者签订合同的补充协议。

39. 基础设施运营商根据承运人的补充申请，可以审查拨付补充列车运行规范图。

40. 晚于本规则第 16 款规定的期限提交的申请书在编制列车运行规范图中不予考虑，视为补充申请。

41. 补充列车运行规范图根据补充申请，依照基础设施位于其境内的成员国法律规定的程序拨付。

42. 申请书部分被满足或者被驳回的风险由承运人承担。

XI 提供信息的程序

43. 基础设施运营商根据基础设施位于其境内的成员国法律规定的要求，在自己的网站上发布基础设施区段技术说明、规范性法律文件清单和自身涉及基础设施服务准入办法的文件。

44. 基础设施运营商和承运人应当根据对含有属于国家秘密资料的信息或者属于限制传播资料的信息的传播限制，遵守基础设施位于其境内的成员国法律规定的包括保障国家安全要求在内的要求。

XII 争端解决程序

45. 承运人与基础设施运营商之间在适用本规则中发生的所有争端和分歧通过谈判解决。

46. 如果在谈判中承运人与基础设施运营商无法达成和解，那么所有争端和分歧依照基础设施位于其境内的成员国法律规定的程序解决。

《欧亚经济联盟框架下铁路运输基础设施服务准入规则》附件
欧亚经济联盟框架下铁路运输基础设施服务准入申请

××月××年　　　　　　　编号
从××年至××年
基础设施运营商＿＿＿＿＿＿＿
（名称、法定地址、通信地址）
承运人＿＿＿＿＿＿
（名称、法定地址、通信地址）
欧亚经济联盟框架下铁路运输基础设施服务合同的编号和日期（如有）
兹证明申请所附的文件完整性和可信性（信息）＊＿＿＿＿式＿＿＿份
1）＿＿＿＿＿＿＿＿＿＿＿＿＿＿＿＿＿＿＿＿＿＿＿＿＿＿＿＿；

2）_____；

3）_____

承运人签字：　　　　　　　盖章处：

备注：附上《欧亚经济联盟框架下铁路运输基础设施服务准入规则》第 17 款规定的文件（信息）

《包括定价和费率政策原则在内的铁路运输服务监管办法》附件 2

欧亚经济联盟框架下提供铁路运输基础设施服务规则

Ⅰ　总则

1. 本规则规定了策划和组织联盟框架下成员国铁路运输基础设施服务的办法和条件、服务清单，基础设施通行能力调度和分配统一原则，提供基础设施服务的合同主要条款，基础设施运营商和承运人的权利、义务和责任。

Ⅱ　概念

2. 本议定书使用的概念含义如下：

非例行通行——用于消除运行障碍、完成不可预见的作业和交通工具转移（其运行办法由基础设施位于其境内的成员国法律和基础设施运营商与基础设施位于其境内的成员国法律不相抵触的文件确定）的运行图未规定的运行（恢复性和消防运行，清雪，没有车厢的机车，特种自动车辆）；

运输过程调动——在运行条件下运行和演练作业控制和管理过程；

演练调动——改变运行编组的作业（列车拖挂〔卸下〕）行动，以及编组、进出站、机车与列车相连或者与列车脱离、将车厢引入地下路线或者在该路线采取装配和其他行动；

突发形势——因基础设施故障威胁运行安全或者造成通行障碍的情况；

基础设施运营商——依照基础设施位于其境内的成员国法律，根据合法理由占有和使用基础设施和（或者）提供基础设施服务的铁路运输组织；

运输计划——依照签订的提供基础设施服务合同，制定规定的期间内（年、月、昼夜）基础设施内（路段和车站）的运输计划；

运行昼夜计划——基础设施运营商编制的用于在计划的昼夜内调度运输过程和组织运行的计划；

技术计划——基础设施运营商运输计划和技术计划以及成员国根据独联体成员国铁路运输理事会信息编制的文件。

3. 本规则中使用的其他概念采用《协调性的运输政策议定书》《包括定价和费率政策原则在内的铁路运输服务监管办法》和《欧亚经济联盟框架下提供铁路运输基础设施服务准入规则》（简称"准入规则"）中确定的意义。

Ⅲ 基础设施运营商提供的服务

4. 铁路运输基础设施服务清单（简称"服务清单"）包括根据本议定书附件将基础设施用于从事与运输有关活动的基本服务。

5. 基础设施服务中的业务（劳务）清单根据运输过程的技术特征和基础设施位于其境内的成员国法律要求确定。

6. 本规则附件注明的服务遵守基础设施位于其境内的成员国法律包括保障国家安全要求在内的要求。

7. 基础设施运营商有权根据与承运人的协议，依照基础设施位于其境内的成员国法律提供本规则附件未注明的其他服务。

Ⅳ 提供基础设施服务的办法

8. 提供基础设施服务要求基础设施运营商与承运人在组织和从事运输过程的下列方面相互协作：

1）承运的策划和规范化；

2）月度和日常运输计划；

3）在提供铁路运输服务合同（简称"合同"）框架下从事运输；

4）基础设施运营商与承运人交换数据。

9. 承运的策划和规范化、承运规模和运行图修正依照基础设施位于其境内的成员国法律和基础设施运营商与基础设施位于其境内的成员国法律不相抵触的文件进行。

10. 基础设施运营商和承运人在业务计划中执行批准的运行昼夜计划（运行图和协商的技术计划，包括独联体成员国铁路运输理事会确定的国家间对接点的火车和车厢对换）。

11. 承运是指基础设施运营商和承运人组织与技术相互关联的行动总称，依照基础设施位于其境内的成员国法律和基础设施运营商与基础设施位于其境内的成员国法律不相抵触的文件进行。

12. 基础设施依照本议定书使用并在使用中遵守基础设施位于其境内的成员国法律包括运行安全在内的规范和基础设施运营商与基础设施位于其境内的成员国法律不相抵触的文件。

13. 依照基础设施位于其境内的成员国法律规定维护基础设施。

14. 承运过程调度和通行能力分配统一原则为：

1）依照基础设施位于其境内的成员国法律要求，终止或者实施运输限制，包括货物、行李和货物行李进口和（或者）出口限制；

2）因突发形势不得提供基础设施服务；

3）从事非例行通行的运输；

4）向调度人提供运行的优先。

15. 为了保障基础设施通行安全，运输过程由基础设施运营商或者其授权的人员调度。

运输过程根据火车运行昼夜计划，依照运行技术规则以及基础设施位于其境内的成员国法律和（或者）基础设施运营商与基础设施位于其境内的成员国法律不相抵触的文件批准的火车运行和车站调动作业、信号和通信指导规定的程序调度。

16. 火车接收、发车和放行以及基础设施区段中使用的任何交通工具（车辆）或者自走机械调动过程由基础设施运营商管理。

承运人对上述过程下达的涉及保证运行安全要求、运行图、运行图规范、基础设施车站（线路）运作技术过程规范的指令（指示）对运输过程的所有参加人有约束力。

17. 为了实施运输过程，基础设施运营商和承运人按照基础设施位于其境内的成员国法律规定的规模使用基础设施运营商交换信息（数据）的信息系统。

18. 与基本信息有关的补充信息由基础设施运营商根据个别合同向承运人提供。

19. 若有签订的合同，那么基础设施运营商可以在下列情况下拒绝向承运人提供基础设施服务：

1）依照基础设施位于其境内的成员国法律要求，终止或者实施运输限制，包括货物、行李和货物行李入境和（或者）出境限制；

2）因突发形势无法提供基础设施服务；

3）非例行通行的运输；

4）出现了国家安全威胁或者发生了紧急情势、不可抗力事件、军事行动、封锁、疫病或者不取决于基础设施运营商和承运人的妨碍履行合同义务的其他情况；

5）授权机关根据基础设施位于其境内的成员国政府的决定确定提供基础设施服务的其他办法；

6）基础设施位于其境内的成员国法律规定的其他情况。

20. 如果承运人在本议定书第 19 款规定的情况下被拒绝提供基础设施服务，那么基础设施运营商通知承运人自己不能依照合同规定的办法履行义务。

21. 基础设施运营商采取不同于运行图规定的或者该运行图未规定的组织通行的必要措施。

22. 基础设施运营商提供基础设施服务及其根据服务清单提供的各类服务规模由依照基础设施位于其境内的成员国法律和基础设施运营商与基础设施位于其境内的成员国法律不相抵触的文件确定。

V 提供基础设施服务的合同及其主要条款

23. 基础设施服务根据基础设施运营商与承运人之间签订的书面合同提供。

24. 合同不得含有违反准入规则和本议定书以及基础设施位于其境内的成员国法律规定的原则和要求的规范。

25. 如果在合同有效期间承运人提供的准入规则第 17 款和合同所述的信息被发现不可靠，那么基础设施运营商有权依照基础设施位于其境内的成员国法律规定的程序解除合同。

26. 承运人与合同有关的请求权禁止转让，本规则第 27 款规定的情况除外。

27. 如果不能履行与合同有关的义务，承运人可以在有依照合同规定的条件签订的合同的条件下，经基础设施运营商同意将该权利转移给其他承运人。

28. 合同应当含有下列主要条款：

1）合同标的（服务规模、基础设施通行能力份额〔运行图数量〕、基础设施区段）；

2）提供基础设施服务的条件和期限；

4）服务费支付办法和条件（核算办法、支付手段和支付货币）；

5）合同当事人不履行或不当履行合同义务造成的亏损责任（违约金、罚款、赔偿损失）；

6）不可抗力；

7）合同效力期限及终止合同的理由和程序，包括合同效力终止（解散）的条件。

29. 若有已签订的合同，那么基础设施运营商与承运人之间可以在递交补充申请的情况下签订一次性合同（或者合同的补充协议）。

Ⅵ 基础设施运营商和承运人的权利和义务

30. 承运人有权：

1）向基础设施运营商提出组织运输的建议；

2）依照本议定书和准入规则，获得组织运输所必需规模的信息并根据规定的传播属于国家秘密资料或者限制传播资料信息的限制，遵守基础设施位于其境内的成员国法律规定的包括保障国家安全要求在内的要求；

3）依照合同条款获得包括运行路线在内的基础设施服务和从事运输活动所需的基础设施服务；

4）行使基础设施位于其境内的成员国法律和签订的合同规定的其他

权利。

31. 承运人必须：

1）向基础设施运营商提交提供基础设施服务所必需的资料和文件；

2）确保车辆符合基础设施位于其境内的成员国法律和基础设施运营商与基础设施位于其境内的成员国法律不相抵触的文件规定的要求；

3）向基础设施运营商告知导致（可能导致）违反基础设施位于其境内的成员国法律规定的铁路运输领域安全要求的事件和情况并采取消除（预防）该事件和情况的措施；

4）确保遵守基础设施位于其境内的成员国法律和基础设施运营商与基础设施位于其境内的成员国法律不相抵触的文件规定的铁路运输运行和运营要求；

5）保护承运人知悉的构成基础设施运营商商业（业务）秘密的资料；

6）依照基础设施位于其境内的成员国法律规定的费率支付基础设施服务费，依照合同规定的规模、期限和条件支付向基础设施运营商结算的其他费用；

7）补偿个别合同未规定的基础设施运营商因转移和（或者）将承运人的车辆停放在车站而支出的费用；

8）在基础设施位于其境内的成员国法律规定的期限内以书面形式告知基础设施运营商拒绝接受合同规定的服务；

9）依照基础设施位于其境内的成员国法律规定的程序协商和遵守特殊条件下的不成形货物铁路运输条件；

10）确保按照协商的规模运输并使铁路运输其他参数（条件）符合铁路运输基础设施区段运行能力和（或者）货运沿线的铁路站处理能力；

11）赔偿对基础设施运营商和（或者）第三人造成的损失；

12）承担合同和基础设施位于其境内的成员国法律规定的其他义务。

32. 基础设施运营商有权：

1）采取保障通行安全的措施，包括规定基础设施区段火车速度临时和永久限制，在火车运行中发现自动化和虚拟监控设备威胁行驶安全的技术故障和发现商业缺陷的情况下停止通行和调度，在发生妨碍通行的紧急情势下将承运人的资源（火车、人员）用于恢复基础设施的运作，向承运人下达涉及保证运行安全要求、运行图、编制运行图的计划和办法、基础设施车站（线路）运作技术过程规范的指令（命令、训诫、指示、警告等）；

2）在合同的签订阶段向承运人索取铁路运输安全证书和运输中所有应当许可的活动许可证；

3）在合同的履行阶段向承运人索取证明符合铁路运输安全体系要求的文件；

4）在承运人未按照运行图规定的范围完全使用拨付的基础设施参加人通行能力份额的情况下单方面对合同中拨付的基础设施参加人通行能力份额进行修改和补充；

5）在承运人违反合同条款使用基础设施的情况下做出有关将承运人的车辆转移并停放在对车辆停放有限制线路可能性的车站的决定；

6）根据不取决于基础设施的原因（因第三人的过错，包括相邻铁路管理当局和〔或者〕当地基础设施所有人）拒绝承运人进入基础设施且不承认该事实违反合同条款；

7）在发生紧急事故的自然和技术性形势情况下以及在紧急状态和妨碍运输的其他情况下单方面做出有关终止提供与某个方向铁路通行有关的服务或者不提供全部服务的决定；

8）在发生意外事故的情况下限制承运人进入基础设施并注明在恢复基础设施所必需的期限内采取的步骤；

9）行使合同和基础设施位于其境内的成员国法律规定的其他权利。

33．基础设施运营商必须：

1）接受和审查承运人组织运输的建议以及提供基础设施服务所必需的资料和文件；

2）依照本议定书和准入规则，及时向承运人提供组织运输所必需规模的信息并遵守基础设施位于其境内的成员国法律规定的包括保障国家安全要求在内的要求以及考虑规定的传播属于国家秘密资料或者限制传播资料信息的限制；

3）在基础设施技术和工艺可能性框架下，依照准入规则分配基础设施通行能力；

4）依照合同规定的期限和程序告知承运人运行图中导致协商的提供服

务期限和条件的变化；

5）依照合同中确定的条件告知基础设施事故、损坏和在使用基础设施中对承运人从事其活动造成障碍的其他情况；

6）保护基础设施运营商在提供基础设施服务中知悉的、构成承运人商业秘密的资料；

7）含有处于良好状态的设备，因自然或者技术事故而采取预防和消除运行中断的措施；

8）承担合同和基础设施位于其境内的成员国法律规定的其他义务。

Ⅶ 争端解决程序

34. 承运人与基础设施运营商在适用本规则中发生的所有争端和分歧通过举行谈判解决。

35. 如果承运人与基础设施运营商在谈判中未能达成相互谅解，那么所有的争议和分歧依照基础设施位于其境内的成员国法律规定的程序解决。

《欧亚经济联盟框架下提供铁路运输基础设施服务规则》附件
铁路运输基础设施服务清单

序号	白俄罗斯共和国	哈萨克斯坦共和国	俄罗斯联邦
1	提供火车移动（拖行）所必需的基础设施和完成劳务，包括承运人重型运输车辆的电力供应	提供火车移动（拖行）所必需的基础设施和完成劳务	提供火车移动（拖行）所必需的基础设施和完成劳务，包括承运人重型运输车辆的电力供应
2	提供演练所必需的劳务，包括承运人重型运输车辆的电力供应	提供演练所必需的基础设施和完成劳务*	提供演练所必需的基础设施和完成劳务，包括承运人重型运输车辆的电力供应
3	旨在保障货车行驶安全的技术和商业控制及运输的货物和行李保管服务		旨在保障货车行驶安全的技术和商业控制服务

＊包括哈萨克斯坦共和国境内俄罗斯联邦所属的基础设施参与人。

二十五　采购监管办法议定书

Ⅰ　总则

1. 本议定书依照《欧亚经济联盟条约》（简称《条约》）第二十二编制定，确定了采购监管办法。

2.《条约》第二十二编和本议定书中使用的概念如下。

网站——成员国在互联网中提供接触采购信息唯一场所的唯一官方网站。

采购——国家（市镇）采购，是指采购人在成员国采购法规定的情况下使用预算和其他资金购买商品、服务、劳务和其他采购对象以及与履行采购合同有关的关系。

采购信息——采购通知、采购文件（包括采购合同草案）、采购通知和采购文件的修改、采购过程中制作的笔录、采购程序结果资料、采购合同和采购合同补充协议资料、履行采购合同结果资料、采购领域的国家监管机关收到的投诉及其内容和根据对投诉的审查结果做出的决定、采购领域的国家监管机关下达的训诫。采购信息必须发布在网站上。

国民待遇制度——各成员国采购目的的制度，给予其他成员国境内生产的商品、服务和劳务及拟供应商品、完成劳务和提供服务的潜在供货商和供货商不低于给予本国境内生产的商品、服务和劳务及拟供应商品、完成劳务和提供服务的潜在供货商和供货商的待遇。原产地依照联盟关境确定商品原产地的规则确定。

电子交易平台（电子平台）——依照成员国采购法规定的程序确定的实施电子采购的网站。在此情况下成员国采购法可以规定信息港为电子交易平台（电子平台），也应当规定电子交易平台（电子平台）的限制数量。

电子交易平台（电子平台）运营商——依照成员国法律拥有运作电子交易平台（电子平台）所必需软件的和（或者）保障电子交易平台（电子平台）运作的法人或者从事经营活动的自然人。

潜在的供货商——任何法人或者自然人（包括个体企业家）。

供货商——为采购合同的执行人或者承包人的人员。

电子采购形式——使用互联网、网站和（或者）电子交易平台（电子平台）以及软件进行的采购组织和实施程序。

3. 在本议定书的适用中如果成员国法律条款未规定与本议定书不同的意义，那么不要求成员国法律与本议定书相符。

Ⅱ 采购要求

4. 国家采购以下列方式进行：

公开招标，包括可以规定两个阶段程序和资格预审；

询价（挂牌询价）；

报价（如果成员国采购法有规定）；

公开电子拍卖（以下简称"拍卖"）；

交易所交易（如果成员国采购法有规定）；

一个来源或者唯一供货商（执行人、承包商）采购。

成员国只能以电子形式进行招标和拍卖，在以其他方式实施采购中努力过渡至电子形式。

5. 招标形式的采购根据本议定书附件1第1~4款的规定进行。

6. 询价形式的采购根据本议定书附件1第5款的规定进行。

7. 如果成员国采购法有规定，报价形式的采购在本议定书附件2规定以及本议定书附件3第10、第42、第44、第47、第59和第63款规定的情况下根据本议定书附件1第6款规定的要求进行。

8. 拍卖形式的采购根据本议定书附件1第7和第8款规定的要求，依照本议定书附件4进行。

成员国有权在其采购法中规定更广泛的以拍卖形式进行采购的商品、劳务和服务清单。

9. 商品交易所内可以进行场内交易（包括本议定书附件4规定的商品）。

成员国可以在其采购法中规定可以实施采购的商品交易所。

10. 一个来源或者唯一供货商（执行人、承包商）采购在本议定书附件3规定的情况下根据本议定书附件1第10款规定的要求进行。

11. 成员国有权单方面在采购法中规定与在采购结束前保守潜在供货商

秘密的必要性有关的采购条款，在特殊情况下不超过两年——采购个别种类的商品、劳务和服务的条款。

涉及规定这些条款的决定和行动依照本议定书第 32 和第 34 款规定的办法做出或者采取。

12. 采购由采购人自行或者在采购组织者的参与下进行（如果成员国法律规定了采购组织者的运作）。

13. 成员国的采购法应当规定建立和管理不良供货商登记簿，其中包括：

逃避签订采购合同的潜在供货商；

不履行或者不当履行其签订的采购合同义务的潜在供货商；

采购人单方面解除与其签订的采购合同的供货商——在履行合同中认定供货商不符合采购文件对潜在的供货商和供货商规定的要求，或者供货商提供了其符合要求的不可信信息，由此成为采购程序的中标人并因此签订合同。

成员国的采购法可以规定将被列入不良供货商登记簿中的人员设立人、集体执行机关成员、履行该人员唯一执行机关职能的人员列入成员国不良供货商登记簿中。

若本款第 2 ~ 4 段有关的资料被证实，那么资料根据法院和（或者）成员国采购领域的国家监管机关的决定被列入不良供货商登记簿中两年。

其资料被列入不良供货商登记簿中的人员有权依照司法程序就被列入该登记簿提起诉讼。

14. 成员国采购法可以规定采购人根据该成员国不良供货商登记簿和（或者）其他成员国不良供货商登记簿中含有的资料被允许参加采购的权利或者义务。

15. 成员国法律以下列方式限制参与采购：

1）依照本国采购法规定个别商品、劳务和服务采购中对潜在供货商和供货商的补充条件；

2）本议定书规定的其他情况。

16. 成员国采购法规定下列禁止：

1）将任何无法衡量的对潜在供货商和供货商的要求列入采购条款中；

2）允许不符合采购文件要求的潜在供货商参加采购；

3）根据采购通知和（或者）采购文件未规定的理由禁止潜在供货商参加采购。

17. 除了成员国采购法规定的情况外，不得向潜在供货商和供货商收取采购的费用。

18. 成员国采购法可以对潜在供货商和供货商规定有关参加采购申请保证金和履行采购合同保证金的要求。

成员国采购法规定潜在供货商和供货商参加采购申请保证金和履行采购合同保证金的数额和形式。在此情况下参加采购申请的保证金不得超过采购合同初始价格（倾向的采购价值）的 5%（最高），履行采购合同的保证金不得超过采购合同初始价格（倾向的采购价值）的 5%（最高），采购合同规定了支付预付款的情况除外。在此情况下履行采购合同保证金应当不低于预付款的 50%。

如果采购合同中含有向供货商支付预付款的要求，那么供货商有权拒绝。

成员国采购法应当规定不少于两种参加采购申请的保证金和履行采购合同的保证金的方式。

在此情况下参加采购申请的保证金和履行采购合同的保证金包括下列形式：

存放到采购人银行账户的保证金，或者在成员国法律规定的情况下存放到采购组织者和电子交易平台（电子平台）运营商银行账户的保证金；

银行保函。

对采购目的的银行保函要求由成员国采购法规定。

成员国法律应当规定在该法规定的情况下及时向潜在供货商和供货商返还参加采购申请的保证金和履行采购合同的保证金的要求。

19. 在实施采购中商标、服务标记、公司名称、专利、实用模型、工业样品、原产地、生产者或者供货商的名称要求或者指导不包含在采购文件和其他文件中，在没有其他方式精确描述采购标的特性的情况除外（在此情况下采购人将"等同于〔类似〕"字样列入采购文件中）。

20. 与采购（包括招标、拍卖、询价〔挂牌询价〕或者报价）结果有关联的自然人，参加招标、拍卖、询价（挂牌询价）或者报价的潜在供货商工作人员，或者能够对潜在供货商施加影响的自然人（包括为潜在供货商股东及其管理机关工作人员和潜在供货商债权人的自然人）和直接实施采购监督的成员国采购领域的监管机关官员不得为委员会的成员（包括竞标、拍卖和挂牌）。

21. 采购合同应当包含下列必备条款：

1）当事人不履行或者不当履行采购合同规定的义务的责任；

2）评估其是否符合采购合同规定的要求（包括数量〔规模〕、配套和质量）的交付以及采购人接受采购结果的程序。

22. 成员国采购法应当规定下列禁止：

1）在法律未规定的情况下对采购合同设置导致潜在供货商和供货商数量受到限制的条款；

2）在其他当事人适当履行采购合同义务以及法律未规定的情况下采购人和供货商单方面拒绝履行合同义务；

3）变更履行合同义务的条件，包括采购合同价格，法律规定的情况除外（未按比例降低采购合同价格不得减少商品数量、劳务和服务规模）。

23. 在成员国法律规定的情况下允许与几个供货商签订采购合同。

24. 成员国涉及具体采购的法律可以规定采购合同要求。要求与商品或者劳务采购及在因完成劳务创造的商品使用、维修和处理期限内供应服务和营运（民生合同）的规定有关。

25. 成员国涉及具体采购的法律可以规定将为采购文件不可分割部分的和履行采购合同的补充条款（包括与采购标的无关的）列入采购合同草案中的必要性。

26. 成员国的采购法可以规定潜在供货商和（或者）供货商向采购人提供所有采购合同共同执行人和分包商的信息的义务。

27. 成员国的采购法可以规定采购合同的银行单据。

28. 成员国努力在2016年过渡到以电子形式签订采购合同。

29. 成员国必须确保采购信息开放和透明，包括：

1）建立网站；

2）在网站上公布（发布）采购、不良供货商的信息（包括俄文版的）；

3）在网站上公布（发布）各成员国采购领域的法律（包括俄文版的）；

4）在成员国采购法规定的情况下确定作为接触电子形式的采购信息和与采购有关的电子服务唯一场所的电子交易平台（电子平台）的限制数量；

5）组织无障碍和免费接触公布在网站上的成员国采购信息、不良供货商登记簿和采购领域的规范性法律文件，确保该信息、登记簿和文件被最广泛地搜索。

Ⅲ 国民待遇及其保障

30. 各成员国要确保给予其他成员国境内生产的商品、服务和劳务及拟供应商品、提供服务和完成劳务的潜在供货商和供货商采购领域的国民待遇。

31. 成员国在特殊情况下有权单方面依照本国采购法规定的程序确立不超过两年的国民待遇例外。

32. 成员国采购领域的监管机关及时、不迟于自依照本议定书第 31 款通过确定有关例外文件之日前 15 日以书面形式通知委员会和各成员国并说明通过确定有关例外文件的必要性。

收到该通知的成员国可以请求送达上述通知的机关举行相应磋商。送达上述通知的机关不得拒绝举行磋商。

33. 委员会有权自其被做出之日起一年内依照本议定书第 31 款做出有关撤销成员国通过的确定例外文件的决定。

在委员会做出撤销决定的情况下通过确定例外文件的成员国确保在两个月内对文件进行相应修改（认定该文件失效）。

委员会依照自身确定的程序审核依照本议定书第 31 款通过的文件和成员国撤销其的请求以及委员会通过的撤销其的决定。

34. 如果在自撤销依照本议定书第 31 款通过的文件的决定生效之日起届满两个月时该决定仍未被执行，那么其他成员国有权单方面不对通过上述文件的成员国适用国民待遇。

通知立即送达给委员会和各成员国。

Ⅳ　在参加采购中人员的权利和合法利益保障

35. 各成员国采取预防、发现和消除违反其采购法的行为的措施。

36. 采购中人员被保障的权利和合法利益范围由《条约》第二十二编、本议定书和成员国采购法确定。

37. 为了保障采购中人员的权利和合法利益以及对遵守成员国采购法实施监督，各成员国依照其法律确保有采购领域的监管机关。在此情况下允许其主管如下的一个机关履行该职能。

1）实施采购领域的监督（包括以稽查方式）。

2）审核涉及采购人、采购组织者、电子交易平台（电子平台）运营商、网站运营商、商品交易所、委员会和其他人员在实施采购中违反成员国采购法的决定和行为（不作为）的投诉和请愿。

在此情况下任何潜在供货商和其他人员有权依照成员国采购法规定的程序对采购人、采购组织者、电子交易平台（电子平台）运营商、网站运营商、商品交易所、委员会和其他人员在实施采购中违反成员国采购法的决定和行为（不作为）提出申诉。

3）预防和发现违反成员国采购法的行为以及采取消除上述违法行为的措施（包括履行消除违法训令的义务和追究有过错人员的违法责任）。

4）建立和管理不良供货商登记簿。

Ⅴ　提高实施社会职能的采购效果的措施保障

38. 成员国采购法可以规定采购计划要求。

39. 成员国采购法可以规定提高采购效果的下列规范：

1）通过规定采购的商品、劳务和服务要求（包括商品、劳务和服务价格限制）规范化采购和（或者）采购人运作标准；

2）实施采购的公众监督和公众讨论；

3）采取反倾销措施；

4）聘请专家和鉴定组织。

40. 在成员国采购法规定的情况和办法的条件下采购可以给予刑事执行系统单位和企业、残疾人组织、中小企业和社会导向的非商业组织特惠。

对该特惠信息在采购通知和采购文件中向采购人说明。

41. 为了讨论采购领域的法律适用实际问题、交换信息、完善和协调法律、共同制定方法材料，委员会会同成员国采购领域的监管机关每年至少举行三次领导人和专家级别的会议。

附件 1　竞标、询价（挂牌询价）、报价、拍卖和一个来源或者唯一供货商采购的组织和举行要求

1. 竞标以电子形式举行，包括以电子文件形式递交参与竞标的申请书。提出了履行采购合同最好条件的潜在供货商视为中标者。

导致不客观和（或者）非行政确定供货商以及不符合成员国采购法的参与竞标申请评估标准、评估和比较办法不得被规定。

2. 竞标按照下列要求进行。

1）批准竞标文件。

2）批准竞标委员会组成人员。

3）竞标公告和竞标文件在成员国采购法规定的期限内、自递交参与竞标申请期限届满之日起不迟于 15 个日历日发布在信息港上。在竞标公告和竞标文件被修改的情况下递交参与竞标申请期限从公布（发布）之日起至递交参与竞标申请期限届满之日前延长不少于 10 个日历日。采购合同标的不得被修改。

4）竞标文件条款解释不迟于递交参与竞标申请期限届满之日的 3 个日历日前公布在信息港上。竞标文件条款解释在收到其请求的情况下不迟于递交参与竞标申请期限届满之日的 5 个日历日前进行。

5）以电子形式向电子交易平台（电子平台）和（或者）信息港递交参加竞标的申请。

6）为了允许潜在供货商参与招标，竞标委员会开拆和审议参加竞标的申请以确定符合竞标文件要求的申请。

7）开拆和审议参加竞标的申请以及允许潜在供货商参与竞标的笔录公布在信息港上并在竞标委员会做出相关决定之日的次日告知潜在供货商开拆、审议和允许的结果。

8）采购合同按照潜在供货商参加招标申请和招标文件中确定中标者的条件，在自做出确定中标者决定之日起，或者招标在成员国采购法规定的情况下被认定无效之日起不迟于 10 个日历日或者工作日，或者不迟于 30 个日历日签订。招标采购合同依照评估和比较被允许参加竞标的潜在供货商提交的参与竞标申请以及确定中标者和相关笔录公布在信息港上，在竞标委员会做出相关决定之日的次日告知潜在的供货商评估、比较和确定中标者的结果。

9）成员国采购法也可以规定，根据与提出履行采购合同最好条件的供货商签订合同的必要性确定签订采购合同的办法和顺序以及在竞标被认定无效的情况下采购人的行动办法。

10）竞标结果公布（发布）在电子交易平台（电子平台）和（或者）信息港上并在拍卖委员会做出相关决定之日的次日告知各潜在供货商。

3. 在举行有资格预审的招标的情况下本附件第 1 和第 2 款所述的要求根据下列情况适用：

1）中标者从通过资格预审的潜在供货商中确定；

2）补充要求适用于被进行资格预审的潜在供货商和供货商，不得用作参加招标申请的评估和比较标准。

4. 依照成员国采购法规定的情况和程序可以使用两个阶段程序举行竞标。

使用两个阶段程序竞标的第一阶段根据依照采购人技术参数制定的潜在供货商技术建议采取建立采购的商品、劳务和服务技术说明鉴定委员会的举措。

使用两个阶段程序竞标的第二阶段根据本附件第 1 和第 2 款所述的要求采取举行竞标的举措。

5. 为了使用询价（挂牌询价），成员国采购法确定采购合同的初始价格（倾向的采购价值），包括在根据《采购监管办法议定书》附件 2 和附件 4 确定的清单采购商品、劳务和服务的情况下。

提出了采购合同最低报价的潜在供货商为询价（挂牌询价）的胜出者。任何成员国致力于从以询价（挂牌询问）为主过渡至以拍卖为主。

在以询价（挂牌询价）方式进行的采购中在成员国采购法规定的期限

内、自递交参与询价（挂牌询问）申请期限届满之日起不迟于 4 个工作日在信息港上举行信息发布。

6. 以报价方式进行的采购可以适用于《采购监管办法议定书》附件 2 规定的商品、劳务和服务。

在以报价方式进行的采购中在成员国采购法规定的期限内、自递交参与询价申请期限届满之日起不迟于 5 个工作日发布在信息港上举行信息发布。

委员会在以报价方式举行采购中制作的笔录公布在电子交易平台（电子平台）和（或者）信息港上，有关委员会做出的决定的通知自决定做出之日起不迟于次日送达各潜在供货商。

7. 为了参加拍卖，潜在供货商应当最少每三年在电子交易平台（电子平台）和（或者）信息港上认证，成员国采购法另有规定的除外。

提出了采购合同最低报价和符合拍卖文件要求的潜在供货商为拍卖的胜出者。

8. 拍卖按照下列要求进行。

1）批准拍卖文件。

2）批准拍卖委员会组成人员。

3）拍卖公告和拍卖文件在成员国采购法规定的期限内、自递交参与拍卖申请期限届满之日起不迟于 15 个日历日发布在电子交易平台（电子平台）和（或者）信息港上。在拍卖公告和拍卖文件被修改的情况下递交参与拍卖申请期限从公布（发布）之日起至递交参与竞标申请期限届满之日前延长不少于 7 个日历日。采购合同标的不得被修改。如果成员国的采购法规定了采购合同的初始价格（倾向价格）且拍卖由此可能在缩短的期间内举行，那么成员国的采购法可以规定比本款规定短的递交参加拍卖申请的期限，但在递交参加拍卖申请期限届满之前不少于 7 个日历日；在拍卖文件被修改的情况下——在自公布（发布）在电子交易平台（电子平台）和（或者）信息港之日起至递交参加拍卖申请之日结束前不少于 3 个日历日。

4）拍卖文件条款解释不迟于递交参与拍卖申请期限届满之日的 3 个日历日前公布在信息港上。拍卖文件条款解释在收到其请求的情况下不迟于递交参与拍卖申请期限届满之日的 5 个日历日前进行。

5）以电子形式向电子交易平台（电子平台）和（或者）信息港递交参加拍卖的申请。

6）为了允许潜在供货商参与本款第 8 分款所述的拍卖，拍卖委员会开拆和审议参加拍卖的申请以确定符合拍卖文件要求的申请。

7）开拆和审议参加拍卖的申请以及允许潜在供货商参与本款第 8 分款所述拍卖的笔录在拍卖委员会做出相关决定之日的次日公布在交易平台（电子平台）和（或者）信息港上并告知潜在供货商开拆、审议和允许的结果。

8）通过减价拍卖实施降低采购合同初始（最高）价格的程序。成员国的采购法可以规定，在采购合同价格比采购合同初始（最高）价格降低 0.5% 和以下的情况下拍卖以提高价格的方式进行，在此情况下供货商向采购人付款。

9）本款第 8 分款所述的拍卖结果笔录公布在电子交易平台（电子平台）和（或者）信息港上并在结束之日告知每个潜在供货商拍卖结果。

10）拍卖委员会审议参加本款第 8 分款所述拍卖的潜在供货商的参加拍卖申请和确定拍卖胜出者，潜在的供货商参加拍卖申请审议和确定拍卖中标者的结果在拍卖委员会做出相关决定之日的次日公布在电子交易平台（电子平台）和（或者）信息港上并告知每个潜在供货商。

11）采购合同根据本款第 8 分款所述的拍卖笔录在自做出确定拍卖胜出者决定之日起，或者拍卖在成员国采购法规定的情况下被认定无效之日起不迟于 10 个日历日或者工作日，或者不迟于 30 个日历日，按照潜在供货商参加拍卖申请和拍卖文件中确定的胜出者条件与潜在供货商价格签订。成员国采购法也可以规定，根据与提出采购合同最低价格的供货商签订合同的必要性确定采购人与供货商签订采购合同的办法和顺序以及在拍卖被认定无效的情况下采购人的行动办法。

12）拍卖结果公布（发布）在电子交易平台（电子平台）和（或者）信息港上并在拍卖委员会做出相关决定之日的次日告知各潜在供货商。

9. 如果成员国采购法有规定，采购可以不适用有关选择供货商和与其签订合同的规范进行。采购在《采购监管办法议定书》附件 3 规定的情况下依照成员国民法进行。

10. 一个来源或者唯一供货商（承包商、执行人）采购在有采购价格核算和论证的情况下进行。

一个来源或者唯一供货商（承包商、执行人）采购的信息发布要求由成员国采购法确定。

附件2 通过一个来源或者唯一供货商采购的情况清单

1. 采购对象是由订购人根据《采购监管办法议定书》（《欧亚经济联盟条约》附件二十五）第22款解除的采购合同标的的商品、服务和劳务。在于采购合同解除前采购人部分履行了采购合同规定的义务的情况下若新的采购合同根据本议定书签订，那么供应的商品数量、完成的劳务或者提供的服务规模应当根据解除的合同减少。

2. 根据医疗委员会的决定采购病人在医疗诊断中所必需的药剂（根据诊断不可个别中断）。医疗委员会的决定记录在病人医疗文件和医疗委员会的档案中。在此情况下采购的药剂规模不得超过病人治疗期间所必需的药剂规模。此外，若依照本款采购，两个以上病人所必需的药剂不得成为一个合同（采购）的标的。

附件3 通过报价采购的商品、劳务和服务清单

1. 购买属于自然垄断领域除了销售液化天然气活动以外的服务以及依照成员国法律调节的价格（费率）接入管网、供能或者向被保障的电力供应商买卖电力。

2. 购买（储存）、进口（出口）麻醉品和精神药物。

3. 按照成员国法律规定的价格购买商品、劳务和服务。

4. 供应补充国家博物馆、图书馆、档案馆、电影库、图片库和其他类似库的文物（包括具有历史、艺术或者其他意义的博物馆用品、博物馆收藏品以及稀有和贵重出版物、手稿和档案及其复制品）。

5. 完成动员准备劳务。

6. 向成员国法律确定的具体人员购买商品、劳务和服务以及依照权限，

只能由执行权机关或者其下属的国有（国有独资）企业、表决股 100% 属于国家的法人供应商品、完成劳务和提供服务，相关权限由成员国法律和成员国国家元首确定。

7. 因发生包括紧急状态（确定和〔或者〕消除紧急状态的后果）、事故和紧急医疗干预在内的不可抗力事件，且以其他方式采购所花费时间的不合理而购买某种商品、劳务和服务。

8. 向刑事执行体系单位和企业、医疗预防机构、医疗预防作坊以及由残疾人团体设立的且残疾人员工数不少于员工名单中人数 50% 的组织购买商品、劳务和服务。

9. 刑事执行体系单位为了安置被判刑人就业，根据在使用合同规定的资金购买的条件下与法人签订的合同，购买生产商品、劳务和服务的原料、材料和配套产品。

10. 根据采购无效的结果进行的采购（在成员国采购法规定的情况下）。

11. 国防、保护国家安全和保障法律秩序所需的通信服务。

12. 确定其可能由成员国法律规定且向一个来源或者唯一供货商（执行人、承包商）采购的交易限定金额（或者限定面积或者年度规模），上述规模不得带有个别性质（为了最大化便利潜在供货商参与采购，成员国努力降低上述门槛）。

13. 依照成员国法律向唯一供货商购买武器和军事技术以及购买修理武器、运用军事和特种技术的劳务和服务。

14. 向根据成员国元首命令或者指令以及根据成员国元首决定或者指示和成员国最高执行机关指令确定的潜在供货商进行具体采购。涉及上述文件的决定或者行动依照《采购监管办法议定书》（《欧亚经济联盟条约》附件二十五）规定的程序通过或者实施。

15. 在作品、表演和音像属于唯一人员的情况下购买某个作者的（不包括为了摄制目的购买电影剧本）文学、艺术作品，某个表演人的表演和某个制作人的音像。

16. 在使用出版物的专属权属于其的情况下向印刷和电子出版物的出版商订阅印刷和电子期刊、购买某个作者的印刷和电子出版物以及为了保障国家和市镇教育机构、国家和市镇图书馆、国家科研组织的活动，由印刷和电子出版物的出版商提供获得电子出版物的服务。

17. 实施参观动物园、剧院、电影院、音乐厅、马戏团、博物馆、展览和体育赛事的采购以及签订合同提供销售参观剧院表演、文化教育和娱乐赛事门票、入场券和观光票的服务。

18. 购买展览、研讨班、大会、会议、论坛、专题会议、培训材料并支付参加上述活动的费用，与由为活动的组织者的采购人依照成员国法律规定的办法确定的供货商（执行人、承包人）签订采购几个采购人需要的参加活动服务的合同。

19. 向自然人购买教学服务和导游服务。

20. 戏剧表演组织、博物馆、俱乐部、电影制作组织、其他文化组织、文化领域的教育组织、电视播放组织向具体的自然人或者某个自然人包括舞台剧作者、演员、芭蕾舞演员、电视或者广播节目主持人、设计师、导演、剧作家、化妆师、作曲家、音乐家、歌词作者、电影和音像制品运营商、作家、诗人、导演、排练导演、雕塑师、舞蹈家、合唱指挥、艺术家和其他创作工作者采购创作或者表演文学作品，向包括个体企业家在内的某个自然人或者法人购买制作和供应装饰、舞台家具、舞台服装（包括头饰和鞋子）和制造装饰品和服装所必需的材料以及本款所述的组织创作或者表演作品所必需的剧本、道具、模具、假发和木偶。

21. 采购基建项目设计编制设计者监督以及基建项目建设、改建和翻修等由设计者监理的服务。

22. 采购保护成员国民间文物（历史和文化纪念品）的作业技术和设计者监理服务。

23. 采购与派遣工作人员出差，派遣中小学生、大学生、研究生参加创作比赛（竞赛、奥林匹克竞赛和比赛等）、展览、大会、论坛、学习班、进修和教学实习有关的服务，包括往返上述活动举行地点的行程、租赁住宅、交通服务、饮食保障以及与代表费有关的商品、劳务和服务。

24. 采购与保障外国国家元首、外国政府首脑、国际组织领导人、外国议会代表团、外国政府代表团安全和代表团来访有关的服务（宾馆、交通服务，使用计算机设备和饮食保障）。

25. 购买成员国国家元首、其他受保卫的人员和设施保卫和安全保障所必需的和用于受保卫的人员驻留的商品、劳务和服务（日用、宾馆、交通服务，使用计算机设备，卫生保健，提供安全的饮食）以及成员国元首活动摄影和信息服务。

26. 购买从国家和动员物资储备中出售的物品。

27. 向某个供货商采购的采购人产生相关商品的补充需求，补充采购的商品数量不得超过采购合同规定的商品数量的10%（补充供应的商品单位价格应当为合同的初始价格除以合同规定的商品数量）。

28. 如果住宅由私人、国家或者市镇所有，那么管理组织根据业主或者地方自治组织的选择，依照住房法采购管理住宅的服务。

29. 在服务向其他人员或者无偿使用和（或者）管理的房屋所处的建筑物中的非住宅人员提供的情况下签订购买对象依照成员国的法律为非住宅的楼房、建筑物、设施和房屋的采购合同，签订租赁对象为非住宅的楼房、建筑物和房屋的租赁合同，签订采购租赁的一个或者几个非住宅的楼房、建筑物和房屋技术维护、保护和管理服务的合同，签订采购由国家或者市镇采购人无偿使用的一个或者几个非住宅的楼房、建筑物和房屋技术维护、保护和管理服务的合同。

30. 如果采购根据成员国的法律确定的清单在一年的第一个月进行，那么必须在采购结果确定和采购合同生效前进行每日和（或者）每周的采购。在此情况下采购规模不得超过保证采购人在采购期限内两个月消费所必需的商品数量、劳务和服务规模。

31. 为有权从事搜查活动、侦查行动的机关和依照成员国法律应当受国家保护的人员的安全购买商品、劳务和服务以及掌握所必需的科技或者其他专门知识的官员和专家的服务。

32. 取得自然使用权。

33. 购买工作人员境外培训、再培训和进修服务。

34. 购买评级和金融服务。

35. 为盲人和视力弱的公民购买专门图书馆服务。

36. 购买法人的有价证券和注册资本中的份额。

37. 根据成员国法律规定的清单购买成员国举行选举和全民公决所必需的商品、劳务和服务。

38. 根据成员国最高执行权机关批准的清单以及在成员国为成员的国际金融组织融资的投资项目框架下依照成员国国际条约购买的商品、劳务和服务。

39. 为了履行成员国的国际义务，签订购买地测、测绘、地形和水文勘察以及国界线划分、勘测和海域划分服务的合同。

40. 在其提供协议规定了购买商品、劳务和服务的其他程序的情况下购买与使用成员国最高执行权机关、国家政府、国际和国家组织、其活动带有慈善和国际性质的外国非政府组织和基金会无偿提供的赠款资金以及使用拨付的共同融资资金有关的商品、劳务和服务。

41. 为自然人购买国家教育有关的服务（在自然人自行选择教育组织的情况下）。

42. 购买成员国自然人赴境外治疗的服务以及其交通和陪护服务。

43. 向拥有商品和服务排他权的人员购买为知识产权对象的商品和服务。

44. 成员国边防部门及其部队以自己名义购买的保证自己在外国境内活动和维和的商品、劳务和服务。

45. 购买国际情报组织提供信息的服务。

46. 购买成员国货币活动、国家基金管理活动和退休资产管理活动所必需的商品、劳务和服务。

47. 购买在国际仲裁庭、国家商事仲裁庭和外国司法机关代表和维护国家或者订购人的利益的咨询和法律服务。

48. 向成员国法律确定的人员购买财产信托服务。

49. 购买监测统计数据处理服务。

50. 根据成员国破产法和土地关系法购买法院执行员依照成员国司法执行法拍卖的和国有财产私有化中出售（拍卖）的财产（资产）。

51. 购买律师向依照成员国法律免除服务费的人员提供的服务。

52. 在成员国法律规定的情况下购买对市场施加影响的国家物资储备中的商品。

53. 购买与国家物资储备物品有关的服务。

54. 在成员国法律规定的情况下购买培训宇航员和组织太空飞行的服务

以及航天器设计、装配和测试服务。

55. 购买专业民航修理企业修理民航设备的技术服务。

56. 购买制作国家和部门奖章及其证件，成员国立法机关代表胸章及其证件，成员国国书、护照（包括公务和外交护照）和公民身份证，外国人在成员国的居住证，无国籍人证件，民事登记证明的服务，根据成员国最高执行权机关批准的清单向由成员国最高执行机关确定的供货商购买要求特殊等级保护的印刷品。

57. 购买补充国家贵金属和贵重宝石库的贵金属和贵重宝石。

58. 购买对从事繁重工作、有害（特别有害）和（或者）危险劳动条件工作以及高危、与机器和机械有关工作的雇员进行医疗检查的服务。

59. 购买成员国民族运动员和体育团队参赛和训练以及国内运动员和运动队根据管理该领域的国家管理机关批准的日程参加奥林匹克运动会（夏季奥林匹克运动会、冬季奥林匹克运动会）和其他国际体育赛事所必需的体育用品、设备（装束）、运动衣。

60. 在发生威胁成员国或者其行政单位政治、经济和社会稳定形势的情况下使用成员国元首或者政府紧急支出储备金拨付的资金购买的商品、劳务和服务。

61. 购买护法机关特种机构、特殊国家机关所必需的与发现和无害化爆炸装置、爆炸物，反恐行动有关的以及与解救人质，拘留和无害化武装犯罪分子、极端分子、恐怖分子、有组织犯罪集团成员、犯重罪和特别重罪的人员有关的商品、劳务和服务。

62. 购买有规模保障的特殊社会服务规定的、向有生理和精神障碍的人员（该类人员组成的家庭）和（或者）无固定住所以及因年老无法自助的人员提供的特殊社会服务以及评估和确定特殊社会需求的服务。

63. 在成员国法律规定的情况下购买民间艺术品。

附件4　通过拍卖采购的商品、劳务和服务清单

1. 农产品、狩猎产品、农业和狩猎服务及野生动物狩猎和养殖产品，与狩猎、养殖和野生动物有关的服务除外。

2. 林业和采林产品及林业和采林服务。

3. 渔业、渔场和鱼塘产品及与渔业相关的产品。

4. 煤炭、无烟煤和泥煤。

5. 原油和天然气及其开采服务，勘探作业除外。

6. 金属矿石。

7. 石头、黏土、沙子和其他矿物原料。

8. 食品和饮料。

9. 纺织和纺织品。

10. 服装和毛皮制品，童装除外。

11. 皮革及其制品、鞍子和鞋。

12. 木材及木制品、软木、干草和编织品，家具除外。

13 纸浆、纸、纸箱及其他纸制品。

14. 印刷和印制产品，广告材料、绘画、图纸、图片、礼物（记事本和笔记本）、选举和全民公决表决选票除外。

15. 焦炭炉制品。

16. 有机和无机合成制品。

17. 橡胶和聚氯乙烯制品。

18. 其他非金属矿产品，日用玻璃制品和装修用品以及陶瓷非建筑不耐火制品除外。

19. 冶金工业产品。

20. 金属制品，机器、设备、核反应堆和核反应堆零部件、粒子加速器除外。

21. 未列入其他类中的机器和设备，民用武器、弹药及其零部件和爆炸装置和爆炸物除外。

22. 办公和计算设备。

23. 未列入其他类中的电机和电气设备（包括电力设备）。

24. 广播、电视和通信设备。

25. 医疗设备和仪器，计量设备（成员国采购法确定的医疗技术和医用制品除外）。

26. 汽车、挂车和半挂车、汽车车身、汽车零部件和车库设备。

27. 其他交通工具，贸易、客用、军用船舶及航空和航天飞行器、设备和飞行零件除外。

28. 除了纪念品及其相关商品、乐器和玩具以外的成品，劳动过程培训和教学辅助设备、教学设备、手工品、艺术和收藏品、电影放映胶卷、人造材料制人和动物毛发及其制品。

29. 适宜用作新原料的废物和边角料。

30. 汽车和摩托车贸易、技术管理和修理服务。

31. 批发和行纪贸易服务，汽车和摩托车贸易服务除外。

32. 除了铁路运输以外的陆上运输服务，地铁服务和管道运输服务。

33. 水上运输服务。

34. 辅助和补充运输服务，除了旅行社和旅游代理以外的旅游和观光服务，提供旅游帮助的其他服务。

35. 除了信使服务以外的通信、电子通信服务，不包括国家邮政服务。

36. 除了保险和退休保障以外的金融中介服务和债券发行服务。

37. 金融中介辅助服务，评估服务除外。

38. 办公室技术服务以及办公设备、电子计算机和与其兼用的外部设备修理服务。

39. 建筑物清扫服务。

40. 包装服务。

41. 垃圾处理和卫生处理服务以及类似服务。

二十六　知识产权保护议定书

Ⅰ　总则

1. 本议定书依照《欧亚经济联盟条约》第二十三编制定，调整知识产权领域的权利保护关系。

2. 知识产权客体是指科学、文学和艺术作品，计算机软件，音频，表演，商标，服务标记，地理标识，商品原产地名称，发明，实用模型，工业样品，育种，集成电路，生产秘密（技术）以及依照国际条约、构成联盟法的国际条约和文件、成员国法律享有法律保护的其他知识产权客体。

Ⅱ　著作权及其邻接权

3. 著作权适用于科学、文学和艺术作品。下列权利属于作品的作者：

1）作品的专属权；

2）著作权；

3）署名权；

4）作品的不可侵犯权；

5）作品的发表权；

6）成员国法律规定的其他权利。

4. 成员国确保遵守作者作品的专属权、各共同作者作品的专属权、作者死后发表的作品专属权保护期限的要求，其专属权期限不少于 1886 年 9 月 9 日《保护文学和艺术作品伯尔尼公约》（1971 年编纂）和 1994 年 4 月 15 日《关于建立世界贸易组织的马拉喀什协定》规定的期限。成员国法律可以规定比上述期限更长的专属权保护期限。

对包括原件和代码在内的计算机软件依照 1886 年 9 月 9 日《保护文学和艺术作品伯尔尼公约》（1971 年编纂）作为文学作品予以保护。

创作成果材料选择和编排的汇编作品（百科全书、集和其他作品）不损害构成汇编作品组成部分的作品各作者权利，与原作品受同等保护。汇编（材料选择和编排）作品的著作权属于汇编作品作者。不论其是否为依据的或者含有的作品的著作权客体，汇编作品都受著作权保护。

派生作品（文学或者艺术作品的翻译、调整、谱曲和其他再创作）不损害原作品作者的权利，与原作品受同等保护。作品的翻译和其他加工（原创的）成果的著作权属于派生作品作者。

5. 成员国给予受著作权保护的电影作品权利所有人许可或者禁止在其他成员国境内商业公开放映其作品原作或者复制品的权利。

6. 表演活动成果（表演）和录音作品的财产权和非财产权以及成员国法律规定的其他权利为著作权的邻接权。

其创作劳动创造了表演的自然人——演员（表演者、歌唱家、音乐家、舞蹈家或者扮演、朗读、声明、歌唱、弹奏乐器或者以其他方式参加文学、艺术或者包括马戏或者木偶戏在内的民间创作作品表演的其他人员）以及戏剧导演（导演剧作、马戏、木偶或者表演的人员）视为表演者。

成员国相互给予成员国表演者下列权利：

表演专属权；

署名权——在录音制品版本上和使用表演的其他情况下注明其名字或者笔名的权利，注明集体表演者名称的权利，使用表演的性质排除了注明表演者或者集体表演者名称的可能性的情况除外；

成员国法律规定的其他权利。

7. 表演人行使其权利要遵守被表演作品的作者权利。表演者的权利不取决于被表演作品的著作权存在和效力而被予以认可和保护。

8. 提议或者负责首次记录表演声音和其他声音或者反映这些声音的人员视为录音作品制作者。若没有其他证据，其名字或者名称出现在录音制品版本和（或者）其包装上的人员视为录音作品制作者。

成员国确保给予成员国录音作品制作者下列权利：

录音作品专属权；

成员国法律规定的其他权利。

9. 成员国确保遵守录音作品专属权保护期限的要求，其专属权期限不少于1994年4月15日《关于建立世界贸易组织的马拉喀什协定》有关知识产权保护条款和1961年10月26日的《保护表演者、录音制品制作者和广播组织权利的国际公约》规定的期限。成员国法律可以规定比上述期限更长的录音作品专属权保护期限。

10. 为了保证作者和其他权利所有人获得使用著作权和邻接权的报酬，根据作者、表演者、录音制品制作者、著作权和邻接权其他所有人的授权（成员国法律没有另行规定除外）以及其他集体管理权利的组织授权行事的组织为集体管理相关权利领域的集体管理权利的组织。

为了提供合法使用著作权和邻接权客体的机会，因组织集体管理权利活动而发生的关系由联盟框架下的国际条约调整。

Ⅲ 商标和服务标记

11. 依照成员国法律和成员国为缔约国的国际条约保护的且区别一个民事流通参与人商品和服务与另一个民事流通参与人商品和服务的标识为商标和服务标记。

12. 商标所有人依照成员国法律有使用商标的专属权，有处分商标专属权的专属权以及有权禁止他人将商标或者其近似标识用于同类商品和（或者）服务。

13. 商标首次登记效力期限为 10 年。上述期限可以根据商标所有人的请求不限次数延长，每次延长期限不少于 10 年。

如果商标依照成员国法律规定的程序登记后连续 3 年内未被使用，那么商标的法律保护可以提前在商标于其境内登记的成员国境内对所有的商品和（或者）服务或者部分商品和（或者）服务中止。

商标的法律保护可以依照商品登记的成员国法律规定的程序和理由被提起异议和认定无效。

Ⅳ 欧亚经济联盟的商标和欧亚经济联盟的服务标记

14. 成员国对欧亚经济联盟的商标和欧亚经济联盟的服务标记（简称"联盟商标"）实行登记。

联盟商标同时在所有的联盟成员国境内受法律保护。

只有地理形式的标识才能登记为联盟的商标。

联盟商标所有人有依照成员国法使用联盟商标的专属权和支配该专属权的权利，有权禁止他人将联盟商标或者类似标识用于同类商品和（或者）

服务。

15. 联盟商标因在联盟境内的登记、法律保护和使用而发生的关系由联盟框架下的国际条约调整。

Ⅴ 商标和联盟商标专属权用尽原则

16. 成员国境内的商标和联盟商标专属权用尽原则适用于由商标和（或者）联盟商标所有人或者经其同意的其他人员直接合法投入民事流通领域的商品，这不视为侵犯商标和联盟商标专属权。

Ⅵ 地理标识

17. 如果商品质量、声誉或者其他特性主要由地理决定，那么地理标识是指商品视为在成员国境内、其境内地区或者区域生产的标识。

18. 如果成员国的法律或者其为缔约国的国际条约有规定，那么地理标识可以在成员国境内享受法律保护。

Ⅶ 商品原产地名称

19. 表明或者含有现代或者历史、官方或者非官方、全称或者简称的国家、城市、农村、区域或者其他地理客体名称的含义以及这些名称派生的和因用于商品而知名且其特性对确定该地理客体的自然条件和（或者）人文因素是唯一的或者主要的含义为商品原产地名称。

如果尽管不含地理客体名称，但该客体名称因将地理客体标识用于商品而知名且其特性符合本款第 1 段所述的要求，那么上述规定也适用于将其视为商品在其境内生产的地理客体标识。

20. 尽管代表或者含有地理客体的名称，但被普遍用作某种商品标识且与生产地无关的标识不视为商品原产地名称。

商品原产地名称享有的法律保护可以依照成员国法律规定的程序和理由被提起异议和视为无效。

21. 成员国对商品原产地名称采取阻止相关方面下列行为的法律措施：

1）在商品的标识或者推介中使用任何明示或者暗示由不同于商品原产地的地理区生产商品的手段，由此导致消费者对商品的原产地和特性产生误导；

2）根据 1883 年 3 月 20 日的《巴黎保护工业产权公约》第 10 条，任何视为不当竞争行为的使用。

Ⅷ 欧亚经济联盟商品原产地名称

22. 成员国对欧亚经济联盟商品原产地名称（简称"联盟商品原产地名称"）实行登记。联盟商品原产地名称同时在联盟所有的成员国境内受法律保护。

23. 联盟境内因联盟商品原产地名称登记、法律保护和使用而发生的关系由联盟框架下的国际条约调整。

Ⅸ 专利权

24. 发明、实用模型和工业样品的权利依照成员国法律规定的办法，由专利证实，专利证明发明、实用模型和工业样品的优先权和专属权。

25. 下列权利属于发明、实用模型和工业样品的作者：

1）发明、实用模型和工业样品专属权；

2）著作权。

27. 在成员国法律规定的情况下包括获得专利的权利和公务使用发明、实用模型和工业样品报酬权在内的其他权利也属于发明、实用模型和工业样品的作者。

28. 发明、实用模型和工业样品的专属权效力期限分别如下：

1）发明——不少于 20 年；

2）实用模型——不少于 5 年；

3）工业样品——不少于 5 年。

29. 成员国有权在不对发明、实用模型和工业样品的一般使用造成损害和不无理减损专利持有人合法利益的条件下规定专利享有的权利限制并考虑第三人的利益。

Ⅹ 育种权

30. 对动植物育种权依照成员国法律规定的情况和办法予以保护。

31. 下列权利属于育种的作者：

1）育种的专属权；

2）著作权。

32. 在成员国法律规定的情况下包括获得专利的权利、育种名称权和公务使用育种报酬权在内的其他权利也属于育种的作者。

33. 植物和动物育种专属权不少于 25 年。

XI 集成电路拓扑图

34. 记录在材料载体中的集成电路元器件空间几何分布及其之间的互相联系为集成电路拓扑图。

35. 集成电路拓扑图的知识产权根据成员国法律受保护。

36. 下列权利属于集成电路作者：

1）集成电路拓扑图专属权；

2）著作权。

37. 在成员国法律规定的情况下包括公务使用集成电路拓扑图的报酬权也属于集成电路拓扑图的作者。

38. 集成电路拓扑图专属权有效期为 10 年。

XII 生产秘密 （工艺）

39. 包括科技领域的智力活动成果资料和从事职业活动手段的资料在内的任何性质的（生产的、技术的、经济的和组织的等）且有实际和潜在商业价值的资料，第三人依法不能自由接触且对资料的所有人适用商业秘密制度。

40. 对生产秘密（工艺）依照成员国法律给予法律保护。

XIII 知识产权对象权利保护的执法措施

41. 成员国依照联盟框架下的国际条约协调知识产权对象权利保护的行动。

二十七　工业合作议定书

1. 本议定书中使用的概念含义如下。

优先经济活动——所有成员国确定的作为实施工业合作优先方面的活动种类。

工业合作——成员国所有的经营主体在工业领域稳定的互利合作。

联盟框架下的工业政策——成员国自行实施的和在委员会的磋商和协调下实施的工业合作主要方面的政策。

工业——其他工业活动由《欧亚经济联盟条约》相关编调整。

工业集群——依照国内经济活动分类归入采掘和除了食品加工以外的加工业的经济活动。相互补充的和使用其加强竞争优势的相互关联的工业和与其有关的集团。

2. 委员会在磋商和协调联盟框架下的成员国工业合作主要方面的权力包括下列 3 个方面。

1）促进：

就涉及包括创新活动前景方面在内的工业合作主要方面的问题交换信息、举行磋商和建立讨论相关问题的联合平台；

提出深化成员国在实施联盟框架下工业政策中的协作的建议；

交流与实施工业改革、结构转型、刺激创新活动和发展工业有关的经验；

制定和实施联合项目和工程；

制定成员国工业企业交流经验的纲领；

引导成员国中小企业开展工业合作；

成员国制定和实施应对工业领域全球经济危机的联合措施；

信息协作；

提出建立欧亚技术平台的建议。

2）实施：

鉴于各成员国的兴趣，提请成员国审议进一步发展工业合作的建议；

监督和分析联盟框架下工业合作主要方面的实施；

为制定成员国工业合作的实务方法，研究世界工业发展经验。

3）根据政府间理事会的决定：

起草制定联合项目和工程以及融资和实施条例的草案；

发现联盟框架下发展工业合作的行政和其他障碍并制定消除它们的措施；

监测联盟框架下的工业品市场以及第三国出口市场；

起草构建生产联合工业品的合作链条的建议；

分析发展成员国工业的合作；

与成员国制定联盟工业合作的主要方面以及合作协议框架下的规则、办法和工业政策实施机制等其他（补充）文件。

上述职能清单不是最终的，可以根据政府间理事会的决定扩充。

二十八　实施工业补贴统一规则议定书

I　总则

1. 本议定书依照《欧亚经济联盟条约》(简称《条约》) 第 93 条制定，适用于本议定书第 2 款规定的商品。

2. 本议定书使用的概念含义如下。

行政区划单位——指白俄罗斯共和国、哈萨克斯坦共和国的行政区划单位 (包括明斯克市、阿斯塔纳市和阿拉木图市)、俄罗斯联邦的主体和市镇。

类似商品——与在生产或者从成员国境内出口或者运输中享受了特定补贴的商品完全相似的商品，或者在无此商品的情况下——与在生产或者从成员国境内出口或者运输中享受了特定补贴的商品特性相近的其他商品。

补偿措施——消除补贴成员国特定补贴对递交实施补偿措施申请的成员国产业造成的消极影响的措施。

对国内产业的实质损害——有证据证明因从成员国进口在生产、运输和储存中被提供补贴的商品而导致国内产业状况恶化。这反映在成员国境内的相似商品生产和销售规模减小、生产该商品的盈利水平降低以及对该领域的商品储备、就业、工资水平和投资水平造成了消极影响。

主管机关——成员国负责调查的国家机关。

相似商品生产者——成员国被调查的相似商品生产者。

国内产业——成员国所有相似商品生产者或者其份额在成员国相似商品生产总额中不少于 25% 的商品生产者。

补贴获得者——为补贴受益者的工业品生产者。

被补贴商品生产者——享受了特定补贴的成员国被补贴商品生产者。

工业品——欧亚经济联盟涉外经济活动统一商品编码第 25 ~ 97 组中分类的商品以及除了依照欧亚经济联盟涉外经济活动统一商品编码分类的第 2905430000 和第 290544 分项，第 3301、第 3303 ~ 3305 项，第 380910 和第

382460 分项，第 410 ~ 4103、第 4301 项，第 5001000000 ~ 5003000000 目、第 51010 ~ 51030 项、第 52010 ~ 5203000000 分项、第 5301 和第 5302 项中的商品以外的鱼和鱼制品（分项 2905430000——甘露糖醇；项 3301——乙醚；分项 290544——山梨糖醇；项 3501 ~ 3505——硬蛋白、调节淀粉、胶；分项 380910——用于处理表面的物质；分项 382460——山梨醇项；项 4101 ~ 4103——皮和皮革；项 4301——未分离的毛皮；分项 500100000 ~ 5003000000——丝绸原料和丝绸废料；分项 520100 ~ 5203000000——原棉和原棉废料；项 5101 ~ 5103——动物毛发；项 5301——原麻；项 5302——原大麻）。上述商品的描述不必是最终的。

上述欧亚经济联盟涉外经济活动统一商品编码中的工业品清单由委员会理事会修订。

补贴——包括下列形式。

1）直接转移资金（例如不偿还借款），或者收购注册资本中的份额或者增资或者转移债务（例如贷款担保）。

部分或者全部放弃应当缴入成员国收入的费用征收（例如，税收优惠、勾销债务）。在此情况下免除出口工业品向用于国内消费的类似商品征收的关税和税，或者返还不超过实际计算金额的关税和税不视为补贴。

提供商品或者服务（用于支持和发展共同基础设施的工业品或者服务除外）。

2）购买工业品。

任何其他旨在减少从任何成员国境内进口工业品或者扩大向任何成员国境内出口工业品的收入或者价格支持形式并以此获得优势。

补贴商品——在生产、运输、储存或者从被补贴成员国境内出口中享有了特定补贴的工业品。

补贴成员国——其补贴机关提供了补贴的成员国。

补贴机关——成员国决定给予工业补贴的一个或者几个国家机关或者地方自治机关。

对国内产业造成实质危害的威胁——有证据证明对国内产业造成实质危害的不可避免性。

对国内产业的危害——对国内产业的实质危害、对国内产业造成实质危害的威胁或者导致国内产业部门建立的放缓。

Ⅱ 特定补贴

3. 为了确定补贴对补贴机关权力所及的区域内工业企业或者工业部门或者工业企业或者工业部门集团（简称"某些企业"）是专项的，适用下列原则。

1）如果补贴机关或者补贴机关依照其行事的法律文件将补贴只限于某些企业，那么补贴在下列条件下视为特定的：工业企业或者工业部门未涵盖补贴成员国境内的所有工业企业或者工业部门。

2）如果补贴机关或者补贴机关依照其行事的法律文件确定了获得补贴的权利及其幅度的客观标准或者条件（不中立的标准未造成几个企业与其他企业相比的优势，性质是经济的和适用方式是平行的，例如就业人数或者企业数量），那么在获得其权利是自动的且标准和条件被严格遵守的条件下补贴视为特定的。标准和条件应当在法律、指导、法律文件或者其他官方文件中被确定且可以被核查。

3）即使根据本款第1和第2分款所述的原则特定性不明显，但有理由表明补贴实际是特定的，那么可以考虑下列因素（要考虑补贴机关行使职权领域内经济活动的多元化以及实行补贴的时长）：

享受补贴的企业有数量限制；

补贴优先给予特定企业；

给予几个企业不成比例的大额补贴；

在做出给予补贴的决定中使用补贴机关掌握的间断性方法（包括考虑有关拒绝或者批准补贴申请的频率及其相关决定的动机）。

4. 限于授权机关权力所及区域一部分的特定地区的某些企业享受的补贴视为特定补贴。

成员国国家机关引入或者修改其权力所及的所有区域内实行的税率不视为提供特定补贴。

5. 本议定书第Ⅲ编所述的任何补贴视为特定的补贴。

补贴以符合本编的特定补贴事实的认定特定补贴存在的证据为基础。

6. 成员国有权请求联盟法院同意其提供特定补贴。

成员国不对依照委员会同意的期限条件和规模提供的补贴适用补偿

措施。

成员国在本议定书第 7 款所述的联盟框架下的国际条约规定的期限内向委员会提交提供特定补贴的规范性法律文件。

如果一个成员国有理由认为，其他成员国提供的特定补贴可能对其国民经济产业部门造成损害，那么该成员国有权建议委员会实施相应调查。

如果根据调查结果对其他成员国国民经济产业部门造成的损害被证实且被调查的成员国未在本议定书第 7 款所述的联盟框架下的国际条约规定的期限内与受损害成员国达成协议，那么委员会做出提供专项补贴的成员国必须消除导致的损害决定。

委员会确定执行该决定的合理期限。

如果被做出上述决定的成员国不在规定的期限内执行委员会的决定，那么其他成员国可以向联盟法院起诉。

本款的规定依照《条约》第 105 条所述的过渡条款适用。

7. 成员国在联盟框架下以国际条约确定：

委员会自愿同意特定补贴和委员会做出相应决定的程序；

委员会审议案件的程序（包括违反本议定书规定的特定补贴条件、上述特定补贴提供和使用办法）；

根据其委员会认定特定补贴是可允许的和不被允许的决定（包括根据成员国生产者之间的合作联系的形成和发展）；

委员会索取有关提供的补贴信息的办法和条件。

上述国际条约生效期限由《条约》第 105 条第 1 款规定。

8. 如果成员国对补贴获得者（生产者）规定获得补贴需在生产某种商品中从事某工艺业务的要求，那么其他成员国生产者从事该业务视为依照最高理事会确定的程序遵守了该要求。

Ⅲ　禁止的补贴

9. 禁止下列补贴：

出口补贴——将从提供补贴的成员国境内向其他成员国出口工业品的业绩作为唯一条件或者几个条件之一提供的补贴；

替代补贴——将使用在提供补贴的成员国境内生产的商品作为唯一条

件或者几个条件之一提供的补贴。

挂钩是指法律上虽未规定以从补贴成员国境内出口工业品的业绩或者使用该成员国境内生产的工业品为条件提供补贴，但实际上存在与实际的或者潜在的出口或者出口所得，或者使用补贴成员国境内生产的工业品要求有关的补贴。

向从事出口的经营主体提供的补贴不视为出口补贴。

10. 如果根据一个成员国的调查结果，其他成员国国民经济产业部门受到损害的原因为专项补贴，那么补贴是禁止的。

对国民经济产业部门造成的损害应当依照本议定书第 V 编举证。

11. 成员国不得保留或者实施根据遵守其是获得特定补贴必需的且符合下列条件之一的规范性法律文件或者补贴机关的规范性文件采取的措施。

1）含有下列要求：

经营主体采购或者使用采取措施的成员国境内生产的工业品或者补贴机关使用任何上述来源的生产（无论是否确定具体的工业品及其规模或者价值或者该经营主体在地方生产中的规模或者价值份额）；

对经营主体采购或者使用从其他任何成员国境内进口的工业品实行与经营主体出口采取措施的成员国境内生产的工业品规模或者价值有关的数量限制。

2）限制：

限制经营主体从任何成员国进口用于地方生产或者与该生产有关的工业品（根据经营主体向其他成员国出口采取措施的成员国境内生产的商品规模或者价值）；

通过限制经营主体在企业所得的货币收入范围内获得任何成员国的货币，限制经营主体从任何成员国进口用于地方生产或者与该生产有关的工业品；

经营主体向任何成员国境内出口工业品或者经营主体在任何成员国境内出售工业品（根据具体商品及其规模或者价值或者该经营主体在地方生产中的规模或者价值份额）。

12. 禁止提供可能导致任何成员国利益严重受损的特定补贴。一个成员国的利益严重受损在下列情况是其他成员国提供特定补贴结果的条件下发生：

1）商品从补贴成员国市场流出或者任何一个成员国境内生产的类似商品进入其他成员国市场的数量增长停滞；

2）任何一个成员国境内生产的类似商品从第三成员国市场流出或者该类似商品对第三成员国境内的出口增长停滞；

3）在生产、运输或者从补贴成员国境内出口中享受特定补贴的工业品价格在任何一个成员国的同一市场相对于在其他成员国境内生产的类似商品价格大大降低，或者前者在同一市场价格上涨停滞、价格下跌或者滞销。

13. 第12款中所述的利益严重受损依照本编确定并依照本议定书第 V 编举证。

14. 成员国境内不得保留和不得提供本议定书第 11 款所述的措施以及禁止的补贴，包括下列补贴（商品出口是指从补贴成员国境内向其他成员国境内出口）。

1）免除出口商向成员国强制结汇或者通过本币的部分贬值使用多重汇率的项目，出口商由此依靠汇率差获得优势。

2）成员国以比国内市场承运人更优惠的条件确定或者征收出口货物的国内运输和包销费用。

3）以比用于生产在国内市场销售的类似商品更优惠的条件提供用于生产出口商品的商品和服务。

4）因出口业绩或者使用提供优惠的成员国境内生产的商品而完全或者部分免缴、延期缴纳或者少缴经营主体缴纳和应当缴纳的税和其他任何费用。如果征收应当缴纳但未缴纳的税和其他费用的滞纳金，那么延期缴纳不必是禁止的补贴。对出口的商品征收零增值税不是禁止的补贴。

5）因出口业绩而进行特别抵扣、与在国内市场销售的类似商品相比大量降低商品的课税税基。

6）免除、减少、延期缴纳用于核算生产出口商品和服务的税或者用于核算出口商品和服务税基的专门抵扣高于免除、减少、延期缴纳核算生产在国内市场销售的类似商品和服务的税或者用于核算在国内市场销售的类似商品和服务税基的专门抵扣。

7）以低于用于生产国内消费类似产品的原料和材料的税率征收用于出

口产品生产的原料和材料的海关费，或者返还用于出口产品生产的原料和材料的海关费高于返还用于生产国内市场销售的类似产品的原料和材料的海关费。

8）如果在生产产品中使用国产原料或者材料是必须的，那么降低或者返还对用于生产产品的进口原料和材料征收的进口关税（无论是否决定具体的商品及其规模或者价值或者地方生产规模或者价值的份额）。

9）收取长期出口信用担保或者保险项目、出口商品增值或者货币风险保险或者担保项目费用。

10）以低于贷款获得者实际上应当在市场经济条件下支付的可比较的贷款利率的利率提供出口信贷，或者支付出口商或者金融机构与获得贷款有关的所有支出或者部分支出。符合《经济与合作组织官方出口信贷协议利率条例》的出口信贷不视为禁止的补贴。

11）在补贴与出口业绩或者使用本国产品替代进口产品有关的条件下降低发电企业的能源载体费率。

15. 委员会根据本议定书不举行协商将禁止的补贴作为被允许的补贴。本条款依照《条约》第105条第1款所述的过渡条款适用。

16. 如果成员国有理由认为其他成员国的补贴机关提供了禁止的补贴或者采取了其实施依照本议定书对获得专项补贴是必需的措施，那么该成员国有权请求其他成员国举行废除禁止的补贴或者措施的磋商。

17. 如果在自通过外交渠道收到本议定书第16款所述的磋商通知之日起两个月内成员国未达成协议，那么存在的分歧依照《条约》第93条解决。

如果根据解决争端的结果做出有关某一成员国提供了本议定书第9和第12款所述禁止的补贴和（或者）采取了本议定书第11款所述措施的决定，那么该成员国取消禁止的补贴，或者不论某一措施是不是给予禁止的补贴的结果，立即取消该措施或者对其他成员国国民经济造成损害的措施并依照本议定书第89～94条采取涉及禁止补贴的补偿措施。

18. 补贴机关在规定的过渡期内有权通过采取本议定书附件的措施给予补贴。

Ⅳ 被允许的补贴

19. 依照本议定书不禁止的和不是专项的补贴视为其提供不扭曲成员国相互贸易的被允许的补贴。

成员国有权不受限制地提供被允许的补贴，本议定书涉及采取补偿和反报措施或者禁止提供补贴的条款不适用该补贴。

20. 成员国有权不经委员会同意提供本编规定的被允许的补贴。

本编条款根据《条约》第 105 条第 1 款规定的过渡条款适用。

21. 本议定书第Ⅶ编所述的补贴为符合本议定书第Ⅱ编所述的，但成员国认为不扭曲相互贸易的补贴。上述不是依照本议定书第Ⅷ编采取调查措施理由的专项补贴。

Ⅴ 调查程序

22. 为了分析成员国境内提供的相应补贴是否符合本议定书条款以及确定国内产业部门进口被补贴的商品或者类似商品从补贴成员国市场流出而使国民经济产业部门受到实质损害或者威胁的存在，调查由主管机关根据在本国境内登记的类似商品国内生产者的书面请求（简称"请求"）或者主管机关主动实施。

23. 请求由类似商品国内生产者或者包括构成国内产业部门大部分的生产者股东在内的生产者联合体以及这些生产者的依照自己在其境内登记的成员国法律有必要授权的代表（简称"申请人"）提出。

24. 请求包含以下内容

1）申请人信息。

2）商品描述（注明原产地国家和欧亚经济联盟涉外经济活动统一商品编码）。

3）特定补贴的存在、性质和数额信息。

4）被补贴的商品生产者资料。

5）类似商品国内生产者资料。

6）提出请求之日前 3 个日历年内被补贴的商品向其主管机关被递交请求的成员国关境内出口的规模变化资料。

7）类似商品从其主管机关被递交请求的成员国境内向其他成员国境内出口的规模变化。

8）因进口被补贴的商品或者类似商品从补贴成员国市场流出而使国民经济产业部门受到损害的证据。因进口被补贴的商品或者类似商品从补贴成员国市场流出而使国民经济产业部门受到实质损害或者威胁存在的证据以表明国民经济产业部门经济状况的和能够以数量指标反映的客观因素为依据（包括商品生产和出售规模、商品在成员国市场的份额、商品生产成本、商品价格、产能负荷、劳动生产率、商品生产和销售的利润额和盈利、国民经济产业部门投资规模资料）。

9）提出请求之日前 3 个日历年内类似商品向联盟关境内进口的规模变化资料（数量和价值）。

10）提出请求之日前 3 个日历年内类似商品从联盟关境出口的规模变化资料（数量和价值）。

11）分析期间内可能影响国民经济产业部门的其他因素。

25. 若含在请求中的成本指标被注明，那么为了比较使用委员会确定的进行外贸统计的货币单位。

26. 附上非保密文本（如果请求中含有保密信息）的请求向主管机关提出并应当在该机关收到之日办理登记。

27. 请求基于下列理由被驳回：

申请人不符合本议定书第 23 款所述的要求；

未提交本议定书第 24 款所述的资料；

申请人提交的资料不可信。

请求不得根据其他理由被驳回。

28. 主管机关在做出发起调查决定前以书面形式通知其境内被提供特定补贴的成员国收到请求的情况。

29. 为了做出发起调查的决定，主管机关在自请求登记之日起 30 个日历日内依照本议定书第 24 款分析证据的充分性和可信性以及请求中包含的资料。在有主管机关向申请人索取补充资料必要性的情况下上述期限可以延长，但自请求登记之日起不超过 40 个日历日。

30. 请求可以由申请人在调查发起前和调查过程中撤回。

如果请求在调查发起前被撤回，那么请求视为未被提出。

如果请求在调查过程中被撤回，那么调查根据主管机关的决定终止或者继续。

31. 主管机关在请求被受理后和做出发起调查决定前建议提供特定补贴的成员国主管机关举行磋商，以确定补贴的存在、数额和使用以及补贴后果并达成相互接受的协议。该磋商可以在调查过程中举行。

32. 为了确定特定补贴的存在、数额和后果而举行的磋商不妨碍主管机关做出发起调查、根据调查结果出具其他成员国境内提供的补贴符合本议定书条款的结论和（或者）国内产业部门因从提供特定补贴的成员国进口而受到损害以及向其境内提供被调查的特定补贴的成员国转达采取补偿措施声明的决定。

33. 主管机关在本议定书所述的期限届满时做出发起调查或者拒绝实施调查的决定。

主管机关若做出拒绝实施调查的决定，则在自做出决定之日起 10 个日历日内以书面形式通知申请人拒绝实施调查的原因。

主管机关若做出发起调查的决定，则以书面形式通知提供特定补贴的成员国授权机关和自己知悉的其他利害关系人做出的决定，在自做出发起调查决定之日起 5 个工作日内公布发起调查的通知。公布发起调查通知之日视为发起调查之日。

34. 如果主管机关有违反本议定书和（或者）国内经济产业部门因被补贴的商品进入该成员国境内或者被补贴的商品从提供特定补贴的成员国或者其他成员国市场流出而受到损害的事实存在的证据，那么主管机关可以发起调查（包括主动发起）。如果证据对实施调查不充分，那么调查不得开始。

35. 主管机关在做出发起调查决定后向自己知悉的类似商品国内生产者和为被调查对象的被补贴商品生产者送达为调查目的这些生产者须提供答复的问题清单。

问题清单在其直接转达类似商品国内生产者或者被补贴商品生产者代表之日或者自通过邮寄之日起 7 天后视为收到。

被送达问题清单的类似商品国内生产者和为调查对象的被补贴商品生

产者在自收到问题清单之日起 30 个日历日内向主管机关提交其答复。上述期限应类似商品国内生产者和为调查对象的被补贴商品生产者的书面请求可以由主管机关延长，但延长期限不得超过 10 个日历日。

36. 为了核查调查中提交的资料或者获得与实施调查有关的补充资料，主管机关在征得为被调查对象的被补贴商品相应生产者的同意以及事先通知相应成员国政府代表且该成员国对在其境内实施调查不持异议的条件下可以在提供特定补贴的成员国境内实施调查。

为了核查调查中提交的资料或者获得与实施调查有关的补充资料，主管机关有权派遣其代表赴类似商品国内生产者所在地，与利害关系人举行磋商和谈判，了解为被调查对象的被补贴商品的样品，采取不违反实施调查成员国法律的、对实施调查必需的其他行动。

37. 主管机关在调查中可以向被调查的补贴成员国主管机关以及利害关系人索取与实施的调查有关的信息。

38. 利害关系人有权在发起调查通知中注明的日期前提供调查所必需的资料（包括保密信息在内）并注明资料的来源。主管机关有权向利害关系人索取补充资料。

39. 与调查有关的证据和资料使用实施调查的成员国国语向主管机关提交，外文文件原件应当附上依照规定的程序证明它的原件。

40. 主管机关根据保护依照本议定书确定的保密信息的必要性，在调查中应其书面请求向利害关系人提供了解任何利害关系人以书面形式提供的作为调查关联证据的资料的机会。向调查参与者提供了解与调查有关的和在调查中使用的，但依照本议定书不是保密信息的其他信息的机会。

41. 成员国海关事务、国家统计领域的授权国家政权（管理）机关、其他国家政权（管理）机关和国家政权（管理）区域（地方）机关协助调查并应主管机关的请求提供实施调查所必需的资料（包括含有保密信息的）。

42. 调查期限自发起调查之日起不超过 6 个月。

调查在主管机关提请本国政府审查调查结果之日视为完成。

43. 主管机关根据调查结果出具其他成员国境内提供的补贴符合本议定书条款的结论。

44. 如果根据调查结果证明违反本议定书和（或者）其主管机关实施调

查的成员国国民经济产业部门受到损害，那么向其境内提供被调查特定补贴的成员国提出采取补偿措施的声明。

45. 在确定国民经济产业部门中其主管机关实施调查的成员国领域可以视为运作着两个和两个以上竞争市场的领域。如果生产者在该市场销售不少于80%其生产的类似商品且该市场类似商品的需求不能由实施调查的成员国其余领域的该商品国内生产者满足，那么类似商品国内生产者在其中一个市场内可以视为单独的产业部门。在被补贴的商品集中于一个竞争市场和被补贴的商品进口导致的损害涉及的不少于一个市场内类似商品国内生产者的80%的条件下国民经济产业部门的主要部分未受到损害，国民经济产业部门损害存在也可以被确定。

46. 特定补贴额根据补贴获得者取得的收益确定。主管机关在核算收益额中考虑下列因素。

1）如果参与（包括提供风险资本）不能视为符合相应成员国境内的通常投资实践，那么补贴机关参与组织资本不视为提供特定补贴。

2）如果补贴获得者组织支付的补贴机关贷款金额与支付的商业贷款金额之间没有差额，那么补贴机关提供贷款不视为提供特定补贴。在相反情况下这些金额间的差额视为收益。

3）如果补贴获得者组织支付的补贴机关担保贷款金额与支付的无国家担保的商业贷款金额之间没有差额，那么补贴机关提供的担保不视为提供特定补贴。在相反情况下这些金额间的差额与修正的手续费间的差额视为收益。

4）如果商品或者服务以低于足够的报酬价格购买或者采购以不高于足够的报酬价格进行，那么补贴机关供应商品或者提供服务或者采购商品不视为提供特定补贴。报酬的充足根据相应成员国市场现有的商品和服务买卖市场条件确定。

47. 补贴额按照进入其主管机关实施调查的成员国境内或者在其境内提供了特定补贴的成员国市场或者在其他成员国市场销售的商品单位（吨、立方米、个等）计算。

48. 如果通货膨胀率高得能够扭曲获取的结果，那么在核算补贴额中应当考虑相应成员国的通货膨胀指标。

49. 商品单位补贴额根据成员国为此目的提供的特定补贴支出确定。

50. 在计算商品单位补贴额中商品的价值为补贴获得者在取得补贴前 12 个月内销售总价值且有所必需的数据。

51. 在核算补贴额中必须从补贴总金额中减去任何登记手续费或者补贴获得者的支出。

52. 如果补贴不是针对某种数量的生产、出口或者运输的工业品提供，那么商品的单位补贴额为补贴总金额除以补贴提供期间商品生产、销售或者出口规模，如有必要计算被补贴的商品进口规模在商品生产、销售或者出口总规模中的份额。

53. 如果补贴因开发或者购买固定资产而给予，那么补贴额为补贴在成员国提供特定补贴的国民经济产业部门固定资产平均折旧期内的分配。核算的单位商品补贴额也包括调查发起前但折旧期未届满期间内提供的购买固定资产的补贴。

54. 在核算补贴额中如果在不同期间或者为不同目的对同一种商品提供的补贴额有差异，那么根据商品生产、销售或者出口总规模使用补贴额的平均指标。

55. 如果补贴以税收优惠提供，那么商品价值由核算的被适用税收优惠的最近 12 个月内的商品销售总价值确定。

56. 日历年内由各级补贴机关对各类项目提供的补贴应当加总。

57. 类似商品从补贴成员国市场或者其他成员国市场流出或者类似商品对补贴成员国境内的出口增长停滞，或者商品对其他成员国境内出口增长停滞的事实在类似商品在补贴成员国市场或者被补贴的商品在其他成员国市场不利变化被证明的情况下确定。

58. 类似商品在补贴成员国市场或者被补贴的商品在其他成员国市场的不利变化包括下列情势之一：

1）被补贴的商品市场份额增加；

2）在无特定补贴其应当减少的情况下被补贴的商品市场份额未变化；

3）被补贴的商品市场份额下降，但以慢于无特定补贴情况下的速度。

59. 价格下降根据被补贴的商品在相应市场上的价格与商品在生产、运输或者向其他成员国境内出口中未被提供补贴的价格对比确定。生产对比在对比期间内同一个贸易水平上进行。在对比中要考虑影响价格可比性的任何因素。如果上述对比不可能进行，那么价格降低的存在可以根据平均出口价确定。

60. 如果两个成员国根据本议定书第12、第57～59款、第61和第62款在第三成员国市场产生了《条约》第93条所述的利益严重减损争端，那么该第三成员国向为争端方的成员国提供由其支配的属于争端对象的有关争端方成员国境内生产的商品在本国市场中的份额变化的统计信息以及相关商品的价格统计信息。在此情况下该第三成员国有权不进行市场或者价格的专门分析，不提供视为商业或者国家秘密的信息。

61. 若在相关期间内有下列情况之一，利益严重受损的事实则不得被确定：

1）禁止或者限制从认定利益严重受损事实存在的成员国出口商品或者禁止或者限制从该成员国境内向其他成员国出口商品；

2）进口类似商品和实行该商品贸易垄断或者国家贸易的成员国授权机关根据非商业原因做出将从认定利益严重受损事实的成员国进口转向从其他成员国进口的决定；

3）自然灾害、罢工、运输中断或者对从认定利益严重受损的成员国进口的商品生产、质量、数量或者价格造成严重不利影响的其他不可抗力；

4）有认定利益严重受损事实存在的成员国限制商品出口的协议；

5）有认定利益严重受损事实存在的成员国自愿减少出口工业品的可能性（包括该成员国的经营主体自动将该类似商品出口转向新的市场）；

6）不符合商品进入其境内的成员国的标准和（或者）其他行政要求。

62. 若没有本议定书第61款所述的情况，利益严重受损事实的存在根据向联盟法院提供的信息或者联盟法院自行获得的信息确定。

63. 国内产业部门因被补贴的商品进口而受到损害根据对被补贴商品进口规模和进口对其主管机关实施调查的成员国市场类似商品价格和类似商品国内生产者影响的分析结果确定。

64. 主管机关在分析被补贴的商品进口中确定被补贴的商品进口是否增加（其主管机关实施调查的成员国类似商品生产和或者消费的绝对指标）。

65. 主管机关在分析被补贴的商品进口对其主管机关实施调查的成员国

市场上类似商品价格的影响中确定:

1)被补贴的商品的价格是否低于该成员国市场上类似商品的价格;

2)被补贴的商品进口是否导致该成员国市场上类似商品的价格降低;

3)被补贴的商品进口是否妨碍该成员国市场上类似商品在没有进口的情况下的价格上涨。

66. 被补贴的商品进口对国内产业部门的影响分析根据与国内产业部门状况有关联的经济因素评估进行,这些因素包括:

1)类似商品的生产、销售和在其主管机关实施调查的成员国市场上的份额,劳动生产率,吸引投资的收益或者产能的利用已经或者将来可能降低;

2)影响其主管机关实施调查的成员国市场上类似商品价格的因素;

3)已经或者将来可能对资金流动、类似商品储备、就业率、工资、生产增长速度和吸引外资的可能性造成消极影响的因素。

67. 如果现有数据要求根据生产过程、生产者销售和利润等标准分离类似商品的生产,那么被补贴商品进口对国民经济产业部门的影响视为对其主管机关实施调查的成员国类似商品生产的影响。如果现有资料不要求分离类似商品生产,那么被补贴商品进口对国民经济产业部门的影响视为对含在类似商品中和有必要数据的商品最小组或者编码生产的影响。

68. 确定因被补贴商品进口而受到损害以与案件有关的和主管机关掌握的所有证据和资料为基础。主管机关分析类似商品从其他成员国进口至联盟关境内的变化和影响。因分析被补贴的商品进口规模和进口对国民经济产业部门的影响而确定的任何一个或者几个因素都不能对确定国内产业部门因被补贴商品进口而受到损害有决定意义。除了被补贴的商品进口外,主管机关也分析同期内对国民经济产业部门造成损害的其他因素。主管机关不把上述其他因素造成的损害视为国内产业因被补贴的商品进口而受到的损害。

69. 授权机关在确定国内产业因被补贴的商品进口而受到损害中考虑存在的所有因素,包括:

1)补贴的性质、数额和其对贸易的影响;

2)证明进口进一步扩大实际可能性的被补贴商品进口增加速度;

3）补贴成员国被补贴的商品生产者有充分的机会增加被补贴的商品进口或者该可能性的增加明显不可逆转；

4）被补贴商品的价格水平，如果其主管机关实施调查的成员国市场上类似商品价格下降或者受到抑制以及对被补贴商品需求的进一步增长；

5）生产者被补贴商品的储量。

70. 本议定书第69款所述的任何一个或者几个因素都不能对确定国内产业部门因被补贴商品进口而受到实质损害有决定意义。

71. 如果主管机关在调查中根据对本议定书第69款所述的因素分析结果得出在不采取措施的情况下被补贴商品的进口和国内产业部门受到实质损害继续的结论，那么做出国内产业受到实质损害的决定。

72. 调查中的利害关系人为：

1）类似商品的国内生产者、国内生产者联合体和其为国内类似商品生产者的大部分参与人；

2）为调查对象的被补贴商品生产者，被补贴商品生产者协会，为该商品生产者的大部分参与人；

3）补贴成员国和（或者）补贴成员国的主管机关；

4）消费者协会（如果为调查对象的被补贴商品主要被自然人消费）。

73. 本议定书第72款所述的利害关系人在调查中自行或者通过依照其主管机关实施调查的成员国法律有授权的代表行事。

如果利害关系人在调查中通过授权代表行事，那么主管机关只能通过该代表告知利害关系人有关调查对象的所有资料。

74. 如果利害关系人证明披露信息会在竞争条件下给予第三人优势或者对提供信息的人员或者获取信息的人员造成不利后果，那么利害关系人向主管机关提供的信息视为保密信息。除了成员国法律规定的情况外，保密信息未经提供其的利害关系人允许不得泄露。

主管机关有权要求提供保密信息的利害关系人提供非保密版本的信息。非保密版本的信息应当足以理解所提供保密信息内容。如果利害关系人在答复要求中声称保密信息不应当以这种形式提供，那么利害关系人应当说明理由。

如果主管机关认定利害关系人所陈述的理由不要求将所提供的信息列

入保密信息，或者未提供保密信息非保密版本的利害关系人未做说明或者提供了不是理由的资料，那么主管机关可以不考虑该信息。

75. 主管机关泄露保密信息承担其成员国的法律规定的责任。

Ⅵ 一般例外

76. 本议定书的任何条款都不得被解释为以下内容

1）要求任何成员国提供其披露危害现存国家安全利益的信息；

2）妨碍任何成员国采取对维护其国家安全利益必要的下列行动：

涉及溶解材料或者由其生产的材料的行动；

涉及武器、弹药和军用物资以及直接或者间接供应武装力量的其他商品和物资的研制、生产和贸易的行动；

在战时或者国际关系中其他紧急情势下采取的行动。

3）妨碍任何成员国根据《联合国宪章》采取维持和平和保障国际安全的措施。

77. 如果补贴在特殊情况下（在目的为不限制从其他成员国进口商品和措施不具有歧视性质的条件下）被采取是为了下列目的，那么本议定书的规定不妨碍任何成员国使用扭曲贸易的专项补贴：

1）公共道德、公共秩序和国家安全；

2）人、动植物的生命和健康；

3）国家艺术、历史和考古宝库；

4）知识产权；

5）枯竭的自然资源（如果类似措施与限制国内生产或者消费同时采取）。

Ⅶ 不是采取保障措施理由的特定补贴

78. 在不超过工业研究价值 75% 或者竞争前阶段研发价值 50% 且只用于下列支出的条件下根据与经营主体的合同以资助形式向高等院校和科研机构从事的科研活动和经营活动提供的特定补贴不是采取补偿措施的理由：

1）人员支出（只从事科研活动的研究员、技术员和其他辅助人员）；

2）长期只用于科研活动的仪器、设备、土地和设施支出（商业出售除外）；

3）只用于科研活动的咨询和类似服务支出（包括购买科研成员、技术知识和专利等）；

4）因科研活动直接产生的必要支出（材料、保障等）；

5）因科研活动直接产生的其他日常支出（材料、保障等）。

79. 本编的工业研究是指旨在发现新知识的有计划的研究或者最重要的研究，该新知识有益于研发新商品、工艺过程或者服务以及实质改善现有商品、工程或者服务。

上述研究在不能适应或者用于工业应用或者商业开发的条件下也可以包括制定替代商品的手段或者服务构想和设计以及首次展示或者展览工程。即使变化不导致改善，上述研究也不适用于商品、生产线、加工过程、服务和其他一般业务。

80. 本议定书第 78 款所述的允许的资助水平不是采取补偿措施的理由，为总金额与实施某项工程期间支出的比例。

在竞争阶段前实施工业研究和研发项目的情况下不是采取补偿措施理由的允许的资助水平不得超过根据本议定书第 78 款所述的所有支出计算的这两类允许水平的平均值。

81. 本议定书条款不适用于高等院校或者科研机构独立进行的基础研究。

82. 在地区发展一般框架下向成员国不利地区提供的援助在下列条件下不是特定的补贴（根据本议定书第 Ⅱ 编的规定），在相关区域之间分配。

1）各条件恶劣地区应当是明确确定的行政和经济区。

2）该地区根据中立和客观标准考虑，地区困难不因临时情况发生（该标准应当在法律、规则和其他可核查的官方文件中明确规定）。

3）上述本款第 2 分款所述的标准包含在可以根据最近三年下列最低指标之一衡量的经济发展水平（此水平可以综合，可以考虑其他指标）中：

居民或者家庭平均收入或者居民人均国内生产总值不超过相应区域水平的 85%；

失业水平应当达到该区域平均水平的 110%。

83. 中立和客观标准是指在地区发展政策框架下不向个别地区提供超过

消除或者减少地区间差距所必需的优惠。区域发展的一般框架是指区域补贴项目是国内持续和综合实施的地区发展项目的部分，地区发展补贴不向不影响或者实际不影响地区发展的地理单位提供。

资助在该资金范围内广泛分配，以避免某些企业依照本议定书第Ⅱ编优先使用补贴或者被提供大部分资助金额。

84. 促进现有产能适应法律和规范性法律文件规定的环境保护要求且对经营主体造成额外限制和加重其财务负担在下列条件下不是采取补偿措施的理由：

1）是一次性和不可重复的措施；

2）不超过适应支出的20%；

3）不弥补由企业承担的更换和运营被补贴的设备的支出；

4）直接与经营主体按照比例有计划地减少污染有关且不向可能产生的生产支出给予补偿；

5）面向可能改用新设备和（或者）生产过程的所有经营主体。

Ⅷ 补偿措施和反报措施的采取和适用

85. 一个成员国有权依照本议定书第Ⅴ编规定的程序对其他成员国境内提供的补贴是否符合本议定书条款实施调查或者对成员国采取的本议定书第11款规定的措施实施调查。发起调查的机关告知成员国调查开始。主管机关有权索取关于实施调查的信息。

86. 如果一个成员国的主管机关因实施调查确定其他成员国的补贴机关提供了专项补贴且该专项补贴对其主管机关实施调查的成员国经济产业部门造成了损害，那么该主管机关可以向其他成员国补贴机关提出采取补偿措施的声明。上述声明应当包含补贴不符合本议定书条款的证据。

87. 如果委员会依照本议定书第6款实施的调查证明，一个成员国的经济产业部门受到了损害，那么该成员国主管机关可以向其他成员国补贴机关提出采取补偿措施的声明。

上述声明应当含有依照《条约》第93条第6款第1分款补贴不被允许的证据。成员国不对委员会依照本议定书第6款同意的补贴采取补偿措施。

本款的规定依照《条约》第 105 条第 1 款的规定适用。

88. 采取措施的声明可以由收到声明的成员国在两个月内满足或者根据争端解决结果自动满足。

89. 收到采取补偿措施声明的成员国如果自愿或者根据争端解决结果认定措施合法，那么在 30 日内依照声明采取补偿措施。

90. 依照本议定书第 89 款采取的措施由采取的补偿措施声明所述的金额和计算的整个资金（财产）使用期间的补贴金额利息构成。

补贴金额依照本议定书计算。

利率相当于提供补贴之日补贴成员国国家（中央）银行实行的和确定的再融资利率的一半。利率为自提供补贴之日至采取补偿措施之日期间适用的复合利率。

复合利率是指每年计算的利率与上一年计算的利率相加的利率。

91. 根据相应百分比计算的补贴金额被向补贴获得者征收并转入被补贴成员国账户中视为补偿措施被采取。

92. 如果补贴金额从不同于本议定书第 91 款所述的来源征收，那么补偿措施视为未执行。

根据原告国和被告国相互协商，补偿措施只对构成补贴的补贴资金获得者逃避支付适用。

93. 采取补偿措施是采取补偿措施声明被满足的充分理由。成员国在自满足采取措施的声明之日起一个日历年内执行该声明。

94. 如果成员国未在规定的期限内执行被满足的采取补偿措施的声明，那么提出声明的成员国有权采取应当合理近似于补偿措施的反报措施。

本议定书所指的反报措施是指采取反报措施的成员国临时中止履行本国对被采取反报措施的成员国与本国之间经贸性质的《条约》义务（不包括石油和天然气部门的）。

反报措施具有临时性，只能由原告国在不废止违反《条约》的措施或者修改《条约》并符合《条约》规定的情况下采取，成员国另有协议除外。

IX　通知

95. 成员国（成员国授权机关）每年不迟于 12 月 1 日相互和向委员会

告知当年计划的联邦（共和国）层面的以及（或者）行政区域单位（市镇、地方）层面给予的所有补贴。

成员国不得将提供的补贴列入保密信息中，本议定书第 76 款规定的情况除外。

96. 联邦/共和国预算以及（或者）行政区域单位预算草案的支出部分是本议定书第 95 条所述通知的信息来源。

97. 成员国（成员国授权机关）每季度不迟于报告季度次月的 30 日按照规定的格式相互和向委员会送达报告季度内计划的联邦（共和国）层面以及（或者）行政区域单位（市镇、地方）层面给予的补贴通知。

本款根据《条约》第 105 条第 1 款规定的过渡条款适用。

98. 上述通知应当含有便于其他成员国授权机关和委员会评估提供的补贴金额和该补贴符合本议定书要求的充分信息。

99. 成员国（成员国授权机关）每年不迟于报告年次年的 7 月 1 日按照规定的格式相互和向委员会告知报告年内联邦（共和国）层面以及（或者）行政区域单位（市镇、地方）层面给予的补贴。本款规定的成员国（成员国授权机关）格式以及其填写办法由委员会经与成员国协商批准。

100. 补贴通知应当注明下列信息：

1）补贴项目名称（若有），补贴简短描述或者解释（例如，"小企业发展"）；

2）通知的报告期；

3）补贴的主要用途和（或者）目的（提供补贴的目的资料，通常含在依照其提供补贴的规范性法律文件中）；

4）提供补贴的依据（依照其提供补贴的规范性法律文件名称以及该文件的简短描述）；

5）补贴形式（赠款、借款、税收优惠等）；

6）享受补贴的主体（生产者、出口商或者其他人员）和提供补贴的方式（借助确定或者改变商品单位金额等手段提供补贴〔在有第二套方案的情况下注明确定商品单位金额的机制〕）以及提供补贴的机制和条件；

7）补贴的额度（拨付的补贴年度或者总金额，可能的话——产品单位补贴额）；

8）补贴的效力期限和（或者）适用于补贴的其他任何限制时间（包括给予〔结束〕补贴的日期）；

9）对贸易造成影响的资料（要求评估补贴对贸易造成影响的统计数据）。

101. 如有必要，本议定书第 100 款中所述的信息尽可能含有被补贴的商品或者部门生产、消费和进出口统计数据：

1）有统计数据的最近三年；

2）实施补贴或者补贴最近修改的上一年。

附件　不适用《实施工业补贴统一规则议定书》条款的措施清单

措施描述	涉及措施的过渡期间
Ⅰ　白俄罗斯共和国	
涉及依照白俄罗斯共和国总统 2009 年 4 月 4 日第 175 号令批准的《发展轻型汽车生产的措施》和关税同盟委员会 2009 年 11 月 27 日第 130 号《关于俄白哈关税同盟统一关税决定》签订的投资协议的措施	至 2020 年 12 月 31 日，如果白俄罗斯加入世界贸易组织的议定书没有另行规定
Ⅱ　哈萨克斯坦共和国	
1. 银行依照哈萨克斯坦共和国政府 2010 年 4 月 13 日第 301 号《关于批准〈商业路线图纲领 2020〉的决定》发放的出口导向生产贷款利率补贴	至 2016 年 7 月 1 日，信贷组织在 2011 年 7 月 1 日前发放的信贷
2. 依照 2008 年 12 月 10 日的《哈萨克斯坦共和国税费法典》和哈萨克斯坦共和国政府 2009 年 10 月 22 日第 1647 号《关于批准确定原产地国、编制和出具商品原产地鉴定书以及办理、证明和出具商品原产地证明规则的决定》以及 2010 年 6 月 18 日《关税同盟境内自由经济区和自由关税区海关问题协定》，在其从自由仓库区进入关税同盟其余关境内时免除根据充分加工标准视为哈萨克斯坦生产的商品的关税和税	2017 年 1 月 1 日前

措施描述	涉及措施的过渡期间
Ⅱ 哈萨克斯坦共和国	
3. 依照 2010 年 6 月 18 日的《关税同盟关境内自由经济区和自由关税区海关程序问题协定》和 2011 年 7 月 21 日第 469 – Ⅳ 号《哈萨克斯坦共和国经济特区法》以及哈萨克斯坦共和国政府 2009 年 10 月 22 日第 1647 号《关于批准确定原产地国、编制和出具商品原产地鉴定书以及办理、证明和出具商品原产地证明规则的决定》，在其从自由仓库区进入关税同盟其余关境内时免除根据充分加工标准视为哈萨克斯坦生产的商品的关税和税	2017 年 1 月 1 日前
4. 涉及依照哈萨克斯坦共和国工业和新工艺部 2010 年 6 月 11 日第 113 号令批准的《与哈萨克斯坦共和国居民法人的机动车装配协议签订及其条款和示范格式若干问题》和关税同盟委员会 2009 年 11 月 27 日第 130 号《关于俄白哈关税同盟统一关税决定》签订的投资协议的措施	至 2020 年 12 月 31 日，如果哈萨克斯坦共和国加入世界贸易组织的议定书没有另行规定
5. 哈萨克斯坦共和国政府与地下使用者在 2015 年 1 月 1 日前依照 2010 年 6 月 24 日第 291 – Ⅳ 号《哈萨克斯坦共和国地下及其使用法》签订的地下使用合同中的地方含量	至 2023 年 12 月 31 日，如果哈萨克斯坦共和国加入世界贸易组织的议定书没有另行规定
6. 国家福利基金会和国家福利基金会直接或者间接持有 50% 以上表决股的组织以及直接或者间接属国家所有（国有股占 50% 以上）的公司依照 2012 年 2 月 1 日第 550Ⅳ 号《哈萨克斯坦共和国国家福利基金会法》和哈萨克斯坦共和国政府 2009 年 5 月 28 日第 787 号决定批准的《国营控股公司、国家控股公司和国家公司及其 50% 以上的股票属于国营控股公司、国家控股公司和国家公司的组织商品、劳务和服务采购示范规则》进行的采购中的地方含量	至 2016 年 12 月 31 日，如果哈萨克斯坦共和国加入世界贸易组织的议定书没有另行规定
Ⅲ 俄罗斯联邦	
1. 依照 2011 年 2 月 26 日前签订的、含有俄罗斯联邦总统 1998 年 2 月 5 日第 135 号《吸引发展国内汽车工业投资补充措施的命令》条款的投资协议，依照俄罗斯联邦政府 2005 年 3 月 29 日第 166 号《关于修订俄罗斯联邦涉及进口的用于工业装配的汽车零部件关税决定》和关税同盟委员会 2009 年 11 月 29 日第 130 号《关于俄白哈关税同盟统一关税决定》采取的措施	过渡期间与其签订时确定的协议期限相对应，可以延长 2011 年 12 月 16 日《俄罗斯联邦加入 1994 年 4 月 15 日的〈关于建立世界贸易组织的马拉喀什协定〉议定书》规定的期限，但不超过两个日历年
2. 依照 2006 年 1 月 10 日第 16 号联邦法律《加里宁格勒经济特区法和俄罗斯联邦若干法律修订法》采取的措施	至 2016 年 4 月 1 日

二十九 国家支持农业措施议定书

1. 本议定书依照《欧亚经济联盟条约》第 94 和第 95 条制定，适用于本议定书第 Ⅱ 编规定的商品。

2. 本议定书使用的概念含义如下。

行政区划单位——白俄罗斯共和国、哈萨克斯坦共和国的行政区划单位（包括明斯克市、阿斯塔纳市和阿拉木图市）、俄罗斯联邦的主体和市镇。

国家农业支持——成员国的政府或者国家机关或者地方自治机关直接或者通过授权代理人给予农产品生产者的财务支持。

补贴机关——成员国决定给予国家农业支持的一个或者几个国家机关或者地方自治机关。补贴机关可以依照成员国的法律委托或者指示授权代理人履行其承担的一项或者几项国家支持农业措施的职能。该授权代理人的行为视为补贴机关的行为。

成员国元首旨在给予国家农业支持的行为视为补贴机关的行为。

Ⅰ 国家支持农业措施

3. 国家支持农业的措施分为：

1）对成员国的农产品相互贸易不造成扭曲影响的措施；

2）对成员国的农产品相互贸易最大限度上造成扭曲影响的措施（简称"最大限度上对贸易造成扭曲影响的措施"）；

3）对成员国的农产品相互贸易造成扭曲影响的措施（简称"对贸易造成扭曲影响的措施"）。

4. 成员国可以不受限制地适用对农产品相互贸易不造成扭曲影响的措施。

5. 最大限度上对贸易造成扭曲影响的措施包括：

其提供因农产品从提供该支持措施的成员国境内进入提供或者将来可能提供这种支持措施的任何成员国境内而作为唯一条件或者几个条件之一的国家农业支持措施；

在一成员国境内生产的农产品取决于具体商品、规模和价值、生产或者使用的国内商品规模或者价值的份额，在生产使用国内商品的本地化水平的情况下。

本议定书第Ⅲ编中规定的措施为对贸易不造成扭曲影响的措施。

6. 成员国不适用最大限度上对贸易造成扭曲影响的措施。

7. 对贸易造成扭曲影响的措施不得归为本议定书第 4 和第 5 款所述的措施。

8. 由允许的规模确定的对贸易造成扭曲影响的措施水平为国家对农业支持的规模与农业生产总值的比例，在义务依照本款第 3 段生效前不超过 10%。

允许的、对成员国贸易造成扭曲影响的措施水平核算方法由成员国根据国际经验制定并由委员会理事会批准。

对成员国贸易造成扭曲影响的措施的义务依照上述方法确定并由最高理事会批准。

本款的规定依照《欧亚经济联盟条约》第 106 条确定的过渡条款适用。

9. 在某一成员国加入世界贸易组织后该成员国作为加入世界贸易组织条件的涉及对贸易造成扭曲影响的措施的义务为其在联盟框架下的义务。

10. 国家农业支持规模的核算依照本议定书第 V 编并根据本议定书第 8 款规定的允许的对贸易造成扭曲影响的措施水平进行。

Ⅱ 适用国家农业支持统一规则的商品

11. 国家农业支持统一规则适用于欧亚经济联盟涉外经济活动统一商品编码下的下列商品：

1）欧亚经济联盟涉外经济活动统一商品编码第 5302 项的商品，第 03 类（鱼、虾、软体动物和其他无脊椎动物除外）、第 1604 项（现成的或者罐头鱼；由鱼子制成的鲟鱼酱或者其替代品）和第 1605 项（现成的或者罐头虾、软体动物和其他无脊椎动物）的商品除外；

2）欧亚经济联盟涉外经济活动统一商品编码第 2905430000 分项的商品（甘露糖醇）；

3）欧亚经济联盟涉外经济活动统一商品编码第 29054 分项的商品（山

梨糖醇）；

4）欧亚经济联盟涉外经济活动统一商品编码第 3301 项的商品（含醚的油〔含有或者不含有萜烯〕，包括具体和绝对的；树脂；萃取的含醚的油；含脂肪的油、不漂浮的油、蜂蜡或者以脂提法或者浸渍方法获得的类似产品；不含萜烯的含醚油中含有萜烯的副产品；水蒸馏物和含醚的油溶解物）；

5）欧亚经济联盟涉外经济活动统一商品编码第 3501～3503 项的商品〔酪蛋白；酪蛋白盐和其他衍生酪蛋白盐；酪蛋白胶；白蛋白（包括两种以上乳清蛋白的凝固物，含有重新计算为干物质的 80% 以上的乳清蛋白）；鱼胶；其他动物制胶（第 3501 项的酪蛋白除外）；蛋白胨及其衍生品；白蛋白和其他衍生白蛋白；动物胶（包括直角状〔方形的〕，表面加工的和未加工的，染色的和未染色的）和其他衍生动物胶；在其他项中未命名的或者未列入的其他蛋白物质或者衍生品；铬鞣（制）的或者未铬鞣（制）的皮或者生皮革粉；糊精和其他调节的淀粉（例如事先胶凝或者转化为复合醚的淀粉）；淀粉胶或者糊精或者其他调节的淀粉；次分项 3503008001（鱼干胶）和次分项 3503008001（液体鱼胶）除外〕；

6）欧亚经济联盟涉外经济活动统一商品编码第 380910 分项的商品（装饰用品，加快印染或者固定染料的用品以及用于纺织、造纸、皮革工业或者类似行业且其他品目中未命名或者未列入的且以淀粉为基础的其他成品和配料〔例如加工和媒染剂物质〕）；

7）欧亚经济联盟涉外经济活动统一商品编码第 382460 项的商品（山梨糖醇，第 290544 分项的山梨糖醇除外）；

8）欧亚经济联盟涉外经济活动统一商品编码第 4101～4103 项的商品（加工和未加工的大牲畜毛皮〔包括犀牛〕或者马科动物〔蒸的或者盐浸的、风干的、硝制的、浸酸或者以其他方式保存的，但未切碎和未切成块的或者未进一步加工的〕，有鬃毛或者无鬃毛的，双层的或者非双层的；未加工的绵羊或者羊羔皮〔蒸的或者盐浸的、风干的、硝制的、浸酸或者以其他方式保存的，但未切碎和未切成块的或者未进一步加工的〕，有毛或者无毛的，此类备注的 1B 除外；其他未加工的皮〔蒸的或者盐浸的、风干的、硝制的、浸酸或者以其他方式保存的，但未切碎和未切成块的或者未进一步加工的〕，有毛或者无毛的，此类备注的 1B 除外〔双层的或者非双层的，单蹄或者双蹄〕）；

9）欧亚经济联盟涉外经济活动统一商品编码第 4301 项的商品（毛皮原料〔包括头、尾巴、爪子和其他部分或者适宜于制作皮革制品的边角料〕，欧亚经济联盟外贸经济活动统一商品编码第 4101、第 4102 和第 4103 项未加工的生皮除外）；

10）欧亚经济涉外外贸经济活动统一商品编码第 5001000000 项的商品（适合拆解的蚕蛹；丝绸原料〔未捻的〕；丝绸废料〔包括不适宜拆解的蚕蛹、蚕丝废料和撕裂开的原料〕）；

11）欧亚经济联盟涉外经济活动统一商品编码第 5101～5103 项的商品（未织的或者捻的毛；未织的或者捻的厚或者粗动物毛发；毛或者厚或者粗动物毛发废料，包括纺织过的废料，但撕裂开的原料除外）；

12）欧亚经济联盟涉外经济活动统一商品编码第 520100～5203000000 项的商品（未织的或者捻的棉纤维；棉纤维〔包括纺织过的废料或者撕扯开的原料〕；织的或者捻的棉纤维）；

13）欧亚经济联盟涉外经济活动统一商品编码第 5301 项的商品（亚麻原料或者加工过的，但未纺织；亚麻〔纤维〕碎屑或者废料〔包括纺织过的废料或者撕扯开的原料〕）；

14）欧亚经济联盟涉外经济活动统一商品编码第 5302 项的商品（大麻〔纤维〕，原料或者加工过的，但未纺织；大麻〔纤维〕碎屑或者废料）。

Ⅲ 对贸易不造成扭曲影响的措施

12. 为农业生产者实施的、对贸易不造成扭曲影响的措施应当符合下列标准。

1）使用包括国家项目框架下资金在内的预算资金（放弃的收入）而不是消费者的资金提供支持。"放弃的收入"是指成员国政府最终或者临时放弃核算的强制费金额。

2）对生产者的价格支持不应当是国家农业支持的理由。

13. 除了本议定书第 12 款的标准外，对贸易不造成扭曲影响的措施应当满足本议定书第 14～26 款规定的标准和条件。

14. 提供一般性服务的国家项目由预算拨付向农业或者农业居民提供服

务或者给予优惠的资金，给予生产或者加工农产品者的直接给付除外。

15. 国家提供的一般性服务项目可以按照下列方面实施：

1）科研，包括一般性科研、与环保项目有关的科研和具体产品的科研；

2）抗击病虫害，包括抗击病虫害的一般措施以及针对具体商品的措施，如早期预警、检疫和销毁；

3）人才和一般干部的培养；

4）向生产者和消费者传播信息和提供咨询服务，包括提供便利信息和调查结果传播的设备；

5）为了保健、安全、标准化和质量分类而提供的监察服务，包括一般监察服务和个别农产品的检查；

6）农产品营销和推介服务，包括具体农产品营销信息、咨询和推介信息（不包括可能被销售者用于降低农产品销售价格或者向购买人提供的直接经济优惠的非具体目的的支出）；

7）基础设施服务，包括供电、道路、其他交通线路、市场和港口设备、供水、结合环境保护项目建立基础设施（在所有的情况下资金只用于设备或者建设基础设施和一般公共设施，用于弥补运营费和未从享有服务优惠的消费者处取得的利润）。

16. 保证粮食安全的国家储备金使用旨在积累和储存粮食且在成员国法律规定的保证粮食安全项目框架下拨付的财政资金（定期收入）建立，应当符合下列要求：

1）保证粮食安全的国家储备金规模和积累应当符合先前确定的只用于粮食安全目的的要求；

2）建立和分配储备金的过程在财务上应当是透明的；

3）粮食储备按照当前市场价进行，出售粮食储备——按照不低于相关质量的具体产品日常国内市场价格。

17. 向居民提供所需的国内粮食救助使用预算资金（定期收入）进行。

提供国内粮食救助应当符合下列要求：

国内粮食救助以向利害关系人直接供应粮食或者向这些人提供按照市场价格或者补贴价格购买粮食所需资金的形式进行；

国内粮食救助框架下的粮食采购按照日常市场价格进行且拨款和分配是透明的。

18. 以向生产者直接给付（使用定期收入和实物支付）形式给予的国家农业支持措施应当符合本议定书第 12 款所述的标准以及本议定书第 19 ~ 26 款所述的个别直接给付的其他标准。除了本议定书第 19 ~ 26 款所述的直接给付以外的直接给付除了符合本议定书第 12 款所述的一般标准外，还应当符合本议定书第 19 款第 2 和第 3 分款所述的要求。

19. 对生产者与收入无关联的支持应当符合下列要求：

1）给付权由成员国法律根据一定和固定期间生产者的收入水平、地位、生产要素的使用或者生产水平确定；

2）取得给付不取决于产品种类或者规模（包括存栏数）、生产的产品国内或者世界价格和生产因素；

3）取得给付不要求生产产品。

20. 国家政权机关财政参与保险和收入保障项目应当符合下列条件：

1）符合条件的任何生产者有权获得给付；

2）补偿金额不得超过生产者在有权获得救助年份中收入损失额的 70%；

3）取得给付不取决于产品种类或者规模（包括存栏数）、生产的产品国内或者世界价格和生产因素；

4）若农产品生产者在一个日历年内依照本款和本议定书第 21 款获得国家农业支持，那么补偿总金额不得超过生产者总损失的 100%。

21. 在发生自然灾害和其他灾害的情况下直接或者国家政权机关（其授权的组织）参与农作物和动物保险项目救助形式的给付应当符合下列要求：

1）给付权在国家政权机关认定自然灾害或者其他灾害已发生或者存在后产生；

2）给付金额根据超过前三年平均生产水平或者按照除去年度指标的前五年内最大和最小值计算的三年平均生产指标数值 30% 的生产损失确定；

3）给付针对自然灾害或者其他灾害导致的收入、牲畜存栏数损失（包括与动物兽医卫生有关的支付）以及农用地和其他生产要素的丧失提供；

4）不论其未来生产的种类或者数量，给付金额不得超过自然灾害或者其他灾害导致的生产者损失总额；

5）给付金额不得超过预防和减轻本款第 3 分款确定的进一步损失所必需的水平；

6）若农产品生产者在一个日历年内依照本款和本议定书第 20 款获得国家农业支持，那么补偿总金额不得超过生产者总损失的 100%。

22. 通过停止激励生产者终止其活动促进结构调整按照下列方面进行：

1）给付权由在旨在便利从事商品化农产品生产的人员终止活动或者将活动转移到其他经济部门的项目框架下确定的标准决定；

2）给付取决于救助获得者完全或者长期终止生产商品化的农产品生产。

23. 通过停止资源的使用促进结构调整按照下列方面进行：

1）给付权由在旨在终止使用生产商品化农产品的土地或者包括家畜在内的其他资源的国家项目框架下的某个标准决定；

2）给付取决于土地从商品化农产品生产领域退出最少三年，对于家畜——取决于其被宰杀并被放弃饲养；

3）为了销售，给付不要求和不具体化替代使用土地和商品化农产品生产领域的其他资源；

4）给付不取决于产品种类或者规模、使用土地或者其他生产资源生产的产品国内或者世界价格。

24. 通过刺激投资促进结构调整按照下列方面进行。

1）给付权由在因客观证明了结构损失而实施的促进生产活动的财务或者物理结构重组国家项目框架下明确规定的标准决定。服务给付权也基于非国有化农用地的某个政府项目。

2）给付金额不根据和不取决于农业商品生产种类或者规模（包括存栏数），不生产任何产品的要求除外。

3）给付金额不根据和不取决于具体商品国内和世界价格确定。

4）给付只在实施给予该给付的投资所必需的期间内提供；

5）在向获得者提供给付中支持不是前提条件和也不注明何种农业商品应当由其生产，不生产任何产品的要求除外；

6）给付限于补偿结构损失所要求的金额。

25. 保护环境项目的给付考虑下列方面进行：

1）给付权利由生产者参与国家环境保护或者维护项目决定，取决于满足国家纲领规定的具体条件，包括属于生产方法或者必需材料的条件；

2）给付金额限于与实施国家纲领有关的额外支出或者收入损失的数额。

26. 地区资助项目给付考虑下列因素进行。

1）给付权给予在不利地区从事生产的生产者。不利地区是指成员本国法律确定的行政和（或者）经济区域。

2）给付金额不根据和不取决于农业商品生产种类或者规模（包括存栏数），但与该商品的生产减少有关。

3）给付金额不根据和不取决于具体商品的国内和世界价格确定。

4）给付只向有权获得资助的地区的生产者提供，面向这些地区的所有生产者。

5）与生产要素有关的给付根据该生产要素的超额水平进行。

6）给付金额限于与特定地区农产品生产有关的额外支出或者收入损失的数额。

IV 最大限度上对贸易造成扭曲影响的措施

27. 最大限度上对贸易造成扭曲影响的措施是指：

1）给予农业商品具体生产者、农业商品生产者团体或者联合体的给付（包括实物支付）取决于出口该商品的业绩；

2）以低于拟在成员国国内市场供应的类似商品价格的价格在其他成员国境内出售或者许诺出口非商业农业商品；

3）在向其他成员国境内出口政府融资支持下的农业商品中既使用国家资金也使用其他资金给付，包括向其他成员国出口的农产品或者由其生产的农产品的手续费给付；

4）国家农业支持旨在降低向其他成员国境内出口的农业商品营销和推介费用（不包括促进出口的一般服务和咨询服务费用），包括装卸工作、提高产品质量的支出和加工的支出以及与国际运输有关的支出；

5）以比国内消费的农业商品运输更良好的条件确定用于向其他成员国

境内出口的运输费率；

6）国家农业支持的提供取决于农业商品被列在用于向其他成员国境内出口的产品清单中。

V 国家农业支持规模的核算

28. 下列措施视为最大限度上对贸易造成扭曲影响的措施：

1）根据商品出口业绩给予具体的生产者、农产品生产者团体或者联合体直接给付（包括实物给付）；

2）以低于向成员国国内市场客户供应的类似商品价格的价格向其他成员国销售或者许诺出口非商业性的农产品；

3）给付在向另一成员国出口政府支持下使用国家资金和其他资金融资的农产品的情况下进行，包括使用出口到其他成员国境内的农产品或者用于生产向其他国家出口的产品的农产品的收费融资的给付；

4）国家农业支持旨在降低向其他成员国境内出口的农产品营销和推介费用，包括装卸作业、提高产品质量的支出以及加工支出和与国际运输有关的支出；

5）按照比用于国内消费市场的农产品运输更优惠的条件确定向其他成员国出口的农产品国内运输费率；

6）国家农业支持的提供取决于将农产品列入向另一成员国境内出口的产品清单中。

29. 在直接转移资金的情况下国家农业支持规模为取得的无偿提供的资金金额（例如，补助、补偿）。如果资金以比可得市场（银行信贷、债券等市场）的条件更有利的条件提供，那么支持规模为在可得市场上获得资金情况下要求支付的使用该资金的金额与实际支付的金额差额。

30. 提供履行债务担保的国家农业支持规模为根据可得保险服务市场不履行相关债务的风险保险费率要求支付的金额与要求向补贴机关支付的担保费金额之间的差额。

超过依照本款第1段计算的金额水平的履行担保的预算支出列入国家农业支持规模中。

成员国将要求评估给予履行债务国家担保的国家农业支持的信息列入

本议定书第Ⅵ编规定的通知中。

31. 在国家按照超过市场价的价格购买商品、服务、有价证券、企业（财产）或者其部分、组织注册资本中的份额（包括股票）、其他财产和知识产权的情况下国家农业支持规模为实际支付的购买物品的金额与要求按照市场价支付的该物品金额之间的差额。

国家购买股票和增加其在企业注册资本中的股份且符合通常投资实践条件的支出不属于国家农业支持。

32. 在全部或者部分放弃征收向成员国和行政区域单位预算缴纳的费用的情况下国家农业支持规模为生产者的未向预算履行的财政债务，包括适用国家农业支持可能发生的债务。在延期履行债务的情况下国家农业支持规模为以等额延期的从可得信贷市场所获得借款的利息形式支付的金额。

33. 在优惠或者无偿提供商品或者服务的情况下国家农业支持规模为商品或者服务的市场价与购买商品或者服务实际支付的金额的差价。

34. 结合旨在维持市场价措施的价格支持规模为适用调节价或者价格调节措施的具体农产品数量乘以国内调节价与世界比较价的差额并根据商品质量和加工程度（例如，液态牛奶）修正。用于价格支持的预算支出（例如，采购和储存支出）不含在价格支持规模中。

Ⅵ 国家农业支持的通知

35. 成员国以书面形式相互和向委员会告知当年计划的联邦或者共和国层面的以及行政区域单位层面的所有国家农业支持项目，包括关于国家农业支持的办法和规模的信息。成员国相互转交受限制传播的有关国家支持农业的信息。通知应当包含使授权机关能够评估成员国给予的国家农业支持规模和其与本议定书规定相符的充分信息。成员国每年不迟于5月1日互相和向委员会送达通知。

36. 成员国互相和向委员会送达本议定书第35款所述的，按照支出职能和部分分类的部分、类和项的联邦或者共和国预算支出资料以及国家农业支持办法和规模规范的通知。涉及成员国行政区域单位的预算支出在通知中以任何方式反映。

37. 联邦或者共和国层面的以及行政区域单位层面的国家农业支持的规

模和方法的信息来源清单由成员国或者成员国的授权机关应另一个成员国的请求提供。

38. 成员国的授权机关彼此送达通知，在报告年次年的 12 月 1 日前向委员会送达本国境内当年给予的国家农业支持通知。

39. 在当年计划的国家农业支持项目和报告年实施的国家农业支持项目的通知形式由委员会会同成员国制定并由委员会批准。

Ⅶ 成员国的责任

40. 在成员国违反本议定书第 6 和第 8 款规定的情况下该成员国在合理的期限内终止最大限度上对贸易造成扭曲影响的措施，或者终止对贸易造成扭曲影响的措施和超过被允许规模的补贴措施并向其他成员国给付相当于最大限度上对贸易造成扭曲影响的措施，或者对贸易造成扭曲影响的措施和超过被允许规模的补贴措施金额的补偿。给付补偿的办法由委员会理事会确定。在其他成员国不给付补偿的情况下其他成员国有权采取反报措施。

三十　给予成员国劳务人员及其家属
医疗救助的议定书

1. 本议定书根据《欧亚经济联盟条约》第二十六编制定，调整给予成员国劳务人员及其家属医疗救助的问题。

2. 本条约使用以下概念：

常驻国——病人为其公民的国家；

医疗组织（卫生机构）——根据依照成员国法律规定的程序发放的许可证以医疗活动为主业的、任何组织形式的法人和在主业之外从事医疗活动的、任何组织形式的其他法人，依照成员国法律从事医疗活动且登记为个体企业家的自然人；

转院——为了抢救生命和维持健康而运送病人（包括在生命受到威胁时无法在医疗组织〔卫生机构〕中得到必要的医疗救助的病人），包括生命和健康受到威胁的病人、因非常形势和自然灾害受害的病人以及对环境构成危险的疾病的受害者；

病人——不论其是否患病和状况如何，被给予医疗救助或者请求给予医疗救助的成员国劳务人员或者家属；

快速医疗救助（非紧急形式的）——在非急性病和未对病人生命构成明显威胁的慢性病状况下提供的医疗服务；

快速医疗救助（紧急形式的）——在急性病、创伤、中毒和对病人的生命造成威胁的其他状况下提供的医疗服务。

3. 就业国确保依照本国和国际条约规定的办法和条件给予其他成员国劳务人员及其家属医疗救助。

4. 就业国在其境内依照给予本国公民医疗救助的办法和条件给予其他成员国劳务人员及其家属获得免费紧急医疗救助的权利。

无论是否有医疗保险单，就业国国家和市镇卫生系统的医疗组织都给予其他成员国劳务人员及其家属免费紧急医疗救助。

医疗组织给予其他成员国劳务人员及其家属免费紧急医疗救助的费用根据现行的卫生拨款体系由就业国相关预算体系的预算资金支付。

5. 如果对其生命或者健康的威胁被消除后病人继续在就业国医疗组织（卫生机构）接收治疗，那么给予医疗救助服务的实际成本由病人直接或者使用就业国法律不禁止的其他来源资金按照居留国费率或者合同价支付。

6. 如有必要，将病人转院到常驻国治疗，那么有关健康状况的信息送达常驻国大使馆和（或者）授权机关。

病人转院的可能性和转院的程序依照成员国法律确定。

转院由急救小组进行并在转运期间采取包括使用医疗设备在内的医疗救助措施。与病人转院有关的费用由常驻国相关预算体系依照现行卫生拨款体系或者法律常驻国法律不禁止的其他来源支付。

三十一　在多边贸易体制下欧亚经济
联盟运作议定书

2011 年 5 月 19 日的《在多边贸易体制框架下关税同盟运作条约》适用于联盟框架下的相关关系。

三十二　欧亚经济联盟社会保障、
特权和豁免条例

Ⅰ　总则

1. 本条例使用下列概念：

驻在国——其境内分布着联盟机关的成员国；

联盟机关官邸——用于委务委员会委员、联盟法院法官及委务委员会、联盟法院官员和工作人员的官方目的以及居住的建筑物或者建筑物部分；

成员国代表——由成员国派出的参加联盟机关会议和联盟框架下举行的活动的代表团负责人和成员；

社会保障（社会保险）——临时丧失劳动力和生育强制险，生产事故和职业病强制险，强制医疗险；

委务委员会委员、联盟法院法官及委务委员会、联盟法院官员家属——与委务委员会委员、联盟法院法官及委务委员会、联盟法院官员一起常住的配偶、未成年子女和由其供养的人员；

工作人员家属——工作人员的与工作人员一起常住的配偶及其未成年子女。

2. 委务委员会委员、联盟法院法官及委务委员会、联盟法院官员和工作人员是国际公务员。他们在行使自己的权力（履行其职责）中不得请求或者接受成员国国家政权机关或者官员以及非成员国国家政权机关的指示。他们应当避免任何与国际公务员地位不相符的行为。

3. 各成员国必须尊重委务委员会、联盟法院及其官员和工作人员的国际性权力，在行使职责中不向他们施加影响。

Ⅱ　联盟的特权和豁免权

4. 除了联盟放弃豁免权的情况外，联盟机关的财产和资产享有任何形式的行政或者司法干涉的豁免权。

5. 联盟机关在任何地点的官邸以及包括公务通信在内的档案和文件都

不得被搜查、扣押、没收或者受到妨碍其正常活动的其他任何形式干涉。

6. 除了火灾或者其他要求采取紧急保护措施的情况外，驻在国的相关国家政权机关和管理机关的代表未经委务委员会主席、联盟法院院长或者代主席、代院长按照相关批准条件同意不得进入联盟机关官邸。

7. 根据驻在国的相关国家政权机关和管理机关的决定采取任何行动只有经委务委员会主席、联盟法院院长或者代主席、代院长同意才能进行。

8. 联盟机关官邸不得用于给予被任何成员国法律追诉或者应当引渡给成员国或者非成员国国家的人员庇护。

9. 联盟机关官邸的不可侵犯性不给予将其用于与联盟职能或者任务不相符或者危害成员国安全、法人或者自然人利益的目的的权利。

10. 驻在国应当采取防止联盟机关官邸受到破坏或者损失的适当措施。

11. 除了服务费和依照本条例第 44 和第 45 款缴纳的费用外，联盟机关在驻在国免缴税、手续费、行政费和其他费用。

12. 联盟机关官方使用的物品和其他财产在成员国境内免缴关税、税和海关费。

13. 联盟机关在官方通信设备方面享有不低于驻在国代表机构享有的条件。

14. 联盟机关可以在其所在的官邸和属于其的交通工具上悬挂联盟旗帜、标志或者其他象征。

15. 联盟机关在遵守成员国法律的情况下可以出版和发行其发布由构成联盟法的国际条约和文件规定的出版物。

16. 驻在国协助联盟购买或者获得联盟机关行使其职能所必需的官邸。

17. 为了确保恰当进行审判、执行护法机关的命令以及防止与本条例规定的特权和豁免权有关的任何滥用，联盟与成员国相关国家政权机关和管理机关进行合作。

Ⅲ 委务委员会委员、联盟法院法官及委务委员会、联盟法院官员和工作人员的特权和豁免

18. 委务委员会委员、联盟法院法官如果不是驻在国公民，那么享有 1961 年 4 月 18 日的《维也纳外交关系公约》对外交机构规定范围内的特权

和豁免。

豁免不适用下列情况：

涉及成员国境内私人不动产的物权诉讼；

在涉及委务委员会委员、联盟法院法官及委务委员会、联盟法院官员和工作人员或者他们的家属的继承诉讼中不以联盟机关名义作为遗嘱执行人、被继承财产监护人、继承人或者私人见证人。

本条例第19款第1分款的效力适用于为驻在国公民的委务委员会委员、联盟法院法官。

本条例第19款第3～5分款的效力适用于不是驻在国公民的与委务委员会委员、联盟法院法官共同生活的家属。

涉及因属于家属或者其驾驶的交通工具引起的交通事故损害赔偿诉讼的驻在国民事司法管辖豁免不适用于为驻在国公民和（或者）常驻其境内的委务委员会委员、联盟法院法官家属。

19. 官员：

1）不因所言、所写和作为官员实施的所有行为而被追究刑事、民事和行政责任；

2）免征工资和联盟支付的其他报酬税；

3）免于国事罪；

4）不受限制地在驻在国出入境、免于外国人登记和取得临时居留许可；

5）享有外交代表在国际危机期间被遣返的优惠。

20. 本条例第19款第2～5分款的效力不适用于为驻在国公民和常驻其境内的官员。

21. 本条例第19款第3～5分款的效力不适用于不是驻在国公民和不常驻其境内的官员家属。

22. 委务委员会委员、联盟法院法官及委务委员会、联盟法院官员和工作人员的认证问题由关于联盟机关在成员国境内留驻的国际条约调整。

23. 除了创作、科研和教学活动外，委务委员会委员、联盟法院法官及委务委员会、联盟法院官员和工作人员无权为了个人利益或者其他人员的利益从事企业和其他任何活动。

创作、科研和教学活动所得应当依照国际条约和驻在国法律纳税。

24. 委务委员会委员、联盟法院法官及委务委员会、联盟法院官员和他们的家属应当遵守驻在国法律涉及可能因使用任何交通工具而对第三人造成损害的保险要求。

25. 工作人员在直接履行其职责中实施的行为不得受驻在国审判或者行政机关的管辖，下列情况除外：

1）与属于工作人员或者其驾驶的交通工具引起的交通事故损害赔偿有关的诉讼；

2）与工作人员的行为引起的死亡或者身体损害有关的诉讼。

26. 工作人员不受限制地在驻在国出入境、免于外国人登记和取得临时居留许可。

27. 本条例第 25 和第 26 款的规定不适用于成员国国家政权和管理机关和为该成员国公民的工作人员之间的相互关系。

28. 委务委员会委员、联盟法院法官或者委务委员会、联盟法院官员和工作人员享受的特权和豁免不为个人益处提供，而只为联盟有效和独立履行职权（履行职责〔公务〕）提供。

29. 如果委务委员会委员、联盟法院法官或者委务委员会、联盟法院官员和工作人员及其同住家属被确定了目的地，那么自进入驻在国境内时刻起享有豁免和特权。如果委务委员会委员、联盟法院法官或者委务委员会、联盟法院官员和工作人员及其同住家属已在驻在国境内，那么从履行职权（履行职责〔公务〕）时刻起享有豁免和特权。

30. 如果委务委员会委员、联盟法院法官或者委务委员会、联盟法院官员和工作人员的职权（职责〔公务〕）终止，那么其豁免和特权通常在离开驻在国时刻，或者取决于离开时刻的发生时间，在离开驻在国合理期限届满之际终止。委务委员会委员、联盟法院法官或者委务委员会、联盟法院官员和工作人员的家属豁免和特权在他们不再是上述人员家属的情况下终止。如果上述人员拟在合理期限内离开驻在国，那么特权和豁免保留至离开时刻。

31. 在委务委员会委员、联盟法院法官或者委务委员会、联盟法院官员和工作员死亡的情况下同住家属享受特权和豁免权至离开驻在国时刻，或者取决离开时刻的发生时间，享受至离开驻在国合理期限届满之际。

32. 涉及委务委员会委员、联盟法院法官或者委务委员会、联盟法院官员在行使自己的职能中的言行以及其以委务委员会委员、联盟法院法官或者委务委员会、联盟法院官员身份实施的所有行为的行政、民事和刑事管辖豁免在行使职能时和权力终止后保留。本款只有不对产生《条约》或者联盟框架下的国际条约规定的委务委员会委员、联盟法院法官或者委务委员会、联盟法院官员责任的情况造成损害才有效。

33. 依照本条例享有特权和豁免权的所有人员不得滥用其特权和豁免权且必须尊重驻在国法律。他们也不得干涉该国内政。

34. 在豁免权妨碍审判和取消豁免权不会损害给予其的宗旨的情况下委务委员会委员、联盟法院法官及委务委员会、联盟法院官员和工作人员可以被剥夺豁免权。

35. 豁免权由下列人员取消：

1）涉及委务委员会委员和联盟法院法官——最高理事会；

2）涉及委务委员会委员官员和工作人员——委员会理事会；

3）涉及联盟法院官员和工作人员——联盟法院院长。

36. 放弃豁免权以书面形式进行并且应当是明示的。

Ⅳ　成员国代表的特权和豁免

37. 成员国代表在履行其官方职能中和在于联盟机关在成员国境内组织的活动地点停留期间享有下列特权和豁免：

1）逮捕或者拘留豁免以及涉及其作为成员国代表所实施的所有行为的审判和行政管辖豁免；

2）住宅不受侵犯；

3）如果没有充分的理由认定其含有不是官方或者个人使用的物品和其他财产或者被举行活动的成员国法律禁止或者限制出入境的物品和其他财产，那么携带的行李免于海关查验；

4）不受限制地在驻在国出入境、免于外国人登记和取得临时居留许可。

38. 本条例第 37 款的规定不适用于成员国代表与成员国代表为其公民或者代表的成员国国家政权机关之间的相互关系。

39. 成员国代表享有的特权和豁免不为个人利益授予，而为有效和独立行使成员国的官方职能授予。

40. 成员国代表占用的场所以及其履行公务所需的设备、其他财产和交通工具享有搜查、征收、扣押和执行豁免。

41. 成员国代表任何信息载体和所在地的文件和档案不受侵犯。

42. 在不违反被禁止进入或者基于国家安全管理的区域法律和规则的情况下，驻在国基于履行其官方职能的必要性确保成员国代表在其境内自由移动和旅行。

V 联盟机关的劳动关系和社会保障

43. 委务委员会委员、联盟法院法官及委务委员会、联盟法院官员或者工作人员的劳动关系和社会保障根据本条例由驻在国法律调整。

44. 委务委员会委员、联盟法院法官及委务委员会、联盟法院官员或者工作人员的退休保障依照委务委员会委员、联盟法院及委务委员会、联盟法院官员和工作人民为其公民的成员国法律办理。

委务委员会委员、联盟法院法官及委务委员会、联盟法院官员或者工作人员的退休保障费由联盟机关依照相关成员国的法律规定的办法和数额使用联盟预算向上述人员为其公民的成员国退休基金缴纳，不从工资中扣除。向委务委员会委员、联盟法院法官及委务委员会、联盟法院官员和工作人员支付退休金的支出由委务委员会委员、联盟法院及委务委员会、联盟法院官员或者工作人员为其公民的成员国承担。

45. 委务委员会委员、联盟法院法官及委务委员会、联盟法院官员和工作人员除了退休保险以外的社会保障（社会保险）和社会保险补助依照驻在国的法律以对驻在国公民的条件和办法办理。

委务委员会委员、联盟法院法官及委务委员会、联盟法院官员或者工作人员除了退休保险以外的社会保障（社会保险）费依照驻在国法律规定的办法使用联盟预算支付。

支付社会保障（社会保险）的支出由驻在国承担，不与其他成员国相互结算。

46. 以委务委员会委员，联盟法院法官，委务委员会、联盟法院官员或者工作人员的身份工作的期间在依照为其公民的成员国法律确定退休金或者社会保障（社会保险）金的情况下计入保险或者劳动工龄中。

以委务委员会委员，联盟法院法官，委务委员会、联盟法院官员或者工作人员的工作期间在依照为其公民的成员国法律确定退休金以及依照驻在国法律确定社会保障（社会保险）补助金的情况下计入保险或者劳动工龄中。

47. 委务委员会委员、联盟法院法官及委务委员会、联盟法院官员或者工作人员在行使其权力期间取得的工资在依照他们为其公民的成员国法律确定退休金额中以及在依照驻在国法律确定社会保障（社会保险）补助金额情况下被考虑。

48. 委务委员会委员和联盟法院法官在行使权力期间享有下列社会保障：

1）每年享有 45 日的带薪休假；

2）他们及其家属的医疗服务费和交通服务费由联盟预算支付；

3）在联盟机关所在的城市没有住宅的委务委员会委员和联盟法院法官由联盟预算出资提供住宅（根据家庭人数）；

4）委务委员会委员行使其权力的时间在享有他们为其公民的成员国法律规定的国家公务员（联邦国家公务员）社会保障中计入国家公务（国家民事）工龄以及在确定他们为其公民的成员国法律规定的部长（联邦部长）退休保障金（退休金补贴）中计入履行部长（联邦部长）权力的时间中；

5）联盟法院法官行使其权力的时间计入为其公民的成员国法官工龄中。

49. 与向委务委员会委员和联盟法院法官提供社会保障（包括医疗和交通服务）有关的问题由驻在国主管机关解决。

50. 为俄罗斯联邦公民的委员会委务委员会委员有权因行使其职权领取老龄（残疾）养老保险月补贴（《欧亚经济委员会条例》〔《条约》附件一〕规定的提前终止职权的情况除外）。退休金补贴依照俄罗斯联邦法律对联邦部长规定的金额、办法和条件确定。确定退休金月补贴的决定由确定和承担退休保障领域国家政策和规范性法律调整职能的联邦执行权机关领导人做出。退休金的每月补贴由联邦预算确定。

联盟法院法官在其职权被终止时享有成员国法律对任命联盟法院法官

的成员国最高法院院长规定的金钱给付。金钱给付依照任命联盟法院法官的成员国法律规定的办法确定。

51. 在官员和工作人员履行其职务（公务）期间他们及其家属的医疗服务费由联盟预算支付，委员会司局长和联盟法院秘书长在履行其职务（公务）期间由联盟预算支付交通服务费。

52. 在联盟机关所在的城市没有住宅的官员和工作人员在履行职务（公务）期间由联盟预算出资提供公务住宅（根据家庭人数）。

53. 被免去委员会和联盟法院职务（在因过错行为被免职的情况下除外）、为俄罗斯联邦公民且在从事委员会和联盟法院工作前担任俄罗斯联邦国家事务（国家文职）职务和有不少于 15 年国家文职工龄的委员会和联盟法院官员及工作人员如果在被从委员会和联盟法院解雇前任职不少于 12 个月，那么有权领取依照俄罗斯联邦法律对联邦国家文职人员规定的办法确定的退休金。确定退休金的决定由确定和承担退休保障领域国家政策和规范性法律调整职能的联邦执行权机关领导人根据委员会委务委员会主席和联盟法院院长的建议做出。

退休金根据官员或者工作人员的月平均工资确定。官员或者工作人员的退休金限额根据委员会和联盟法院相应官员或工作人员以及俄罗斯联邦政府批准的俄罗斯联邦政府办公厅和俄罗斯联邦最高法院办公厅相应职务清单，按照同级别的国家公务员的职务工资（金钱报酬）确定。

俄罗斯联邦法律确定的服务年限退休金由联邦预算资金支付。

54. 为了确定担任国家公务员期间的社会保障和确定国家公务员服务年限退休金，委员会和联盟法院的官员或工作人员工作期间含在其为公民的成员国国家公务员的工龄中。

55. 委务委员会委员、联盟法院法官及委务委员会、联盟法院官员或者工作人员乃至这些人员的家属的医疗和交通服务办法由政府间理事会确定。

三十三 因《欧亚经济联盟条约》的生效在建立 关税同盟和欧亚统一经济空间框架下 签订的国际条约效力中止议定书

在建立关税同盟和欧亚统一经济空间框架下签订的下列国际条约因《欧亚经济联盟条约》（简称《条约》）的生效而失效。

I 自《条约》生效之日起效力终止的国际条约

1. 2007 年 11 月 6 日的《建立统一关境和成立关税同盟条约》

2. 2007 年 11 月 6 日的《旨在建立关税同盟法律基础的国际条约生效及其退出和加入办法议定书》

3. 2008 年 1 月 25 日的《关税同盟商品外贸和相互贸易统计协定》

4. 2008 年 1 月 25 日的《统一关税管理协定》

5. 2008 年 1 月 25 日的《对第三国的统一非关税措施协定》

6. 2008 年 1 月 25 日的《对第三国适用特别保障、反倾销和补偿措施协定》

7. 2008 年 1 月 25 日的《关税同盟内商品、劳务和服务进出口中的间接税征收原则协定》

8. 2008 年 12 月 12 日的《给予关税优惠的议定书》

9. 2008 年 12 月 12 日的《确保统一适用确定通过关税同盟关境移动的商品海关价值规则议定书》

10. 2008 年 12 月 12 日的《白俄罗斯共和国、哈萨克斯坦共和国和俄罗斯联邦海关机关之间交换确定和检查商品海关价值所必需信息的议定书》

11. 2008 年 12 月 12 日的《在特殊情况下适用不同于统一关税的进口关税办法条件议定书》

12. 2008 年 12 月 12 日的《海关程序和海关机制种类协定》

13. 2008 年 12 月 12 日的《检查确定通过关税同盟移动的商品海关价值报关办法协定》

14. 2008 年 12 月 12 日的《商品保管办法协定》

15. 2008 年 12 月 12 日的《关税同盟成员国海关费计算和缴纳办法协定》

16. 2008 年 12 月 12 日的《检查确定通过关税同盟移动的成品海关价值正确性办法议定书》

17. 2008 年 12 月 12 日的《关税同盟成员国海关手续办理和海关检查办法协定》

18. 2008 年 12 月 12 日的《关税同盟委员会秘书处协定》

19. 2008 年 12 月 12 日的《适用关税配额条件和机制协定》

20. 2009 年 6 月 9 日的《在统一关境内对与第三国的商品外贸实施和采取措施办法的协定》

21. 2009 年 6 月 9 日的《商品外贸领域许可规则议定书》

22. 2009 年 12 月 11 日的《在向关税同盟进出口商品中间接税征收及其缴纳监督办法议定书》

23. 2009 年 12 月 11 日的《在关税同盟完成劳务和提供服务中征收间接税办法的议定书》

24. 2009 年 12 月 11 日的《转交外贸统计和相互贸易统计数据办法议定书》

25. 2009 年 12 月 11 日的《关税同盟海关统计委员会中心地位议定书》

26. 2009 年 12 月 11 日的《相互承认检验（合格评定〔证明〕）机关和承担合格评定〔证明〕工作实验室〔中心〕实行合格评估（证明）认证协定》

27. 2009 年 12 月 11 日的《应当强制进行合格评估〔证明〕的产品在关税同盟境内流动协定》

28. 2009 年 12 月 11 日的《关税同盟兽医卫生检查协定》

29. 2009 年 12 月 11 日的《关税同盟植物卫生检疫协定》

30. 2009 年 12 月 11 日的《关税同盟卫生措施协定》

31. 2009 年 12 月 11 日的《修订〈关税同盟内商品、劳务和服务进出口中的间接税征收原则协定〉的议定书》

32. 2010 年 5 月 20 日的《确定和适用关税同盟的进口关税（其他行政费、税和手续费）计算和分配办法协定》

33. 2010 年 5 月 21 日的《修订 2009 年 12 月 11 日的〈关税同盟植物卫生检疫协定〉的议定书》

34. 2010 年 5 月 21 日的《修订 2009 年 12 月 11 日的〈关税同盟兽医卫生检查协定〉议定书》

35. 2010 年 5 月 21 日的《修订 2009 年 12 月 11 日的〈关税同盟卫生措施协定〉的议定书》

36. 2010 年 7 月 5 日的《协商个别关税同盟统一关境运作机制临时中止议定书》

37. 2010 年 9 月 21 日的《关税同盟外贸和相互贸易中交换电子文件适用的信息技术协定》

38. 2010 年 9 月 21 日的《关税同盟外贸和相互贸易统一信息系统的建立、运作和发展协定》

39. 2010 年 11 月 18 日的《白俄罗斯共和国、哈萨克斯坦共和国和俄罗斯联邦统一技术调整原则和规则》

40. 2010 年 11 月 19 日的《向调查机关提供用于对第三国实施特别保障、反倾销和补偿措施前的调查目的的包括机密信息在内的资料办法议定书》

41. 2010 年 11 月 19 日的《在过渡期内适用特别保障、反倾销和补偿措施办法协定》

42. 2010 年 11 月 19 日的《劳务移民及其家属法律地位协定》

43. 2010 年 11 月 19 日的《包括定价和费率政策原则在内的电力领域自然垄断主体服务保障协定》

44. 2010 年 12 月 9 日的《国家（市镇）采购协定》

45. 2010 年 12 月 9 日的《国家支持农业的统一规则》

46. 2010 年 12 月 9 日的《提供工业补贴的统一规则协定》

47. 2010 年 12 月 9 日的《统一竞争原则和规则协定》

48. 2010 年 12 月 9 日的《自然垄断主体活动统一管理原则和规则协定》

49. 2010 年 12 月 9 日的《知识产权保护领域的统一管理原则》

50. 2010 年 12 月 9 日的《白俄罗斯共和国、哈萨克斯坦共和国和俄罗

斯联邦共同石油和石油制品市场组织、管理、运作和发展办法协定》

51. 2010 年 12 月 9 日的《包括费率政策原则在内的通过天然气运输系统运输天然气领域的自然垄断主体服务保障规则协定》

52. 2010 年 12 月 9 日的《包括费率政策原则在内的铁路运输服务保障管理协定》

53. 2010 年 12 月 9 日的《协商性的宏观经济政策协定》

54. 2010 年 12 月 9 日的《货币政策协调原则协定》

55. 2010 年 12 月 9 日的《创造保障资本自由流动的金融市场条件协定》

56. 2010 年 12 月 9 日的《统一经济空间成员国服务贸易和投资协定》

57. 2011 年 6 月 22 日的《关税同盟境外运输（公路）监管协定》

58. 2011 年 10 月 18 日的《修订 2008 年 1 月 25 日的〈对第三国适用特别保障、反倾销和补偿措施协定〉议定书》

59. 2011 年 10 月 18 日的《与缴纳进口关税有关的信息交换办法议定书》

60. 2011 年 10 月 18 日的《欧亚经济委员会条约》

61. 2011 年 12 月 15 日的《修订 2010 年 12 月 9 日的〈货币政策协商原则协定〉议定书》

62. 2013 年 5 月 29 日的《统计领域的信息相互协作协定》

63. 2013 年 8 月 24 日的《修订 2008 年 12 月 12 日的〈在特殊情况下适用不同于统一关税税率的进口关税税率条件和办法〉议定书》

64. 2013 年 6 月 21 日的《修订 2008 年 12 月 12 日的〈适用统一关税配额的条件和机制协定〉议定书》

65. 2013 年 9 月 25 日的《修订 2008 年 1 月 25 日的〈统一关税管理协定〉议定书》

Ⅱ 根据《条约》第 102 条，自委员会的相关决定生效之日起终止效力的国际条约

1. 2008 年 1 月 25 日的《确定商品原产地国的统一规则协定》

2. 2008 年 12 月 12 日的《关税同盟统一关税特惠制度》

3. 2008 年 12 月 12 日的《确定发展中国家和最不发达国家商品原产地规则协定》

后 记

  《欧亚经济联盟一体化机制文件汇编》（上卷）在新疆财经大学"中国（新疆）－中亚经贸合作国家特殊需求博士人才培养项目"出版专项基金的资助下得以出版。复旦大学国际问题研究院副院长、中国著名欧亚问题研究专家冯玉军教授在百忙中欣然为本书作序并提出了宝贵的修改意见。在本书的出版过程中，社会科学文献出版社编辑陈凤玲和田康在书稿的编辑、修改和版式设计方面倾注了大量心血，与本书译者耐心沟通。为此，特别感谢他们二位为本书的出版付出的努力。由于本书两位译者主要从事研究工作，同时还兼有其他行政工作，无法集中全部精力亲自一字一句地录入文字，所以在本书的编译中新疆财经大学研究生田梦婷及其他同学做了一部分文字录入工作。可以说，本书的最终完成离不开田梦婷及其他同学的协助。最后，本书译者有必要指出的是，其他相关成果将陆续公开发表和出版，希望这些对大家的研究有参考作用。

图书在版编目（CIP）数据

欧亚经济联盟一体化机制文件汇编. 上卷／孙钰，
贾亚男编译. -- 北京：社会科学文献出版社，2018.11
　ISBN 978 - 7 - 5201 - 2630 - 4

　Ⅰ.①欧… Ⅱ.①孙… ②贾… Ⅲ.①国际合作 -经
济联盟 -国际经济一体化 -文件 -汇编 -欧洲、亚洲
Ⅳ.①F114.46

　中国版本图书馆 CIP 数据核字（2018）第 084923 号

欧亚经济联盟一体化机制文件汇编（上卷）

编　　译／孙　钰　贾亚男

出 版 人／谢寿光
项目统筹／陈凤玲
责任编辑／田　康

出　　版／社会科学文献出版社·经济与管理分社（010）59367226
　　　　　地址：北京市北三环中路甲 29 号院华龙大厦　邮编：100029
　　　　　网址：www. ssap. com. cn
发　　行／市场营销中心（010）59367081　59367083
印　　装／三河市龙林印务有限公司

规　　格／开本：787mm×1092mm　1/16
　　　　　印张：27.25　字数：427 千字
版　　次／2018 年 11 月第 1 版　2018 年 11 月第 1 次印刷
书　　号／ISBN 978 - 7 - 5201 - 2630 - 4
定　　价／168.00 元

本书如有印装质量问题，请与读者服务中心（010 - 59367028）联系